Carl Friedrich Vitzthum von Eckstädt

Die Geheimnisse des sächsischen Kabinets

1745 - 1756 (Zweiter Band)

Carl Friedrich Vitzthum von Eckstädt

Die Geheimnisse des sächsischen Kabinets

1745 - 1756 (Zweiter Band)

ISBN/EAN: 9783743380264

Hergestellt in Europa, USA, Kanada, Australien, Japan

Cover: Foto ©ninafisch / pixelio.de

Manufactured and distributed by brebook publishing software (www.brebook.com)

Carl Friedrich Vitzthum von Eckstädt

Die Geheimnisse des sächsischen Kabinets

DIE GEHEIMNISSE
DES
SÄCHSISCHEN CABINETS.

ENDE 1745 BIS ENDE 1756.

ARCHIVARISCHE VORSTUDIEN

FÜR

DIE GESCHICHTE DES SIEBENJÄHRIGEN KRIEGES.

»Licht!... Mehr Licht!«...
Goethe's letzte Worte.

ZWEITER BAND.

MIT VIER LITHOGRAPHIEN.

STUTTGART.
VERLAG DER J. G. COTTA'SCHEN BUCHHANDLUNG.
1866.

INHALT DES ZWEITEN BANDES.

Fünfte Studie.

Gardez la Reine! — „Schach dem Könige!"

7. bis 11. September 1756.

	Seite
Was Accaris aus dem K. K. Hauptquartier brachte	3
Graf Brühl schildert die Sachlage	6
Die Kaiserlichen Behörden kommen seinen Wünschen zuvor	10
Ein K. K. Courier überbringt ein Handschreiben der Kaiserin Königin, welches sofort beantwortet wird	11
Graf Brühls eigenhändige Schilderung des Preussischen „*transitus innoxius*"	16
Graf Rutowski an Graf Broune	22
Nachrichten aus Dresden	24
Nachrichten aus dem K. K. Hauptquartier	27
Graf Brühl an Graf Flemming	30
Vorbereitungen zu den archivarischen Studien des Grafen Hertzberg	33
Das Cabinetsarchiv	33
Gardez la Reine!	37
Kriegsrath in Struppen: „Schach dem Könige!"	41
„*Le camp Saxon ne renferme pas des coquins!*"	65

Sechste Studie.

Ex ungue leonem.

12. bis 23. September 1756.

	Seite
Königliche Correspondenz	72
Graf Broune's Generaladjutant und Graf Broune's Sohn im Sächsischen Lager	74
Fortsetzung der Königlichen Correspondenz	79
Winterfeldts erste Audienz	83
Was er wollte	87
Arnims Sendung	89
Arnims Unterredung mit Friedrich II., des „Pudels Kern"	93
Spörcken's Sendung	104
Graf Brühl an Graf Broune	106
Schluss der Verhandlungen mit Preussen	109
Vorbereitungen zu einer aufgegebenen Abreise des Königs Augusts III.	113
Ein Sächsischer Armeebefehl	115
Ein K. K. Courier	116
Die Beantwortung der von demselben überbrachten Depeschen	119
Graf Brühl über die Plünderung des Sächsischen Cabinetsarchivs	121
Der Polnische Grosskanzler im Sächsischen Lager	126
Correspondenz mit dem Französischen Botschafter	129
Die Conferenzminister in Dresden	130
Was Fürst Poniatowski dachte	132

Siebente Studie.

Der Tag von Lowositz.

25. September bis 6. October 1756.

Weisungen nach Curland	144
Feststellung des Befreiungsplanes der eingeschlossenen Sächsischen Armee	144

	Seite
Zum Schutze Danzigs	153
Nachrichten aus dem K. K. Hauptquartier	154
Vier Antwortschreiben des Grafen Brühl	157
Schwierigkeiten der Verpflegung	160
Gute Nachrichten aus Paris	162
Kundschafterberichte über den Aufbruch Friedrichs II. nach Böhmen	165
Eine Correspondenz mit dem K. K. Feldmarschall unter dem Donner der Kanonen von Lowositz	169
Die Tranksteuer für das Bier im Lager	174
Vorbereitende Massregeln für den Ausmarsch der Sachsen	176
Eine „impertinente Brochüre"	176
Des K. K. Feldmarschalls Grafen Broune Version über die Schlacht von Lowositz	183
Graf Brühls Antwort	187
Der Französische Botschafter an den Grafen Brühl	189
Brühls Antwort	190

Achte Studie.

Das Trauerspiel auf der Ebenheit.

7. bis 20. October 1756.

Der Sächsische Befreiungsplan definitiv vom K. K. Feldmarschall angenommen	197
Die Pontons können nicht stromaufwärts herbeigeschafft werden	200
Die Brücke geschlagen	203
Der König geht nach Thürmsdorf	205
Der Elbübergang	205
Der König auf dem Königstein	206
Brühl an den K. K. Feldmarschall	207
Die Armee auf der Liliensteiner Ebenheit	208
Ein Kriegsrath	209
Zwei K. Befehle	211
Graf Broune's entscheidendes Schreiben	215

	Seite
Der entscheidende Kriegsrath	216
General von Gersdorff auf dem Königstein	223
General von Dyherrn auf dem Königstein	227
Der dritte Befehl des Königs vom 14. October	230
Graf Brühl an den K. K. Feldmarschall	231
Dessen Antwort	233
Graf Brühls vierzehn Punkte	235
Die Capitulation	237
Wie die Preussen dabei verfuhren	249
Spörckens Mission	254
Abreise des Königs nach Polen	262
Nachträgliche Correspondenz	263

Neunte Studie.

Après le déluge.

October 1756 bis November 1757.

Vorbemerkung	270
Die Königin	271
Ein Schreiben der Kaiserin	272
Die Capitulation beurtheilt. Erste Eindrücke	273
Murtange's „Exposition des motifs" etc.	277
Rutowski's „Précis" etc.	279
Eine Intrigue des Grafen Brühl	280
Rutowski's Antwort vom 15. November	283
Wölkau von Gellert geschildert	286
Die Verpflegung der Sächsischen kriegsgefangenen Generale und Offiziere	287
Ablehnende Antwort Friedrichs II.	291
Verletzende Journal-Artikel	297
Rutowski's Correspondenz darüber	298
Ein Urtheil Friedrichs II. zu Gunsten der Sächsischen Generale	303
Was die Generale von Graf Brühl dachten	305
Das „Exposé raisonné"	322

	Seite
Die „ohnparteiischen Gedanken über die Campagne der Sächsischen Armee von 1756"	323
Das spätere Schicksal der Kriegsgefangenen .	334
Der Königin Leiden und Tod	335
Epilog . . .	344

Anhang.

K. Rescript an den Feldmarschall Grafen Rutowski . .	371
Beilage *(Eclaircissement)* . .	372
Exposé raisonné	376
Promemoria vom 8. Juni 1756 No. I.	402
Promemoria vom 2. Juli 1756 No. II.	407
K. Rescript vom 5. Juli 1756 No. III. .	413
Promemoria vom 8. August 1756 No. IV.	414
Verpflegungsübersicht No. V.	416
Promemoria vom 19. August 1756 No. VI.	419
Resolution vom 23. August No. VII.	424
Protokoll des Kriegsraths vom 10. September No. VIII. .	427
Entwurf zu einem K. Rescript vom 19. September No. IX.	432
Schreiben an den Grafen Brühl vom 13. October No. X.	435
Lettre du Roi à Son Feld-Maréchal A. . .	438
Autre Lettre du Roi B.	439
Copie des Schreibens des Grafen Broune No. XI. . . .	440
Schreiben an den Grafen Brühl vom 14. October No. XII.	441
Gersdorffs Rapport No. XIII.	444
Dyherrns „Relation" No. XIV.	450
Lettre du Roi No. XV.	453
Lettre du Comte Brühl No. XVI.	454
Copie eines Schreibens des Grafen Brühl ☉	455
Extract der Capitulation No. XVII.	457

Lithographirte Beilagen.

Autographen von Souveränen, Prinzen, Staatsmännern und Generalen.

Facsimile der Unterschriften sämmtlicher Sächsischer Generale, welche das Schreiben an den Premierminister Grafen von Brühl, vom 14. October 1756 unterzeichnet.

Plan von dem Sächsischen und Preussischen Lager bey Pirna. 1756.

Ordre de Bataille Derer Königl. Pohl. und Churf. Sächs. Trouppen im Lager zwischen Pirna und Königstein in Monath Oct. 1756.

FÜNFTE STUDIE.

GARDEZ LA REINE! — "SCHACH DEM KÖNIGE!"

7. bis 11. September 1756.

Was Accaris aus dem K. K. Hauptquartier brachte. — Graf Brühl schildert die Sachlage. — Die Kaiserlichen Behörden kommen seinen Wünschen zuvor. — Ein K. K. Courier überbringt ein Handschreiben der Kaiserin Königin, welches sofort beantwortet wird. — Graf Brühls eigenhändige Schilderung des Preussischen *„transitus innoxius."* — Graf Rutowski an Graf Broune. — Nachrichten aus Dresden. — Nachrichten aus dem K. K. Hauptquartier. — Graf Brühl an Graf Flemming. — Vorbereitungen zu den archivarischen Studien des Grafen Hertzberg. — Das Cabinetsarchiv. — *Gardez la Reine!* — Kriegsrath in Struppen: "Schach dem Könige!" — *"Le camp Saxon ne renferme pas des coquins!"*

Parallelstellen zur Orientirung.

Les Saxons faisaient alors retentir toute l'Europe de leurs cris; ils répandaient les bruits les plus injurieux aux Prussiens sur leur invasion dans cet électorat: il était nécessaire de désabuser le public de toutes ces calomnies, qui n'étant point réfutées, s'accréditaient, et remplissaient le monde de préjugés contre la conduite du Roi. Depuis longtemps le Roi possédait la copie des traités du Roi de Pologne et des relations des ses ministres aux cours étrangères. Quoique ces pièces justifiassent pleinement les

entreprises de la Prusse, on ne pouvait en tirer parti: si on les eût publiées, les Saxons les auraient taxées de pièces supposées et forgées à plaisir pour autoriser une conduite audacieuse qu'on ne pouvait soutenir que par des mensonges; cela obligea d'avoir recours aux pièces originales, qui se trouvaient encore dans les archives de Dresde. Le Roi donna des ordres pour qu'on les saisît; elles étaient toutes emballées et prêtes à être envoyées en Pologne: la Reine, qui en fut informée, voulut s'y opposer; on eut bien de la peine à lui faire comprendre qu'elle ferait mieux de céder par complaisance pour le roi de Prusse, et de ne point se roidir contre une entreprise qui, quoique moins mesurée qu'on le voudrait, était cependant la suite d'une nécessité absolue. Le premier usage qu'on fit de ces archives fut d'en donner l'extrait connu public sous le titre de Pièces justificatives. —
(Frédéric II. Oeuvres IV. p. 82.)

..... Outre cela le Roi de Prusse a fait ouvrir par force le cabinet et enlever les papiers, par les quels il prétend aujourd'hui justifier toute l'horreur de ces procédés. L'enlèvement de ces papiers, auquel nous ne pouvions jamais nous attendre de la part d'un Prince, qui ne se déclare pas ennemi, nous fait, comme V. E. sent bien, une peine infinie, et il est certain que le Roi de Prusse a pu voir, qu'on n'a pas plaidé sa cause, *mais toujours n'a-t-il pas pu trouver que nous fussions entrés dans un concert contre lui, vu que cela n'est point* ......

Comte Bruhl.
(Lettre autographe et secrete au Comte de Flemming, Ministre de Saxe à Vienne, d. d. Struppen le 20 Septembre 1756.)

Was Accaris aus dem Kaiserlichen Hauptquartier brachte.

In Wechsel, d. h. bevor der Oberstlieutenant von Riedesel den ihm am 6. September in Struppen ertheilten mündlichen Auftrag[1] ausgerichtet, hatte Graf Broune den am 5. aus dem Sächsischen Hauptquartier an den Kaiserlichen Feldmarschall abgesendeten Adjutanten des Grafen Rutowski, Major Accaris — am 6. — aus Budin zurückexpedirt mit einem Billet, worin ausdrücklich auf das, was Broune dem Sächsischen Major „auf denen *Charten* explicirt" Bezug genommen wird. — „Wobei mir nur annoch" — so schliesst das Billet des Kaiserlichen Feldmarschalls — „zuzusetzen übriget, dass von mir bereits ein Corps von beiläufig 3000 Grenadieren zu Fuss und zu Pferd mit Husaren gegen die Eger vorausgeschickt worden, welchem morgigen Tages (also am 7.) der Generalfeldwachtmeister Fürst von Löwenstein mit andern 1000 Pferden ohnausbleiblich nachfolgen wird."

7. Sept.

Accaris hat seine aus dem Oesterreichischen Hauptquartier überbrachten mündlichen Aufträge zu Papier gebracht. Hier der Hauptinhalt:

„Feldmarschall Broune hat mir gesagt, er wolle gern glauben, dass unser Lager sehr fest und fast uneinnehmbar von Natur. — Indessen verlasse man sich doch zuweilen allzusehr auf Verschanzungen. Er könne nur bedauern, dass der erste Plan, nach Böhmen zu marschiren, aufgegeben worden. Wir

---

[1] S. Erster Band, Seite 445 u. ff.

würden dabei nicht behelligt worden sein.¹ Da wir es
nicht gethan, so könne er nur annehmen, dass wir
schlecht unterrichtet gewesen. Nichts mache übrigens
dem Könige mehr Ehre, als der Entschluss, sich zu
Seiner Arme zu begeben; wenn die Kaiserliche Armee
sich auf die Sächsische, so könne sich die Sächsische
unbedingt auf die Kaiserliche verlassen. Er hat mir
alles, was von ihm abhängt, an Unterstützungen angeboten, Truppen, Lebensmittel u. s. w. Fürst Löwenstein hat heute Morgen Befehl erhalten, mit 1000 Pferden nach Budin zu gehen; 800 werden sogleich folgen;
nach Aussig gehen 4 Compagnieen Husaren mit
Grenadieren unter den Befehlen des Oberstlieutenants
Broune, Sohn des Feldmarschalls. Morgen schon werden 1200 Mann in Tetschen stehen. Was die Lebensmittel betrifft, so können wir über Alles verfügen,
was wir nur brauchen. Baron Nettolitzki und Graf
Chotek sind mit den nöthigen Befehlen versehen."
Ueber die Stärke der Kaiserlichen Armee enthält Accaris Rapport folgende Notizen: „Brounes Armee sei
40,000 Mann stark. Fürst Piccolomini solle ihm noch
25,000 Mann zuführen. Um dessen Marsch zu beschleunigen, sei den Soldaten doppelte Löhnung versprochen worden, dennoch könne Broune das Corps
nicht vor 8 bis 10 Tagen erwarten, dann aber werde
er sich mit 40,000 Mann von Collin nach Sachsen

---

¹ Die Königlichen Equipagen waren allerdings unbehelligt
nach Prag gelangt.

zuwenden und den Fürsten Piccolomini mit seinen 25,000 Mann zur Deckung der Flanke zurücklassen. Lebensmittel und Fourage für unsere Truppen mitzubringen, werde er bei diesem Marsche unvergessen sein." —

Auf Accaris Frage, was er zu thun gedenke, wenn der König von Preussen, anstatt das Sächsische Lager anzugreifen, sich damit begnüge, es zu blokiren, hatte der Feldmarschall sehr kurz geantwortet: „Dann gehe ich über die Eger." Uebrigens hatte er dem Sächsischen Major kein Geheimniss daraus gemacht, dass die unter seinen Befehlen stehende Armee noch am 31. August weder Patronen, noch Kugeln, noch Artillerie gehabt habe; jetzt habe er Alles und „wenn, bemerkte er, Ihr Euch mit uns vereinigt hättet, so würde ich schon jetzt in der Lage sein, den gemeinsamen Feind aufzusuchen, um mich mit ihm zu schlagen, wo immer wir ihn fänden."

In einer andern flüchtigen Notiz ergänzt Accaris seinen Rapport dahin, dass die Kaiserliche Armee im Lager von Budin 15 Regimenter Infanterie (36,000 Mann) und 10 Regimenter Cavallerie (8000 Mann) stark sei, 2 Regimenter Husaren und 6000 Mann irreguläre Truppen Croaten, Panduren u. s. w. würden für die letzten Tage des Monats September erwartet. Auf diese Truppen scheine der Feldmarschall für den Erfolg seiner Operationen am meisten zu rechnen. Die Pontons seien in Prag geblieben.

Ueber den Geist der Kaiserlichen Armee, über den aufrichtigen Wunsch des Feldmarschalls, dem Könige zu Hilfe zu eilen, spricht sich Accaris in den allerunzweideutigsten Ausdrücken aus.

Graf Brühl schildert die Sachlage.

Brühl antwortete dem Generalfeldmarschall sofort am 7., Accaris habe die Bereitwilligkeit Seiner Excellenz, die Sächsische Armee „auf alle Weise zu succurriren, umständlich erklärt." Seiner Majestät sei davon Vortrag geschehen und Höchstdieselben hätten eine besondere Zufriedenheit darüber bezeiget und geäussert, „wie Sie immer mehr in der von der noblen Denkart Seiner Excellenz jederzeit gehabten Meinung bekräftigt würden." Im Auftrage Seiner Majetät ersucht nun Brühl wiederholt „nur einiges *mouvement* mit der Kaiserlichen Armee vorwärts zu machen," um der Sächsischen nöthigenfalls „desto eher auf die eine oder andere Weise, sei es durch eine Conjunction oder Diversion, beistehen oder Luft machen zu können." Vornehmlich aber wäre es höchst nöthig, das detachirte Corps Grenadiere bis nach Peterswalde vorzuschieben, um auf die erste Requisition in das Sächsische Lager mit einrücken zu können. Brühl fügte hinzu: „Ew. können übrigens versichert sein, dass wir weder mit England, noch mit Preussen eine Convention gemacht, und dass, wiewohl die mindeste *apparence* noch dazu nicht vorhanden, falls wir ja mit Preussen über eine Neutralität conveniren sollten, ich nicht ermangeln würde, Ew. davon sonder dem mindesten Zeitverluste Nachricht zu ertheilen."

Gleichzeitig richtete der Premierminister an den Sächsischen Gesandten in Wien folgende Depesche, d. d. Hauptquartier Struppen den 7. September: „Seit meinem Letzten von vorgestern hat sich unsere Lage nicht verbessert. Sie ist immer noch dieselbe; nur haben sich die Preussischen Truppen mit grossen Schritten seitdem unserm Lager genähert. Die Colonne, welche der König von Preussen führt, ist vergangene Nacht in Meissen, die Avantgarde seiner Husaren schon bei den Scheunen bei Dresden gewesen. Wir wissen noch nicht, wohin er seinen Marsch lenken wird. Wenn aber gewisse Nachrichten wahr sind, so scheint des Königs Absicht, ein Lager von beiläufig 30,000 Mann bei Fischbach, ohnweit Königsbrück zu beziehen. Soweit wir es bisher aus verschiedenen Berichten haben berechnen können, muss die Preussische Armee, die sich gegenwärtig auf Sächsischem Boden befindet, 50,000 Mann übersteigen. Was Er von uns verlangt, darüber spricht Er sich in keiner Weise aus, wie aus der beiliegenden Correspondenz (Handschreiben vom 3., Antwort vom 5.)[1] des Näheren zu entnehmen. Seitdem ist von keiner Verhandlung mehr die Rede.

[1] S. Erster Band, Seite 419 und 436.

Wir fahren daher fort, uns auf die kräftigste Vertheidigung vorzubereiten, falls er, wie es allen Anschein hat, uns angreifen sollte. In diesem Falle würden wir nicht nur das Detaschement von 3000 Grenadieren, welche Feldmarschall Broune aus seinem Lager nach dem unserigen dirigirt, an uns ziehen, sondern wir würden auch sehr wünschen, dass der Feldmarschall mit seiner ganzen Armee folgen könnte, um der unsrigen entgegen zu gehen, die sich dann mit der seinigen vereinigen würde. Der Officier, den wir an Broune gesendet, ist zurück. Der Feldmarschall ist sehr guten Willens, aber er verlangt Befehle seines Hofes, die ich Sie sobald wie möglich zu erwirken bitte, damit er vollkommen freie Hand erhalte, sich mit unserem Feldmarschall zu verständigen und ganz im Einklange mit diesem zu operiren.

„Graf Broune hat die falsche Nachricht gehabt, wir hätten eine Convention mit dem Könige von Preussen abgeschlossen. Wäre diess der Fall, so hätten wir es ihm keinen Augenblick verborgen. Aber es scheint, dass der König von Preussen von keiner Convention hören will, es sei denn, dass wir ihm unsere Armee opfern; das wird er niemals erlangen. Uebrigens behandelt er uns immer schlechter. Ausser den Kassen, die er aufgehoben, neben all den ungeheuren Lieferungen, die das Land ihm leisten muss, nimmt er auch alle Pferde von Privatleuten und Bauern; ganz zu schweigen von den Excessen, die seine Armee verübt.

„Graf Sternberg hat mir die Befehle seines Hofs bezüglich der Krisis, in welcher wir uns befinden, mitgetheilt. Ich habe dem Könige darüber Vortrag erstattet und Se. Maj. hat mir befohlen, Sie zu beauftragen, Ihrer Maj. der Kaiserin Königin zu versichern, wie sehr der König durch die freundschaftliche Theilnahme gerührt worden, mit welcher Sie auf seine Verlegenheiten eingeht, und uns in jeder Beziehung Hilfe verspricht.

„Machen Sie nur, dass diese Hilfe eine schleunige sei, damit wir nicht, bevor sie kommt, hier erdrückt werden. Uebrigens empfehle ich Ihnen wiederholt, da wir hier ganz eingeschlossen und so zu sagen blokirt sind, den Kaiser zu veranlassen, die Preussische Vergewaltigung vor den Reichstag zu bringen. Auch wird es sehr nöthig sein, dass die Kaiserlichen Minister in Russland und Frankreich darauf dringen, dass beide Höfe ihre Truppen sofort marschiren lassen. Diess müsste nicht nur in gehöriger Anzahl geschehen, sondern auch so, dass man jenen Fürsten bei seiner schwachen Seite fasste. In Cleve und in Pommern wird ihm der Angriff wenig verschlagen, Frankreich müsste bis Magdeburg, Russland bis Frankfurt vordringen." —

Eine eigenhändige Nachschrift des Premierministers empfiehlt ausserdem dem Grafen Flemming, eine Geldanleihe zu erwirken. „Er plündert unsere Kassen mehr denn je. Man wird Alles ehrlich zurückerstatten."

Die Kaiserlichen Behörden kommen seinen Wünschen zuvor.
Wie bereitwillig übrigens die Kaiserlichen Behörden schon, unerwartet der Befehle aus Wien, den Wünschen des Sächsischen Hofes zuvorgekommen, beweist, dass der Chef der Kaiserlichen Regierung in Prag, Baron Nettolitzki, bevor jenes Schreiben an Flemming abgegangen, bereits an demselben 7. September dem Grafen Brühl schrieb: Da er nicht unterlassen, Ihro Kaiserl. Königl. Majestät von der beabsichtigten „Einrückung der Königl. Polnischen Armee" Nachricht durch einen Courier zu überschicken und dieser von Wien so eben zurückgekommen, so habe er nicht nur die Allerhöchste Genehmigung dessen, was zur Bequemlichkeit der Königl. Polnischen Sächsischen Armee sogleich veranlasst worden, sondern es beföhlen auch zugleich Ihre Maj., dass, falls bei der Königl. Polnischen Sächsischen Armee sich ein Mangel an Geld ergeben sollte, von Prag aus die Aushilfe ohne Weiteres zu besorgen. — Baron Nettolitzki bittet daher nur ihm zu sagen, wie viel und wohin er das etwa nöthige Geld zu senden habe. Die Summe wurde, für heutige Bedürfnisse ziemlich bescheiden, Sächsischer Seits auf 150,000 Gulden berechnet, welche auch auf das Bereitwilligste später vorgeschossen wurden.

Der 8. September war ein sehr beschäftigter Tag im Sächsischen Hauptquartier, namentlich im Cabinet des Grafen Brühl. Es traf nämlich ein Kaiserlicher Courier ein, der sich glücklich durch die Preussischen Vorposten hindurch, ohne Dresden zu berühren, direct im Hauptquartier meldete. Die Expedition war vom 5. und enthielt vor Allem das bereits angekündigte,[1] nachstehende eigenhändige Handschreiben der Kaiserin Maria Theresia:

> Monsieur mon cher frere et cousin je viens d'apprendre par courier l'agreable nouvelle du grand parti que V. M. a pris de mettre ces troupes en sureté en les faisant passer en Boheme. par le vif interet que je prens a sa gloire et au bien être de sa maison, cette resolution n'a pu que me faire un sensible plaisir. je souhaite bien sincerement que les choses tournent a sa satisfaction, mais au cas que cela n'arrivat point je lui offre un traité de subsides pour ce corps de troupes qui pourra se faire tout de suite. je n'attens même que sa reponse a faire payer une somme d'argent afin de ne les laisser manquer de rien, j'ai autant d'impatience d'apprendre sa resolution que j'ai d'empressement a la convaincre du sincere attachement avec lequel je suis de Votre Majeste
>
> tres aff^{née}
>
> soeure et cousine
>
> (signé) Marie Therese m. p.

Ferner den hier folgenden Privatbrief des Grafen Kaunitz an Graf Brühl:

[1] S. Depesche des Grafen Kaunitz vom 3. September. (Erster Band, Seite 447.)

„Es wäre ein Ueberfluss. Ew. Excellenz mit der weitläufigen Anführung jener aufrichtigen Empfindlichkeit beschwerlich zu fallen, welche in beider Kaiserl. Königl. Majestäten Gemüthe durch die harten und feindseligen Begegnungen erreget worden, so der König in Preussen wider Seine Majestät den König in Polen wirklich ausgeübt hat. Ich getröste mich, dass Ew. Excellenz ohnehin dessen überzeugt sein werden und kann Dieselben versichern, dass Ihre Majestäten durch diese Zudringungen ebenso wesentlich berühret sind, als wenn solche Allerhöchstdenselben selbst zugestossen wären. Sr. Majestät des Königs in Polen weise Entschliessung ist Höchstdessen Grossmuth und Würde vollkommen gemäss, und der Kaiserin Königin Majestät haben sich nicht entbrechen können, Sr. Majestät dem Könige durch diesen Courier den einschlüssigen Brief selbst zuzuschreiben, welchen Ew. Excellenz inständigst ersuche, des Königs Majestät behändigen zu wollen. Ew. Excellenz können ganz sichere Rechnung darauf machen, dass man diesseits, was nur immer möglich ist, mit Eifer und willfährig zu erfüllen, auch allem Verlangen des Königs mit Freude entgegenzu gehen gänzlich bereit sei. Ew. Excellenz werden mir erlauben, Deroselben über den grossen Antheil, so Ew. Excellenz an Sr. Majestät des Königs grossmüthiger Entschliessung haben, vom Reinsten des Gemüths Glück wünschen und dieselben zugleich versichern zu können u. s. w. u. s. w.

Wien, den 5. September 1756.

(gez.) Graf zu *Kaunitz-Rittberg.*

Der König antwortete ebenfalls eigenhändig umgehend:

Madame Ma Soeur. Il n'auroit pû M'arriver rien de plus consolant dans la situation inouïe ou Je Me trouve, que la lettre pleine d'amitié et de bonté que V. M. vient de M'écrire. Je suis sensible au-delà de toute expression à la juste part qu'Elle prend à mes malheurs.

Le Roi de Prusse, sans Me déclarer la guerre, et en Me faisant au contraire tout plein de protestations d'amitié, ruine totalement Mon pays et y agit pis qu'on n'a coutûme de faire en pays ennemi, dont la copie ci-jointe peut servir d'échantillon. Le manifeste de ce Prince aura informé V. M. sous quel prétexte specieux il a envahi Mes Etâts, et comme Sa reponse du 1. de ce mois, dont le Cte. de Sternberg aura envoyé copie à V. M. prouve, que tout le mal qu'il Me fait n'est, *que pour Me forcer de Me ranger de Son parti,* auquel cas il promet d'avoir soin de Mes intérêts; *il faut qu'Il Me conoisse fort mal, puisqu'il n'est pas persuadé d'avance, que j'endurerois plustôt la ruine de Mon pays et toutes les extrémités, que de Me laisser forcer de participer à une guerre injuste contre une si bonne et fidele Alliée comme V. M.* Plus que persuadé d'avance, qu'Elle Me tiendra compte de cette fermeté et sacrifice, à son tems, quand Dieu permettra, que cet injuste Aggresseur soit puni; V. M. S'offre du reste avec tant de générosité de Me sauver, que Je n'ai pas besoin de L'encourager à M'assister dans Ma triste et accablante situation, ou je me trouve plongé le plus innocemment et barbarement. Car cet ennemi cruel s'est emparé non seulement de Mes Etats, mais de tous Mes revenûs sans exception et agit en Maître absolû, sans pitié et miséricorde contre Mes Sujets. Il ne Me reste que Mon Armée, avec laquelle Je Me suis refugié icy. Cette Armée est pleine de bonne volonté et elle se defendra vigoureusement si le Roi de Prusse l'attaque, mais il est à craindre, puisqu'Il menace de la bloquer et forcer par la famine, qu'elle ne manque en peu de tems de vivres et de fourage, si V. M. n'a pas la bonté de la faire pourvoir de la Bohème, et si Son Veld-Mar.^{l.} Genl. Cte. de Broune ne maintient la libre communication entre ce Royaume et le Camp. Jusqu'au moment d'aprésent elle l'est, et je ne puis que Me loûer de la bonne volonté de M.^{r.} le Baron Nettolitzkj à nous fournir le nécessaire, pourvû qu'on soit encore à tems de nous l'ammener. Le principal est dans cette situation, que M.^{r.} le Veld-Mar.^{l.} Genl. Broune puisse bientôt venir nous secourir et repousser l'ennemi commun. Il l'a déjà fait espérer aussitôt qu'il plairoit à V. M. de lui faire parvenir Ses ordres et que le corps sous ceux du P.^{ce.} Piccolomini se seroit aproché. Nous tacherons ainsi de nous maintenir et de nous défendre quoiqu' avec une Armée infiniment inférieure, jusqu'à ce que le Veld Mar.^{l.} Genl. Broune puisse venir faire diversion, et je repète mes instances que V. M. daigne Lui ordonner de se hater au possible, et de l'assigner à un parfait concert avec le Veld Marechal de Mes Troupes, et de se faire suivre, de quoi faire subsister son Armée, le Roi de Prusse n'ayant absolument rien laissé pour la nourrir.

D'ailleurs V. M. aura déjà été informée de l'impossibilité qu'il y a eû de Me retirer avec Mon Armée en Bohême, vû que l'Ennemi étoit déjà à côté de nous, et qu'un autre Corps, qu'il avoit poussé plus en avant, auroit pû nous couper entierement cette retraite et nous battre et détruire en detail, outre que l'Armée auroit été obligée de laisser à l'Ennemi tout l'équipage et toute l'artillerie.

Toute Mon espérance se fonde sur le secours de V. M. Elle sauvera une armée, qui combattra en tout tems pour

Ses intérèts, seulement j'ajoute encore une prière, que la necessité, ou je me vois, étant privé de tout revenûs, M'oblige à Luy faire, c'est de M'assister de quelques avances en argent, que Je Lui rendrai, avec la plus vive reconoissance, le plustôt possible.

V. M. fera le tout pour un Allié, parent et Voisin, qui ne sait être ingrat, et qui restera toute sa vie avec l'attachement le plus sincére et une considération très parfaite etc.

au Quartier General
à Strupe ce 8 Sept. 1756.

Gleichzeitig schrieb Brühl an Kaunitz:

„Der von Ew. Excellenz am 5. ds. abgeschickte Courier ist diesen Morgen bei uns im Lager eingetroffen und hat, weil die Communication zwischen hier und Dresden nunmehro völlig gesperrt, mir nicht nur die an mich, sondern auch die an Graf Sternberg gerichteten Depeschen abgegeben. Letztere werde (ich), so bald sich eine sichere Gelegenheit ergiebt, nach Dresden befördern, dahingegen ist das von Ihro Maj. der Kayserin an Ihro Königliche Maj. meinen Allergnädigsten Herrn erlassene Schreiben sofort überreichet. Es hätte, in der grausamen und nie erhörten Situation, worinnen der König in Preussen ohne die mindeste Ursache und obwohl Er sich nicht einmal Feind, sondern noch dazu Freund nennet, Ihro Königl. Maj. gesetzet, Höchstdenenselben nichts Tröstlicheres begegnen können, als die Ueberkommung eben dieses Schreibens, worauf hierbey die Antwort folgt. Mit Beziehung auf dessen Inhalt und Bitte, das darinne angesuchte Begehren, auch Dero Orts bestens zu unterstützen, und zu Dererselbigen uns bereits so oft erwiesenen besondern Wohlwollen noch dieses beifüge, von dem unerhörten Verfahren des Königs in Preussen wider uns nicht nur Frankreich und Russland, sondern auch das ganze Reich zu informiren und um schleunige Assistenz anzurufen. Wie grausam er mit uns zu Werke geht, habe (ich) laut Beilage in der Eil selbst ein Wenig aufgesetzet. Wenn uns mit dem gebethenen Vorschusse, wozu Ew. Excellenz das Meiste durch Dero gütigste Vorstellungen beitragen können, bald an die Hand gegangen wird, so können wir annoch die in Polen stehenden Regimenter als Carabiniers-Garde, drei Regimenter *chevaux legers* und ein Paar Regimenter Uhlanen durch Mähren und Böhmen an uns ziehen oder zu Ihrer Maj. der Kayserin Armee stossen lassen, welche Regimenter, wie ich versichern kann, in solchen Umständen, dass sie mit vielem Nutzen zu gebrauchen sein dürften u. s. w.

<small>Graf Brühls eigenhändige Schilderung des Preussischen „transitus innoxius."</small>

Der in diesem Antwortschreiben erwähnte eigenhändige Aufsatz, zweifelsohne auch die Beilage, welche in dem Königl. Handschreiben an die Kaiserin angezogen wird, hat sich in einem andern Actenstücke gefunden und da eigenhändige Concepte des Premierministers Grafen Brühl zu den Seltenheiten gehören, die Aufzeichnung immerhin charakteristisch ist, so geben wir sie hier *in extenso:*

„Sogleich beim Eintritt hat der König von Preussen den Anfang mit einer verlangten unbeschreiblichen Menge Portionen und Rationen gemacht und zwar, weil seine Truppen wenigstens 60,000 Mann, eine die Kräfte des Landes gänzlich übersteigende Anzahl anzubegehren. Denen

Leuten sind Rindvieh, Pferde und auch Knechte genommen worden. Leipzig hat er eingenommen, gleich allen andern Städten, alle Königl. *Cassen spoliirt*, allen *Cassirern*, so auch allen Stadträthen und Kaufleuten bei Lebensstrafe anbefohlen, hinführo nichts mehr an den König von Pohlen unter keinerlei *Prätext* auszuzahlen, sondern alle *Imposten*, Zölle, *Accisen*, Steuern und was es nur Namen haben möge, bloss allein an ihn zu vergnügen. Man verschweigt noch unzählbare andere *Excesse*, deren ein Buch voll zu schreiben und wo einer immer barbarischer als der andere. Die Lieferungen und *Exactionen* haben immer zugenommen, so dass nunmehro in Sachsen nicht mehr ausgesäet werden kann und die armen Unterthanen ihre Wohnungen stehen lassen und mit Thränen um ein wenig Brod betteln. Unerhört ist sein Einbruch und noch unerhörter sein Verfahren, welches stündlich ärger, unbarmherziger und mehr als türkisch und heidnisch wird. Er lässt Selbst im Lande *fouragiren*. Die *Husaren* und andern Soldaten schlagen Kisten und Kasten auf, plündern alles denen Leuten und seine Drohungen sind Feuer und Schwert. Von der ersten Stunde an hat er Alles, was er vom *Militair*stande bekommen konnte, gefangen nehmen lassen, Posten, *Estafetten*, *Couriere*, Alles wird *enlevirt*. Den *General Meagher*, so man an ihn gesendet, mit Briefen, hat er wie lange als Kriegsgefangenen herumführen lassen und den Prinzen von *Gotha*, so auf der Strasse gereiset, aufhalten, und gegen *Revers*, dass er niemals gegen ihn dienen wolle, als Kriegsgefangenen auf *Parole* losgelassen.[1]

[1] Johann Adolph, Prinz zu Sachsen-Gotha, Chursächsischer Generallieutenant, wurde auf der Reise von Altenburg nach Dresden, unweit Penig, am 30. August von den Truppen des Erbprinzen von Braunschweig aufgehoben. S. Aster a. a. O. S. 126.

„*Enfin* er geht *tyrannisch* um und nennt sich verwegenerweise einen Freund.

„Die **Armée** hat sich nun zwar so bald als möglich zusammengezogen und ist nach **Pirna** in das Lager gerückt in der wahren Entschliessung, nach Böhmen einzurücken und sich mit Ihro Majestät der Kaiserin **Armée** zu *conjungiren*; allein als Ihro Majestät der König den andern Tag zu Pferde sich setzen wollen, war die ganze **Generalität** gezwungen, die Unmöglichkeit vorzustellen, den König allein *marschiren* zu lassen, indem sich schon Preussische **Husaren** sehen liessen und der König von Preussen ein **Corps** über Chemnitz *avanciren* lassen, so schon mit Pirna in gleicher **Linie**. Sie gaben zu erkennen, dass die **Armée** ohnmöglich aufbrechen könnte, wenn sie auch schon die ganze **Bagage** und die **Artillerie**, so doch bei der Armee unumgänglich nöthig, im Stiche liessen, indem die **Corps** derer Preussen, so seitwärts stünden, sie *deranciren* und natürlich von hinten *attaquiren* würden, wodurch sie *en détail* zu Grunde gingen, ehe sie sich mit der **Armée** der Kaiserin *conjungiren* könnten. Dass dieser Schluss richtig, zeigen die neben uns stehenden **Detachements**, die sich beständig nach unserm Marsch erkundigt und auch noch (sc. erkundigen).

„Hier will man noch die Drohungen unerwähnt lassen, dass, sobald wir nach Böhmen rückten, Er **Residenz** und Alles verheeren und verbrennen wollte, Drohungen, so von einem solch *barbarischen* Herrn, der einem *neutralen* Reichsstand und Churfürsten in sein Land meuchelmörderischer Weise fällt, Alles wegnimmt, Alles *ruinirt*, alle **Revenüen** raubt,

damit Er mit seinem Königl. Hause, Hofe und
Armée Hungers sterben soll.[1]

„Der Nachwelt muss eine solche Grausamkeit unglaublich, das ganze Reich aber, als welches Alle Rechte, *Constitutiones*, Freiheiten und Sicherheit über den Haufen geworfen sieht, zu einer schleunigen Rache und Hülfe gegen den so allgemeinen Reichsfeind anflammen und ganz **Europa** kann sich nicht entbrechen, Ihro Majestät den König von Pohlen gegen den **Tyrannen** zu schützen und Ihm zu billiger **Satisfaction** zu verhelfen.

„Um aber in der betrübten **Historie** fortzufahren, so haben Ihro Majestät der König nicht Anderes thun können, als nach dem einmüthig in einem Kriegsrath gefassten Schlusse, sich in ihrem Lager zu verschanzen, um in etwas annoch der so günstigen Natur, so das Lager durch lauter hohe Felsen befestigt, zu helfen, und darinne den Anfall der Preussischen *Armée* standhaftig und mit dem Vorsatze *aut vincere aut mori*, abzuwarten; zumal alle Kriegserfahrenen zugestehen, dass er ohne Verlust vieler Tausende nichts ausrichten und den Sieg, wenn Gott dieses Unglück verhängen wollte, theuer würde erkaufen müssen. Ihro Majestät haben Hrn. **Generalfeldmarschall** Grafen von **Browne** von ihrer gegenwärtigen **Position**, **Situation** und **Resolution** durch etliche **Couriers informiren** lassen und seiner Kriegserfahrenheit überlassen, wie er die Sächsische *Armée* unter dem **Prätexte**, seinen Feind zu suchen, von der Hungersnoth (weil Er solche zu bloquiren und durch die Noth zu zwingen, aber nicht zu *attaquiren* gedenkt) werde retten und zum grossen Nutzen der Kayserin bei einer tapfern

---

[1] Hier fehlt wahrscheinlich ein Wort, wie: „kommen" oder „Beachtung verdienen."

Activité werde erhalten können; da dann dem Könige von Preussen sein *barbarisches* Unternehmen eingebracht werden könnte. Ihro Majestät die Kayserin gewinnen indessen nicht wenig durch die Zurückhaltung der Preussischen *Armée* aus Dero Landen, indem Er ohnmöglich in *Böhmen* einbrechen kann, so lange ihm die Sächsische *Armée* im Rücken. Um sich indessen in Lebensmitteln zu erhalten, hat man so viel als möglich gewesen, Vorrath gemacht, allein der so unerwartete unmenschliche Einfall hat nicht hinlängliche Zeit gelassen, *Fourage* und Lebensmittel zu einer langen *Bloquade* anzuschaffen und erwartet man die Hülfe von Ihro Majestät der Kayserin, von Dero grossmüthiger Willfährigkeit und Rettung man schon im Voraus vollkommen überzeugt und sich nichts als alles ersinnliche Gute versprechen kann. Nur liegt Alles an der Geschwindigkeit, indem die bösen Nachrichten stündlich wachsen."

Begleitet wurde diese Expedition durch folgende Depesche an Graf Flemming: „Ich hatte schon gestern Abend, schreibt Brühl, meine Depesche vorbereitet, als heute Morgen ein Kaiserlicher Courier mit einem Schreiben des Grafen Kaunitz an mich und Depeschen für Graf Sternberg eintraf. Ich behalte die letzteren bis zu einer sicheren Gelegenheit. Die Preussischen Husaren haben die Verbindung zwischen hier und Dresden unterbrochen und schon mehrere Personen aufgehoben, die hieher kommen wollten. Was die Depeschen des gedachten Couriers anlangt, so haben sie grosse Freude erregt. Ich sende Ihnen die Abschriften, sowie auch die Antworten. Diese

Piecen werden Ew. hinreichend über unsere Lage unterrichten, auch über Das, was wir wünschen. Ich zweifle nicht, dass man gern und vollkommen unsere Wünsche befriedigen werde. Ich bitte Ew. mir oft Nachrichten zu geben und Alles aufzubieten, um uns *„dans notre détresse"* zu unterstützen. Sprechen Sie auch mit Herrn von Keith[1] und stellen Sie ihm vor, der König, sein Herr, möge nicht vergessen, dass auch Er ein Reichsstand und dass, was heute dem Einen, morgen dem Andern passiren kann."

Hierzu noch ein eigenhändiges Postscriptum: „Der König befiehlt mir, Ew. Excellenz zu beauftragen, der Kaiserin Königin tausend Entschuldigungen darüber zu machen, dass der König so schlecht geschrieben; aber tausend Anfragen und Lärmen haben ihn jeden Augenblick unterbrochen. Ich erhalte in diesem Augenblicke ein Schreiben vom Baron Nettolitzki aus Prag,[2] der mir neue Beweise der unschätzbaren und hochsinnigen Freundschaft Ihrer Majestät meldet u. s. w. Der König wünscht, dass Ew. der Kaiserin Seinen tiefgefühltesten Dank in den allerverbindlichsten Ausdrücken darbringen und nichts versäumen mögen, um Ihre Maj. davon zu überzeugen, dass Beweise einer solchen Freundschaft für ewig in seinem Herzen ein-

---

[1] Sir Robert Murray Keith, der Englische Gesandte in Wien.
[2] S. oben Seite 10.

gegraben bleiben und dass sie den König unsern Herrn auf das Tiefste gerührt haben. Wir werden uns der Genehmigung Ihrer Maj. bedienen und vom Baron Nettolitzki 50,000 Ducaten entnehmen, welche wir seiner Zeit mit Freuden zurückerstatten wollen. Wenn es nicht ganz indiscret, so würden wir allerdings gern die Dosis verdoppeln."

<small>Graf Rutowski an Graf Broune.</small>

Während Graf Brühl so beschäftigt war, griff auch Graf Rutowski zur Feder und schrieb an demselben 8. September seinen ersten und einzigen Brief an den Feldmarschall Grafen Broune:

„Nachdem ich von des Herrn Premierministers Grafen Brühl Excellenz vernommen, dass die Umstände in so weit gediehen, dass von der Kaiserl. Königl. *Armée* ein *Corps* von 24 *Grenadier-Compagnieen* und vielleicht auch etwas *Cavallerie* unter *Commando* des Herrn Grafen von Wied nach Budin hin *detachirt* werden sollte; als habe auch (ich) mir die Ehre geben wollen, Ew., wie angenehm uns allhier diese Entschliessung gefallen, zu erkennen zu geben und dabei dieses annoch zu eröffnen, wie, dass zu Erreichung des *intendirten* Endzweckes noch ein Mehreres beitragen würde, wenn nicht allein obiges *Detachement* des Näheren an die Gegend von Peterswalde baldmöglichst *poussiret*, sondern auch mit der *Armée en force* ein *Mouvement* näher an hiesige Grenze gemacht würde. Mit der *Avancirung* des *Detachements* wird es um so weniger Bedenken finden, da dasselbe

immer Meister von den *Gorgen* (Thälern) und *Défilées*
bleibt und sich allemal nach Aussig zu *repliiren* im
Stande ist.

Unsererseits haben wir in der dahiesigen
gar vortheilhaften Posten von einer *Attaque*
nichts zu befahren und geht nur unser einziges
Augenmerk nebst der *Conservation* der *Armée*
auf die Erhaltung der *Communication* mit Böhmen und diese *dependirt* von Ew. Excellenz beliebigen
baldigen Veranstaltungen, dannenhero auch ganz ergebenst ersuche, mir davon nächstens einige nähere
Nachricht zukommen zu lassen.

Ich habe die Ehre hierbei zu versichern, wie
ich mit besonderer Hochachtung u. s. w."

Gez. Rutowski.

Unter Bezugnahme auf diesen Brief schrieb übrigens Brühl ebenfalls an Browne an demselben Tage:

„Da unser Gen. Feldmarschall Herr Graf Rutowski heute mit der zwischen beiden *Chefs* so nöthigen *Correspondenz* den Anfang macht, so begnüge
ich mich, selbige mit diesen wenigen Zeilen zu begleiten, um Ew. nochmals zu ersuchen, Alles zu
thun, was zu unserem *Soulagement* gereichen kann,
zumal alles Uebel, was uns betrifft, aus keinem
andern Grunde herrührt, als von der genauen Freundschaft, in welcher beiderseits Höfe mit einander stehen.
Es müssen selbige endlich doch ein gutes Ende gewinnen. Ich aber werde nie aufhören u. s. w."

Die Communication mit Dresden war damals schon, wie wir oben gesehen haben, sehr erschwert. Nachrichten aus der Hauptstadt gehörten in Struppen zu solchen Seltenheiten, dass wir nicht verfehlen wollen, ein Schreiben wiederzugeben, welches Conferenzminister Graf Rex,[1] d. d. Dresden 8. September, 3 Uhr Nachmittags an den Premierminister richtete:

„Eine Frau von meiner Frauen Gut Borten hat es gewagt, mir einen Brief von meinem Bruder aus dem Lager zu bringen und sich zugleich erboten, dergleichen dahin zu bestellen. Ich habe also diese Gelegenheit, Ew. von ein und dem andern zu benachrichtigen, um so weniger aus den Händen lassen mögen, als uns durch die Preussischen Husaren, welche von der grünen Wiese an bis Pirna hin alle Wege und Dörfer besetzt haben, die *Correspondenz* auf dieser Strasse mit dem Lager gänzlich abgeschnitten ist. Selbst die Königl. *Livrée* wird von den Husaren nicht *respectirt*, denn als gestern Ihro Maj. die Königin den Pagen Kicki[2] anfänglich mit einem Packete, worin zugleich wichtige Depeschen, und, nachdem er diess wegen der ihm schon im grossen Garten zugekommenen Nachricht, dass in Leuben Preussische Husaren ständen, zurückgebracht,

---

[1] Carl August Graf von Rex. S. Erster Band, Seite 71.
[2] Simon Thaddäus Kicki, der älteste der damaligen Silberpagen.

DIE GEHEIMNISSE
DES
SÄCHSISCHEN CABINETS.

ENDE 1745 BIS ENDE 1756.

ARCHIVARISCHE VORSTUDIEN

FÜR

DIE GESCHICHTE DES SIEBENJÄHRIGEN KRIEGES.

ZWEITER BAND.

MIT VIER LITHOGRAPHIEN.

STUTTGART.
VERLAG DER J. G. COTTA'SCHEN BUCHHANDLUNG.
1866.

bloss mit einem Briefe an Ihro Maj. den König zwischen 8 und 9 Uhr Abends abgefertigt, ist derselbe in dem nurgedachten Dorfe Leuben angehalten und zum König von Preussen nach Rothschönberg gebracht worden, von dannen er auch bis jetzo nicht zurückgekommen ist. Nicht minder haben diese Husaren einen von dem Französischen *Ambassadeur* in der Nacht nach Prag geschickten *Courier* angehalten und ihm seine Depeschen, welche sie gleichergestalt an den König ihren Herrn gesendet, abgenommen. Und endlich haben sie auch heute früh den Cabinetscourier Coretzki, welcher wiederum einen Brief an Ihro Maj. den König von Ihro Maj. der Königin überbringen sollen, auf der grünen Wiese *arretirt*, der ihnen aber, als der eine Husar, um es dem Offizier zu melden, weggeritten, durch den grossen Garten zu entkommen Mittel gefunden.

Ihro Majestät die Königin hat daher durch den aufwartenden Kammerherrn Grafen Einsiedel, nachdem sie unser allerseits unmassgebliches Gutachten darüber zu vernehmen geruht, sich bei dem Preussischen Gesandten über dieses mit der Preussischen wiederholten Erklärung nicht übereinstimmende Betragen beschweren und von ihm verlangen lassen, dass er entweder selbst Pässe vor die an Ihro Majestät in das Lager abzufertigende *Couriers*, wenn er, dass diese würden *respectirt* werden, genugsam versichert wäre, ausstellen, oder an seinen Herrn einen *Courier* schicken und es dahin einleiten möchte, damit die

Ordre ertheilt würde, alle mit Ihro Majestät der Königin Siegel versehenen Briefe oder Packete ohne den geringsten Aufenthalt *passiren* lassen. Worauf erwähnter Gesandter das letztere von beiden erwählet und alsbald einen *Courier* an den König von Preussen, der wie man sagt, heute in *Steinbach* unweit *Kesselsdorf* mit der *Armée* stehen und daselbst morgen Rasttag halten werde, abgesendet, auch versprochen hat, die Antwort, sobald sie eingelaufen, wissen zu lassen. Wobei er zugleich mit erwähnt, dass der König sein Herr überaus missvergnügt wären, über die *Excesse*, so einige seiner Regimenter ausgeübt hätten und desswegen eine *Commission* niedersetzen wollten, um solche zu untersuchen."

„Ihro Majestät sind indessen überaus bekümmert, dass Sie seit gestern keine Nachricht von Ihro Majestät den König erhalten und ich bin ein angenehmer Bote gewesen, als ich ihr aus meines Bruders gestern zur Nacht geschriebenen Briefe hinterbringen konnte, dass unser allergnädigster Herr sich wohl befänden und an die drei Stunden im Lager gewesen wären. Höchstdieselben haben mir allergnädigst anbefohlen, Ew. zu melden, wie Sie vier Briefe an Ihro Majestät den König und einen gar weitläufigen Brief an Ew. Excellenz auf Ihren Schreibtisch liegen hätten und spätestens morgen mit dem Französischen *Ambassadeur* und *Sicilianischen* Gesandten, wenn ersterer den begehrten *Passeport* erhalte, abzuschicken gedächten, künftig aber die

Packete nicht an Ew. Excellenz, sondern unmittelbar an Ihro Majestät den König zu *addressiren* und darin die Briefe an Ew. einzuschliessen gemeint wären. Uebrigens verliessen Sie sich auf Ew. *fermeté*, dazu man in gegenwärtigen Vorfällen um so stärkeren Grund hätte, je gewisser man auf den göttlichen Beistand zu hoffen Ursache habe.

Der Prinz von Braunschweig soll heute dem Vernehmen nach von Freiberg aufgebrochen und nach Dippoldiswalde zu marschiren, um sich vermuthlich mit dem Könige zu *conjungiren*. Mein Weib empfiehlt sich und ich verbleibe als stets u. s. w.

Dresden den 8. Sept., (Gez.) Rex.
Nachmittags um 3 Uhr.

Nachschrift. Den Augenblick lässt mir der Kammerrath Poigk melden, dass der Page Kicki, der Feldpostmeister Naumann und zwei Feldpostknechte auf der Husarenwacht zu Plauen in der Mühle sässen, ich hoffe aber, dass der Erstere noch heute in Freiheit gesetzt werden soll, weil Ihro Majestät die Königin bei dem Preussischen Gesandten nachdrücklichst darauf antragen lassen. In Wittenberg sind auch die Studenten entwaffnet worden und wird täglich mit 500 Mann an Niederreissung der Festungswerke gearbeitet."

Am 9. September erreichte der K. K. Oberst Baron von Bülow mit mündlichen Aufträgen des Feldmarschall Broune und einem kurzen Billet desselben, das Sächsische Hauptquartier. Worin diese mündlichen Aufträge bestanden, ergibt sich aus einem gleichzeitig, wahrscheinlich von demselben Offiziere überbrachten Rapport des Baron von Riedesel aus dem Hauptquartier Kollin vom 8. September. Wir haben oben gesehen, welche Aufträge Riedesel gehabt.[1]

„Nun, sind die Sachsen zufrieden mit mir?" hatte der Feldmarschall diesen Offizier gefragt. „Die 24 Grenadiercompagnien, die Ihr nach Peterswalde vorgeschoben wünscht, sollen marschiren, ich werde ihnen selbst folgen, wenn es Noth ist. Lasst mir nur Zeit, sie durch andere Truppen zu ersetzen. Sobald Fürst Löwenstein die Stellung erreicht haben wird, die jetzt der General Graf Wied einnimmt, wird dieser sich mit seinen Grenadieren bis in die Nähe von Aussig ziehen."

Riedesel bemerkt hierzu, „dass er das Detaschement des Grafen Wied in Budin, das des Fürsten Löwenstein an den Thoren von Böhmischbrod begegnet. Der Feldmarschall werde sofort einen Courier nach Wien senden, um der Kaiserin das obgedachte Riedesel'sche *Promemoria*[2] vorzulegen. Befehle müsse Graf Broune noch abwarten, da er es nicht auf seine eigene Verantwortung nehmen könne, sich der Beschuldigung auszusetzen, den Krieg angefangen zu haben.

[1] S. Erster Band, Seite 445 u. ff.
[2] S. Erster Band, Seite 445 u. ff.

Der von Sachsen gewünschte Marsch könne aber dazu Anlass geben."

Diess mögen beiläufig die Hauptpunkte der mündlich vom K. K. Obersten Bülow überbrachten Mittheilungen gewesen sein.

Brühl antwortete dem Feldmarschall am 9. September wie folgt:

„Die Nachrichten, welche Ew. uns durch Herrn von Bülow gegeben, sind uns sehr angenehm gewesen. Ich bedauere nur, dass dieser brave Offizier, der voll Eifer ist, sich so beeilt hat, wieder abzureisen, dass ich ihm meine Antwort nicht habe mitgeben können. Ich beziehe mich auf das, was er über unsern Wunsch einer schleunigen Hülfe gemeldet haben wird. Ich zweifele nicht, dass Ew. unverzüglich dazu ermächtigt werden dürften und ich beehre mich inzwischen, Ihnen im Namen des Königs für die Ihrerseits bewiesene Willfährigkeit, sowie auch für die vorläufigen Dispositionen zu danken. Wir würden dringend wünschen, dass die 24 Grenadiercompagnien bis nach Peterswalde vorgehen könnten. Die Preussen sind jetzt damit beschäftigt, oberhalb Königstein in der Nähe von Schandau eine Schiffbrücke über die Elbe zu schlagen. Wenn Ew. Excellenz nicht Mittel finden, ihnen in den Defileen Stand zu halten, so wird die Communication mit Böhmen bald ganz abgeschnitten sein. Ich bitte, auf diesen Punkt Ihre volle Aufmerksamkeit zu richten."

Gleichzeitig sandte Graf Brühl am 9. September den Geheimen Kämmerier Buresch,[1] — der, glücklich mit den Königlichen Equipagen nach Prag gelangt, von dort, nachdem der König am 4. die Reise nach Polen aufgeben, zurückgekehrt war, — nach Wien.

Graf Brühl an Graf Flemming

Buresch, zugleich Inspector des grünen Gewölbes, war beauftragt, die Juwelen in Sicherheit zu bringen. Er ward als Courier benutzt und überbrachte dem Grafen Flemming einen eigenhändigen Brief des Premierministers. Wir übersetzen daraus die folgende Stelle:

„Unsere Lage ist sehr kritisch. Der Feind hat heute Nachmittag seine Schiffbrücke in der Nähe von Schandau oberhalb Königstein beendigt. Communication zwischen beiden Ufern der Elbe ist daher hergestellt und der Feind (d. h. der linke Flügel, das Bevern'sche Corps) kann sich nach Gutdünken mit dem Könige von Preussen vereinigen, welcher mit dem Gros der Armee auf dem andern Ufer anherkommt und diese Nacht in Steinbach oberhalb Kesselsdorf zugebracht hat. Wir werden daher eingeschlossen und blockirt sein, ohne, sollten wir die Schlacht verlieren, weder für die Armee noch für den König eine Rückzugslinie zu besitzen."[2]

[1] Franz Buresch von Greifenbach.

[2] Brühl bezeichnet hier treffend mit den Worten: „*Sans avoir aucune retraite en cas que nous perdions la bataille, ni pour le reste de l'armée, ni pour le Roi*" den Grundfehler der Sächsischen Aufstellung.

Unser Heil hängt einzig und allein vom Feldmarschall Broune ab, er muss marschiren, um uns den Rückzug zu sichern und uns zu degagiren. Er wird den König von Preussen in grosse Verlegenheit setzen, da dieser, nachdem er unser ganzes, sehr ausgedehntes Lager mit einem Cordon umgeben, nicht in gehöriger Stärke, namentlich in den hiesigen Defileen sein kann. Graf Broune will nicht ohne ausdrücklichen Befehl nach Sachsen einrücken. Er wünscht den Schein zu vermeiden, als habe er den Krieg angefangen. Ich überlasse Alles diess Ew. Excellenz, Sie werden von meinen Notizen schon Gebrauch zu machen wissen. Ich bin in Eile, da Buresch fort soll. Der König spricht nur mit tiefgefühltester Dankbarkeit von alle den aufrichtigen und reellen Freundschaftsbeweisen, mit welchen Ihn die Kaiserin als eine wahre Freundin und Alliirte überhäuft. Die Kaiserin würde zu Thränen gerührt sein, wenn Sie die Festigkeit des Königs sowie Seine Erkenntlichkeit für Alles, was Sie Ihm darbietet, sehen könnte. Man kann es in den Augen dieses in allen Dingen so edeldenkenden Herrn lesen, wie aufrichtig Seine Dankbarkeit. Mit Einem Worte, Sie wissen nun Alles und kennen unsere Lage; ich kenne Ihren Eifer, dem Herrn zu dienen und bin etc."

Auf das oben wiedergegebene Schreiben des Grafen Rex antwortete der Premierminister in Deutscher Sprache an demselben 9. September:

„Je ängstlicher wir auf eine Nachricht aus Dresden gewartet, je mehr hat uns Ew. durch eine Frau aus Borten überschicktes und glücklich überkommenes Schreiben erfreut. Ich habe solches Ihro K. Majestät unserem Allergnädigsten Herrn sofort vorgelesen, welcher darüber vieles Vergnügen und über Ew. *Attention* besondere Zufriedenheit bezeuget.

In Erwartung, ob der König in Preussen auf die *Message*, so Ihro Majestät die Königin, welcher ich mich unterthänigst zu Füssen zu legen bitte, an den Preussischen Gesandten geschickt, die *Correspondenz* zwischen hier und Dresden wieder freilassen wird, versuche ich einen andern Canal, dessen man sich, wenn es gut geht, auch fernerhin bedienen kann. Von hier ist sonst dermalen nichts Neues zu vermelden. Ihro Majestät der König und Ihro Königliche Hoheiten die Prinzen befinden sich, Gott Lob, bei vollkommenem Wohlsein und werden diesen Nachmittag nach Königstein. Sonst geht uns hier noch zur Zeit nichts ab. Ein ander Mal, und wenn es sicher, werde ein Mehreres melden. Inzwischen" u. s. w.

Was der erwähnte „Canal" war, ergibt sich aus einem gleichzeitigen Billet an Generalmajor v. Zeutsch. Es wurden nämlich die Correspondenzen durch Feldjäger nach Pirna gesendet und von dort auf Elbkähnen nach Dresden befördert. Die Anstalt hielt aber nicht lange vor.

[1756.]   GARDEZ LA REINE! — SCHACH DEM KÖNIGE!

<small>Vorbereitungen zu den archivarischen Studien des Grafen Hertzberg.</small>
Wir verlassen nun das Hauptquartier, um nach einer uns vorliegenden officiellen, von den Geheimen Cabinetssecretären unterzeichneten „Allerunterthänigsten Relation" ein Ereigniss zu schildern, welches sich am 9. und 10. September in Dresden abspielte, ein Ereigniss, welches, wie wir sehen werden, einen entscheidenden Wendepunkt bezeichnet: die gewaltsame Eröffnung des Sächsischen Archivs.

Der König von Preussen war, wie bekannt, am 9. September in die von Truppen entblösste Residenzstadt eingerückt. Im Moscynskischen Palais abgestiegen, sandte er seinen Flügeladjutanten, den Obersten Lentulus, zur Begrüssung der Königin nach dem Königlichen Schlosse. Der König würde selbst gekommen sein, versicherte Lentulus, hätte Er nicht gefürchtet, unter den gegenwärtigen Umständen unwillkommen zu sein. Aber Er werde Sorge tragen, dass der Person und der Würde Ihrer Majestät der Königin alle Ehrfurcht erwiesen werde.

<small>Das Cabinet-archiv.</small>
Wir erinnern uns, dass Brühl in seinem ersten Billet, welches er, kaum im Lager eingetroffen, an Wackerbarth gerichtet, den grössten Werth auf die Beibehaltung der Schweizer Trabantengarde[1] in dem Innern des K. Schlosses gelegt hatte. Der Königin

---

[1] S. Erster Band, Seite 422. Die Schweizergarde ward nicht zur Sächsischen Armee gerechnet. Sie gebührte dem Churfürsten als Erz-Marschall des heiligen Römischen Reichs, und gehörte officiell zur Reichsarmee.

war diese Concession ohne Weiteres zugestanden, auch von dem inzwischen zum Stadtcommandanten der Residenz ernannten Preussischen Generalmajor Wylich ausdrücklich bestätigt worden. Es rückten nun am 9. Vormittags im Ganzen vier Preussische Bataillone — darunter ein Grenadierbataillon — in Dresden und zwar in die Neustadt ein. Ein Commando von Grenadieren aber zog unter das Schlossthor, woselbst zwei Grenadierposten ausserhalb nach der Schlossgasse, zwei dergleichen innerhalb nach dem kleinen Schlosshofe zu, neben ebenso vielen Schweizern aufgestellt wurden. Die von der Königin dem Flügeladjutanten Lentulus ertheilte Audienz hatte gegen 12 Uhr Mittags stattgefunden. Um 4 Uhr Nachmittags traten drei Preussische Wachen vor die Thüren der Geheimen Cabinetskanzlei und liessen Niemand mit Briefen oder Papieren ein- oder ausgehen. Generalmajor Freiherr von Wylich wurde Nachmittags 5 Uhr empfangen. Die Königin sprach ihm ihr Befremden über jene im Innern des Schlosses ausgestellten Wachposten aus und bat um deren Entfernung. Abends zwischen 7 und 8 Uhr erschien der Major von Wangenheim, welcher das eingerückte Preussische Grenadierbataillon commandirte, in der Geheimen Cabinetskanzlei mit dem Bemerken, er habe den sämmtlichen Geheimen Cabinetssecretären etwas zu eröffnen. Die Königin wurde davon durch den Legationsrath Just benachrichtigt und die Geheimen Cabinetssecretäre zusammengerufen.

Es waren diess: der Geheime Kriegsrath Müller, Hofrath Ferber, Ceremonienmeister und Kriegsrath von Vieth, Kriegsrath Klauder und Legationsrath Saul. Just überbrachte ihnen von der Königin die Ermächtigung, Wangenheims Anbringen *ad referendum* entgegenzunehmen. Derselbe eröffnete nun Folgendes:

„Da Ihro Majestät die Königin, nachdem Dero gegen den Generalmajor von Wylich heute beschehene Aeusserung, die Satzung derer Wachen vor die Thüren der Geheimen Cabinetscanzlei empfindlich gefallen, so wären, um Höchstdieselben hierunter zu beruhigen, Se. Majestät der König in Preussen zwar bemeldete Posten wieder abgehen zu lassen geneigt, jedoch unter der vorausgesetzten Bedingung, wann, da Sie einige Schriften weder in das Geheime Cabinet ferner gebracht, noch auch daraus weggeschafft wissen wollten, die in den Händen der Cabinets-*Secretarien* befindlichen sämmtlichen Schlüssel sowohl zu den Zimmern des Cabinets als zu eines Jeden *Bureau* ausgeantwortet würden. Er habe auf hierzu von Generalmajor Wylich empfangenen gemessenen Befehl des Königs von Preussen, diese Schlüssel abzufordern, dagegen aber zu versichern, wie der König in Preussen die *Secretarien* ausser aller Verantwortung hierunter setzen liessen."

Auf die Entgegnung, dass ohne ausdrückliche Erlaubniss die verlangten Schlüssel nicht abgegeben werden könnten, erklärte Wangenheim, dass im Falle der Weigerung die vor das Cabinet gestellten Posten verdoppelt, Niemand weder herein noch herausgelassen werden würde. Es wurde nunmehr der Königin vorgestellt, ob es nicht vielleicht besser, sich die angedrohte Verdoppelung der Wachen gefallen zu lassen, da dann die Cabinetsschlüssel behalten, die Preussen aber in die Nothwendigkeit versetzt werden würden, zur Eröffnung der Thüren und Behältnisse Gewalt zu brauchen. Die Königin entschied, man möge die Schlüssel, wenn es nicht zu verhindern, abgeben, Sie werde aber dann die drei Cabinetskanzleithüren mit Ihrem Siegel versiegeln lassen. Dem Major von Wangenheim wurde diese Resolution mitgetheilt. Er weigerte sich, die Cabinetsschlüssel in einem versiegelten Pakete anzunehmen und versicherte, wegen der Versiegelung der Thüren ohne Instruction, bestünde man jedoch darauf, genöthigt zu sein, dem Siegel der Königin sein eigenes beizufügen. Diess ward als respectwidrig abgelehnt und der Major behielt sich vor, nach erfolgter Versiegelung mit dem Siegel der Königin dem General von Wylich darüber Rapport zu erstatten. Sämmtliche Schlüssel mussten dem Major ausgeantwortet werden. Er bemerkte deren Zahl nebst den Namen der Geheimen Cabinetssecretäre in seine

Schreibtafel und nahm die Schlüssel zu sich. Abends 9 Uhr erfolgte die „Zuschliessung" aller drei Thüren; jede derselben ward mit Ihrer Majestät „Daumensiegel" zweimal „obsigniret." Der Major von Wangenheim liess die drei Wachposten abtreten. Zur Bewachung der K. Siegel ward ein Schweizerposten hingestellt. Abends 10 Uhr kehrte Wangenheim zurück und liess der Königin durch Legationsrath Just melden, „wie er nach erhaltener gemessener Ordre auch die Cabinetsthüren mit seinem Petschaft besonders zu besiegeln sich nicht entbrechen könne." Die Königin liess antworten, wie Sie, was Sie nicht zu hindern vermöge, geschehen lassen müsse. Der Major aber versiegelte die obengenannten Thüren „weit unter dem Königlichen Siegel."

Am andern Morgen 7 Uhr stellte Major von Wangenheim drei Posten vor die Cabinetsthüren und zeigte dem Legationsrath Just an, wie er gewisse vom König von Preussen verlangte Papiere aus dem Cabinete abzuholen und daher die Abnahme der Königlichen Siegel zu erbitten gemessene Ordre habe. Die Königin war in der Kirche und liess auf die erste Nachricht den Cabinetsminister Freiherrn von Wessenberg, Ihren Obersthofmeister, rufen, um ihn zum König von Preussen abzusenden. Da Wangenheim nicht warten wollte und Miene machte, zur Eröffnung des Cabinets zu verschreiten, „so sind Höchstgedachte Ihro Majestät — heisst es im Berichte — auf hiervon erhaltene Nachricht selbst auf die Galerie[1] gekommen, vor die versiegelten Cabinetsthüren getreten und haben sich gegen besagten Major von Wangenheim, wie Sie hier stünden, auch ob man gegen Sie und Dero Siegel Gewalt brauchen würde, abwarten wollten, vernehmen lassen. Der von Wangenheim hat sich daher mit dem Empfange strictester Befehle zu entschuldigen gesucht, jedoch dem Generalmajor Freiherrn von Wylich davon Rapport zu thun erboten." Die Königin befahl dem Legationsrath Just und Major von Weissenbach von der Schweizergarde, mit Wangenheim zu Wylich zu gehen und diesem das Nöthige vorzustellen. Die Preussischen Posten wurden verdoppelt. Wylich versprach noch einmal, die Befehle seines Herrn über die Papiere, welche er besonders aus dem *étranger*-Departement zu haben wünsche, einzuholen. Inzwischen wurde der Conferenzminister Graf Schönberg von dem Generalmajor Wylich sowohl, als auch vom Preussischen Gesandten Herrn von Maltzahn ersucht, der Königin vorzustellen, „Sie möge sich der Oeffnung des Cabinets ferner nicht widersetzen, solches geschehe auf ausdrücklichen Befehl des Königs von Preussen und könne man sich der Vollziehung nicht entbrechen."

[1] Die geheime Cabinetskanzlei befand sich damals im Königlichen Schlosse, da wo noch heute die Lokalitäten des Königlichen Gesammtministeriums sind. Die Königin kam aus der Kirche auf den Gängen, welche an jenen Zimmern vorbeiführen, Ihr Erscheinen war daher ein ganz zufälliges.

Wessenberg hatte Friedrich II. nicht mehr in Dresden getroffen und wurde erst in Sedlitz empfangen. Der König begnügte sich, ihm zu sagen, er käme zu spät, da die Befehle, sich des Archivs zu bemächtigen, bereits vollzogen sein müssten. Und so war es in der That. Denn „als die Zurückkunft Wessenbergs sich verzögerte, so fassten — heisst es in dem Berichte — Ihro Majestät in Gegenwart des Conferenzministers Grafen von Schönberg und Dero vor Höchstihnen in das Audienzzimmer geforderten Geheimen Cabinetssecretarien Müllers, Ferbers, von Vieths, Klauders und Justs die höchste Entschliessung auf den Fall, dass Letzteres nicht abzuwenden wäre, wie alsdann einer derer Kammerdiener, Biernatzki, Dero Siegel von den drei Cabinetsthüren zu Vermeidung deren Violation abnehmen, ebenso dass die Cabinetssecretarien, wenn es Preussischer Seits verlangt würde, zwar bei Aufmachung des Cabinets und derer darin befindlichen *Bureaux* als Zuschauer gegenwärtig sein, jedoch mit aller Anweisung und Uebergebung der ihnen anvertrauten Schriften verschont bleiben sollten."

Um 11 Uhr Vormittags kam Wylich selbst mit dem Major von Wangenheim in das Vorzimmer der Königin und erklärte dem Conferenzminister Grafen von Schönberg, „er sei ohne den geringsten Aufschub zu der Eröffnung der Cabinetskanzlei genöthigt." Alle Gegenvorstellungen waren vergeblich. Schönberg erwiderte: „dass, da man die Vorstellungen, welche

Wessenberg dem Könige von Preussen machen sollen, nicht abwarten, vielmehr den gegebenen Zusicherungen wegen unverletzlicher Beobachtung aller *égards* vor Ihro beiderseits Königliche Majestäten, auch Ihro Königliches Haus und Schloss schlechterdings nicht halten wollte, die Königin, was nicht zu hindern gehe, geschehen lassen müsse." Biernatzki musste nun die Königlichen Siegel abnehmen. General Wylich, Major Wangenheim und ein ungenannter Preussischer Offizier gingen in das Cabinet, wohin Hofrath Ferber und Legationsrath Just gerufen wurden. Man frug zuerst nach den *Bureaux* des *étranger*-Departements, öffnete den Schreibtisch des Legationsraths Just, ingleichen dessen Expeditionsschrank und begann die Schriften zu durchsuchen. Die Schlüssel von zwei Actenschränken hatte die Königin selbst in Verwahrung. Wylich ersuchte den Legationsrath Just sich diese Schlüssel zu erbitten, da die Eröffnung doch unvermeidlich; erbot sich, wenn eine Demonstration erforderlich, „selbst einen Span aus einem dieser Schränke herauszubrechen," und sprach „von persönlicher schwerer Verantwortung und Ahndung," stiess auch „verschiedentliche Drohreden" aus. Die Königin liess erwiedern, sie habe den Schlüssel verlegt und könne denselben für jetzt nicht finden, sei auch nicht gemeint, „zu einer so unangenehmen Verrichtung lange zu suchen." In dem *domestique*-Departement probirte

General Wylich einige Schlüssel selbst und steckte sie an die hierzu gehörigen Schränke. Hofrath Ferber und Legationsrath Just verweigerten jede Auskunft und baten, mit weiteren Fragen und Erkundigungen wegen der Cabinetskanzlei entnommenen Schriften und Papiere verschont zu werden. Erst Abends 6 Uhr kehrte Wessenberg von Sedlitz mit der Antwort zurück, „wie es bei der wegen des Cabinets genommenen Resolution sein Bewenden haben müsse." Uebrigens hatten sich die gedachten Preussischen Offiziere bis Abends 7 Uhr in den Cabinetszimmern allein aufgehalten, den Hofschlosser Martini dahin berufen, und um 7 Uhr drei grosse grobe leinene Säcke mit Schriften angefüllt, daraus fortschaffen, auch beim Weggehen die Thüre des *étranger*-Departements wieder besiegeln lassen.

So gewann Herzberg die Unterlagen zu dem *Mémoire raisonné*.

Kriegsrath in Struppen: „Schach dem Könige!"

Wir kehren nun in das Lager zurück, wo die eben erzählten Vorgänge selbstverständlich nicht bekannt waren. Dort traf an diesem Tage ein Bericht Riedesels gleichzeitig mit einem schon am 4. nach Wien und von dort zurück expedirten Sächsischen Courier ein.

Riedesels Bericht brachte eine Unterredung mit Feldmarschall Broune vom 9., worin dieser wiederholt auf den Antrag, baldmöglichst ein Detachement

10. Sept.

nach Peterswalde vorzuschieben, seine grösste Bereitwilligkeit zu erkennen gegeben, jedoch bemerkt hatte, wie seine Armee noch nicht vollständig versammelt und er sich von seinen in Kollin befindlichen Magazinen nicht allzuweit entfernen dürfe; auch seine Artillerie, obgleich sie in Eilmärschen von Wien herankomme, sei noch nicht vollzählig. Alles diess müsse er abwarten, bevor er sich mit der ganzen Armee in Bewegung setzen könne. Als Riedesel die Gefahr vorgestellt, welche entstehen müsste, wenn sich die Preussischen Truppen der Defileen zwischen dem Sächsischen Lager und Peterswalde bemächtigten, hatte der Feldmarschall geantwortet: „Nun Sie sehen, das Beste was Sie thun können, ist, mit der Armee des Königs hierher zu marschiren. Hier wird ihr nichts fehlen und sollte ja die Preussische Armee den Ausmarsch verhindern wollen, so würden ja Ihre vortrefflichen leichten Reiterregimenter, die so gut beritten sind, immer im Stande sein, die Preussischen Husaren *„les Husards postiches"* zurückzuwerfen und den Marsch zu sichern. Was mich anlangt, so werde ich, wenn nöthig, sobald als nur möglich, nach Sachsen vordringen. Vorläufig könnte aber diess weder dem Könige von Polen noch seiner Armee etwas helfen, weil dadurch die Lebensmittel nur noch seltener werden würden. Ausserdem würde ich den Terrainvortheil, den ich jetzt inne habe, verlieren, wenn ich mich allzusehr vorwagte."

Riedesel gesteht in seinem Rapporte, hierauf sei wenig zu antworten gewesen. Er habe jedoch auf dem Marsche der Grenadiere nach Peterswalde bestanden und die Schwierigkeiten hervorgehoben, welche der Sächsischen Armee aus Mangel an Pferden und andern Transportmitteln erwüchsen. Man habe ihm darauf so viele Pferde, als er nur verlangen wolle, angeboten; nur wünsche man drei Tage vorher eine Benachrichtigung über die nöthige Anzahl. Der Feldmarschall sei übrigens, fügt Riedesel hinzu, immer noch sehr besorgt, der König könne eine Neutralitätsconvention mit Preussen abschliessen; er habe sich aber bei der Versicherung, man werde nichts Derartiges thun, ohne ihn vorher zu benachrichtigen, beruhigt.

Wichtiger und unerfreulicher war die von Oberst von Trützschler aus Wien überbrachte Expedition vom 7. Dieser Offizier gehörte zu den persönlichen Adjutanten des Premierministers, welcher, seit 1742 General der Infanterie und Commandant der in Polen stehenden Sächsischen Regimenter, „der sogenannten 1200 Mann," — eine Eitelkeit darin suchte, von einem glänzenden Generalstabe umgeben zu sein. Er hatte sechs persönliche Adjutanten mit im Lager und „nichts zu commandiren," nebst 124 Pferden „und nichts zu reiten," wie ein Zeitgenosse[1] bitter bemerkt. Trützschler war mit der Nachricht, der

---

[1] Generallieutenant Graf Vitzthum „Ohnparteiische Gedanken." Wölkauer Archiv.

König werde im Lager bleiben und nicht nach Böhmen gehen, wie zuerst beabsichtigt, am 4. September nach Wien geschickt worden. Graf Kaunitz hatte ihn am 6. empfangen und am 7. zurückexpedirt. Er überbrachte das nachstehende Privatschreiben des Grafen Kaunitz d. d. Wien, 7. September, an den Grafen Brühl:

„M. le Colonel Trützschler m'a rendu compte hier de bouche de ce que V. E. l'avoit chargé de me dire. J'en ay été aussi étonné, qu'affecté, m'étant attendu à apprendre tout au contraire, que l'Armée de S. M. Polonoise, était en sureté. S. M. l'Impératrice auroit désiré pouvoir voler à son secours et V. E. aura pu juger par la lettre qu'Elle a écrite au Roy, de la vérité et de la vivacité de ses sentiments pour S. M. Polonoise. Je me flatte qu'Elle en trouvera de nouvelles preuves dans la lettre que par Ses ordres j'écris, aujourd'huy à Mr. le Maréchal de Broune et dont je joins ici une copie. Nous désirons ardemment que tout cela puisse encore arriver à temps. J'ay l'honneur etc."

In der dem Grafen Brühl mitgetheilten Instruction wird nun Broune von der Absicht des Königs von Polen unterrichtet, sich im Lager von Pirna so lange als möglich zu halten, und zugleich des Antrags des Grafen Flemming gedacht, 10,000 Mann Kaiserlicher Truppen zur Verstärkung der Sächsischen Armee in jenes Lager zu werfen. Kaunitz hält jedoch die Aus-

führung dieses Vorschlags für unthunlich, weil die
Sächsische Armee nach Brühls Mittheilungen nur auf
vier Wochen mit Lebensmitteln versehen sei, die
Herbeiziehung von 10,000 Mann Kaiserlicher Hülfs-
truppen die Verzehrung der kärglichen Vorräthe und
sonach den Verlust der Armee nur beschleunigen
könne. Der Staatskanzler beleuchtet den ferneren Vorschlag, mit der ganzen Kaiserlichen Armee sich nach
Sachsen zu begeben. Auch das erscheint ihm unprak-
tisch. Böhmen werde dadurch dem Könige von Preussen ganz geöffnet, die Kaiserliche Armee könne von
Mähren und Oesterreich abgeschnitten und in Sachsen
ausgehungert werden, während die Preussen jene
Länder aussaugten. — In der Unmöglichkeit, das
eine oder andere Auskunftsmittel dem Feldmarschall
anbefehlen zu können, gibt die Kaiserin anheim,
Alles aufzubieten, um der Sächsischen Armee den
Rückzug nach Böhmen zu ermöglichen. „S. M. l'Impératrice" — so lauten die Worte des Grafen Kaunitz — „croyant que dans le moment présent rien
ne peut importer autant à S. M. Polonoise, que
de sauver son armée, attendu que Ses États entièrement inondés des Trouppes Ennemies, ne luy offrent
plus d'autres parties à prendre pour ne pas tout perdre
— *Elle voudroit, qu'il pourroit encore être possible de
la retirer de la Saxe et Elle authorise V. E. de faire
tout ce qu'Elle jugera convenable pour faciliter et assurer
sa retraite en Bohême en cas que cela soit encore fai-
sable dans les règles de la guerre."*

Der Feldmarschall wird hierauf angewiesen, einen seiner erfahrensten Generale in das Sächsische Lager zu senden, um die Ausführung dieses Plans dort festzustellen. Im Falle der Annahme, aber auch nur dann, sollen dem Könige von Polen sofort 100,000 Thaler zur Verfügung gestellt werden.

Entsprach diese Instruction auch nicht den Wünschen Brühls, der, wie wir oben gesehen, Flemming angewiesen hatte, dem Feldmarschall Broune völlig freie Hand auszuwirken,[1] so wird man doch das Gewicht der Gründe nicht verkennen können, welche dem Kaiserlichen Cabinete den Marsch der gesammten K. K. Armee nach Sachsen sowohl, als die Detachirung von 10,000 Mann bedenklich erscheinen lassen mussten. Jedenfalls ist die Klarheit und Entschlossenheit anzuerkennen, welche damals in Wien herrschten. Am 6. erfährt man dort, dass der König von Polen seinen Plan, nach Böhmen zu gehen, aufgegeben. Am 7. sind bereits darauf hin die nöthigen Entschliessungen gefasst. Man weiss, was man will, man handelt. Der Commandirende in Böhmen wird gleichzeitig von dem unterrichtet, was man nach Dresden geschrieben, das Dresdener Cabinet mit Offenheit und Bestimmtheit von den dem Feldmarschall gegebenen Befehlen.

In Struppen berief man einen Kriegsrath. Wir geben das Protokoll desselben in den Anlagen. Das

---

[1] S. oben Seite 29 u. ff.

Resultat dieser Berathung wurde schliesslich für das Schicksal der Sächsischen Armee entscheidend. Zugleich warf dieser Kriegsrath auch den erst vier Tage zuvor gefassten einstimmigen, vom Könige genehmigten Beschluss der Minister, die Verhandlungen mit Preussen für erschöpft erachten zu wollen, ohne Weiteres über den Haufen.

Bevor wir den Generalen in das Hauptquartier folgen, möchte es an der Zeit sein, einige Worte über das Lagerleben des Königs und den dortigen Geschäftsgang einzuschieben. Der Generallieutenant Graf Vitzthum, der als Oberst der *Garde du corps* mehr als die meisten seiner Kameraden Gelegenheit hatte zu erfahren, was hinter den Coulissen vorging, gibt darüber in seinen eigenhändigen Aufzeichnungen[1] einige Andeutungen, die wir zusammenstellen:

Der Aufenthalt des Königs im Lager dauerte bekanntlich beinahe sechs Wochen (3. September bis 12. October). Während dieser Zeit scheint Er die im Herrenhause von Struppen am 3. September ursprünglich für Eine Nacht bezogenen Zimmer fast nicht verlassen zu haben. Ein einziges Mal ist der König zu Pferde gestiegen, am 9. September, um nach Königstein und wieder nach Struppen zurück zu reiten.[2] Sonst zeigte Er Sich nur im offenen Wagen seinen

---

[1] Eigenhändige Briefconcepte vom 22. und 29. September und vom 9. October 1756. Wölkauer Archiv.

[2] Siehe Brühls Brief an Graf Rex vom 9. September, S. 31.

Truppen, wann Er (im Ganzen zwei Mal) das Lager besichtigte. — Der König sprach bei diesen Gelegenheiten mit Niemand, selbst nicht mit dem Feldmarschall, der neben dem Wagenschlage herritt. Im Wagen sassen mit dem Könige Seine beiden Prinzen Xaver und Carl; auf dem Bocke, neben dem Kutscher, deren Zeichenlehrer Philipp Daniel Lippert, der bekannte Künstler (den Graf Vitzthum „*le bouffon de la Cour*" nennt). — Nachdem man so die eine Hälfte des Lagers befahren, ward die Inspection der andern Hälfte wegen der einfallenden Essstunde auf einen spätern Tag verschoben. Selbst der Dienst sah in der Regel den Monarchen nur Ein Mal im Tage; am Morgen, wenn Er Sein Schlafzimmer verliess, um in einem dazu eingerichteten Saale die Messe zu hören. Nur Graf Brühl ward zu den gewohnten Geschäftsstunden empfangen. Der Feldmarschall musste vom Premierminister gemeldet werden, wenn er des Morgens den Tagesbefehl einholte.

Der Tagesbefehl beschränkte sich auf die Parole, welche Seine Majestät ausgab. Die tägliche Audienz Rutowski's dauerte daher nur wenige Augenblicke. Ausdrücklich hebt unser Augenzeuge hervor, der König habe während jener verhängnissvollen sechs Wochen mit Niemand, nicht einmal mit dem Feldmarschall Ein Wort über Politik oder über den Zustand der Armee gewechselt.

Der einzige Kanal mit der Aussenwelt war Graf

Brühl. Die sitzende Lebensweise behagte übrigens dem an die starken Bewegungen der Parforcejagd gewöhnten Fürsten durchaus nicht. Er, der treueste Gatte und liebenswürdigste Vater, mochte die Trennung von der Königin und Seinen hochgebildeten, geistreichen Töchtern schmerzlich entbehren, namentlich seitdem die Correspondenz unterbrochen war. Man fürchtete für seine Gesundheit. Er magerte sichtlich ab und schien niedergeschlagen. Die beiden Prinzen, von denen der Jüngere, Carl, im 23. Lebensjahre stand, der Aeltere, Xaver, bereits 26 Jahre alt war und später entschiedenes militärisches Talent und Thatkraft bewies, waren in die Armee nicht eingetheilt, thaten keinen Dienst und hatten — nur als Volontärs im Lager — so wenig Einfluss auf die Geschäfte, dass sie jedes Mal das Zimmer des Königs verlassen mussten, wenn Brühl zum Vortrage kam.

Der Geschäftsgang war ein durchaus geheimer. Von den Generalen war nicht ein Einziger völlig im Geheimniss. Der Generalquartiermeister Baron von Dyherrn, in der Armee wenig beliebt, diente als Verbindungsglied zwischen dem geistreichen, durch und durch ehrlichen und uneigennützigen, aber freilich auch sehr indolenten und vornehm-arglosen Feldmarschall und dem Premierminister, — zwischen Hauptquartier und Cabinet.

In einem deutschen Aufsatze: „Ohnparteiische Gedanken über die Campagne der Sächsischen Armee von 1756" — auf welchen wir zurückkommen — bemerkt unser Zeuge ausdrücklich und ganz im Einklange mit den Acten, welche Einen einzigen Brief Rutowski's an Browne, Einen einzigen Browne's an Rutowski aufzuweisen haben:

„Der Graf Brühl masste sich der ganzen Militärnegociation mit dem Oesterreichischen Feldmarschall an. Alle Briefe gingen durch den Minister und dieser communicirte daraus dem (Sächsischen) Feldmarschall, was er (der Minister) wollte. Die Beschlüsse aller Kriegsräthe zu Struppen mussten in Gegenwart des Grafen von Brühl und unter dessen Mitwirkung gefasst werden. Weil der König bei keinem zugegen sein wollte — (wie Brühl behauptete) — so trug der Graf Brühl die beschlossenen *Resolutions* dem Könige vor und brachte mündlich dessen *Ordres* wieder an den Feldmarschall. Man müsste schlechte *Opinion* von dem Feldmarschall hieraus schöpfen, wollte man sich nicht erinnern, dass der König demselben durch Rescript befohlen, sich in allen Vorfallenheiten an das Ministerium, d. h. an den Grafen Brühl zu *addressiren* und durch ihn die Königlichen *Resolutions* einzuholen."

Als Motiv dieses Rescripts (es ist wahrscheinlich das vom 5. Juli gemeint) wird angeführt: Brühl habe es erwirkt, „damit der König sich nicht daran gewöhnen sollte, mit Andern als dem Grafen Brühl zu conferiren."

Diese Züge werden genügen, um die Bedeutung, welche Kriegsräthe unter solchen Umständen haben konnten, auf das rechte Mass zurückzuführen. In Wahrheit handelte es sich dabei wohl mehr um die Form. Der Premierminister, der, obgleich General, nicht Soldat war, musste selbstverständlich das Gutachten der Generale einholen, wenn auch nur zur Deckung seiner eigenen Verantwortlichkeit. Aber die Entscheidung namentlich politischer Fragen behielt er offenbar, unter den bereits angegebenen Beschränkungen, selbst in der Hand.

Dass es den Generalen an der Fähigkeit, militärische Fragen zu behandeln, nicht fehlte, beweist u. A. ein *Promemoria* von Dyherrns Hand, ohne Datum, jedenfalls eine Vorarbeit für den Kriegsrath vom 10. Ein genial mit Rothstift entworfener Plan des Lagers liegt bei. Wir haben darin offenbar die Gedanken Rutowski's zu suchen. Die Erhaltung der Armee wird als oberster Zweck fest in das Auge gefasst und die Alternative, welche vorliege, dahin formulirt: Gerettet könne die Armee werden:

Entweder:

1) durch die Vertheidigung der gewonnenen, starken, fast unangreifbaren Position. — In dieser habe man „die überlegene Macht überhaupt" und insbesondere „die formidable Cavallerie" des Feindes gar nicht zu fürchten. An Artillerie sei man nicht schwächer als die Preussen. Der „Vortheil des

Erdreichs" werde durch die Kunst tagtäglich vermehrt. Freilich könne darum der „unfehlbare Humor einer Action" mit apodiktischer Gewissheit nicht im Voraus berechnet werden. Diess sei bei keiner Kriegsoperation möglich. Es seien daher die sich ergebenden Eventualitäten wiederum in das Auge zu fassen: der Sieg und die Niederlage. Der Sieg der Sächsischen Waffen werde den Feind nöthigen, den gegen Sachsen und Andere gefassten Plan „grösstentheils" aufzugeben; die Niederlage aber kaum schlimmere Folgen haben als „ein übler Vergleich." Denn „viel trauriger sei es, entwaffnet, als überwunden zu werden;" —

oder:

2) durch die Retraite nach Böhmen und die Vereinigung mit der Kaiserlichen Armee. — „Die Entfernung, heisst es, der Preussischen Truppen bestimmt die Möglichkeit dieser Bewegung. Der Marsch selbst ist leicht, wenn, wie wir schon gesagt, man Conjunction (mit der Kaiserlichen Armee) und nicht ein blosses Herumirren in Böhmen und (nicht) eine aus der Position klärlich ungewisse Rückkehr durch das Vogtland zum Object hat."

Das grösste Uebel hiebei und vielleicht das einzige, sei der Verlust der schweren Artillerie, welche unmöglich fortzubringen und nur durch grosse Kosten zu ersetzen sein würde.

Nachdem der Autor, der, wer er auch gewesen,

ohne Zweifel ein Soldat war, so die Alternative präcisirt, gelangt er zu folgender Conclusion:

„In der Wahl zwischen den beiden *extremis* ist sonder Zweifel das immerwährende Augenmerk: die Conservation der Armee, dem Verlust der Artillerie vorzuziehen."

Im Kriegsrathe vom 10. eröffnete der präsidirende Feldmarschall den versammelten Generalen, der König wünsche, „da der Wiener Hof zu erkennen gegeben, dass man der Sächsischen Armee keine Hilfe zukommen lassen könnte," zu vernehmen, „was bei den dermaligen Umständen das rathsamste wäre?"

Der Geheime Legationsrath von Saul musste dann die von Trützschler überbrachte Abschrift der Instruction des Grafen Kaunitz an den K. K. Feldmarschall Grafen von Broune[1] vorlesen und Brühl fügte hinzu, dass inzwischen — seit Abgang jener Instruction — „über drei Couriers" nach Wien abgeschickt worden, „um die Hilfe zu pressiren."

Hierauf ward die Frage: „ob die Retraite nach Böhmen annoch möglich zu machen wäre?" einmüthig verneint. Es sei zu spät, der Marsch jetzt nicht mehr auszuführen, und es bliebe daher nur übrig, in dem Lager „das Aeusserste abzuwarten."

Man entschied sich sonach für die erste Alternative des nur gedachten *Promemoria*.

Bei Erwägung der Frage, was der Feind unter-

---

[1] S. oben Seite 44 die Analyse der Instruction.

nehmen werde? waren die Meisten der Ansicht, der König von Preussen werde das Lager angreifen und nicht nach Böhmen vorgehen, ohne versucht zu haben, die Sächsische Armee „zuvor nach seinem vorgesetzten Endzweck zu zwingen."

Die Generallieutenants Wilster und Meagher erwähnten hierbei noch: „dass wenn man es auch wagen und so glücklich sein würde, sich mit der K. K. Armee in Böhmen zu conjungiren, dennoch die allerübelsten Folgen und der gänzliche Ruin des ganzen Landes zu befahren sein dürfte."

Wilster schlug hierauf vor, der König möge nochmals an den König von Preussen schreiben, um diesen zu fragen, was Er denn schliesslich verlange?

Ueber dieses *„Sentiment"* des Commandanten der Artillerie ward „von unten auf votirt." Der einzige anwesende Generalmajor: Dyherrn, stimmte zuerst, dann die Generallieutenants Meagher und Wilster, die Generale Fürst Eugen von Anhalt, Haxthausen (der Commandant von Leipzig), Rochow, Arnim, Brühl und endlich die im Range Höchsten „des Chevalier de Saxe, Durchlaucht" und „des Generalfeldmarschalls Excellenz." Alle stimmten bei, die beiden Letztgenannten mit dem Beifügen, „dass dieser *Pas*, wenn er auch, wie fast zu besorgen, nichts fruchtete, den König von

Preussen dennoch bey der ganzen Welt in *tort* setzen würde."

Nachdem man schliesslich über den Inhalt des zu entwerfenden Schreibens „deliberirt," wurde auf des Premierministers „*Sentiment*" beschlossen, dass „solches in etwas nachdrücklichen *Terminis*" gefasst werden solle.

Saul wurde beauftragt, das Concept zu entwerfen. Nachmittags in einer zweiten Sitzung ward das concipirte Schreiben vorgelesen, „ein und anderes darinnen *adjustiret*" und der Generallieutenant Graf Bellegarde, der Obersthofmeister der Prinzen „beordert, um Mitternacht mit dem Schreiben abzugehen." Letzteres lautete:

Monsieur Mon Frère.

Après toutes les démarches que J'ai faites pour aller au devant de tout ce que V. M. peut raisonablement désirer de Moy, Luy ayant envoyé le Gen[l.] Meagher d'abord après les premières insinuations faites par Son Ministre à Ma Cour, pour L'assurer d'une parfaite neutralité; pour consentir au libre passage de Ses Troupes et de Son Artillerie par Mon pays en Bohême; et pour demander en quoi devoient consister les suretés que V. M. désiroit là dessus; Après avoir fait répéter les mêmes offres avec plus de détail encore par l'Envoyé d'Angleterre, sans que ni l'un ni l'autre ne M'ait apporté aucune explication positive de V. M.; Enfin après avoir encore fait part à V. M. par la lettre, dont le C[te.] Salmour a été chargé, des motifs qui M'engagoient à Me rendre auprès de Mon Armée; Après toutes ces demarches, dis-Je, Je Me serois attendu à ce que V. M., comme l'Envoyé d'Angleterre Me l'avoit aussi fait espérer, M'enverroit quelqu'un pour Me faire parler et M'instruire de ce qu'Elle désire de Moy. Cependant un jour passe après l'autre sans que J'aprenne rien. J'aurois pu Me porter avec Mon Armée en Bohême, pour la mettre en lieu de sureté, et prêter l'oreille à des engagemens que J'ai toujours décliné; mais J'ai préféré de rester, Me flattant d'autant plus, que les conditions que V. M. pourroit exiger de Moi, seroient relatives à la paix, ou nous vivons, et aux assurances affectueuses dont les réponses de V. M. sont remplies, et désignent qu'Elle ne désire qu'une sureté suffisante, pour que Je ne prenne point parti contre Elle, et qu'Elle conserve la communication libre sur l'Elbe; Je suis pret à Luy donner sur l'un et sur l'autre de ces articles telles assurances, que V. M. peut désirer de Moi avec dignité, mais il est tems de s'entendre là dessus et Je Luy envoye le Lieut¹ Gen¹ Cte de Bellegarde, Grand Maître des Princes, qui aura l'honneur de Luy présenter cette lettre. Je prie V. M. de S'expliquer envers luy d'une façon à pouvoir conduire les choses à un entendement aimable, persuadée qu'Elle peut être que J'y apporterai toutes les facilités possibles, pendant que des conditions trop dures ne sauroient produire qu'un désespoir où Elle me pousseroit avec Mon Armée, qui certainement est prête à verser la dernière goute de sang en cas qu'elle soit attaquée. En attendant une promte et favorable reponse Je suis etc.

 au Quartier General de Strupen   A. R.
  le 10. Septembre 1756.

Man hat aus einigen Worten des „*Exposé raisonné*," welches Graf Rutowski später niederschrieb,[1]

[1] Siehe die Beilagen am Schluse dieses Bandes.

schliessen wollen, Graf Brühl habe an diesem Tage grössere Energie gezeigt als die Generalität.[1] Die Stelle der Rutowski'schen Schrift: „*le Premier Ministre inclinant toujours à vouloir, qu'on s'ouvrit un chemin vers la Bohême, tous les généraux lui en firent sentir dès lors l'impossibilité*" lässt allerdings auf eine Meinungsverschiedenheit über die militärische Frage schliessen. Aber nach dem oben Gesagten ist wohl klar, dass, wenn Brühl entschlossen gewesen und vor dem versammelten Kriegsrathe mit einem schriftlichen Befehle des Königs erschienen wäre, die Armee ohne Weiteres mit Zurücklassung der schweren Artillerie nach Böhmen aufgebrochen sein würde.

Das Wilster'sche Argument, „dass der gänzliche Ruin des Landes zu befahren sein würde," ist allerdings nicht stichhaltig. Es ist diess ein Argument, welches in der Geschichte Sachsens eine verhängnissvolle Rolle gespielt und bekanntlich auch im Jahre 1813 die Rückkehr des Königs Friedrich August von Prag nach Dresden entschieden hat. Der Sieger von Lützen hatte, wie bekannt, gedroht, Sachsen als erobertes Land zu betrachten, wenn der König nicht in seine Hauptstadt zurückkehre. Durch die Selbstbekenntnisse des damaligen Sächsischen Ministers, des Grafen Senfft, ist es erwiesen, dass dieser im entscheidenden Augenblicke den Muth verloren hat.[2]

[1] Aster a. a. O. S. 240.
[2] *Mémoires du Comte de Senfft ancien Ministre de Saxe* (Leipzig 1863), S. 224 und 231.

Wäre Graf Senfft der Drohung Napoleons I. gegenüber, im Mai 1813, fest geblieben, so hätte das bereits abgeschlossene Bündniss mit Oesterreich das Mittel geboten, Sachsen zu retten. Momentan musste das Land freilich dem Sieger Preis gegeben werden. Das war das kleinere Uebel. Noch war es Zeit, vielleicht die in Torgau stehenden Sächsischen Truppen in Eilmärschen nach Böhmen zu werfen, jedenfalls — dem Könige die Freiheit Seiner Entschliessungen zu wahren. Wäre Letzteres geschehen, so hätte die Theilung des Landes vermieden werden können, denn dann wäre Sachsen ja im October bei Leipzig unter den Siegern gewesen.

Auch am 10. September 1756 war, wie im Mai 1813, der „Ruin des Landes" nicht mehr abzuwenden. Aber damals lagen die Dinge denn doch etwas anders und das von den Halbbrüdern des Königs im Kriegsrathe betonte Argument hatte, wie die Folge lehren wird, ein Gewicht, welches nicht unterschätzt werden darf. Es handelte sich um ein diplomatisches: „Schach dem Könige," da man militärisch zu schwach war, Schach zu bieten. Hätte es sich um die rein militärische Frage gehandelt, so wusste Rutowski ebenso gut, wie sein späterer Kritiker — das beweist das oben analysirte *Promemoria* — dass die schwere Artillerie, wenn nöthig, geopfert werden musste, um die Vereinigung mit der K. K. Armee um jeden Preis zu bewirken. Ebenso musste, wäre es bei Erwägung der politischen Lage lediglich auf den durch die völkerrechtswidrige Invasion bereits vollzogenen „Ruin des Landes" angekommen, nach Böhmen marschirt werden, so lange es noch Zeit war.

Aber nicht bloss die Gegenwart, auch die Zukunft kam in Betracht. — Wir haben aus dem *Promemoria* des Grafen Rutowski und des Chevalier de Saxe vom 19. August schon gesehen,[1] dass diese beiden Heerführer nicht bloss an sich, nicht bloss an Sachsen in engherziger Selbstsucht dachten; dass sie vor der Invasion sich schon der höheren, der Deutschen Aufgabe bewusst waren, welche die Sächsische Armee damals zu lösen hatte. Gelang es vor dem für unangreifbar geltenden Sächsischen Lager, mit dem „Sächsischen Piket," — wie Friedrich II. spottend die 18,000 Mann nannte, welche seinen 70,000 gegenüberstanden — die Preussische Invasionsarmee aufzuhalten, so gewann nicht nur die K. K. Armee in Böhmen Zeit sich zu sammeln, sondern es war auch Aussicht vorhanden, durch eine combinirte Action der Deutschen, der Russischen und der Französischen Heere dem Kriege mit Einem Schlage ein Ende zu machen.

Hatten aber die Sächsischen Heerführer, nach den aus dem K. K. Hauptquartiere erhaltenen Zusicherungen, trotz der durch Trützschler aus Wien überbrachten Depeschen, — nicht volles Recht, das Erscheinen

---

[1] S. Erster Band, Seite 381.

Broune's in Sachsen zum Entsatze der von allen Seiten eingeschlossenen Armee, als das Signal jener combinirten Action abzuwarten? — Die Winterquartiere spielten bekanntlich eine grössere Rolle in der damaligen Kriegführung als heute. Winterfeldzüge waren mit grössern Schwierigkeiten verknüpft. Der Winter dictirte in der Regel einen Waffenstillstand. Man speculirte daher offenbar im Sächsischen Lager darauf, dass Friedrich II. den Fehler begehen würde, den er beging. Man erwartete seinen Angriff. Man schmeichelte sich, denselben ein Mal, vielleicht zwei Mal zurückschlagen zu können. Bis dahin werde Broune — hoffte man — seine leichten Truppen, seine Rothmäntler und Croaten herbeigezogen haben. Dann konnte ein entscheidender Schlag geschehen und der König von Preussen gezwungen werden, die Belagerung des Sächsischen Lagers aufzuheben. Schlimmsten Falles hatte man sich für die „gemeine Sache" geopfert.

Man speculirte offenbar, in der Ungewissheit, in welcher man noch über die eigentlichen Absichten des Königs von Preussen schwebte und von Diesem geflissentlich erhalten ward, ungefähr so:

Entweder: Friedrich II. hat keine Eroberungspläne, Er hat wirklich nur zum Schwerte gegriffen, weil Er sich eingebildet, es existirten Conspirationen und Coalitionen, an denen sich Sachsen betheiligt; dann wird Er, jetzt in Sedlitz, nur zu froh sein, aus den Thatsachen: dass die Kaiserin Königin nicht gerüstet und dass der König von Polen bereit ist, Seine Truppen zu entlassen und eine Neutralitätsconvention abzuschliessen, den Beweis zu entnehmen, dass die Preussischen Befürchtungen grundlos gewesen. Er wird sich sagen, dass der Winter vor der Thür, dass in diesem Jahre nichts mehr zu machen, und ruhig nach Potsdam zurückkehren.

Oder: der König von Preussen hat wieder einmal „Hunger" nach fremdem Gute, Seine Befürchtungen sind erdichtet, Sein Anführen: Er müsse Andern zuvorkommen, ist nur Maske, nur Vorwand; dann können wir, da wir ihn allein ohne fremden Beistand doch nicht wieder aus dem Lande hinauswerfen können, nichts Besseres thun, als aushalten, unsern Freunden Zeit geben sich zu sammeln, und inzwischen versuchen, durch neue Verhandlungen den Gegner, wo möglich, zu verleiten, Sich Selbst zu entlarven und einzugestehen, dass Er einen Angriffs- keinen Vertheidigungskrieg beabsichtigt. Je nachgiebiger wir uns zeigen, desto mehr setzen wir den Feind in das Unrecht; desto mehr erregen wir die öffentliche Meinung Europa's zu Gunsten des misshandelten Sachsenlandes; desto sicherer wird unsere Chance, Ihn dazu zu bewegen, Seine Karten aufzudecken.

Dass dieses Raisonnement logisch war, hat der Erfolg bewiesen.

Denn einmal wurde die öffentliche Meinung von ganz Deutschland und von ganz Europa, mit Ausnahme Englands wider den König von Preussen dermassen erregt, dass das Reich wegen Seines „Landfriedenbruches" die Acht über Ihn verhängte und dass sich diejenige Coalition, der Er angeblich hatte vorbeugen wollen, in Folge Seines Einbruchs wirklich bildete. Die Mitwelt hat den Dienst, welchen Sachsen damals der „gemeinen Sache" geleistet, bekanntlich nicht unterschätzt.

Dann aber ist es durch die am 10. wieder angeknüpften, bis zum 18. September fortgesponnenen Verhandlungen vollständig gelungen, den König von Preussen zu entlarven. *Habemus confitentem reum.* Und wir Epigonen verdanken diesen scheinbar fruchtlosen Verhandlungen einen Einblick in die wirklichen Beweggründe, in die wahren Zielpunkte der Preussischen Politik von 1756, einen Einblick, den Nichts ersetzen kann. Denn als durch die Festigkeit des Königs von Polen, durch den passiven Heroismus der Sächsischen Armee, der ursprüngliche Plan, Böhmen und Mähren zu erobern, aufgegeben werden musste, als Friedrich II. erkannte, dass der von Winterfeldt ersonnene „Coup" misslungen war, da hat Er selbstverständlich Alles gethan, was in Seiner Macht stand, um die Spuren Seines Offensivplanes zu verwischen. Desshalb musste u. A. im Januar 1757 die offenbar von Preussen inspirirte Schrift:

> „Kurtzer, doch gründlicher Beweiss, dass das Königreich Böhmen Ihro K. Majestät in Preussen zustehe"

durch Henkershand auf dem Altmarkte zu Dresden verbrannt werden.

Aber die „gründlichen Beweise" von Friedrichs II. Eroberungsplanen sind nicht mit verbrannt. Sie leben in den vergilbten Urkunden der Sächsischen Archive, in den schriftlichen und mündlichen Zeugnissen dieses Königs Selbst; und wir werden nicht verfehlen, diese Zeugnisse wieder aufzufrischen „*in perpetuam rei memoriam.*"

Wie Brühl die Sachlage am 10. beurtheilte, ergibt sich aus folgenden offenbar nach dem Kriegsrathe expedirten Depeschen an Broune und Flemming.

An Erstern schreibt der Premierminister:

„Ich danke Ihnen für die verbindlichen Anerbietungen, die Ew. Excellenz uns zu machen die Güte gehabt. Aber wir ziehen vor, anstatt nach Böhmen zu gehen, auf unserem Boden zu bleiben und haben beschlossen, uns bis auf den letzten Mann zu vertheidigen."

Hierzu eine geheime Nachschrift (*Apostille secrète*):

„Obgleich ich weiss, dass die Befehle, welche Ew. zuletzt von Ihrem Hofe erhalten, Sie in Verlegenheit setzen und Ihnen nicht gestatten, uns zu Hilfe, hieher zu marschiren, so hoffen wir doch, dass diese Befehle auf Grund der gestern nach Wien gesendeten Depeschen abgeändert werden dürften. Ich soll daher Ew. ersuchen, in Ihren Dispositionen nichts zu ändern und dabei zu bleiben, was Sie uns durch den Obristen von Bülow haben eröffnen lassen.[1] Welches auch der Widerstand sein möge, den wir leisten können, wir werden am Ende doch der Uebermacht weichen müssen, wenn Ew. uns nicht zu Hilfe kommen, um uns bis dicht vor dem Ausgange unseres Lagers zu degagiren. Lassen Sie mich alsbald als möglich wissen, was wir zu erwarten haben und seien Sie überzeugt, dass, wenn Sie uns zur rechten Zeit zu Hilfe kommen, wir uns mit Ihnen vereinigen und so lange der Krieg dauert, mit Ihnen verbunden bleiben werden."

An Flemming aber schrieb Brühl:

„Jede Communication ist uns abgeschnitten. Ich sende Ihnen anbei drei Briefe (an die Königin beider Sicilien, an die Churfürstin von Baiern und an die Dauphine), welche der König mir anvertraut und welche ich Sie bitte, alsbald als möglich von Wien abgehen zu lassen."

Hierzu ebenfalls eine *Apostille secrète:*

[1] S. oben Seite 27 u. ff.

„Der am 7. von Wien abgesendete Courier (der oben genannte Oberst Trützschler) ist heute Morgen hier eingetroffen. Die Depeschen, die er uns überbringt, sind weniger günstig, als die vorhergehenden. Man will nicht, dass Feldmarschall Broune ausmarschire, um uns zu entsetzen, während es uns unmöglich ist, uns mit ihm in Böhmen zu vereinigen. Ich weiss ja kaum, ob dieser Courier noch durchkommt, da wir ganz von Preussen umgeben und vielleicht am Vorabende eines Angriffs sind. Wir werden versuchen, uns zu vertheidigen. Aber sollten wir auch das Glück haben, den Feind ein Mal oder sogar zwei Mal zurückzuwerfen, wozu kann uns das führen gegen eine so überlegene Macht, die immer den Angriff erneuern kann, wenn Feldmarschall Broune uns nicht zu Hilfe kommt. Suchen Sie daher sobald als möglich ihm die nöthigen Befehle auszuwirken und versichern Sie, dass, wenn diess geschieht, wir uns mit ihm vereinigen und mit der Kaiserlichen Armee bis zum Ende des Krieges vereinigt bleiben werden. Was das Geld anlangt, so hoffen wir, dass man uns diese kleine Beihilfe nicht versagen wird; die Rückzahlung würde, so bald als nur irgend möglich, erfolgen. Die Eile und Umstände gestatten mir nicht, Ihnen mehr zu sagen."

„Le camp
Saxon ne
conforme pas
des coquins!"

Als Graf Bellegarde am andern Morgen dem Könige von Preussen in Sedlitz gemeldet ward, glaubte dieser schon, die Sächsische Armee wolle sich ergeben. „*Sire,*" antwortete der Sächsische General auf die Frage Friedrichs II.: ob die Sachsen die Waffen strecken wollten? „*Sire, le camp Saxon ne renferme pas des coquins.*"

Auf das Königliche Handschreiben erfolgte die nachstehende Erwiederung, die Bellegarde nach Struppen zurückbrachte:

Monsieur Mon Frère.

V. M. aura la bonté de Se souvenir de ce que Je Lui ai constamment declaré, qu'étant pleinement instruit de la mauvaise volonté de Son Ministre, il Me convenoit au commencement d'une Guerre que l'Imp^{re} Reine Me suscite que Je prenne des précautions pour Ma propre seureté. Ces précautions consistent premièrement en M'assurant du cours de l'Elbe, en second lieu, en ne laissant pas sur Mes derrières une Armée qui n'attendroit que le moment de Me voir bien engagé avec Mes Ennemis pour entreprendre contre Moy. Voila ce qui Me tient ici, et qui M'y retiendra jusqu'à ce que cet obstacle soit levé, et puisque la réponse de la Cour de Vienne, que Je viens de recevoir dans cet instant, Me pousse à bout, Je n'y saurois rien changer. La Reine de Pologne Se porte bien, ainsi que toute la Famille de V. M., et Ils pourroient venir toute part où V. M. le désireroit. Je n'ai rien entrepris, ni contre Leur liberté, ni contre celle de tous ceux qui ont des Emplois civils dans Ses Etats. V. M. verra par là que Je ne Me déments pas et que si aujourd'hui ou demain quand il Lui plairoit Elle voulut traverser Mon Armée, pour aller où Elle le jugeroit à propos, tout le monde auroit la considération pour Sa Personne, comme si nous ctions alliés. Je suis avec toute l'Estime et considération imaginable.

à Sedlitz
ce 11ᵉ de Septembre
1756.

M. R.

Monsieur Mon Frere
De Votre Majesté
Le bon Frere
(signé) Federic.

Die bittere Ironie, welche aus dem zur Schau getragenen Interesse an dem Befinden der Königin von Polen hervorleuchtet, braucht nach dem, was Tags zuvor im Dresdener Schlosse vorgegangen war, nicht erst hervorgehoben zu werden. Man fühlt es dieser Antwort an, dass Friedrich II. nunmehr im Besitze der Beweise zu sein glaubte, die sein Betragen vor den Augen der Welt rechtfertigen sollten. Er hoffte jedenfalls im Cabinetsarchive Waffen gegen seine selbstgeschaffenen Feinde zu finden. Diese Hoffnung ward getäuscht. Was Er gesucht, fand sich nicht. Er wusste sich daher später mit Verdrehungen und Insinuationen zu helfen und mit den Fälschungen des *Mémoire raisonné* die öffentliche Meinung zu bethören. Wie dem auch sei, jedenfalls war die Einschliessung der Sachsen vollendet und in dieser Beziehung der König von Preussen — Herr der Lage.

Die erwähnte „*réponse de Vienne*" ist die Antwort auf das Klinggraeff'sche *Mémoire* vom 2. September und lautete bekanntlich:

„Mr. de Klinggraeff avait à peine presenté son

dernier Mémoire daté du 2 de ce Mois, *qu'il parvint à S. M. l'Impératrice Reine la nouvelle de l'Invasion de la Saxe, et du Manifeste publié contre Elle en cette Occasion.*

Après une aggression aussi marquée il ne saurait donc plus être question d'aucune autre réponse que de celle *que S. M. pourra juger à propos de faire en Son temps au dit manifeste.* La dernière, qu'Elle a fait remettre à Mr. de Klinggraeff (le 21 août), portant ce qu'il a pu être combinable avec Sa Dignité de faire déclarer, et la *proposition de laisser convertir en trève la Paix subsistante et fondée sur des traités Solennels n'étant naturellement susceptible d'aucune Déclaration.*

C'est ce qu'on a ordre de faire connaître en Réponse à Mr. de Klinggraeff.

à Vienne ce 6 Septembre 1756."

Ein kurzes geheimes Billet Brühls an Browne vom 11. September bezeichnet die Situation im Lager: „Unsere Armee ist jetzt so eingeschlossen und blokiret, dass es nicht möglich ist, irgend jemand herauszusenden. Alle Communicationen sind abgeschnitten und wir wissen noch nicht, ob man uns angreifen oder belagern wird; alles hängt jetzt vom Feldmarschall Browne ab, er muss uns erlösen; es ist nicht möglich, dass wir zu ihm gehen."

SECHSTE STUDIE.

EX UNGUE LEONEM.

12. bis 23. September 1756.

Königliche Correspondenz. — Graf Broune's Generaladjutant und Graf Broune's Sohn im Sächsischen Lager. — Fortsetzung der Königlichen Correspondenz. — Winterfeldts erste Audienz. — Was er wollte. — Arnims Sendung, seine Unterredung mit Friedrich II., des „Pudels Kern." — Spörckens Sendung. — Graf Brühl an Graf Broune. — Schluss der Verhandlung mit Preussen. — Vorbereitungen zu einer aufgegebenen Abreise des Königs August III. — Ein Sächsischer Armeebefehl. — Ein K. K. Courier. — Die Beantwortung der durch denselben überbrachten Depeschen. — Graf Brühl über die Plünderung des Sächsischen Cabinetsarchivs. — Der Polnische Grosskanzler im Sächsischen Lager. — Correspondenz mit dem Französischen Botschafter. — Die Conferenzminister in Dresden. — Was Fürst Poniatowski dachte.

Parallelstellen zur Orientirung.

Pendant que cette scène se passait au château de Dresde, les troupes prussiennes et saxonnes demeuraient dans l'inaction, le roi de Pologne s'amusant avec l'espérance des secours autrichiens qui devaient lui venir, et le roi de Prusse ne pouvant rien entreprendre contre un terrain vis-à-vis duquel le nombre des troupes et la valeur devenaient inutiles. Il ne sera pas hors de propos, pour l'intelligence des événements que nous aurons à rapporter dans la suite, que nous entrions dans un détail circonstancié sur le fameux camp de Pirna, et de la position que les troupes saxonnes y occupaient. La nature s'était complu, dans ce terrain bizarre, à former une espèce de forteresse, à laquelle l'art n'avait que peu ou rien à ajouter. A l'orient de cette position coule l'Elbe entre des rochers qui, en rétrécissant son cours, la rendent plus rapide; la droite des Saxons s'appuyait à la petite forteresse de Sonnenstein près de l'Elbe; dans un bas fond, au pied de ces rochers est située la ville de Pirna dont le camp prend son nom: le front, qui fait face au nord, s'étend jusqu'au Kohlberg, qui fait comme le bastion de cette courtine; devant règne un ravin de soixante à quatre-vingts pieds de profondeur, qui de là tournant vers la gauche entoure tout le camp, et va aboutir au pied du Königstein. Du Kohlberg, qui forme une espèce d'angle, une chaîne de rochers, dont les Saxons occupaient la crête, ayant l'aspect tourné vers l'occident, va, laissant Rottendorf devant soi, et se rétrécissant vers Struppen et Leupoldishayn, se terminer aux bords de l'Elbe à Königstein. Les Saxons, trop faibles pour remplir le contour de ce camp, qui présentait de tous côtés des rochers inabordables, se bornèrent à bien garnir les passages difficiles, et cependant les seuls par lesquels on pût venir à eux; ils y pratiquèrent des abatis, des redoutes, et des palissades; à quoi il leur était facile de réussir, vu les immenses forêts de pins dont les cimes de ces monts sont chargées.

Ce camp, ayant été examiné et reconnu en détail, pouvant passer pour un des plus forts de l'Europe, fut jugé à l'abri des surprises et des attaques; et comme le temps et la disette pouvaient seuls vaincre tant d'obstacles, on résolut de le bloquer étroitement, pour empêcher les troupes saxonnes de tirer des vivres des environs, et d'en user en tout comme dans un siége en forme. Dans cette vue, le Roi destina une partie de ses troupes à former la circonvallation de ce camp, et l'autre fut employée à former l'armée d'observation. Cette disposition, la meilleure qu'on pût faire dans ces conjonctures, était d'autant plus sage, que les Saxons, réfugiés en hâte sur ces rochers, n'avaient pas eu le temps d'amasser beaucoup de subsistances, et que ce qu'ils en avaient, ne pouvait les nourrir tout au plus que deux mois.

Bientôt les troupes du Roi occupèrent tous les passages par lesquels les secours ou les vivres auraient pu arriver aux Saxons. Le prince de Bevern avec sa division prit les postes de Lohmen, Wehlen, Ober-Rathen et Schandau tout le long de l'Elbe; sa droite communiquait à la division du Roi par le pont qui fut construit proche de la briqueterie; dix bataillons et dix escadrons, qui campaient auprès du Roi, occupaient l'emplacement depuis l'Elbe et le village de Zedlitz jusqu'à Zehista, où commençait la division du prince Maurice, qui s'étendait au delà de Cotta par des détachements qu'il avait poussés à Leupoldishayn, Markersbach, Hennersdorf et Hellendorf: en tout trente-huit bataillons et trente escadrons servaient à former cette circonvallation dont nous venons de parler.

(Frédéric II. Oeuvres III. p. 83.)

.... „*V. M. saisit Mes États sans sujet. L'Europe jugera Ma cause, et du Plan controuvé, dont toutes les Cours reconnoitront facilement la non-existence, n'ayant jamais fait des propositions qu'on voudroit Me prêter.*

J'ignore de quelle façon on pourra justifier des faits et des procédés, auxquels Je ne devois par M'attendre ni personne" . . .

(Lettre du Roi Auguste III. à S. M. le Roi Frédéric II. du 18 Septembre 1756.)

Königliche Correspondenz.

Am 12. September ward Graf Bellegarde zum zweitenmal nach Sedlitz geschickt mit dem nachstehenden Königlichen Handschreiben:

12. Sept.

Monsieur mon Frère.

Le Cte. de Bellegarde M'ayant rendu hier au soir à son retour la réponse de V. M., par laquelle Elle Me donne encore à conoître, qu'il n'y a que les précautions suffisantes pour le libre cours de l'Elbe, pendant la guerre qui s'allume entre V. M. et l'Imp^{ce.} Reine; et que Mes Troupes n'entreprennent rien contre Elle pendant cette même guerre; qui arrêtent la poursuite de la marche des Troupes de V. M., Je M'empresse à y faire une autre réponse pour lever, s'il est possible, l'obstacle des défiances que V. M. semble avoir. *Prêt à accorder l'un, et à promettre l'autre, Je souhaiterois que V. M. voulût Se confier à Ma parole Royale, qu'aucun Ministre n'a jamais intenté ni n'oseroit tenter de Me faire violer.* Cependant si V. M. croit devoir insister sur des Sûretés encore plus réelles, quoique Ma parole pouroit suffire, J'offre à V. M. pour la sûreté du libre cours de l'Elbe: qu'Elle garde, pendant tout le tems de la durée de cette guerre, *des Garnisons à Wittemberg et à Torgau,* et *Je consentirai même qu'Elle en mette encore à Pirna.* Quant à la sûreté à l'égard de l'armée, Je ne vois d'autre expédient *que de*

Luy donner en tout cas des otages. Ces offres doivent, J'espére, satisfaire V. M. en plein et La convaincre de la pureté de Mes sentimens. Les conditions, que J'ai à Luy demander en échange, sont: Que V. M. fasse évacuer au plus tôt tout le reste de Mes Etats, à l'exception des trois places susmentionnées; *qu'Elle remette toutes choses dans l'état ou elles étoient avant l'entrée de Ses Troupes en Saxe;* et qu'Elle facilite et assure également le retour des Miennes, avec toutes les précautions requises en pareilles circonstances, dans leurs quartiers, aux places près accordées, comme il a été dit cy-dessus, aux troupes de V. M., qui y vivront pour leur argent et ne se méleront point du Gouvernement Civil. Pour abréger le détail de ces arrangemens, il dépendra de V. M. de nommer quelqu'un, comme Je ferai de Ma part aussi, pour en convenir ensemble, jusqu'à Notre Ratification. V. M. voit combien Je prends sur Moi par les offres que Je Luy fais. *Il Me seroit impossible d'en faire davantage, et J'aimerois mieux attendre toutes les extrémités, plustôt que de manquer à ce que Je Me dois à Moi même, à Mes Etats et à Mon Armée.* Remerciant au reste V. M. de tout ce qu'Elle Me dit d'obligeant pour Moy et toute Ma famille Royale, Je La prie d'être en échange persuadée d'un parfait retour de sentimens, pleins de considération et d'estime avec lesquels Je suis etc.

au Quartier General à Strupe   A. R.
ce 12 Septembre 1756.

Es enthält dieses Schreiben offenbar die äussersten Concessionen, welche man Sächsischer Seits zu machen gemeint war.

Friedrich antwortete, wie zu erwarten, ablehnend:

Monsieur Mon Frère.

V. M. Se resouviendra que Je Lui ai mandé hier qu'il étoit très-dangereux pour Moy pour ne pas dire impossible d'avancer de la Saxe en Bohême en laissant une Armée derrière Moy. S'il ne s'agissoit que de complaisances, il n'en est aucune que Je ne crusse devoir à V. M.; mais il s'agit de la seureté et de la conservation de l'Etat que Je gouverne, et cela M'oblige à ne Me point écarter d'ici à moins d'être sûr de ne rien laisser derrière Moy, qui pût par la suite des tems M'en faire repentir. *Mon avantgarde est en Bohême, un Corps considérable la suit* et si V. M. le juge à propos, Elle peut M'envoyer tel Officier que Lui plaira, auquel Je ferai voir la position de Mes Trouppes. *Rien ne Me presse* et Je suis à attendre si ce sera la patience, ou une autre voye qui décidera de Ma situation présente. Quelque soit l'événement V. M. Me trouvera invariable en ce qui regarde Mes sentiments pour Sa Personne, pour Sa Famille Royale et pour tous ceux qui L'appartiennent, et V. M. sera persuadée de la parfaite Considération avec laquelle Je suis

à Sedelitz
ce 12ᵉ Septembre
1756.

M. R.

Monsieur Mon frère
de Votre Majesté
Le bon frere
(signé) Federic.

Graf Broune's Generaladjutant und Graf Broune's Sohn im Lager.

Die Vorspiegelungen, dass die Preussische Avantgarde schon in Böhmen sei, dass ein starkes Corps folge u. s. w., dürften nur geringen Eindruck in dem Sächsischen Hauptquartiere gemacht haben, denn am Abend vorher waren daselbst der K. K. Generaladjutant Oberst von Hager und der Oberstlieutenant

Graf Broune, ein Sohn des Feldmarschalls, glücklich eingetroffen.

Hager ward durch nachstehendes Schreiben beglaubigt:

„Ew. — schreibt Broune an Brühl — Schreiben sowohl vom 7.[1] als 8.[2] seind mir rechtens zu Handen gekommen. Gleichwie ich nun hiemit die ergebenste Bereitwilligkeit in Leistung allmöglichsten Beistandes auf das vollkommenste erneuere, also geschiehet auch von mir die gehörige Ordre an den Herrn General Grafen von Wied, dass er mit seinem ganzen beihabenden Corps bis auf Aussig marschiere, dann bis Peterswalde 800 Grenadiere mit 200 Pferden und einigen Husaren inzwischen vorrücken lasse und wird meine Bewegung mit der Armee nächster Tagen ebenfalls nachfolgen. Der anmit eigens von mir abgeschickt werdende Kaiserliche Generaladjutant Obrist Baron von Hager wird die Ehre haben, Ew. Excellenz das Mehrere hievon mündlich beizubringen, nur will die Bemerkung allein ich annoch beisetzen, dass meines Ermessens am fürträglichsten wäre, wenn Seine Königliche Majestät mit ihrer Armee sich herein in Böhmen zieheten, indeme (ich) befürchte, wie Ew. selbsten einstens erwähnet, dass sich alldort[3]

---

[1] S. oben Seite 6.
[2] S. oben Seite 23.
[3] Nämlich im Sächsischen Lager.

der Mangel an den ohnentbehrlichen Lebensmitteln äussern dürfte, zumalen mit solchen auf der Achse aus Böhmen zu secundiren sehr schwer, wenn besonders üble Witterung einfalle, zu Wasser aber solches noch unsicherer ist. Indessen beruht jedoch all dieses von Seiner Königlichen Majestät allergnädigsten Beangenehmigung, der ich auch selbst solches Ew. Excellenz erleuchteter Ansicht überlasse, hiebei bittend, mich Ihro Majestät zu Füssen zu legen mit unterthänigster Danksagung Ihrer gnädigen Gesinnung vor mich.

Hauptquartier
Collin den 10. September 1756.   (Gez.) Broune."

Mittelst einer eigenhändigen Nachschrift fügt der Feldmarschall ein Schreiben von der Kaiserin an die Königin bei und die Versicherung, er werde sich jedenfalls selbst mit seiner Armee am 14. und 15. in Bewegung setzen und bis zum 15., das Corps von Wied eingerechnet, eine Avantgarde von 10,000 Mann an der Eger bei Budin haben.

Hager überbrachte gleichzeitig eine materiell übereinstimmende Rückäusserung auf den oben wiedergegebenen Brief Rutowski's vom 8.[1]

Brühl antwortete am 12. September:

„Ew. Schreiben vom gestrigen (soll heissen: vorgestrigen) *dato* habe (ich) diesen Vormittag durch den eigens hieher abgeschickten Oberst K. K. General-

[1] S. oben Seite 22.

adjutant Baron von Hager, welcher nebst Ew. Excellenz jüngeren Herrn Sohne, dem Obristlieutenant, sich mit vieler Mühe und Risico, der Preussischen Husaren-Vigilanz ohnerachtet, in unser Lager zu practiciren Mittel gefunden, wohl erhalten. Ew. erlauben, dass ich mich bloss auf des Erstern mündlichen Rapport beziehe, mit angehängter Bitte, dasjenige, was nach des Baron Nettolitzki Schreiben bei Ew. unterhabenden Armee vor uns parat lieget,[1] so lange aufzubehalten, bis wir solches entweder sicher an uns ziehen oder auf eine andere Art darüber disponiren können."

Eine eigenhändige Französische Nachschrift zu diesem Deutschen Briefe lautet in der Uebersetzung:

„Der König beauftragt mich, Ihnen in den allerverbindlichsten Ausdrücken seine Dankbarkeit für alle Ihre Freundschaftsbeweise auszusprechen. Da jede Communication mit Dresden abgeschnitten, so müssen wir den Brief der Kaiserin für die Königin behalten. Ihre Majestät wird sehr bedauern, dieses Trostes beraubt zu sein. Die Königin hatte den König von Preussen bitten lassen, ihr zu gestatten, wenigstens dem Könige ihrem Gemahl schreiben zu dürfen. Aber die Antwort ist gewesen: Nur unter der Bedingung, dass Sie die Briefe offen in das Preussische Hauptquartier sende. Diess ist jedenfalls, seit dem die Welt besteht — „*depuis que le monde est monde*" — das erste Beispiel!"

[1] Die 150,000 fl.

Das angezogene Schreiben Nettolitzki's hatte die Versicherung erneuert, wie er befehligt sei, „alle dem, was zum Dienste des Königs und der gesammten Armee gereichen könne, entgegen zu kommen" und wie er es sich „zum besondern Ruhme" mache, Alles zu thun, was dazu nöthig. Er meldet, dass er die gewünschten 150,000 Gulden in die Militairkasse des Feldmarschall Broune zur weiteren Disposition gesendet, da dieser am besten beurtheilen werde, wie diese Gelder am sichersten an die Königlich Polnische Armee befördert werden könnten. Das Geld sei hauptsächlich in Ducaten umgesetzt worden.

Brühl antwortete:

„Ew. hochgeehrtestes Schreiben vom 10., welches ich diesen Morgen durch Obrist Baron von Hager wohl erhalten, dient mir zu einem neuen Merkmale derjenigen wohlmeinenden Gesinnung, womit Ew. Excellenz den Anweisungen Ihrer allergnädigsten Kaiserin nach- und m. a. Königs und Herrn Wünschen zuvorzukommen sich eifrigst angelegen sein lassen. Auch soll Ew. Excellenz ich in des Königs Namen Dero besondere Danknehmigkeit davor abstatten. Da aber die Communication zwischen uns und Böhmen nunmehro gänzlich abgeschnitten ist, so können wir dermalen weder das von Ew. zur Kaiserlichen Armee geschickte Bewusste, noch sonst von Lebensmitteln weiter an uns ziehen, behalten uns aber vor, von ersteren auf eine andere Art zu disponiren. Uebrigens beziehe ich mich auf dasjenige, was Generaladjutant Oberst von Hager Ew. mündlich von unserer Situation zu sagen im Stande sein wird und beharre" u. s. w.

Der Schwache, der sich selbst nicht zu helfen gewusst, tröstet sich in ähnlichen Fällen oft mit der Klage, die starken Freunde hätten ihn verlassen. Wie wenig derartige Vorwürfe, Oesterreich gegenüber in Sachsen damals gerechtfertigt waren, beweist das Vorstehende.

Fortsetzung der Königlichen Correspondenz.

Am 13. September in der frühesten Morgenstunde ward der Generaladjutant des Königs, Baron von Spörcken mit folgendem Handschreiben nach Sedlitz gesendet:

13. Sept.

Monsieur mon Frère.

J'aurois cru que V. M. auroit bien voulu S'expliquer sur les ouvertures que Je Lui ai fait parvenir par Ma dernière lettre, et sur la nature des sûretés qu'Elle croit devoir exiger de Moi. *Il semble qu'Elle les place uniquement dans la destruction de Mon Armée par la disette ou par le fer. Il s'en faut de beaucoup que J'aye encore à craindre la première; la protection du Ciel, la fermeté et la fidélité de Mes Troupes, et la nécessité les garantiront de l'autre.* V. M. voudra bien jeter un coup d'oeil sur la position où Elle se trouve et sur celle où Elle Me met. Je fais et Je veux tout faire pour M'entendre avec Elle sur l'unique point qui L'occupe, *pourvu que Je puisse le faire avec honneur.* Je suis etc.

à Struppe
ce 13. Septembre 1756.   A. R.

Um 12 Uhr Mittags durch General Winterfeldt beim Könige von Preussen eingeführt, ward Spörcken sehr kühl empfangen. „Ich bedauere," bemerkte Friedrich II., nachdem er den Brief gelesen, „dass Ihr Herr in denselben Gesinnungen beharrt. Warten Sie einen Augenblick, ich werde Ihnen die Antwort mitgeben."

Die Sprache Augusts III. hatte jedoch Eindruck gemacht. Man beschloss im Preussischen Lager, die Verhandlungen fortzuspinnen. In der Antwort, welche Spörcken nach der Tafel erhielt, suchte man Anfangs Schmeicheleien hervor, sammetweiche Phrasen, die den Druck der eisernen Faust am Schlusse nur noch härter erscheinen lassen. *„Il faut que Votre sort soit lié au mien,"* ist der Kern, das Uebrige Zuckerüberguss:

Monsieur mon Frère.

Je n'ai rien de plus à coeur que ce qui peut regarder personellement l'honneur et la dignité de V. M. Elle peut être persuadée que Sa Personne dans Son Camp M'a plus embarassé que Ses Trouppes. Je crois cependant qu'il y a un moyen pour accorder et Sa Dignité avec ce qu'exigent Mes Intérêts dans le moment présent, et que tout ceci peut se terminer d'une façon également honorable à L'un et à L'autre. Si V. M. le juge à propos J'attends Son consentement pour Lui envoyer un Officier Général chargé de propositions pour Elle. Je La prie de Lui parler seul et de daigner de lui répondre. Je le répéte encore et Je L'assure sur Mon honneur, qui M'est plus cher que Ma vie, que Je n'en veux point ni à Sa Personne, ni aux

Intérêts de Sa Famille, mais que dans les circonstances présentes *il faut que Son sort soit lié au Mien, et Je L'assure sur tout ce qu'il y a de plus sacré que si la fortune Me seconde dans la présente Guerre qu'Elle n'aura pas lieu de M'en vouloir du mal*, mais que si le malheur M'en veut la Saxe aura le même sort que la Prusse et le reste de Mes Etats. Je suis avec toute la considération imaginable etc.

<table>
<tr><td>à Sedelitz
ce 13e de Septembre M. R.
1756.</td><td>Monsieur Mon frère
de Votre Majesté
Le bon frere
(signé) Federic.</td></tr>
</table>

Auch für den Abgesandten war der König von Preussen liebenswürdiger als am Morgen. Die Unterredung betraf jedoch lediglich die beabsichtigte Absendung des Generals Winterfeldt.

Spörcken musste an demselben Tage noch das nachstehende Handschreiben überbringen, welches die Bereitwilligkeit des Königs von Polen aussprach, den angekündigten Preussischen General zu empfangen:

Monsieur mon Frère

Ayant vu par l'obligeante réponse que Mon Aide de Camp le Maj. Gén^l Spörcken vient de M'apporter de la part de V. M. la résolution qu'Elle a prise de vouloir M'envoyer un Général, *Je ne veux pas tarder un moment de marquer à V. M. que Je le verrai arriver avec plaisir, que Je luy parlerai seul*, et que Je M'expliquerai d'une façon que V. M. aura lieu d'en être contente, ne demandant pas mieux que de La convaincre des sentimens de considération et d'amitié avec lesquels Je suis etc.

Strupe ce 13. Septembre 1756.   A. R.

Friedrich II. empfing Spörcken diessmal noch freundlicher und wiederholte die bekannte Versicherung, Er beabsichtige durchaus Nichts, was dem Könige von Polen oder dessen Familie zum Nachtheil gereichen könne. Es wurde verabredet, dass sich Winterfeldt am andern Tage Nachmittags 4 Uhr in das Hauptquartier Struppen begeben und dass der Sächsische Major Fetsch ihn an den Vorposten empfangen solle.

An demselben 13. richtete Brühl an den Grafen Browne das nachstehende geheime Schreiben:

„Ich habe Ew. schon vorgestern wissen lassen, dass wir dermassen eingeschlossen und blokirt sind, dass es fast unmöglich ist, jemanden abzusenden, zumal uns auch die Communication mit Böhmen abgeschnitten ist. Man fährt fort, uns immer enger zu bedrängen und die Lebensmittel fangen bereits an zu fehlen, früher als wir gefürchtet. Bis jetzt scheint uns der König von Preussen mehr aushungern als schlagen zu wollen. Ew. müssen daher entscheiden, ob Sie binnen hier und 6—8 Tagen, denn so lange werden unsere Lebensmittel noch reichen, zu uns stossen und den Proviant auf der Elbe folgen lassen, oder ob Sie durch Ueberschreitung der Bergpässe uns die Vereinigung mit Ihrer Armee in Böhmen sichern können. Was Sie auch für praktisch halten und ausführen wollen, ich bitte, uns nur baldmöglichst Ihre Entschliessung wissen zu lassen, damit wir uns darnach richten und nicht etwa die Hilfsquellen vernachlässigen, die sich noch darbieten könnten, bevor die Sachen auf das Aeusserste kommen."

Winterfeldts erste Audienz.

Die Antwort auf das den Abend zuvor überbrachte zweite Handschreiben des Königs von Polen war das Creditiv des Generallieutenant von Winterfeldt:

> Monsieur Mon Frere.
>
> J'envoye à V. M. comme Elle daigne L'approuver Mon Lieut^t Genl de Winterfeldt, qui aura l'honneur de remettre cette lettre à V. M. Elle peut ajouter une entière confiance en ce qu'il Lui dira de Ma part, et Je fais des voeux pour que sa Commission tende à une fin heureuse, dont aussi bien V. M. que Moy de Mon côté, nous ayons lieu d'etre satisfaits. Puisse sa Commission servir dans la suite à établir une sincere et bonne union entre des Païs voisins, qui ne peuvent se passer les uns des autres, et dont le véritable avantage est d'être unis ensemble. Je suis avec les Sentiments de la plus haute Considération et Estime.
>
> à Sedelitz
> le 14e de Septembre   M. R.   Monsieur Mon frere
> 1756.   de Votre Majesté
>   Le bon frere
>   (signé) Federic.

An der Spitze von zwölf Offizieren, von einem Trompeter begleitet, traf der General, wie verabredet, Nachmittags 4 Uhr im Lager ein. Die gewünschte Audienz wurde ihm zeugenfrei gewährt. In den Acten hat dieselbe weiter keine Spur zurückgelassen, als ein *Memorandum* ohne Unterschrift und Datum, welches Winterfeldt dem Könige von Polen persönlich überreicht zu haben scheint. Wir geben diese nichtssagende Compilation, weil dieselbe als die erste Frucht des geplünderten Sächsischen Archivs und als der erste Keim des *Mémoire raisonné* immerhin interessant ist, hier *in extenso:*

L'on n'impute rien au Ministre de Saxe Comte de Bruhl, que ce qu'on est en état de prouver par des Pieces authentiques.

Dès qu'il fut instruit de la conclusion du Traité de Petersbourg il écrit au Général Arnim, alors Ministre de Saxe en Russie du 19" Février 1750. „Le Roy est prêt d'accéder au Traité de Pétersbourg y compris les Articles secrets, il demande seulement que le Roy d'Angleterre comme Electeur d'Hannovre y accéde préalablement et que les deux Cours Impériales s'arrangent, tant pour le secours que la Saxe doit s'en attendre en cas de besoin, que sur la part que cette dernière aura au butin."

Dans la même dépêche il enjoint au Sr. d'Arnim, „d'entretenir adroitement la jalousie de la Russie contre la puissance de la Prusse, de louer et d'applaudir à tous les arrangements que l'on pourroit prendre contre cette Couronne."

Par une dépêche de Decembre 1752 il fait insinuer à la Russie, „que cette Cour devoit promptement remédier aux plaintes des Polonois touchant la Courlande, afin que ce Duché ne devint pas la proye d'un voisin remuant et ambitieux."

Les dépêches du 6. du 15. et du 20ᵉ Fevrier 1754 roulent sur des avis que le Comte de Brühl donne aux Ministres de Petersbourg des arrangements de Commerce, de l'établissement des Cours de Monnoye et des Armements des Prussiens; ce Ministre accompagne ces communications de ces reflexions: „c'est," dit-il, „pour ruiner le Commerce de la Ville de Dantzig et pour s'agrandir dans la Prusse Polonoise."

On compileroit un gros volume de tous les mensonges que ce Ministre a debités à Pétersbourg, à Vienne, à Paris, à Londres touchant le payement des Billets de la Steuer pour noircir la Prusse. Ses correspondances de l'année 1753 ne roulent presque que sur ce sujet.

Lorsqu'on établit pour principe fondamental en Russie dans des Assemblées du Sénat tenues à Moscau et à Pétersbourg d'écraser le Roy de Prusse par des forces supérieures dès que l'occasion se présenteroit pour le reduire à son premier état de modicité, le C$^{te.}$ Brühl fait insinuer par sa dépêche du 9° d'Avril 1754, „qu'il est très bien informé des desseins du Roy de Prusse sur la Prusse Polonoise et que la nécessité devenant plus grande tous les jours obligeoit la Russie d'entretenir une forte Armée en Livonie."

Surquoi on lui répond: „Il faut que vous attendiez le moment où le Chevalier sera desarçonné pour lui donner le coup de grace."

A quoi le C$^{te.}$ de Brühl répond par la dépêche du 11° Novembre 1755: „Les déliberations du grand Conseil sont d'autant plus glorieuses à la Russie, qu'il ne sauroit y avoir rien de plus profitable à la cause commune, comme que d'établir d'avance les moyens efficaces pour ruiner la trop grande puissance de la Prusse et l'ambition non douteuse de cette Cour."

Dans une dépêche du 23° Novembre, est encore: „le resultat du Grand Conseil tenu à Petersbourg nous a donné une grande satisfaction; la communication confidente que la Russie veut bien en faire mettra tous ses Alliés en état d'entrer en explication sur les arrangements et les mesures à prendre en conséquence. On ne sauroit vouloir du mal à la Saxe, si en égard au pouvoir prépondérant de son voisin elle procéde avec la dernière précaution et qu'elle attende avant toute chose sa sureté de ses Alliés et le secours des moyens pour agir."

C'est à dire en bon françois, commencez la Guerre, donnez nous de l'argent et nous porterons le coup de grace à ce voisin dangereux, quand nous le pourrons faire avec sureté.

La Convention de neutralité de l'Allemagne signée à Londres, il craint que la Cour de Londres ne travaille à reconcilier le Roy de Prusse avec l'Impératrice de Russie, en détruisant les calomnies repandues à Petersbourg. Voici comme il s'en explique par sa dépêche du 23ᵉ Juin 1756: „La reconciliation entre la Cour de Berlin et de Pétersbourg seroit l'événement le plus terrible qui pourroit arriver, il faut espérer que la Russie ne prétera pas l'oreille à des propositions aussi odieuses, et que la Cour de Vienne trouvera bien le moyen par ses largesses de contrecarrer une aussi funeste union."

Ausser dieser Pièce — welche, wie man sieht, die durch die Ereignisse nur allzu sehr gerechtfertigten Besorgnisse, die Furcht und das Misstrauen des Sächsischen Ministers, aber keineswegs das Vorhandensein eines Oesterreichisch-Russischen Offensivbündnisses wider Preussen, noch die dem Grafen Brühl Schuld gegebenen *„noirs* *complots*" documentirt — hat sich, wie gesagt, über die erste Audienz, welche August III. dem moralischen Urheber des Krieges ertheilte, in den Acten nichts erhalten. Es kann diess nicht überraschen, da ja der König den General allein empfangen hatte. Wir sind jedoch in der Lage, diese Lücke aus einer amtlichen Staatsschrift zu ergänzen, welche später, im November 1756, in Warschau erschienen ist.

Die „Natürliche Vorstellung der Wahrheit, entgegengesetzet dem Preussischen sogenannten gründlichen und überzeugenden Berichte von dem Betragen Derer Höfe von Wien und Dresden" (Warschau 1756)[1] gibt über die Vorschläge des Generallieutenant von Winterfeldt sehr unzweideutige Aufschlüsse. Es handelte sich darum, Sachsen zum Treubruche, zum Eintritte in eine Offensiv-Allianz gegen Oesterreich zu verleiten.[2]

„Wenn das Reich — heisst es in jener Staats-

---

[1] Diese Schrift, deren Verfasser der Geheime Kriegsrath Le Coq, ist die officielle Widerlegung des Hertzbergschen *Mémoire raisonné*, wie aus der Correspondenz zwischen Brühl und Wackerbarth hervorgeht. Die Schrift erschien in deutscher Sprache, veröffentlichte in den 39 Beilagen die meisten der zwischen beiden Königen gewechselten Schreiben in deutscher Uebersetzung, und wurde auf Befehl Brühls in Haag in das Französische, in London ins Englische übersetzt. Die u. A. von Preuss im IV. Theil der „*Oeuvres de Frédéric le Grand*" publicirten Handschreiben sind sonach Rückübersetzungen.

[2] S. auch Retzow Charakteristik der wichsigsten Ereignisse des siebenjährigen Krieges, Seite 53.

schrift — und ganz Europa noch einige Zweifel wegen derer ehrgeizigen Absichten des Königs von Preussen und wegen derer Mittel haben könnte, welche Derselbe zu deren Durchsetzung anzuwenden kein Bedenken trägt, so würde solche zu heben die besagtem Generallieutenant von Winterfeldt aufgetragene Ausrichtung allein hinlänglich sein. Die Absicht derselben war lediglich, Ihro Königliche Majestät durch (die) Vorstellung gleich zu theilenden Gewinnstes und Verlustes zu bereden, dass sie Ihro Waffen mit denen Preussischen vereinigen und gegen Ihre alte Bundesgenossin, der Kaiserin Königin Majestät kehren möchten. Allein Ihro Königliche Majestät empfanden einen gerechten Unwillen darüber, dass man Sie fähig geglaubt hatte, Ihr gegebenes Wort und Ihre Verbindlichkeiten denen Trieben einer schändlichen Gewinnsucht aufzuopfern, dergleichen man Ihnen einzuflössen sich bemühen wollte."

Dass man den zwölf Offizieren, welche den Preussischen General in das Sächsische Lager begleiteten, den Zutritt gestattete, ohne ihnen die Augen zu verbinden, sei hier nur beiläufig erwähnt. Was man im Preussischen Hauptquartiere durch Spione noch nicht wusste, musste man durch diese Recognoscirung leicht erfahren. Indessen scheint der Eindruck eben nicht ermuthigend gewesen zu sein. Denn der von Winterfeldt früher empfohlene Angriff auf das Sächsische Lager unterblieb, wie nach den wiederholten Recognoscirungen, welche der König von Preussen in Person am 10., 11. und 12. vorgenommen hatte. Die damalige Preussische Armee war bekanntlich im Belagerungskriege nicht eben ausgezeichnet. Von den neun Angriffspunkten, welche Kaiser Napoleon, als er die Stellung inspicirte, auf den ersten Blick entdeckte, scheint Friedrich II. keinen aufgefunden zu haben. Im Jahre 1813 verfügte man freilich über ganz andere Angriffswaffen, als im Jahre 1756. Dass aber auch nach damaligen Begriffen der Feldherr Friedrich strategische Fehler begangen, welche der König Friedrich schwer gebüsst hat, ist allgemein anerkannt.

Arnims-Sendung.   Einem Gegner, wie Friedrich II., einem Unterhändler, wie Winterfeldt gegenüber, war es unerlässlich, **schwarz auf weiss zu constatiren**, dass König August die ehrenrührigen Zumuthungen, die man Ihm zu machen gewagt, entschieden zurückgewiesen hatte. Man war diess der Ehre und den Alliirten Sachsens schuldig. Es wurde daher am Tage nach der Audienz der dem Preussischen General ertheilte mündliche Bescheid, **schriftlich in einem Königlichen Handschreiben** formulirt, welches der General der Cavallerie Carl Sigismund von Arnim[1] nach Sedlitz überbringen   *15 Sept.*

[1] S. Erster Band, Seite 82, 207 u. ff.

musste. Arnim, der den rechten Flügel der Sächsischen Cavallerie commandirte, schien für diese Sendung der Geeignetste, nicht bloss seines hohen militärischen Ranges wegen, sondern weil er in den Jahren 1750 und 1751 als Gesandter in Petersburg gewesen und daher am besten in der Lage war, dem Könige von Preussen den Schlüssel zu den Depeschen zu geben, aus welchen man das durch Winterfeldt überbrachte *Memorandum* compilirt hatte. Waren doch einige dieser Depeschen an ihn selbst gerichtet.

Wir besitzen in dem Königlichen Handschreiben vom 15. September den unumstösslichen Beweis, dass die oben wiedergegebene Stelle aus der Sächsischen amtlichen Widerlegung des *Mémoire raisonné* die volle Wahrheit über die Hauptpunkte der Winterfeldt'schen Eröffnungen enthält. Auch ist diess Preussischer Seits stillschweigend anerkannt worden. Jedes Ableugnen war dadurch, dass man in Struppen nicht unterlassen hatte, von dem Act zu nehmen was zwischen dem Könige von Polen und Winterfeldt vorgegangen, unmöglich geworden.

Das Königliche Handschreiben, welches Arnim überbrachte, lautete:

Monsieur mon Frère,

Je voudrois pour tout au monde pouvoir entrer dans les vues de V. M. M^r· le Lieut^t· Genl· de Winterfeldt Me les a expliquées, et elles auroient gagné à passer par sa bouche, s'il M'étoît possible de souscrire à ce que V. M. désire de Moi. *Le dit Général aura rendu un compte fidèle à V. M. des raisons solides que Je Lui ai dites, et qui M'en empêchent.* Elles doivent prouver à V. M. Ma façon de penser, et *combien Ma parole Royale est inviolable.* V. M. peut par conséquent compter avec la même certitude sur l'accomplissement scrupuleux de tout ce que Je Lui promettrai. *Comment puis-Je tourner Mes Armes contre une Princesse, qui ne M'en a donné aucun sujet*, et à laquelle Je devrois au contraire, en vertu d'une ancienne alliance défensive, connue à V. M., fournir un secours de $^6/_m$ hommes, n'étoît-ce que le cas de l'aggression devient douteux dans la guerre présente; ainsi qu'il n'en sera aussi nullement question. Je Me suis, dès les premières apparences de cette Guerre fermement proposé de n'y prendre aucune part, et c'est à cause de celà, que J'ai réfusé toutes les propositions qui M'ont été faittes. Aussi n'ai-Je, lorsque l'Armée de V. M. étoit déjà entrée en Saxe, ni voulu faire marcher la Mienne en Bohème, ni consentir qu'il viennent des Trouppes Autrichiennes renforcer les Miennes, persuadé que J'étois, que Je n'avois rien à appréhender, n'étant mêlé ni ne voulant Me mêler en rien. Comme Je ne Me départirai point de ces sentimens, qu'au fond V. M. ne sauroit désapprouver, Je Me flatte, qu'Elle voudra bien agréer les offres que Je Lui ai deja faites par Ma lettre du 12°,[1] ou Me faire faire Elle Même d'autres propositions qui puissent tranquilliser V. M. sur l'objet de Mes Trouppes, dont Elle ne doit en aucune façon avoir à craindre. Je Luy envoye à cet effet Mon Gen¹ de Cavallerie, le Baron d'Arnim. Un

---

[1] S. oben Seite 72.

accomodement sur ce point servira en même tems d'acheminement à l'établissement d'une sincère et bonne union entre deux Païs voisins, qui en éffet ne sauroient se passer les uns des autres, et dont le véritable avantage est d'être unis. Il y a longtems que Je désire une telle union, et J'y apporterai de Mon côté toutes les facilités possibles, étant avec les sentimens les plus parfaits de Considération et d'Amitié etc.

à Struppen ce 15. Septembre 1756.

A. R.

Zugleich ward Arnim mit einer schriftlichen Antwort auf das durch Winterfeldt überbrachte *Memorandum* versehen, welche gleichfalls hier folgt:

Dans les accusations contre le Ministre, l'on a outré et envenimé les choses, dont le General d'Arnimb, qui a été dans ce tems là en Russie, peut rendre le meilleur témoignage.

Aussi sait-il, combien on a eu de peine de détourner l'accession au Traité de Pétersbourg, ce qu'on a fait par ménagement pour S. M. Prus$^{ne.}$

Qu'on a d'ailleurs soupçonné, que Sa Maj$^{té.}$ Prus$^{ne.}$ pût avoir des vues sur la Prusse Polonoise ou sur la Courlande; c'est de quoy l'on ne sauroit disconvenir; mais n'est-il pas permis de prendre ses précautions et de s'entendre avec ses alliés contre un danger qu'on craint.

Du reste il est vray qu'on s'est plaint des discussions qu'il y a eues entre les deux Cours, au sujet des affaires de commerce et de la Steuer, mais on croit en avoir eu lieu, et les dernières plaintes ont cessées, dès que la Convention a été faite.

Arnims Unterredung mit Friedrich II., des „Pudels Kern"

Wie Arnim seinen Auftrag ausrichtete, mag er uns selbst erzählen. Sein Bericht ist ganz praktisch als Dialog gehalten und enthält des „Pudels Kern." Wir übersetzen das nicht immer elegante Französisch seines:

„*Détail de ce qui s'est dit pendant l'audience que j'ai eue le 15 Septembre de S. M. le Roi de Prusse.*"

König (nachdem er das überbrachte Handschreiben gelesen): Ich sehe, der König von Polen weigert sich, seine Armee mit der meinigen zu vereinigen; aber ich kann nicht davon abgehen, mein liebe; Herr *(mon cher Monsieur)*, ich habe zu gute Gründe, die mich daran verhindern; die Kriegs-*raison* will es und ich kann meine Absichten in dieser Beziehung durchaus nicht ändern *(la raison de guerre le veut et je ne puis absolument pas changer mon plan là dessus)*.

Arnim: Der König, mein Herr, wünscht nichts so sehr, als in gutem Vernehmen und Freundschaft mit Ew. Majestät zu leben; er wird Alles thun, was er dazu beitragen kann. Er wird alle Garantieen geben, die nur möglich, um Sie zu überzeugen, dass seine Absicht ist, während des jetzigen Krieges die strengste Neutralität zu beobachten. Der König, mein Herr, wird gleichfalls, soweit es die Ehre gestattet, in Alles willigen, was Ew. Majestät über den geäusserten Verdacht beruhigen kann, dass unsere Truppen, wenn es Ihnen schlecht gehen sollte, gegen Sie agiren würden. Aber die Forderung, die Sie stellen, unsere

Truppen mit den Ihrigen zu vereinigen, ist der Ehre
meines Herrn entschieden zuwider. Die Kaiserin Königin hat den König, meinen Herrn, immer mit
Freundschaftsbeweisen überhäuft, ohne ihm den geringsten Anlass zu Klagen zu geben. Ew. Majestät
kennen selbst den Defensiv-Alliancevertrag, welcher
seit Jahren zwischen beiden Höfen besteht. Hiernach sollte der König, mein Herr, im Falle eines
Angriffs der Kaiserin 6000 Mann zur Verfügung
stellen. Da aber im vorliegenden Falle die Frage:
wer der Angreifer? zweifelhaft wird (*devient douteux*),
und der König, mein Herr, von vornherein beschlossen
hatte, durchaus keinen Antheil an dem Kriege zu
nehmen, sondern die strengste Neutralität zu beobachten, so hat Er alle günstigen Propositionen abgelehnt und Sich geweigert, seine Truppen zu denen
der Kaiserin stossen zu lassen. Wie nun und unter
welchem Vorwande könnte der König, mein
Herr, sich jetzt entschliessen, einer Monarchin den Krieg zu erklären, die ihm nicht
den geringsten Anlass dazu gegeben? Wie ein
solches Verfahren beschönigen (*colorer*)? Es würde
ein ewiger Makel (*une tache éternelle*) sein und der
König, mein Herr, mit Recht zu befürchten haben,
sich dem Tadel von ganz Europa auszusetzen. Er
ist fest überzeugt, dass Ew. Majestät im Grunde ein
so zartes Rechtsgefühl (*une si juste délicatesse*) nur
billigen können, ja dass Sie eine schlechte Meinung

von seiner Aufrichtigkeit und redlichen Gesinnung haben würden, wäre er im Stande, anders zu handeln.

König: Ja mein lieber Herr, das Alles ist gut und schön, aber ohne die Vereinigung unserer Truppen sehe ich für die Zukunft keine Garantie. Der König von Polen braucht ja nur einen Tractat mit mir abzuschliessen, der unsere Interessen freundschaftlich vereinigt. Sachsen muss mein Loos theilen und dieselbe Gefahr laufen, wie meine eigenen Staaten. Bin ich glücklich, so wird Ihr König reichlich entschädigt werden. Ich werde an seine Interessen wie an die meinigen denken und was das: „*qu'en dira-t-on*" die Meinung der Welt betrifft, so werden wir den Tractat mit einer Menge Bonbons ausschmücken. Uebrigens ist die beste Entschuldigung die Nothwendigkeit, in welcher man sich befindet, nicht anders handeln zu können. (*Hé, mon cher Monsieur, tout ceci est bel et bon, mais sans la jonction des troupes, je ne vois aucune sûreté pou l'avenir. Le Roy de Pologne n'a qu'à faire un traité en conséquence avec moi, qui nous lie de plus en plus d'amitié et d'intérêt, car il faut que la Saxe coure la même fortune et le même risque que mes Etats. Si je suis heureux, Il sera non seulement amplement dédommagé de tout, mais je songerai aussi à ses intérêts autant qu'aux miens, et pour le qu'en dira-t-on nous enjoliverons le traité de quantité de bonbons, et d'ailleurs la meilleure excuse est, la nécessité où l'on se trouve de ne pouvoir faire autrement.*)

Arnim: Ich habe die Ehre gehabt, Ew. Majestät die gewichtigen Gründe auseinander zu setzen, die den König, meinen Herrn, verhindern und da Ew. Majestät in Ihrem ersten Schreiben[1] vor Allem die Schwierigkeit in Betreff der Sicherheit für Ihre Truppen beseitigt zu sehen wünschen, so bin ich ermächtigt, hierüber ein Abkommen (*un accommodement*) abzuschliessen, welches Sie ganz beruhigen wird.

König: Und welche Sicherheit kann man mir geben? Sind es Geisseln? Es gibt keine andere Garantie, als die Vereinigung. Ich will nicht noch einmal aufsitzen wie im Jahre 44. Uebrigens bin ich von allen Intriguen Eures Ministers und den schlimmen Absichten, die er hegt, um sich an der Beraubung meiner Staaten zu betheiligen, nur zu gut unterrichtet. (*Et quelle sûreté peut on me donner, est-ce des otages? il n'y en a point d'autre que la jonction des troupes; je ne veux plus être la dupe comme je l'ai été en 44, et d'ailleurs je ne suis que trop informé de toutes les trames du Ministre et des mauvaises intentions où on est d'aider à me dépouiller d'une grande partie de mes Etats.*)

Arnim: Ich habe die Aufzeichnung der Klagepunkte (*la note des accusations*) gegen den Minister, welche der Generallieutenant Winterfeldt Seiner Majestät, meinem Allergnädigsten Herrn, überreicht hat, gesehen und was mich dabei betrifft, während der

---

[1] d. d. Pretzsch, 1. September 1756. S. Erster Band, Seite 409 u. ff.

Zeit, wo ich in Petersburg war, so muss diess Alles sehr gehässig übertrieben (*outré et envenimé*) worden sein; denn ich kann Ew. Majestät auf mein Ehrenwort (*foi d'homme d'honneur*) versichern, dass ich damals sehr bestimmte und wiederholte Befehle hatte, unsern Beitritt zum Petersburger Vertrage abzulehnen, einzig und allein aus Rücksicht auf Ew. Majestät, was den Kanzler (Bestucheff) wiederholt gegen mich aufgebracht hat.

König: Ja, ja, ich weiss, dass Sie sich mit dem Kanzler schlecht gestanden haben. (*Oui, oui, je sais que Vous avez été mal avec le Chancelier.*)

Arnim: Aus keiner andern Ursache, als weil ich den Beitritt, den er dringend verlangte, verweigert habe. Was den Verdacht anlangt, den man hegte, dass Ew. Majestät auf Polnisch-Preussen und auf Curland Absicht haben könnten ... Hier schiebt Arnim ein: „*lorsque j'ai voulu continuer le Roi m'a interrompu.*"[1]

König: Je nun, mein lieber Herr, man hat gut leugnen und sich entschuldigen. Ich weiss Alles, was seit 49 bis zum Monat Juli d. J. gegen mich negociirt worden ist. Ich habe die Beweise in den Händen. Ich kann daher die Sächsischen Truppen nicht in meinem Rücken lassen, ohne einen grossen Fehler zu begehen. (*Hé, mon cher Monsieur, on a beau nier*

---

[1] Das Thema scheint sonach nicht angenehm gewesen zu sein, wir erinnern an die Polnische *arrière-pensée* des Königs von Preussen. Erster Band, Seite 36 u. ff.

*ou s'excuser, je sais tout ce qui s'est négocié contre moi depuis l'an **1749** consécutivement jusqu'au mois de juillet de cette année et j'ai des preuves suffisantes en main, je ne puis donc pas laisser les troupes Saxonnes en arrière sans commettre une très grande faute.)*

Arnim: Aber, Sire, es giebt ja Mittel, Ew. Majestät darüber vollkommene Beruhigung zu verschaffen und wenn Sie mit dem, was wir vorschlagen, nicht zufrieden sind, so haben Sie doch die Güte, uns zu sagen, was Sie mehr verlangen.

König: Ich muss die Truppen haben, sonst giebts keine Sicherheit. Ich spiele ein grosses Spiel. Die Waffen sind Wechselfällen ausgesetzt: eine Niederlage und ich würde Euch auf dem Halse haben! *(Il me faut les troupes, sans quoi il n'y a point de sûreté, je joue gros jeu, les armes sont journalières, je n'aurais qu'à avoir un échec considérable et je les aurais en dos.)*

Arnim: Der König, mein Herr, will sein Königliches Wort geben, die strengste Neutralität während dieses gegenwärtigen Krieges zu beobachten. Was auch kommen möge, Seine Truppen werden nicht gegen die Ew. Majestät agiren. Die gewichtigen Gründe, die meinen König verhindern, auf die Wünsche Ew. Majestät einzugehen, müssen ja seine Denkungsweise und wie sehr Ihm Sein Königliches Wort unverletzlich erscheint, erweisen. Ew. Majestät können sonach mit derselben Gewissheit auf die gewissenhafte Erfüllung des Ihnen Versprochenen bauen. Man könnte sich über die Quartiere, welche unsere Truppen zu beziehen haben würden, verständigen. Ja, wenn es Ew. Majestät durchaus verlangen, könnten die Generale sich persönlich mit ihrem Ehrenworte verpflichten, in diesem Kriege nicht gegen Sie zu fechten. Es würde diess in Wahrheit überflüssig sein, der König, mein Herr, aber dennoch darein willigen, um Ihnen volle Beruhigung zu geben.

König: Alle diese Tractate, alle diese Abkommen dreht und wendet man, wie man will. Ich muss meinen Rücken frei haben. Ich muss die freie Communication durch Sachsen und auf der Elbe haben und was das Ehrenwort der Generale anlangt, glauben Sie denn, dass ich Generale hängen lassen und den Krieg wie ein Räuber führen werde? Und dann: kann man denn nicht andere Generale ernennen? (*Tous ces traités, tous ces accomodemens on les tourne tout comme on veut; il faut que j'aye nécessairement les derrières libres, comme aussi la libre communication par la Saxe et l'Elbe, et la parole des généraux, croyez-vous que je veuille faire pendre des généraux et faire la guerre en brigand, et puis, est-ce qu'on ne peut pas nommer d'autres généraux?*)

Arnim: Aber wenn nun der König, mein Herr, Sich entschliessen wollte, den vierten, ja sogar den dritten Theil seiner Armee zu entlassen?

König: Da müsste er die ganze Armee entlassen. Nein, das würde zu hart sein. Es gibt kein anderes Mittel: die Armee muss mit mir marschiren, muss mir den Eid leisten. *(Il faudrait donc congédier toute l'armée... mais non ce seroit trop dur; il y a un moyen, il faut que l'armée marche avec moi et qu'elle me prête serment.)*

Arnim: *(„Ceci,"* bemerkt der Berichterstatter, *„me fit faire un mouvement de saisissement dont je ne fus pas maître et dont le Roy parut surpris.")* Davon würde es kein Beispiel aufzuweisen geben, weder in der alten noch in der neuen Geschichte.

König: Warum denn nicht, mein Herr? Es gibt deren, und wenn es nun auch keine gäbe, ich weiss nicht, ob Sie es wissen, aber ich schmeichle mir originell zu sein. *(Pourquoi non, Monsieur? Si fait il y en a ... et si cela ne seroit point, je ne sais si Vous savez, Monsieur, que je me pique d'être original.)*

Arnim: Sire, wenn das Ihr letztes Wort ist, so bleibt uns freilich nichts übrig, als uns da begraben zu lassen, wo wir stehen.

König: Bah! das sind Phrasen! Der Soldat denkt nicht wie die Generale; Sie wissen das so gut wie ich. Wenn man ihn nicht gehörig verpflegt, so desertirt er und begeht Meutereien. *(Ah! ce sont des contes que cela, le soldat ne pense pas comme les généraux, Vous savez cela aussi bien que moi, si on ne lui donne pas la subsistance nécessaire il déserte et se mutine.)*

Arnim: Soweit werden wir noch nicht so bald sein. Ew. Majestät wissen recht gut, dass es nur von uns abhing, uns nach Böhmen zurückzuziehen und uns mit den Truppen der Kaiserin Königin zu vereinigen, wenn der König, mein Herr, es gewünscht hätte. Das Letzte von unsern Regimentern, welches ins Lager kam, hatte noch einen Vorsprung von drei Märschen vor der Avantgarde Ew. Majestät. Das beweist vollkommen, dass der König, mein Herr, sich eben in nichts hat mischen und eine strenge Neutralität hat aufrecht erhalten wollen; es beweist auch, dass Ew. Majestät nichts zu befürchten haben. Ich hoffe, dass Sie Sich mit den bedeutenden Zugeständnissen, welche der König zu machen entschlossen ist, zufrieden geben werden. Diese gewähren Ihnen nicht nur die freie Communication durch Sachsen und die Schifffahrt auf der Elbe, sondern beruhigen Sie auch vollkommen hinsichtlich der Truppen. Uebrigens würden Ew. Majestät, wenn Sie auf ein solches Abkommen eingingen, die Truppen, welche uns jetzt gegenüberstehen, anderwärts verwenden können.

König: Alles, was Sie mir sagen können, mein lieber Herr, kann mich von meinem Vorsatze nicht abbringen, ich muss unbedingt Ihre Truppen haben, so oder so. Ueber mich brauchen Sie sich nicht zu beunruhigen. Ich bin durchaus nicht pressirt. Ich kann hier wenigstens 24,000 Mann lassen, welche ich dem Grafen Broune gegenüber nicht brauche. Die Dummheit, die ich früher gemacht habe, anzugreifen, ohne meinen Rücken gedeckt zu haben, werde ich nicht wiederholen. (*Tout ce que Vous pourrez me dire, mon cher Monsieur, ne me fera pas changer mon plan, il faut que j'aye absolument les troupes de manière ou autre. Ne soyez point en peine pour moi; je ne suis point pressé du tout; je puis laisser ici au moins 24,000 hommes dont j'[en']ay nullement besoin vis-à-vis de Mr. de Broune; je ne ferai plus la sottise que j'ay faite autrefois de courir les pays sans que mes derrières [ne] soient bien assurés.)*

Hierauf wendete sich das Gespräch auf die Armeen des Feldmarschall Broune und des Fürsten Piccolomini, den Marsch Schwerins u. s. w. Als Arnim sich zurückziehen wollte, lud ihn der König zu Tische und liess vorher noch einige Cavallerieregimenter, die eben angekommen waren, defiliren. Eine halbe Stunde nach dem Diner durch den General Winterfeldt zu dem Könige gerufen, erhielt Arnim aus den Händen des Königs das hier folgende Antwortschreiben vom 15. September mit dem Bemerken: „Machen Sie dem Könige meine Empfehlung und sagen Sie ihm, ich bedauere recht sehr, nichts ablassen zu können, wie ich es Ihnen gesagt und in diesem Briefe geschrieben; aber das ist mein letztes Wort und wenn er mir den Erzengel schickte, so würde ich nichts daran ändern können. Ich könnte in der Lage, in der ich mich befinde, den Impertinenten spielen, aber ich biete das Mildeste an, was ich kann." (*Faites bien mes compliments au Roy de Pologne et dites lui que je suis bien fâché de ne pouvoir me désister de mes prétentions ainsi que je Vous l'ay dit et que je l'ay marqué dans la lettre; mais c'est mon dernier mot et s'il m'envoyoit l'arcanchel [l'archange]: je ne pourrois pas y rien changer absolument. Dans la position où je me trouve et sachant tout ce qu'on a fait et tout ce qu'on a voulu faire contre moi, je pourrois faire l'impertinent, mais j'offre le plus doux.)*

Monsieur Mon Frere,

J'ai reçu la lettre que V. M. a eu la bonté de M'écrire par Son Genl d'Arnim. Je lui ai parlé sur tous les points qui regardent sa Commission et Je M'en suis expliqué dans le sens que le Genl de Winterfeldt aura eu l'honneur d'expliquer à V. M. Je suis bien fâché de ne pouvoir pousser la complaisance plus loin; mais après ce que Je viens de répéter au Genl d'Arnim, il ne Me reste autre chose à dire, que d'assurer V. M. de l'Estime et de la Considération avec laquelle Je suis

à Sedelitz   Monsieur Mon frere
ce 15e Septembre   M. R. de Votre Majesté
    1756.   le bon frere
                                  (signé) Federic.

Diese Antwort, welche Arnim seinem Herrn überbringen sollte, war noch nicht in dessen Händen, als August III. zum zweiten Male am 15. September die Feder ergriff, um beim Könige von Preussen wegen der Pässe nach Polen und der nöthigen Anordnungen für Seine Reise die erforderlichen Anträge zu stellen.

Monsieur Mon Frere.

Les malheurs, qui arrivent à Mes Etats héréditaires, ne devant pas Me faire oublier ce que Je dois à Mon

Royaume, dans lequel la Diéte ordinaire doit S'ouvrir le 4. du mois prochain, Je profite des assurances que V. M. M'a encore réïtérées par Sa lettre du 12., pour La prier de M'accorder pour Moy, Mes deux Princes, Mon Ministre et Ma suite, en toute sûreté, le libre passage d'icy en Pologne. Je passerai par Breslau, comme la Route, où il sera le plus aisé d'assembler les chevaux nécessaires, qui seront au nombre d'environ 130. Ne doutant aucunement que V. M. ne M'accorde Ma demande, Elle voudra bien avoir la bonté de M'envoyer d'abord un couple de passeports pour deux Officiers, que Je voudrois expédier pour M'ordonner les Chevaux et les gîtes en chemin. Je suis etc.

Strupe ce 15. Septembre 1756.

A. R.

Spörckens Sendung.

Dieses Schreiben ward am folgenden Morgen zugleich mit dem nachstehenden vom 16. durch General Spörcken dem Könige von Preussen überreicht:

16. Sept.

Monsieur Mon Frère.

Lorsque J'ai voulu envoyer Mon autre lettre par un trompette au Genl d'Arnim, pour qu'il eut l'honneur de la présenter à V. M., le dit Genl arriva et M'a rendu la réponse dont V. M. M'a honoré, et M'a répété tout ce qu'Elle luy a dit de bouche. V. M. ne peut pas douter, que Son refus à tant de propositions plus qu'équitables, M'a été inattendu, et comme Elle ne veut rien écouter que ce qui est contre Mon honneur, Ma probité et Ma parole Royale, Je ne puis qu'abandonner à la direction Divine ce qui en arrivera, pendant que Je n'ai rien à Me reprocher. Autant que J'ai compris par le rapport du susdit General, V. M. compte de laisser garnison à Dresde, et de Se servir de Ma Résidence, où la Reine et toute

Ma famille Royale demeurent, pour une place d'armes. Dans les guerres les plus sanglantes on ne refuse pas des considérations à des personnes Royales, ni n'occupe les résidences. Le Roi de Suède a été comme ennemi en Saxe du tems du feu Roi mon Père, mais il n'a jamais permis à un Soldat d'entrer dans La résidence. Je soumets le tout à Sa disposition, et Je la supplie d'ordonner qu'on ne defende pas la correspondence à la Reine et à Ma famille, qu'Elle aye la bonté de donner libre entrée et sortie à Ma Cour, et que je puisse faire suivre Mes Equipages et tout ce dont J'ai besoin pour Mon service en Pologne. Je réitere Mes prières pour les égards et sûretés de la Reine, de Ma famille Royale, de Ma Cour, de Ma Résidence et de tout le pays dont Elle est Maître, et Je suis etc.

Strupe ce 16. Septembre 1756.

A. R.

Friedrich II. schien überrascht, zwei Schreiben auf ein Mal zu erhalten. Spörcken erklärte die Ursache und wiederholte vergeblich die von Arnim bereits überbrachten Vorschläge. Uebrigens wurde Spörcken mit Freundschaftsversicherungen und dem Versprechen entlassen, dass die Pässe, sobald nur die Verhandlungen geschlossen wären, folgen sollten, wie auch in dem Preussischen Antwortschreiben vom 16. gesagt wird. Dieses letztere lautet:

Monsieur Mon Frère.

J'ai reçu aujourdhui deux lettres de V. M., l'une qui regarde Sa Capitale et l'autre Son voyage pour la Pologne. Les plaintes qu'Elle fait relativement à la Ville de Dresde sont de nature à être facilement ajustées. Quant à ce qui regarde Son voyage de Pologne, J'espère qu'Elle voudra bien avant que de partir finir avec Moi la Négociation qu'Elle a entamée, relativement à Son Armée, qui souffriroit beaucoup des longueurs par Son éloignement. Il n'en coutera que deux mots à V. M. pour terminer cette affaire promptement, après quoi Je ne manquerai pas de Lui donner tous les Passeports qu'Elle demande, ainsi que de régler Ses relais par la Silesie selon Son bon plaisir, ne désirant que de Lui donner des marques de la Considération et de l'Estime avec laquelle Je suis

à Sedelitz
ce 16e Septembre M. R.
1756.

Monsieur mon Frere
de Votre Majesté
Le bon frere
(signé) Federic.

Graf Brühl an Graf Broune.

Gleichzeitig schrieb Brühl an Broune:

„Diese Zeilen sollen Ew. nur wiederholen, dass wir mit dem Könige von Preussen kein Abkommen getroffen haben und auch keins treffen werden, weil er Alles verwirft, es sei denn, dass wir mit ihm gegen die Truppen der Kaiserin marschiren. Wir werden uns ohngefähr noch vierzehn Tage halten, aber bis dahin müssen Ew. Excellenz uns unfehlbar erlösen, wenn Sie gerade auf den König von Preussen losmarschiren, der sich nicht zu beeilen scheint, sehr weit nach Böhmen vorzudringen. Sie könnten auch wohl, während wir hier ein Corps von mehr als 25,000 Mann beschäftigen, eine Demonstration machen, als wollten Sie die *debouchéen* Sachsens bei Marienberg gewinnen oder wirklich besetzen. Diess würde die Preussische Armee zu einer Bewegung nöthigen, deren wir uns bedienen könnten, sei es, um uns von hier wegzuziehen oder wenigstens um uns ein wenig zu ravitailliren. Das einzige Mittel, was uns übrig bleibt, wenn alle übrigen fehlschlügen, ist, uns mit dem Degen in der Faust irgendwo durchzuschlagen; wo diess möglich, darüber kann man sich nur mündlich aussprechen."

An demselben Tage erreichte ein Billet des Französischen Botschafters das Hauptquartier, worin dieser von „*plates nouvelles*" spricht, welche in Dresden circulirten, Gerüchte, welchen Broglie keinen Glauben zu schenken versichert. Zugleich gibt er die Absicht zu erkennen, sich von dem Preussischen Gesandten einen Pass für seinen Courier auszubitten.

Brühl antwortete:

„Kaum hatte ich Ihr Billet empfangen, als ich Ihrem Courier befahl, sich bereit zu halten. Er wird heute Nachmittag um 5 Uhr abgehen. Zu Fuss hieher gekommen, sucht er sich nur einen Sattel und Stiefeln zu verschaffen. Was die „*plates nouvelles*" betrifft, welche man in Dresden verbreitet, so kann ich darüber nicht urtheilen, da ich nicht weiss, worin sie bestehen. Hier hören wir nichts von dem, was draussen vorgeht; nur aus dem Preussischen Lager haben wir Nachrichten, die aber sehr schlecht sind.

Man fordert nichts Geringeres von uns, als dass wir unsere Truppen mit denen des Königs von Preussen vereinigen, um gemeinschaftlich die Kaiserin Königin zu bekriegen. Der König verwirft beharrlich eine solche Zumuthung, welche gegen seine Ehre und sein Gewissen. Der König von Preussen will von keinen andern Bedingungen hören; so scheinen denn die Verhandlungen beendigt. Die Truppen würden nichts lieber sehen als einen Angriff, aber der König von Preussen will sie aushungern, was sie am meisten fürchten. Man wird indessen zum bösen Spiele gute Miene machen, so lange man kann. **Unter diesen Umständen wird jedoch der König allerdings eine Last für seine Armee."**

Broglies Replik hat sich ebenfalls erhalten und lautet:

„Der aus dem Sächsischen Lager expedirte Courier ist heute Morgen um 10 Uhr aus Paris zurückgekommen. Er hat mir vorbereitende Nachrichten überbracht, welche auf die gegenwärtigen Umstände Bezug haben, aber nichts über die Courierexpeditionen Sr. Polnischen Majestät. Man annoncirt mir einen zweiten Courier, den ich jeden Augenblick erwarte und habe ich alle Ursache zu glauben, dass die Nachrichten ganz gut sein werden. Graf Sternberg hat ausgezeichnete Nachrichten vom Feldmarschall Broune, welcher vielleicht jetzt schon an Ihrer Thür ist oder unverzüglich dort sein wird. Vor allen Dingen Muth und Geduld! Alles wird gut endigen, nur bleibe der König bei der Armee; seine Ehre vor ganz Europa erheischt es unbedingt. Wenn er Pirna (d. h. Struppen) verlässt, so würde ich es lieber sehen, dass er auf den Königstein ginge, als irgend wo anders hin, aber nur keine Erlaubniss vom König von Preussen. Gäbe Er sie, wer weiss, wie sie gehalten würde und wenn des Königs von Polen Person in seine Hände fiele, wäre Alles verloren. Ich nehme mir die Freiheit, diesen Monarchen zu beschwören, nichts dergleichen zu thun. Ich wünschte auch, dass Ew. Excellenz vermeiden wollten, sich in die Gewalt von Leuten zu begeben, welche Sie misshandeln könnten. Nur Muth und Energie. Alles wird gut gehen. Die Königin gibt uns hier das schönste Beispiel... Wir senden einen Courier an Graf Broune."

Der Schlussgedanke des Brühl'schen Billets an den Französischen Botschafter, dass der König eine Last für die Armee werde, scheint eine anderweite Sendung Spörckens veranlasst zu haben. Er überbrachte Friedrich II. das folgende Handschreiben:

Monsieur Mon Frère.

Par la réponse de V. M. d'hier, J'ai vu qu'Elle souhaiteroit qu'avant que de partir pour la Pologne Je finisse la Négociation entamée au sujet de Mes Troupes, mais comment puis-Je la finir, les propositions de V. M. étant de nature à ne pouvoir y entrer. Je Luy ai fait connoître tout ce, à quoi Je pouvois aquiescer. Elle n'a pas paru disposée à l'accepter. J'ai donc cru tout accommodement manqué, et Je Me suis borné à Luy demander libre Passage pour Me rendre en Pologne, où Ma présence presse à cause de la Diète. J'espére que V. M. voudra Me l'accorder, et terminer l'Article de Ma Résidence. Quant à Mon Armée, J'ai décidé de son sort. Mon parti est pris là dessus, et c'est celuy de l'honneur et de la nécessité. Je suis avec considération et estime etc.

Strupen ce 17. Septembre 1756.

A. R.

Nach vielen Hin- und Herreden glaubte Winterfeldt noch einen letzten Versuch der Einschüchterung machen zu sollen. Diese zweite Sendung und zweite zeugenfreie Audienz Winterfeldts hat in den Acten keine weitere Spur zurückgelassen, als das kurze Beglaubigungsschreiben, welches wir hier der Vollständigkeit wegen inseriren:

Monsieur Mon Frère. J'envoye à V. M. le Général de Winterfeldt pour apprendre d'Elle Sa dernière résolution qui dictera le parti que Je Me verrai obligé de prendre, étant avec beaucoup de Considération

à Sedelitz		Monsieur Mon frere
ce 17ᵉ de Septembre	M. R.	de Votre Majesté
1756.		Le bon frere
		(signé) Federic.

König August widerstand auch diesem letzten Versuche, ihn durch Drohungen zum Treubruche zu bewegen und sandte am 18. September abermals durch Spörcken die hier folgende Königliche Antwort:

Monsieur Mon Frère.

M.r le Gen.l Winterfeldt aura rapporté à V. M. *tout ce que Mon honneur et Ma probité, que J'ai maintenue inviolablement jusqu'à Ma soixantieme Année M'a permis de répondre. V. M. saisit Mes Etats sans sujet. L'Europe jugera Ma Cause, et du Plan controuvé, dont toutes les Cours réconnoîtront facilement la non-existence, n'ayant jamais fait des propositions qu'on voudroit Me prêter.* J'ignore de quelle façon on pourra justifier des faits et des procédés, auxquels Je ne devois pas M'attendre ni personne. V. M. a oublié de S'expliquer sur Mon voyage en Pologne, Elle permettra que J'insiste là dessus puisque Mon Royaume demande Ma présence. Je suis etc.

à Struppen ce 18. Septembre 1756.

A. R.

Spörcken wiederholte mündlich den Inhalt und ward bedeutet, dass man unter diesen Umständen Preussischer Seits bedauere, zum Aeussersten schreiten zu müssen. Die schriftliche Erwiederung, welche der General zurückbrachte, bedarf keines Commentars. Die Ungezogenheit einiger Preussischen Offiziere, welche Friedrich II. darin rügt, war durch Dyherrn zu Winterfeldts Kenntniss gebracht worden.

Hier die geharnischte Antwort des offenbar in

seinen Erwartungen bitter getäuschten Preussenkönigs. Von Beendigung des Feldzugs in vierzehn Tagen, von Friedendictiren unter den Thoren Wiens war nun freilich nicht mehr die Rede. Auch den Drohungen war König August nicht gewichen. Es war nichts mit ihm anzufangen und man hatte sich selbst zu tief in die Karten blicken lassen. *Hinc illae irae.*

Monsieur Mon Frère.

Je suis fort étonné après les preuves authentiques que J'ai donné à V. M. de la mauvaise volonté de Son Ministre qu'Elle puisse encore les revoquer en doute, d'autant plus que pour Ma justification J'ai cru devoir Me munir des dépêches originales. Je suis très persuadé, que tout le monde impartial verra que la nécessité de Mes affaires, surtout la mauvaise volonté du Ministére de V. M. mise clairement au jour M'ont obligé de prendre un parti contraire à Mon inclination et à Ma façon de penser. V. M. Me paroit pressée de Son voyage de Pologne, mais Elle oublie en même tems que Je le suis autant qu'Elle. Pour ce qui regarde la situation où se trouvent Ses Trouppes vis à vis des Miennes, il Me semble que ces deux choses devroient aller de pair. D'ailleurs Je dois dire à V. M. que J'ai appris avec douleur, qu'il y a eu des Officiers de Mon Armée qui se sont émancipés au point d'arrêter du gibier destiné pour Sa Personne. Elle peut être persuadée qu'ils seront punis à la rigueur si Je parviens à les découvrir, et que tout ce qui regarde Sa Personne ainsi que Sa Famille, Me sera toujours sacré. Je ne puis que déplorer d'ailleurs les engagements qu'Elle dit avoir pris avec Mes Ennemis et qui selon Elle La lient de façon à Lui faire oublier les Intérêts de Sa Personne et de Son Etat. Je suis avec toute l'Estime imaginable

à Sedelitz
ce 18ᵉ Septembre M. R.
1756.

} Monsieur Mon frere
de Votre Majesté
Le bon frere
(signé) Federic R.

Hiermit war diese unfruchtbare Verhandlung vollkommen abgeschlossen. Beide Theile waren auf ihrem Standpunkte geblieben.

Vorbereitungen zu einer aufgegebenen Abreise des Königs Augusts III.

Der König August hatte am 18., nach der dem General Winterfeldt ertheilten Audienz noch immer die Absicht, die Reise nach Polen anzutreten. Für diesen Fall war bereits eine Vollmacht für den Feldmarschall aufgesetzt worden, welche zwar im Entwurfe approbirt, aber nicht vollzogen ward, eben weil die Reise unterblieb. Wir heben nur hervor, dass die Eventualität einer Capitulation darin vorausgesehen und der Feldmarschall ermächtigt werden sollte, unter Zuziehung der sämmtlichen Generalität „*Capitulationes*," wie sie in gewissen Fällen alle Armeen einzugehen gezwungen werden könnten, abzuschliessen und zu vollziehen, niemals aber sich dazu zu verstehen, gegen den König und dessen Bundesgenossen die Waffen zu führen.

Ueber die Motive der Reise hat sich auch ein Concept — ohne Datum — erhalten, unter der Ueberschrift: „*Raisons qui m'ont porté d'aller en Pologne*" und wir können nur vermuthen, dass diese Aufzeichnung vor

Empfang des letzten Schreibens Friedrichs II. aufgesetzt, vielleicht vom Könige selbst dictirt worden sein mag. Die darin niedergelegten „Gründe, welche Mich (den König) veranlasst, nach Polen zu gehn," sind folgende:

„1) Die Erklärung des Königs von Preussen, dass er die Armee aushungern wolle;

„2) Da diess geschehen könnte, weil die Lebensmittel nur bis Ende des Monats reichen, so wird die Armee „*un coup de rigueur*" unternehmen müssen, welcher bei der gegenwärtigen Stellung des Feindes schwer auszuführen.

„3) Jedenfalls würde die Ausführung durch Meine Gegenwart nur erschwert werden.

„4) Wollte Ich Mich auf dem Königsteine einschliessen, so würde Ich daselbst einem Gefangenen gleichen und der Mangel an Verpflegung Mich gleichfalls zwingen, Mich zu ergeben.

„5) Meine Gegenwart hier wird ganz unnöthig, der Armee, dem Lande und Meinem Hause, da Ich abgeschnitten von aller Welt und nicht unterrichtet von dem bin, was im Innern des Landes und was im Auslande vorgeht.

„6) In Polen würde Ich die Verbindungen mit den Höfen, von welchen Ich Hilfe und eine gerechte Genugthuung erwarte, frei haben. Uebrigens hat der König von Preussen ja keinen andern Vorschlag anhören wollen, als den er selbst gemacht, nämlich dass sich Meine Armee mit der Seinigen vereinigen und sie ihm den Eid der Treue schwören solle, was Ich nicht habe zugestehen können, da es gegen die Ehrlichkeit und gegen die Ehre gewesen wäre."

<small>Ein Sächsischer Armeebefehl.</small>   Die Reise musste aber, weil der König von Preussen die Pässe verweigerte, wie wir gesehen, aufgegeben werden. Der König beschloss, das Schicksal seiner Armee zu theilen. Eine „Declaration" verkündete der Armee diesen Entschluss; ein Königlicher Tagesbefehl, welcher Sonntags am 19. September nicht allein der Mannschaft Compagnienweise, sondern auch in der Betstunde durch die Geistlichen verlesen ward. Das Actenstück ist bekannt[1] und heben wir daraus nur hervor, dass bezüglich der Tags vorher abgebrochenen Verhandlungen darin gesagt wird, „der König von Preussen habe Sr. Majestät unerhörte wider das Königliche Wort, Treue und Glauben laufende *conditiones* angesonnen," König August aber „derartige Zumuthungen nicht nur abgeschlagen, sondern auch zu erkennen gegeben, lieber Alles verlieren und Seinen letzten Blutstropfen für Seine und Seines Königlichen Hauses Ehre aufopfern zu wollen, als dergleichen zu verwilligen." Der König spricht seiner treuen Armee zugleich das zuversichtlichste Vertrauen aus, „sie werde durch ihre

<small>19. Sept.</small>

---

[1] S. Aster a. a. O. S. 271.

Tapferkeit und Standhaftigkeit des Königs Entschluss bis auf den letzten Blutstropfen vertheidigen, und ihres Königs und ihre eigene Ehre zu retten, so bereit, als willig sein."

Ein K. K. Courier.

An diesem Tage erreichte ein Oesterreichischer Courier mit Depeschen des Grafen Flemming und einem mit chemischer Tinte geschriebenen Billet des Feldmarschall Broune das Sächsische Hauptquartier. Letzteres ist datirt vom 17. Abends 10 Uhr und lautet in der Uebersetzung:

„Ich habe die Billets empfangen, welche Ew. mir am 13.[1] und 16.[2] geschrieben, und sehe daraus, was Sie mir über die kritische Situation, in welcher sich die Armee befindet, mittheilen. Sie werden nun fühlen, dass ich nicht ohne Grund immer gebeten habe, sich mit der Armee nach Böhmen zu ziehen, weil man versuchen werde, Sie zu blockiren, ohne Sie jemals anzugreifen. Ew. wissen, dass ich alle Grenadiere meiner Armee detaschiret habe, um zur Hand zu sein, wenn es sich darum handelt, Ihren Rückzug zu erleichtern und Sie zugleich so viel als möglich mit Mundvorrath zu versehen. Sie wissen, dass meine Grenadiere in Peterswalde und Nollendorf angegriffen worden und sich dort gegen ein Corps von 16,000 Mann zwei Tage lang gehalten haben, bis sie die zu grosse Ueberlegenheit des Feindes

[1] S. Seite 82.
[2] S. Seite 106.

genöthigt, sich auf die Höhen von Aussig zurückzuziehen. Dort habe ich sie so eben verstärken lassen und sie werden sich dort halten so lange als möglich. Ew. wissen auch, dass meine Armee, wie ich es immer gesagt, sich nicht vor dem 15. in Marsch hat setzen können, dem Tage, wo das Corps von Piccolomini in Leutomischl *à portée* sein konnte. Ich hoffe, dieses Corps wird morgen in der Nähe von Königgrätz sein. Der Marschall von Schwerin steht seit gestern mit 30,000 Mann in der Nähe von Glatz, um in Böhmen einzudringen. Meine Armee ist in voller Bewegung, sie wird aber erst am 25. bei Budin versammelt sein können. Dort angekommen, werde ich alles nur Menschenmögliche thun, um eine Diversion, sei es nach Marienberg hin oder anderwärts, zu versuchen. Hätte ich meine leichten Truppen, wie erfolgreich würde ich mich ihrer jetzt bedienen können, aber ich kann nicht vor Ende des Monats darauf zählen. Da Ew. sich noch vierzehn Tage halten zu können versichern, so hoffe ich, die Dinge sollen inzwischen eine andere Wendung nehmen. Ich werde gewiss nichts versäumen, was dazu beitragen kann, und da Ew. Excellenz, wie Sie schreiben, sich äusserstenfalls den Weg mit dem Degen in der Faust bahnen wollen, so bitte ich mir nur wissen zu lassen, was ich thun soll, um diess zu erleichtern und wo? Das Geld liegt immer bereit."

In einer eigenhändigen Nachschrift vom 18.

früh schliesst der Feldmarschall eine ihm so eben zugegangene Depesche des Grafen Kaunitz bei und bemerkt:

„Ich will hoffen, dass mein Sohn es möglich machen wird, mit dieser Depesche in das Lager des Königs zu gelangen; er soll mir rapportiren, was ich etwa thun kann, um den Ausmarsch Ihrer Armee zu unterstützen, sobald die meinige vereinigt ist, wie ich Ihnen gestern geschrieben."

Die Kaunitz'sche Depesche an Graf Broune, d. d. Wien den 15. September, lautete:

„Wir haben so eben aus Paris durch Courier die erfreuliche und angenehme Nachricht erhalten, dass Seine Allerchristlichste Majestät schon einem bedeutenden Corps der Elite seiner Truppen Befehl gegeben, unverzüglich unserer erhabenen Gebieterin zu Hilfe zu eilen. Diese Auxiliartruppen sammeln sich in der Nähe von Namur und man wird 15—16,000 Mann unserer Truppen aus den Niederlanden dazu stossen lassen. Diess wird eine sehr respectable Armee bilden, deren Bestimmung ohne Verzug entschieden werden soll. Nichts gleicht dem Eifer, mit welchem die Französische Nation die hochherzigen Entschliessungen des Königs unterstützt. Alles will uns zu Hilfe eilen, wir hoffen binnen Kurzem auch gute Nachrichten aus Russland zu erhalten, und ich bitte Ew., Seine Polnische Majestät und unsere Armee davon zu benachrichtigen."

Die Beantwortung der überbrachten Depeschen.

Auf diese glücklich nach Struppen gelangte Expedition erfolgte Tags darauf die Antwort. Das Concept derselben ist von der Hand des Generalmajors von Dyherrn.

„Ich bin," schreibt Brühl, als Organ des Sächsischen Hauptquartiers, dem Feldmarschall Broune, „sehr erfreut zu hören, dass Ew. Excellenz Armee am 25. in Budin concentrirt sein kann. Fürst Piccolomini dürfte schon jetzt ausser Bereich der vom Marschall Schwerin commandirten Armee sein. Der König von Preussen hält uns immer noch auf Kanonenschussweite in Schach. Er scheint nicht mehr als 25—30 Bataillone Infanterie, 2—3 Regimenter Cavallerie und ebenso viel Husaren auf dieser Seite hier zu haben. Die Stellung ist dieselbe, welche Baron von Hager und Graf von Broune (Sohn) gesehen haben.[1] Die Preussen fangen an, *Redouten* aufzuwerfen, einen oder zwei unserer Ausgänge gegenüber, die aber, welche wir wählen könnten, sind noch nicht verschanzt. Aus der Bewegung, welche wir Ew. indicirt haben, werden Sie leicht errathen, von welcher Seite diess sein wird. Ich kann mich darüber nicht bestimmter ausdrücken. Ew. Excellenz wissen besser als ich, dass dergleichen Manövres sich immer nach der Stellung richten müssen, in welcher sich die Preussische Armee befinden wird in dem Augenblicke, wo Ihre Bewegungen diese nöthigen werden, auch

[1] Am 11. und 12. September. S. oben Seite 74.

ihrerseits dergleichen zu unternehmen. Das Einzige, was ich mit Bestimmtheit sagen kann, ist, dass wir vor Ende dieses Monats keinesfalls an dem Nöthigsten zur Verpflegung der Armee Mangel leiden werden. Wir fürchten durchaus nicht, dass man unsere Position forciren werde, und erwarten Alles von Ihren Bewegungen und den Ereignissen. Sie können inzwischen auf unsere Festigkeit rechnen. Der König von Preussen hat sich in Dresden aller unserer Chiffren und aller Cabinetspapiere bemächtigt. Ich bitte daher, dem Grafen Flemming denjenigen Chiffre mitzutheilen, welchen Sie uns gesendet und dessen ich mich zu gegenwärtiger Depesche bediene.[1] Aus der Abschrift des Briefes, welchen Graf Kaunitz an Sie gerichtet, ersehe ich, dass ein Französisches Auxiliarcorps durch 15—16,000 Mann Oesterreichischer Truppen, die in den Niederlanden stehen, verstärkt wird, dass aber die Bestimmung dieser combinirten Armee noch nicht entschieden. Ich kann mir nicht versagen, den Wunsch auszusprechen, dass diese Armee sofort gerade auf Halberstadt dirigirt werden möge, ohne sich mit den Hannoverschen Landen aufzuhalten. Ganz abgesehen von der Unterstützung, welche uns dadurch würde, so

---

[1] Der unterstrichene Satz ist der einzige Einschub des Premierministers in die von Dyherrn, also im Hauptquartier, concipirte Depesche.

[1756.] müsste es auch einen sehr guten Eindruck auf die Stimmung aller Fürsten Deutschlands machen, weil diese daraus erkennen würden, dass es sich lediglich um Bekämpfung des Störers der öffentlichen Ruhe handelt und dass der Krieg zwischen Frankreich und England nichts damit zu schaffen hat."

Graf Brühl über die Plünderung des Sächsischen Cabinets-Archivs.

Gleichzeitig richtete Graf Brühl an den Grafen Flemming einen geschichtlich denkwürdigen Erlass, dessen Uebersetzung wir uns nicht ersparen können: 20. Sept.

„Ein Courier, welchen die Oesterreichischen Offiziere Mittel gefunden haben durchzubringen, hat mir gestern Ew. Briefe vom 14. und 15. mit zwei anderen des Grafen Broune vom 17. und 18. überbracht. Ich habe sie dem Könige vorgetragen. Seine Majestät ist sehr glücklich über diese guten Nachrichten, ein kleiner Trost in der traurigen Lage, in der wir uns befinden und in dem Jammer, der auf dem ganzen Lande lastet. Die Truppen, welche Feldmarschall Broune in die Defileen von Peterswalde vorgeschoben, haben diese Stellung zwar ein wenig vertheidigt, aber der zu grossen Uebermacht, mit welcher die Preussen sogleich eingedrungen sind, weichen müssen. Sie haben sich auf die bei Aussig stehenden zurückgezogen. Auch diese letztern dürften, obgleich wir keine positiven Nachrichten haben, gezwungen gewesen sein zurückzugehen, um die Armee des Feldmarschall Broune wieder zu gewinnen. Von dieser Armee erwarten wir jetzt Hilfe. Bis Ende dieses Monats, vielleicht auch einige Tage länger, können wir uns hier halten. Alle Vorschritte des Kaisers bei dem Reichstage zu unsern Gunsten sind vortrefflich.[1] Man kann darin nicht zu viel thun. Die unerhörten Vergewaltigungen sind ja evident, welche der König von Preussen gegen die Staaten eines Fürsten ausübt, der ihm durchaus keinen Vorwand gegeben und dem er den Krieg nicht erklärt hat; er motivirt sie einzig und allein durch die Kriegs-*Raison*. Aber diese Kriegs-*Raison* geht so weit, dass er schlimmer handelt, als der grausamste Feind. Dem, was ich Ew. hierüber schon gesagt, muss ich noch hinzufügen, dass er eine Garnison in die Hauptstadt und Wachen bis in das Innere des Schlosses gelegt hat, obgleich die Königin, der er mit dem Könige zu correspondiren untersagt, und die Prinzessinnen dort wohnen. Ausserdem hat er das Geheime Cabinet mit Gewalt öffnen und die Papiere daraus nehmen

---

[1] Es ist hier das am 20. September zur Dictatur gebrachte „Kaiserliche Allergnädigste *Hof-Decret* an eine Hochlöbl. allgemeine Reichsversammlung zu Regensburg," d. d. Wien 14. September 1756, gemeint. Die „*Dehortatoria*" an den König von Preussen, als Churfürsten von Brandenburg und dessen Generale, d. d. Wien 13. September, und die „*Avocatoria*" an den Churfürsten zu Mainz von demselben Tage, bildeten die Beilagen. In ersteren wird, so barbarisch der lateinische Name der Staatsschrift, sehr klar das gegen Kaiser und Reich „in der unternommenen gemein-gefährlichen Empörung begangene schwere Verbrechen" betont.

lassen, durch welche er heute seine Greuelthaten rechtfertigen zu können behauptet. Die Wegnahme dieser Papiere, auf welche wir Seiten eines Fürsten, der sich nicht als Feind erklärt, nicht gefasst sein konnten, ist uns, wie Ew. wohl fühlen werden, sehr unangenehm. Es ist gewiss, dass der König von Preussen gefunden haben wird, dass wir seine Sache nicht vertreten haben; aber den Beweis, dass wir uns in irgend ein gemeinschaftliches Unternehmen (*concert*) wider ihn eingelassen, kann er nicht gefunden haben, weil diess ja nicht der Fall ist.[1] Inzwischen hat er immer unsern Generalen, welche wir ihm gesandt, von einem angeblichen Theilungsplane gesprochen, von dem er das Original zu haben behauptet. Hiernach scheint es, dass es sich um die gewisse ***Pièce*** des Herrn Williams[2] handelt, an welcher, wie Ew. am besten wissen, der hiesige Hof nicht den geringsten Theil hat. Es würde gut sein,

---

[1] Wir haben diesen Passus im Originaltexte als Parallelstelle an die Spitze der fünften Studie gestellt. Graf Schulenburg hat bereits darauf aufmerksam gemacht, „Einige neue Actenstücke" u. s. w., Seite 21—22, dass diese wenigen Worte das hellste Licht auf die ganze Frage werfen, namentlich auf die Haltung Sachsens, den auswärtigen Mächten gegenüber.

[2] Sollte sich der geschäftigste der damaligen Englischen Diplomaten als *agent provocateur* versucht haben?

wenn Ew. Excellenz den Kaiser davon unterrichten wollten."

„Seitdem der König von Preussen sein Hauptquartier in Sedlitz genommen — es ist ungefähr zehn Tage her — haben mehrere gegenseitige Sendungen stattgefunden, um eine Verständigung zu versuchen. Aber alle diese Missionen sind resultatlos geblieben. Der König von Preussen verlangt, der König solle ihm seine Armee gegen die Kaiserin Königin geben, von einer andern Bedingung will er nichts hören. Es würde zu weitläufig sein, Ihnen die Einzelheiten mitzutheilen. Sie werden aus den hier beifolgenden Abschriften dieser ganzen unerquicklichen Correspondenz selbst darüber urtheilen. Ich bitte Sie, niemand davon Abschrift zu geben und nur sonst guten Gebrauch davon zu machen. Seit vorgestern ist diese Negociation ganz abgebrochen und wir erwarten mit Resignation die Ausführung der Drohungen eines Angriffs, welchen der General Winterfeldt beauftragt gewesen dem Könige selbst anzukündigen, als er vorgestern zum zweiten Male hieher gesendet wurde.[1] Obgleich übrigens die Nachrichten von Frankreich günstig sind, insoweit als dieser Hof die stipulirte Hilfe senden will, so kann uns das doch nicht genügen. Wir hatten gehofft, man würde dort grössere Anstrengungen machen; man sollte diess

[1] S. oben Seite 109.

thun, um Zeit zu sparen. Uebrigens ersehe ich aus der mir abschriftlich mitgetheilten Depesche des Grafen Kaunitz an Feldmarschall Broune, dass das Französische Auxiliarcorps sich mit 15—16,000 Mann Oesterreichischer Truppen aus den Niederlanden vereinigen soll" u. s. w. u. s. w. (Folgt der Schluss, wie im Schreiben an Feldmarschall Broune bezüglich der Bewegung auf Halberstadt.)

Wir können nicht umhin, auf die hohe Bedeutung dieses Erlasses für die Lösung des ganzen Räthsels aufmerksam zu machen. Wir glauben hierin allein den unumstösslichen Beweis zu finden für die völlige Grundlosigkeit der Preussischen Fabel einer Europäischen Coalition, welcher Friedrich II. zum Schutze Seiner Staaten das Prävenire habe spielen müssen. Existirte eine solche Coalition, war insbesondere Sachsen derselben beigetreten, so musste der Sächsische Gesandte in Wien davon unterrichtet sein. Mag man gegen die Wahrheitsliebe Brühls noch so gegründetes Misstrauen haben, dass er seinem eigenen Agenten, der im Geheimniss sein musste, wenn ein solches Geheimniss überhaupt existirt hätte, so geschrieben, wie er dem Grafen Flemming auf die erste Kunde von der erfolgten gewaltsamen Eröffnung des Sächsischen Cabinetsarchivs geschrieben hat, beweist die Nichtigkeit der Preussischen Beschuldigung.

Am 21. September war der, wie wir oben

gesehen haben,[1] nach Sachsen berufene Grosskanzler des Königreichs Polen, Graf Malachowski, nach einigen Schwierigkeiten im Hauptquartier Struppen eingetroffen. Der König von Preussen hatte ihm erst den verlangten Pass verweigern wollen mit dem Bedeuten, dass er zwar in das Lager, aber nicht wieder herausgelassen werden könne. Auf Malachowski's kategorische Frage, ob denn Preussen mit der Republik Polen im Kriege, ward jedoch der Pass unter der Bedingung gewährt, dass der Graf seinen Weg über Sedlitz nehmen solle. Dort scheint ein directer Versuch stattgefunden zu haben, sich dieses Kanals zu bedienen, um die seit dem 18. abgebrochenen Verhandlungen wieder anzuknüpfen. Malachowski schützte jedoch den Mangel an Instructionen vor und lehnte jede Einmischung in Deutsche und Sächsische Fragen mit dem Bemerken ab, er sei nur hieher gekommen, um mit dem König von Polen Polnische Angelegenheiten zu besprechen.[2]

Dieser Grosswürdenträger scheint ein „Montag, den 20. September" datirtes Billet des Französischen Botschafters mit in das Lager gebracht zu haben, welches in Deutscher Uebersetzung lautet:

„Wir sind hier alle entzückt über die letzten Nachrichten aus dem Lager. Die Festigkeit Ew.

---

[1] S. Erster Band, Seite 408.
[2] S. über diese Verhandlung das handschriftliche Tagebuch auf der K. Bibliothek zu Dresden. Lit. k, 54.

Excellenz, die Seiner Polnischen Majestät, welche allen Uebrigen den Ton gibt, die der gesammten Armee lassen keine Besorgniss aufkommen. Es geschieht also nicht, um Ihren Muth aufzurichten, wenn ich mich beeile Ihnen mitzutheilen, dass ich gestern durch einen meiner Freunde die Liste der 24,000 Mann Auxiliartruppen erhalten habe. Das ist nur die *tête* unserer Truppen. Man hat mir noch keinen Courier zurückgeschickt, ich vermuthe, man erwartet eine Antwort aus Wien, um mich von der erfolgten Verständigung zu unterrichten. Ich hoffe aber, das unsere Hilfe weit beträchtlicher und dass das gegenwärtige Ereigniss, welches Sachsen augenblicklich ruinirt, eine Epoche des Ruhmes sein wird für den Herrn, für sein *conseil* und für seine Armee, ja vielleicht die Quelle wesentlicher Vortheile. Ich wünsche es sehr aufrichtig und nichts könnte mir persönlich angenehmer sein, als zu diesem Zwecke beizutragen."

Brühl antwortete:

„Der König ist sehr erbaut gewesen von dem, was Sie mir gestern geschrieben. Seine Majestät danken bestens für die Wünsche, welche Sie für das Wohl Seines Hauses, für die Ehre und den Ruhm Seiner Person und den Seiner Armee aussprechen. Ihre Berichte können wesentlich dazu beitragen und wir verlassen uns mit vollstem Vertrauen auf den Adel Ihrer Gesinnungen im Allgemeinen und auf die Neigung, welche Sie im Besonderen für den König und die Interessen Seines

Hauses haben. Es ist uns übrigens sehr erfreulich gewesen zu hören, dass das Auxiliarcorps von 24,000 Mann nur als die *tête* einer bedeutenderen Armee, welche folgen soll, zu betrachten. Das Interesse und die Ehre Frankreichs erheischen in der That, dass es der guten Sache mit hinreichenden Kräften zu Hilfe eile. 24,000 Mann allein würden dazu nicht ausreichen. Man muss sofort eine bedeutende Armee in Bewegung setzen und direct auf Halberstadt marschiren, ohne sich z. B. in Cleve aufzuhalten, was der König von Preussen gern aufopfern würde. Rechnen Sie übrigens auf unsere Festigkeit, wir sind auf das Aeusserste gefasst. An Brod fehlt es noch nicht, wir werden damit noch bis Ende dieses Monats und einige Tage länger reichen, aber die Pferde fangen an zu leiden."

Malachowski nahm dieses Billet mit nach Dresden zurück.

Gleichzeitig wurde der General Sybilski, bekannt aus der Schlacht bei Kesselsdorf, der die Sächsischen Regimenter in Polen commandirte, davon benachrichtigt, dass der Oberst von Gössnitz (einer der sechs Adjutanten des Grafen Brühl) sich demnächst in Warschau einfinden und mündliche Instructionen wegen Zusammenziehung der in Polen stehenden Sächsischen Reiterregimenter bringen werde. In einer eigenhändigen Nachschrift wird der General davon unterrichtet, dass weder er noch der General Weissbach jene Truppen selbst führen könnten, da der

Rang beider (sie waren wirkliche Generale) es nicht gestatte, sie unter das Commando des Oesterreichischen Generals zu stellen, der die Führung übernehmen solle, „welches aber aufs allergeheimste zu halten," fügt Brühl hinzu. Dies waren die Regimenter, welche sich am 18. Juni 1757 bei Kollin mit Ruhm bedecken sollten.

Der Oberst von Gössnitz wurde zugleich an demselben Tage mit folgendem Handschreiben Brühls beim Feldmarschall Broune beglaubigt.

„Der Ueberbringer dieses, Herr von Gössnitz, Oberst von meinem Regiment *Cherauxlegers*, welches in Polen steht, ist beauftragt, gegen Quittung, des Königs, meines Allergnädigsten Herrn, die 100,000 Rthlr. in Empfang zu nehmen, welche Ihre Majestät die Kaiserin uns gütigst darleihen will. Dieser Offizier ist auch angewiesen, sich mit Ew. Excellenz in Betreff des Corps in Vernehmung zu setzen, welches aus den Carabinier-Garden, 3 *Cherauxlegers*-Regimentern und 1 oder 2 Pulk Uhlanen besteht und aus Polen auf einem von Ihnen anzugebenden Wege nach Böhmen marschiren soll, um sich dort, sei es mit der Armee Ew. Excellenz oder mit der unsrigen zu vereinigen, wenn es dieser noch gelingt, nach Böhmen durchzubrechen" u. s. w.

Das Formular der dem Obersten von Gössnitz eingehändigten Quittung lautet:

„Dass auf Befehl Ihrer Majestät der Kaiserin

Königin Uns vom General-Feldmarschall Grafen von Broune 150 Mille Gulden als ein Darlehen baar ausgezahlt worden, solches bekennen Wir hiermit.
Im Hauptquartier Struppen, den 21. September 1756.

Mittwoch den 22. September schrieb Broglie an Brühl:

22. Sept.

„Ich habe mit grossem Vergnügen durch die Rückkehr des Grosskanzlers die guten Nachrichten von dem Befinden Sr. Majestät vernommen, auch, dass sonst Alles fortwährend im Lager gut geht. Ich hoffe, es werden mehr Lebensmittel dort sein, als für die Zeit, wo man noch dort bleibt, nöthig. Die guten Nachrichten aus Frankreich machen mir grosse Freude, besonders weil, was man thut, nur der Anfang ist von dem, was man noch thun wird. Meine Privatbriefe aus Paris sagen mir nichts, ich erwarte mit Ungeduld die Depeschen, die jeden Augenblick ankommen müssen."

Brühls eigenhändige Antwort hat sich im Concepte nicht erhalten, dagegen folgendes lakonische Billet an Broune:

„Wir sind immer in derselben Lage, unsere Entschliessung ist bekannt."

Die Conferenzminister in Dresden.

Vom 23. September liegt uns ein von sämmtlichen Conferenzministern unterzeichnete Eingabe an den Grafen Brühl vor. Wann dieselbe das Hauptquartier erreichte ist nicht zu ersehen. Der Premier-

23. Sept.

minister hatte diesen Herrn am 18. im Auftrage des Königs geschrieben, um zu fragen, warum man gar nichts mehr von ihnen höre; auch hinzugefügt, dass die Verhandlungen mit Preussen anderweit abgebrochen seien.

„Die Conferenzminister — so lautet deren Antwort — „sind ebeñ so erstaunt als betrübt über die ihnen erst heute zugekommene Notiz. Aus dem Vorwurf, dass keiner von ihnen ein Lebenszeichen gebe, haben sie zu entnehmen, dass ihr unterthänigster Vortrag vom 9. d. Mts. Sr. Maj. nicht zugegangen sein kann. Dieser Vortrag meldete, dass an jenem 9., dem Tage wo die Preussischen Truppen in die Residenz einrückten, die Conferenzminister in Folge ausdrücklichen Befehls der Preussischen Majestät ihrer Functionen enthoben und von diesem Augenblick an in die vollkommenste Inactivität versetzt worden sind. Der Feldmarschall Keith hat ihnen diesen Befehl in Person überbracht; sie haben die Rechte und Competenz des Königs, unsers allergnädigsten Herrn, durch einen Protest gewahrt, jedoch der Gewalt weichen müssen. Sie haben die Erlaubniss erbeten, dem Könige davon Kenntniss zu geben, haben solche durch einen Brief des Feldmarschalls Keith auch erlangt," u. s. w.

Nachdem sie ihr Bedauern des Weitern ausgedrückt, dass Keith den Vortrag nicht, wie er versprochen, durch einen Trompeter in das Sächsische

Lager befördert, fahren sie fort: „Seit dem 9. hätten sich nun die Minister nicht mehr versammeln noch sich irgendwie um die Geschäfte kümmern dürfen. Da die Preussen sich der Posten bemächtigt, so wären auch keine Berichte weder von den Behörden des Landes noch auch von den Gesandten aus dem Auslande eingegangen, sonach auch keine Antwort von Regensburg, keine von Paris, keine von Wien, noch von Stockholm auf die am 9. September expedirten Rescripte.[1] Sie wüssten daher fast nichts, ausser durch Hörensagen, und erhielten sie ja einmal einen Bericht, so könnten sie darauf doch nicht resolviren, da sie gewaltsam ausser Activität gesetzt worden."

Was Fürst Poniatowski dachte.

Da alle Posten interceptirt waren, erreichten die Antworten der polnischen Kronbeamten auf die an sie erlassenen Rescripte[2] das Hauptquartier erst am 23. Der damalige Castellan von Krakau Fürst Poniatowski richtete u. A. an Brühl das nachstehende vertrauliche Schreiben d. d. Warschau den 5. September:

„Die Rathschläge, welche Se. Maj. durch Deren Schreiben von mir zu verlangen geruht, würden eine reife und lange Ueberlegung erheischen, auch müssen hierzu die Meinungen Anderer gehört werden. Ich befinde mich allein hier. Da aber der Fall allerdings ebenso unangenehm wie schwierig und dringend, so sende ich eine Estaffette. — Mein Eifer

[1] S. Erster Band, Seite 442 u. ff..
[2] S. Erster Band, Seite 408.

gestattet mir keinen Verzug, wenn es sich um die Ehre und Sicherheit unsers gnädigsten Herrn handelt. Ich glaube daher, dass das Erste, was zu thun, nichts Anderes ist, als Sr. Maj. Person in eine Lage zu bringen, in der Höchstdieselben weder Avanieen noch Insulten ausgesetzt wären..... **Es ist mehr als nur ehrenvoller Vorwand, es ist Thatsache, dass Sr. Maj. Gegenwart in Seinem Königreiche unumgänglich nöthig ist.** Der Weg über Krakau bleibt ja offen. Sollten die Equipagen schon zurückgekehrt sein, so wäre diess kein Hinderniss. Sie wissen besser als ich, dass der Höchstselige König sich ohne *Suite* nach Polen zu begeben pflegte. Wäre es möglich, was man hier sagt, dass der König von Preussen die völlige Entwaffnung Sachsens verlangt, so würde meine Ansicht dahin gehen, den Truppen Befehl zu geben, sich bis auf das Aeusserste zu vertheidigen. Ich zweifle, dass man zum offnen Angriff schreiten wird, aber jedenfalls würde Se. Maj. dann den gerechtesten Anspruch auf die Hilfe Ihrer Alliirten, und dazu hier freiere Hand haben. Was die Notificationen anlangt, welche der Nation den Aufschub des Reichstags verkündigen sollen, so ist es ganz unmöglich, dass sie zur rechten Zeit erfolgen. Bedenken Sie, welche Folgen bei der gegenwärtigen Stimmung der Gemüther es haben würde, wenn sich die Abwesenheit des Königs verzögerte u. s. w."

Brühl erwiederte hierauf am 23. September: „Der König hat mir befohlen, Ew. Durchlaucht auszusprechen, wie sehr Se. Maj. durch die Gesinnungen treuen Eifers, welche Sie ihm bei jeder Gelegenheit bewähren, erbaut gewesen. Se. Maj. sind vollkommen von dem durchdrungen, was Ew. Durchlaucht mit Recht wünschen: der König möge Alles versuchen, um nach Polen zu gehen, seiner Armee aber den Befehl hinterlassen, sich zu vertheidigen bis auf den letzten Mann. Dieser letztere Entschluss ist auch unabänderlich gefasst, wenn man uns, wie man dieser Tage gedroht, angreifen sollte. Aber die Reise des Königs nach Polen ist bisher nicht auszuführen gewesen. Anfangs beabsichtigte Se. Maj. sich über Böhmen und Mähren dahin zu begeben, aber alle Wege waren dermassen von Preussischen Husaren verlegt, dass sich die Reise ohne augenscheinliche Gefahr für die geheiligte Person des Königs nicht unternehmen liess. Später hat Se. Maj. den Weg der Verhandlung versucht und von dem König von Preussen die Zustimmung zu seiner Reise verlangt, aber Sie sehen aus den hier beifolgenden Abschriften der mit dem König von Preussen gepflogenen Correspondenz, dass dieser, obgleich er sich Anfangs so gestellt, als wolle er dem Könige den freien Durchmarsch nach Polen gestatten, die Erlaubniss schliesslich von der Bedingung abhängig gemacht hat, vorher müsse der

„"Artikel wegen der Armee"" bereinigt werden. Das heisst mit andern Worten: „"der König soll seine Truppen dem Könige von Preussen überlassen, und gestatten, dass dieser sie mit der Preussischen Armee nach Böhmen führe."" Der Grosskanzler war gestern hier und wollte heute von Dresden abreisen, um nach Polen zurückzukehren. Er wird Sie von der Situation im Detail unterrichten und die unerhörten Massregeln des Königs von Preussen gegen einen Fürsten erzählen, dessen Staaten er ohne Kriegserklärung vollständig besetzt hat. Ich füge nur die Versicherung hinzu, dass der König sich, sobald nur irgend möglich, ganz gewiss nach Polen begeben wird. Inzwischen wollen Ew. Durchlaucht Ihren Einfluss dazu anwenden, die Ruhe aufrecht zu erhalten und die Animosität der Gemüther zu besänftigen."

Wer uns, ohne Vorurtheil, bis hieher gefolgt, der wird uns nicht vorwerfen, die historische Wichtigkeit der Briefe überschätzt zu haben, welche wir in der ersten Studie aus dem Nachlasse des Generallieutenants Grafen Vitzthum ausgewählt. Wie vortrefflich dieser Zeitgenosse unterrichtet gewesen, haben wir gesehen. Der von ihm wiedergegebene ursprüngliche Plan Winterfeldts hat sich vor unsern Augen sattsam enthüllt. Wir wissen nun, was Friedrich II. im Jahre 1756 in Sachsen gewollt; nämlich: den König-Churfürsten — wie wir schon angedeutet[1] —

[1] S. Erster Band, Seite 49.

„durch Gewalt und Drohung und durch Aussicht auf Ländergewinn" zu einem Treubruche ohne Gleichen verleiten, und dessen Armee mit fortreissen zu einem Angriffskriege wider Oesterreich.[1]

Dem Porträt aber, welches uns der Generallieutenant Graf Vitzthum entworfen, hat dessen unmittelbarer Chef, der General Arnim, in seinem über die Audienz vom 15. September mit der Genauigkeit eines alten Soldaten erstatteten Berichte, Pinselstriche hinzugefügt, drastischer und lebenswahrer, als Alles, was von einem anderen Zeitgenossen — dem ersten Earl of Malmesbury[2] — in seinen mit Recht

---

[1] Ob die Ablehnung so ehrenrühriger Zumuthungen als „*ovine obstinacy*" bezeichnet werden darf, wie Carlyle a. a. O. IX. Seite 264 thut, möge der Leser entscheiden.

[2] S. *Diaries and correspondences of James Harris, first Earl of Malmesbury. Edited by his Grandson the third Earl. (London, R. Bentley, 1844.)* Der erste Graf Malmesbury war bekanntlich von 1771—1774 in Berlin, von 1774—1783 in Petersburg, von 1784—1788 im Haag, als Gesandter — zuletzt als Botschafter — beglaubigt. Er erlebte in Berlin die erste Theilung Polens; in Petersburg die Anerkennung der Vereinigten Staaten, die Bayerischen Wirren, den Frieden von Teschen, die Erneuerung des Oesterreichisch-Russischen Bündnisses, die Eroberung der Krim u. s. w.; im Haag den Tod Friedrichs II. (1786). Seine Depeschen und Privatbriefe sind besonders desshalb interessant, weil sie die Fortdauer des Abhängigkeits-Verhältnisses zu Russland, in welches sich Friedrich II. seit 1762 begeben, bis an dessen Lebensende (s. unsere erste Studie, I. Band, Seite 34) beweisen. Alle Intriguen und Koketterien dieses Königs mit Frankreich und in den achtziger Jahren mit England hatten, wie Malmesbury sehr klar erkannt hat, keineswegs den Zweck, die Russischen, durch die Geringschätzung

berühmten Depeschen zur Charakteristik Friedrichs II. beigebracht worden ist.

Wir wissen nun, dass dieser gefeiertste Englische Diplomat seiner Zeit durch seine Britische Brille nicht zu schwarz gesehn, dass die dunkeln Rembrandtschen Tinten seiner Charakterschilderungen von „*His Prussian Majesty*" auf scharfer Beobachtung und tiefer Menschenkenntniss beruhten. Wir kennen den machiavelistischen Cynismus des Verfassers vom Anti-Machiavel, aus dessen eigenen Worten; wir kennen Seine Tücke, Seine Falschheit, Seine alles göttliche und menschliche Recht verhöhnende Brutalität, wir kennen aus Seinem eigenen Munde den Preussischen Löwen, „*ex ungue leonem.*"

Wir werden dem düsteren Bilde noch einige düstere Züge hinzufügen müssen, unser Hauptaugenmerk aber von nun an dem Schicksale der eingeschlossenen Armee zuzuwenden haben. Diese sollte als das erste Opfer des im Jahre 1756 an der

---

mit welcher Catharina II., seit Ausgang der siebziger Jahre, ihren früheren Protector und Rathgeber behandelte, drückend gewordenen Fesseln abzustreifen, sondern im Gegentheil den, das in Petersburg an Oesterreich verlorene Terrain, sei es mit Hilfe Frankreichs, sei es durch die Fürsprache Englands zurückzugewinnen und die frühere Intimität dort wiederherzustellen. Dieses gelang zwar ebenso wenig, wie die Wiedergewinnung des in London ganz verlorenen Vertrauens, aber, Europäisch betrachtet, starb Friedrich dennoch als der Beherrscher eines von Russland vorzugsweise abhängigen Staates. Und an diesem Erbe zehren seine Nachfolger noch heute.

Deutschen Nation verübten „schweren Verbrechens," an den Begehungssünden Friedrichs II. und an den Unterlassungssünden des Grafen von Brühl tragisch zu Grunde gehen; tragisch, weil sie nichts gethan als ihre Pflicht, unter den schwierigsten, peinlichsten Verhältnissen, mit seltener Hingebung und Ausdauer, eines rühmlicheren Ausgangs würdig. Erst nachdem wir diese in ihrem wahren Zusammenhange bisher noch nicht aufgeklärte Katastrophe enthüllt haben werden, können wir es mit gutem Gewissen dem Leser überlassen, sich seinen Wahrspruch über die Genesis des siebenjährigen Krieges zu bilden. Denn es kann ja ein jeder als Zeuge oder als Richter Theil nehmen an den permanenten Schwurgerichten der Geschichte, und diese heiligste Vehme ladet vor ihren Stuhl Löwen und Lämmer, ohne Unterschied, und richtet über die Todten, — den Lebenden zur Lehre und Warnung, so Gott will.

SIEBENTE STUDIE.
DER TAG VON LOWOSITZ.
25. September bis 6. October 1756.

Weisungen nach Curland. — Feststellung des Befreiungsplanes der eingeschlossenen Sächsischen Armee. — Zum Schutze Danzigs. — Nachrichten aus dem K. K. Hauptquartier. — Vier Antwortschreiben des Grafen Brühl. — Schwierigkeiten der Verpflegung. — Gute Nachricht aus Paris. — Kundschafterberichte über den Aufbruch Friedrichs II. nach Böhmen. — Eine Correspondenz mit dem K. K. Feldmarschall unter dem Donner der Kanonen von Lowositz. — Die Tranksteuer für das Bier im Lager. — Vorbereitende Massregeln für den Ausmarsch der Sachsen. — Eine „impertinente Brochüre." — Des K. K. Feldmarschalls Grafen Browne Version über die Schlacht von Lowositz. — Graf Brühls Antwort. — Der Französische Botschafter an Graf Brühl. — Brühls Antwort.

Parallelstellen zur Orientirung.

Lettre de S. M. Le Roi de Prusse à S. E. Mr. le Maréchal C. de Schwerin

en date du 2 d'Octobre 1756.

Je suis parti le 28. du Septembre de mon Camp de Sedliz, tout seul. J'ai joint mon Armée de Bohème, consistant en 60. Escadrons et 28. Bataillons, campée auprès d'Aussig dans un Camp, que j'ai jugé peu avantageux aux trouppes. J'ai pris, sur la connoissance de toutes ces choses, mon parti. J'ai fait une Avantgarde de 8 Bataillons et de 10 Escadrons de Dragons avec 8 de Houssards. J'ai marché moi-même, à la tête de ce Corps, à Tirmiz. J'ai donné Ordre à l'Armée de me suivre par deux Colonnes; une par le Paschkopole, l'autre par le chemin, que mon Avantgarde avoit tenû. De Tirmiz je suis marché avec mon Avantgarde sur Welmina. J'y arrivai le soir, une heure avant le coucher du soleil. Je vis l'Armée Autrichienne, la droite appuïée à Lowositz, sa gauche vers l'Egra. Leur force de 60,000 hommes ne m'a pas effraïé, ni leurs Canons.

J'ai occupé moi-même le soir, avec 6 Bataillons, une Trouée et les hauteurs, qui dominent Lowositz, et dont je resolus de me servir le lendemain, pour déboucher sur eux. La nuit mon Armée arriva à Welmina; où je me contentai de former les Bataillons en Ligne, les uns derrière les autres, & les Escadrons de même.

Dès la petite pointe du jour, 1. d'Octobre, je pris avec moi les principaux Généraux, et leur montrai le Terrain du Débouché, que je voulois occuper avec mon Armée, savoir: l'Infanterie en première Ligne occupant deux hautes Montagnes et un fond, qui est entre deux; six Bataillons en seconde Ligne, et toute la Cavallerie en troisieme. Je fis toute la diligence possible pour bien appuïer mes Ailes sur ces hauteurs, en y mettant des flancs. L'Infanterie de la droite gagna son Poste, et je pris toutes les précautions pour le bien assûrer, le regardant comme mon Salut et comme la principale Sûreté de l'Armée. Ma gauche, en se formant, entra d'abord dans un Engagement avec les Pandoures et les Grenadiers de l'Ennemi, postés dans des Enclos de Vignes fermées par de Murailles de Pierre.

Nous avançames de cette façon jusqu'à l'Endroit, où les Montagnes versent vers l'Ennemi, où nous vimes la Ville de Lowositz, garnie par un Corps d'Infanterie, une grosse Batterie de douze pieces de Canons devant, et la Cavallerie formée en Echiquier, et en Ligne entre Lowositz et le Village de Sulowiz. Le Brouillard étoit épais, et tout ce qu'on pouvoit distinguer étoit une Espece d'Arrière-Garde de l'Ennemi, qui ne demandoit qu'à être attaquée pour se replier sur ses derrières. J'ai consulté des meilleurs yeux que les miens, pour me rendre compte de ce qui se passoit; qui ont vu tous comme moi. J'ai envoïé pour les reconnoitre, et tout les Rapports, que j'ai reçu, ont été conformes à ce que j'en avois jugé.

Après donc que je trouvai mes 24. Bataillons placés dans cette Trouée, comme je le croiois convenable, je crus, qu'il ne s'agissoit plus, que de faire repousser cette Cavallerie, qui étoit devant moi, et qui prenoit toutes sortes de figures, comme Vous en pourrez juger à peu près par le mauvais Plan, que je Vous envoie ci-joint. Sur cela je fis déboucher 30 Esquadrons de Cavallerie, qui attaquerent celle de l'Ennemi. Ils la pousserent avec trop de vigueur, en donnant dans le feu du Canon ennemi, ce qui, après une vigoureuse resistance, les obligea à se reformer sous la Protection de mon Infanterie. A peine cette Attaque fut passée, que mes 60 Esquadrons, sans attendre mes Ordres, et très fort contre ma Volonté, attaquerent une seconde fois. Un feu de 60 Canons dans leurs deux flancs ne les empêcha pas de battre totalement toute la Cavalerie Autrichienne. Mais il trouverent, au de là de tout ce feu, un terrible Fossé, qu'ils franchirent encore, au de là du quel, et dans leur flanc gauche, ils rencontrerent de l'Infanterie Autrichienne, avec du Canon, placé dans un autre Fossé, dont le feu fut si terrible, qu'il les força de se retirer sous notre Protection.

Personne ne les poursuivit, et je profitai de ce moment pour les replacer sur la Montagne, derrière mon Infanterie, où je les rangeai, comme si c'étoit une Manoeuvre.

La Canonade cependant ne discontinuoit point, et l'Ennemi fit tous les Efforts possibles, pour tourner ma gauche d'Infanterie. Je sentis le besoin de la soutenir et j'y envoiai les deux derniers Bataillons, de 24 qui me restoient. Mais, pour faire bonne mine à mauvais jeu, je fis faire un tour à gauche à 24 Bataillons de la première Ligne; Je remplis, faute de mieux, ce Centre par mes Cuirassiers, et je fis encore une seconde Ligne du reste de ma Cavallerie, qui soutenoit mon Infanterie. En même tems toute ma gauche d'Infanterie, marchant par Echellon, fit un quart de Conversion, prit la Ville de Lowositz, malgré le Canon et la prodigieuse Infanterie de l'Ennemi, en flanc, remporta ce Poste, et obligea toute l'Armée ennemie de s'enfuir.

Le Prince de Bevern s'est si fort distingué, que je ne saurois assez Vous chanter ses louanges. Avec 24 Bataillons nous en avons chassé 72 et, si Vous voulez, 300 Canons. Je ne Vous dirai rien des Trouppes: Vous les connoissés. Mais dépuis que j'ai l'honneur de les commander, je n'ai jamais vû de pareils prodiges de Valeur, tant Cavallerie qu' Infanterie. L'Infanterie a forcée des Enclos de Vignes, des Maisons maçonnées; elle a soutenue, depuis 7. heures jusqu'à 3. heures, de l'après midi, un feu du Canon et d'Infanterie; et sur tout l'Attaque de Lowositz: ce qui a duré, sans discontinuer, jusqu'à ce que l'Ennemi s'est trouvé chassé. J'ai sur tout eu l'oeuil à soutenir la hauteur de ma droite; ce que, je crois, a decidé de toute l'Action.

J'ai vu par cecy, que ces gens ne veulent se hazarder qu'à des Affaires de Postes, et qu'il faut bien se garder de les attaquer à la houzarde. Ils sont plus pétris de Ruses que par le passé et croiez m'en sur ma Parole, que sans beaucoup de Canon, pour le leur opposer, il en coûteroit un Monde infini pour les battre.

Muller, de l'Artillerie, a fait des merveilles, et m'a prodigieusement secondé.

Je ne Vous parle de mes pertes, que les larmes aux yeux. Les Généraux, Luderiz et Oerzen, sont tués, et Holzendorff des Gens d'Armes. Je ne veux pas m'affliger en Vous rappellant mes pertes: mais ce tour de force est supérieur à Soor, et à tout ce que j'ai vû de mes Trouppes. Cecy fera rendre les Saxons. Je vous embrasse, mon cher Maréchal, et Vous conseille d'aller bride en main. Adieu.

> Abdruck eines alten Flugblattes im Besitze der Königlichen Bibliothek zu Dresden.

. . . . . „Endlichen wurde die Affaire engagirt, und glaube, dass nicht bald so hartnäckig als diesmal gestritten worden. Es dauerte über sieben ganzer Stund und blieben beede Armeen die ganze Nacht hindurch auf dem *champ de Bataille* stehen" . . . .
„Solchem nach bleibt es bei der auf den 11. concertirten Unternehmung" . . . . .

> Schreiben des K. K. General-Feldmarschalls Grafen *Broune de Camus* an den Premier-Minister Grafen Brühl d. d. Budin 3. October 1756.

Weisungen nach Curland.

Durch Rescript des Königs wurden am 25. in Folge einer Requisition d. d. Dresden den 22. September der Kanzler und die Räthe der Regentschaft in Curland angewiesen, die Errichtung der Magazine, welche Ihro Majestät die Kaiserin von Russland in Curland beabsichtige, auf alle nur mögliche Weise zu erleichtern, auch die Ausfuhr des Getraides zu verbieten.

25. Sept.

Feststellung des Befreiungsplanes der eingeschlossenen Sächsischen Armee.

An diesem Tage erreichte folgendes Schreiben des Feldmarschalls Broune das Sächsische Hauptquartier. Es ist datirt vom Lager zu Budin den 21. September, expedirt vier Uhr Nachmittag; der Sächsische Major Martange war der Ueberbringer: „Ich habe das Schreiben, womit mich Ew. Excellenz am 20.[1] beehrt, erhalten. Könnte ich der Sächsischen Armee zu Hilfe fliegen, so wäre ich schon bei ihr. Herr von Martange, der sich seit einigen Tagen bei meiner Armee befindet, wird Ew. Excellenz am besten sagen können, wie viel Truppen ich dermalen hier habe, und wie viel ich noch in acht bis zehn Tagen erwarte. Ich habe daher geglaubt, Ihnen diesen Offizier senden zu sollen. Er ist unterrichtet von meinen bescheidenen Ansichten über das, was nach den Regeln des Kriegs zuerst geschehen könnte, um die Königliche Armee zu degagiren. Ich bitte mir auch zu sagen, welche Operationen Ihrerseits beschlossen

---

[1] S. oben Seite 119.

worden sind, um dieses grosse und schwierige Unternehmen zu ermöglichen. Weder ich, noch die, welche mir folgen, werden es an gutem Willen fehlen lassen und ich hoffe, Herrn von Martange bald wieder hier zu sehen mit dem Plane, den Sie mir mitzutheilen die Güte haben werden. Da die Sächsische Armee bis Ende dieses Monats mit Lebensmitteln versorgt ist, so wird man es hoffentlich möglich machen, sich etwa zwölf Tage länger zu halten."

Hier taucht zum ersten Male der Name eines Offiziers auf, der, wie wir sehen werden, eine gewisse Rolle in dieser Krisis gespielt hat. Martange war schon im Sommer als Courier nach Paris expedirt worden. Der dortige Sächsische Gesandte, Graf Vitzthum, erwähnt seiner mehrfach in seinen Berichten und hatte ihm, als er Paris am 1. September verliess, ein Privatschreiben an Brühl mitgegeben, aus welchem wir Folgendes ausziehen:

„Herr von Martange, der im Allgemeinen hier sehr gut aufgenommen worden, namentlich Seiten des Militärs, bei dem seine gute Haltung und seine Kenntnisse in den Kriegswissenschaften ihm Achtung und Vertrauen verschafft, kehrt nach Sachsen zurück und habe ich ihn nicht abgehen lassen wollen, ohne ihm diese Zeilen mitzugeben. Da dieser Offizier in der Normandie und in Dünkirchen gewesen und alle die Lager gesehen, welche man auf der Küste errichtet, sowie auch die Verschanzungen jenes Hafens, so beziehe ich mich auf seine mündlichen Relationen u. s. w."

Dieses Schreiben kann kaum vor Mitte September in Dresden gewesen sein; schreibt nun Broune am 21. September, dass Martange „schon seit einigen Tagen" im Kaiserlichen Hauptquartier sich aufgehalten, so scheint Letzterer unmittelbar nach seiner Rückkehr von Paris und, wie wir aus einigen in Billets des Französischen Botschafters enthaltenen Andeutungen schliessen, auf Broglie's Veranlassung, direct von Dresden, ohne Struppen zu berühren, nach Budin gegangen zu sein.

Wir erinnern, dass Broglie in einem seiner fast nur mit der Lupe zu entziffernden Diminutivbillets am 16.[1] gesagt hatte: „Wir senden einen Courier an Graf Broune;" und haben alle Ursache zu vermuthen dass dieser Courier kein Anderer war als der Sächsische Major Martange, damals eben von Paris zurückgekehrt; auch dass der in den nachstehenden Billets des Grafen Broglie „*le Roué*" Genannte kein Anderer als dieser Offizier. Hier die Billets:

Donnerstag den 23. „Ich habe heute Morgen Ihr Billet vom 22.[2] erhalten. Ich kann Ihnen von Frankreich noch nichts Neues sagen, noch ist kein Courier angekommen; aber Alles wird gut gehen.

---

[1] S. oben Seite 109.
[2] Das oben Seite 130 erwähnte eigenhändige Billet, dessen Concept sich nicht erhalten hat.

Wir sind sehr zufrieden mit Russland, Sie werden dasselbe hierüber aus Böhmen erfahren haben. Nur ein wenig Geduld und Alles wird zu unserer Zufriedenheit endigen; das ist die einzige Tugend, welche ich jetzt predige. Es ist besser, Lebensmittel für vier Tage zuviel als für einen zu wenig zu haben. Der *Roué,* dessen Namen Ihnen Baron Dyherrn sagen wird, wird zur Correspondenz mit Böhmen zu gebrauchen sein. Ich wünsche, dass er durch seine Sendungen nicht etwa den Titel eines Gehängten *(d'un pendu)* verdienen möge. Er braucht kein Creditiv, der Oesterreichische General kennt ihn."

Ferner:

Sonnabend den 25. „Ich habe Ihr Billet erhalten.[1] Ich freue mich sehr, dass Sie von den Nachbarn Nachrichten durch den *Roué* haben müssen. Ich möchte, es gäbe deren mehr, doch scheint mir, dass es hinreicht, um durchzubrechen. Nach einem Etat, welchen wir von der Preussischen Armee besitzen, ist sie im Ganzen 56,000 Mann stark. Hiervon ist die Garnison von Dresden abzuziehen. Angenommen, der König von Preussen marschirt nach Böhmen, so muss er wenigstens 15—16,000 Mann zurücklassen; sonach wird er nicht

---

[1] Nicht in den Acten. Auf dem Broglie'schen vom 23. nur die Bleistiftbemerkung: „*S. E. Mr. le Premier-Ministre a répondu lui-même le 25.*"

mehr als 40,000 Mann dem Feldmarschall gegenüber haben; dieser muss daher in wenigen Tagen entschieden überlegen sein; dann, hoffe ich, wird Ihre Unternehmung stattfinden. Ich erwarte mit Ungeduld, von Allem benachrichtigt zu sein, was Sie mit ihm verabredet haben durch den *Roué*. Ich bitte, wenn Sie jemand hierher schicken, mir die grosse Freude zu machen, Dyherrn fragen zu lassen, ob er nichts für mich hat?"

Aller Wahrscheinlichkeit nach wurde Martange an demselben 25. September in das Kaiserliche Hauptquartier zurückexpedirt mit dem nachfolgenden Schreiben, welches den von Browne gewünschten Plan enthält. Es haben sich von diesem für die Katastrophe so wichtigen Actenstücke zwei Concepte erhalten, das eine ist von der Hand des persönlichen Adjutanten Rutowskis, des uns aus einer früheren Sendung bekannten Major Accaris;[1] das andere ist ein sogenanntes Reinconcept von der Hand eines im Cabinete des Grafen Brühl vielfach verwendeten Kanzelisten. Abgesendet wurde dieses wichtige Schreiben, natürlich in Chiffern, in drei verschiedenen Exemplaren. Das eine, wie gesagt, wahrscheinlich durch Martange; ob das von Brühl unterzeichnete, ist gleichgültig. Jedenfalls beruht der Inhalt auf den Beschlüssen eines an diesem Tage stattgefundenen Kriegsrathes. Das Schreiben lautet in der Uebersetzung:

[1] S. oben Seite 3 u. ff.

„Die Nähe eines Preussischen Corps von 10 bis 12 Bataillonen, welches sich mit seinem rechten Flügel auf Giesshübel stützt, verbietet uns jede Bewegung mit unserm an Hennersdorf gelehnten linken Flügel über Markersbach nach Peterswalde und Böhmen zu. Unsere Schiffbrücke unter den Kanonen von Pirna ist durch sechs Preussische Bataillone maskirt, welche in einer Weise verschanzt sind, um uns jeden Durchbruch in Masse an diesem Orte unmöglich zu machen. Es bleibt uns daher nur übrig, eine Schiffbrücke unter den Kanonen von Königstein über den Strom zu schlagen. Wir haben in Pirna die Schiffe, die wir stromaufwärts unter allerhand Demonstrationen, um den gewählten Ort zu verheimlichen, herbeischaffen lassen werden. Diese Schiffbrücke wird in ungefähr 36 Stunden geschlagen werden können. Wir hoffen, dass Se. Excellenz der Feldmarschall Broune, wenn er sich am 8. October auf die Höhen von Leitmeritz gezogen, gleichzeitig mit seinem linken Flügel gegen Bilin und Brüx Demonstrationen machen wird, während wir durch simulirte Attaquen auf Hennersdorf und Markersbach ein Gleiches thun werden. Wir glauben, es werde höchstens eines Marsches von drei Tagen bedürfen, um das Elitencorps unter dem Commando des Feldmarschalls auf die Höhen von Rathmannsdorf und Schandau zu bringen. Dort stehen nur zwei Preussische Bataillone, deren Aufgabe es ist, die Elbe zu sperren. Zwischen dem 8. und 11. werden wir unsere Brücke stromaufwärts gezogen und zwei Preussische Posten in Wildstädtel und Rathen auf der andern Seite des Flusses forcirt haben, wo einige Artillerie und Infanterie steht. Diese Operation wird maskirt werden durch den Vorwand einer Fouragirung in diesen beiden Orten. Das *débouché* unserer Brücke ist zwischen dem Liliensteine und der untern Elbe, den Lilienstein zur Rechten lassend. Dort werden wir einen Verhau forciren, den die Preussen aufgeworfen, und die *tête* unserer Grenadiere nach Waltersdorf vorschieben, um die Preussen zu verhindern, mit den sechs Bataillonen, welche sie in Pirna haben, hervorzubrechen. Mit Einbruch der Nacht vom 11. zum 12. October werden wir uns in Marsch setzen, nachdem wir die von den Preussen errichtete Schiffbrücke zwischen Sedlitz und Pratzschwitz in die Luft gesprengt.[1] Dadurch werden wir verhindern, dass das Preussische Detachement jener sechs Bataillone und zweier Regimenter Cavallerie, die sich auf Kanonenschuss-

[1] Beides schlug fehl. Die Brücke ward nicht zur rechten Zeit fertig; der Ausmarsch erfolgte anstatt in der Nacht vom 11. zum 12., in der vom 12. zum 13.; die Preussische Schiffbrücke ward nicht zerstört, wie wir in der folgenden Studie des Nähern darlegen werden.

weite von Pirna auf der Höhe von Sedlitz befinden, sich mit den Truppen vereinigen, welche auf der Seite unseres *débouché* (d. h. der Ausmündung unserer Brücke) sein könnten. Wir werden suchen, das Preussische Corps bei Giesshübel durch allerhand Demonstrationen festzuhalten. Wir werden nur die Feldartillerie und die allernothwendigste Bagage mitführen. Der Marsch des Feldmarschall Broune kann über Einsiedel, Sebnitz, Lichtenhayn, Mitteldorf, Altendorf und Rathmannsdorf nach den Höhen von Schandau dirigirt werden.¹ Wir werden aus dem (obengedachten Preussischen) Verhau heraustreten, beim Dorfe Prossen debouchiren, wo wir bei Tagesanbruch zu sein hoffen (also am 12. October). Unsere Entschliessung ist unabänderlich, die Stunde bestimmt. Wir werden daher keine andere Signale an Feldmarschall Broune geben, als das Kleingewehrfeuer der Attake; jedes andere Signal könnte dem Feinde unsere Unternehmung verrathen. Wir hoffen, dass, falls wider alles Erwarten Schwierigkeiten eintreten sollten, die den Feldmarschall verhindern, das zu thun, was wir verlangen, er uns spätestens den 5. Oktober davon unterrichten wolle."

---

¹ Erfolgte trotz der Schlacht bei Lowositz. Broune stand am 13. Abends in Lichtenhayn, bis zum 14. Nachmittags auf den Höhen von Schandau, wie wir in der nächsten Studie sehen werden.

Dieses Schreiben ist sonach das Programm, welches wir uns wohl einzuprägen haben werden, um die späteren Ereignisse zu verstehen. Wir heben schon jetzt hervor, dass die Schlacht von Lowositz in diesem hiernach verabredeten Plane auch nicht die geringste Aenderung herbeigeführt hat.

An demselben Tage schrieb Brühl an Flemming: „Seit meinem Letzten vom 20.[1] ist von Negotiationen mit dem Könige von Preussen nicht mehr die Rede gewesen und Ew. Excellenz können sich darauf verlassen, dass, wollte dieser Fürst auch jetzt die Bedingungen annehmen, welche der König ihm früher hat anbieten lassen, Se. Majestät jetzt nicht mehr darauf eingehen würde. Wir rechnen auf Feldmarschall Broune und hoffen, dass er uns degagiren werde. Diese Hoffnungen sind gestiegen durch die Ankunft des Major Martange, durch welchen uns der Feldmarschall Broune seine Gedanken über die gegenseitigen Operationen hat eröffnen lassen. Nachdem wir die Sache reiflich erwogen und einen Kriegsrath gehalten, benachrichtigen wir heute den Feldmarschall von dem Resultate dieses Conseils, in welchem die Operationen festgestellt worden. Gott wolle, dass sie gelingen! Aus der hier beiliegenden Abschrift einer „Declaration" (des Königlich Preussischen Feldkriegsdirectoriums zu Torgau vom 14. September) wollen Ew. Excellenz

---

[1] S. oben Seite 121 u. ff.

ersehen, dass der König von Preussen sich ohne
Ausnahme aller Revenuen des Königs bemächtigt.
Es wird gut sein, wenn der Kaiserliche Hof dieses
Schriftstück zur Kenntniss des Reichstags bringt und
ebenso zur Kenntniss aller Höfe Europas. Der
Kaiserliche Hof muss überhaupt Sorge tragen, die
Welt von dem zu unterrichten, was uns begegnet.
Wir sind nicht in der Lage diess von hier oder
von Dresden aus zu thun, da der König von Preussen
unsere Correspondenz verhindert. Werden es Ew.
Excellenz glauben wollen, dass, seitdem die Preussen
in Dresden eingezogen, wir auch nicht eine Silbe
weder vom Grafen Wackerbarth noch von einem
der Conferenzminister erhalten haben.[1] Alles, was
wir wissen, ist auf indirectem Wege durch allerlei
Leute an uns gelangt. So ist uns denn auch die Fortsetzung einer Art von Tagebuch zugegangen, welches
ich Ew. Excellenz übersende, sei es auch nur, um
daraus die Stärke der in Sachsen eingerückten
Preussischen Truppen zu entnehmen und den Schaden, den sie uns zugefügt, und noch zufügen. Was
sagt Herr von Keith zu allen diesen Massregeln des
Königs von Preussen? Fürchtet er nicht, dass die
Franzosen ein solches Beispiel in den Hannoverschen
Landen nachahmen könnten?" u. s. w.

m Schutze Danz... Auf Grund eines Billets ohne Unterschrift aber *26 Sept.*

[1] Die Eingabe der Conferenzminister vom 23. war daher
am 25. noch nicht eingegangen.

jedenfalls von bekannter — wenn auch uns unbekannter — Hand erliess der König am 26. September folgendes Rescript an den Palatin von Krakau, den Grosskronfeldherrn von Polen:

„Herr Palatin von Krakau, Grosskronfeldherr!

Da mir die Nachricht zugegangen, dass der König von Preussen die Absicht haben könnte, sich der Stadt Danzig zu bemächtigen, aus derselben Kriegs-Raison, welche ihn veranlasst hat, von meinen Staaten Besitz zu ergreifen, so will ich nicht verfehlen, Sie davon zu unterrichten, damit Sie die nöthigen Vorbereitungen treffen und Truppen bereit halten, welche im Fall der Noth in diese Stadt geworfen werden können, auch alles sonst Nöthige zu deren Vertheidigung anordnen, da Danzig so wichtig für den Polnischen Handel.

Gegeben im Hauptquartier zu Struppen am 26. September. A. R.

Nachrichten aus dem K. K. Hauptquartier. Am 28. September traf Martange wieder im Sächsischen Hauptquartiere ein. Er überbrachte Depeschen des Grafen Flemming, drei Rapporte des Oberstlieutenant von Riedesel, vom 13., 20. und 23., ein mit chemischer Tinte geschriebenes Billet des Feldmarschall Broune vom 25. und den ersten Bericht des Oberst von Gössnitz aus dem Hauptquartier Budin vom 23. *28 Sept.*

Aus den Riedesel'schen Rapporten heben wir

nur hervor: Borasch sei mit der Expedition vom 9., am 12., nachdem er dem Feldmarschall Broune unterwegs den an ihn gerichteten Brief Brühls überreicht, durch Prag passirt, ohne sich aufzuhalten. Seitdem die Armee von der Preussischen eingeschlossen, habe Broune grosse Besorgniss geäussert, die Sachsen könnten durch Hunger gezwungen werden, die Waffen zu strecken. Brühls Briefe hätten ihn jedoch über diesen Punkt vollkommen beruhigt und der Marschall gehe am 20. von Prag nach seinem neuen Lager zu Budin, wo die Armee in wenig Tagen concentrirt sein werde. Die aus Schlesien einrückende Armee des Grafen Schwerin werde der Fürst Piccolomini, der in König-Grätz lagere, aufhalten. Major Martange sei durch Prag passirt in der Absicht, in das Sächsische Lager zu gelangen (Riedesel d. d. Prag den 20. September), aber, da die Passage gesperrt, so sei er genöthigt gewesen, sich zur Avantgarde der Kaiserlichen Armee nach Aussig zu begeben.

Das Billet des Grafen Broune vom 25. September Nachmittags lautet in deutscher Uebersetzung wie folgt:

„Ich habe Ew. Excellenz Schreiben vom 22.[1] erhalten. In Antwort darauf beziehe ich mich auf das, was Herr von Martange Ihnen in meinem

[1] Die von Gössnitz überbrachten Billets vom 21. und 22. sind gemeint. S. oben Seite 129 und 130.

Namen gesagt haben wird, und da meine leichten Truppen heute einzutreffen anfangen, so hoffe ich, sie binnen 8 Tagen so versammelt zu haben, um die nöthigen Bewegungen vornehmen zu können. Ich erwarte, sei es durch Herrn von Martange, sei es durch irgend einen andern Offizier zu erfahren, was man Ihrerseits zu thun gedenkt, um das Unternehmen zu erleichtern, und wiederhole nur, dass ich es weder an Eifer noch an gutem Willen fehlen lassen werde, so bald als nur möglich zu handeln."

Der Rapport des Obersten Gössnitz aber d. d. Hauptquartier Budin den 23. September lautet:

„Ew. melde hierdurch unterthänigst, dass ich diesen Morgen 7 Uhr hier angekommen, und vom Feldmarschall Broune sehr freundlich und gnädig aufgenommen worden. Se. Excellenz haben wegen der aus Polen marschirenden Regimenter mit mir die Abrede genommen, dass sich selbige bei Krakau remplaciren sollten. Ich habe ihm wegen des Schwerin'schen Corps die Vorstellung gemacht, er hat mir aber versichert, dass wir von dieser Seite nichts zu befürchten hätten, und sollten zu diesen Regimentern noch 2000 Kroaten und 1000 Husaren unter dem Commando des Generalmajor Morotzs stossen, welche bereits in der Gegend von Bielitz im Fürstenthum Teschen ständen. Wegen der 100,000 Rthlr. habe (ich) mit Feldmarschall Broune Excellenz an Graf Nottelitzki assigniret und lieget das Geld parat, (so) dass ich selbiges morgen in Prag heben kann" u. s. w.

Am Schlusse des Deutsch geschriebenen Berichts stehen in Chiffern folgende französische Worte:

„*Mr. le Maréchal Comte de Broune vient de me dire qu'il ne pourrait rien faire avant le 10. Octobre.*"

Die vier Antwortschreiben, welche Graf Brühl am 28. September expedirte, geben einen vollständigen Einblick in die Sachlage. Wir lassen sie daher folgen:

1) Brühl an den Obersten Gössnitz:

„Dass Ew. so glücklich durchgekommen, hat nicht nur mich, sondern auch Se. Majestät unsern allergnädigsten Herren selbst recht herzlich erfreut. Wir haben diese gute Nachricht eher erfahren, als ich Ew. Schreiben vom 23., welches mir erst diesen Morgen zugekommen, erhalten.

Die mit dem Feldmarschall Broune genommene Abrede wegen des Marsches unserer in Polen befindlichen Truppen approbire (ich) vollkommen und ersuche Ew. Ihres Orts alles Mögliche beizutragen, dass dieser Marsch je eher je besser bewerkstelligt werde. Uebrigens werden die Sachen nunmehr bald eine ganz andere Gestalt gewinnen, indem die Preussischen Truppen durch häufige Desertionen sich ansehnlich vermindern, die Oesterreichischen sich täglich verstärken, die Franzosen und Russen aber nunmehro bereits im

Marsch begriffen sind oder doch sein werden. Den Oberst von Trützschler bitte bei Zustellung der Inlage von Allem zu informiren. Ich stelle ihm frei, entweder mit dem Regimente zu marschiren oder, wenn er kann, wieder zu uns zu kommen."

2) Brühl an Riedesel:

„Ich habe heute morgen Ihre Rapporte vom 13., 20. und 23. zugleich mit der Depesche aus Wien und einem Billet des Feldmarschall Broune vom 25. erhalten. Da wir mit Letzterem über die Operationen einig, so habe ich nichts hinzuzufügen, unsere Stellung ist immer dieselbe."

3) Brühl an Broune:

Hauptquartier Struppen am 28. September.

„Geheim."

„Ich habe so eben Ew. Excellenz Billet vom 25. erhalten. Ich habe nicht verfehlt, Se. Majestät darüber Vortrag zu erstatten und den Feldmarschall (Rutowski) davon zu unterrichten. Ich bin sehr erfreut, dass, wie Ew. Excellenz mich wissen lassen, Ihre irregulären Truppen einzutreffen beginnen und in weniger als 8 Tagen ganz versammelt sein werden. Ich kann mich nur auf das beziehen, was ich die Ehre gehabt habe, Ew. Excellenz unterm 25. zu melden. Ich habe drei Exemplare davon auf verschiedenen Wegen abgehen lassen.[1] Das, was dort

---

[1] S. oben Seite 148 u. ff.

Wildstädtel genannt wird, soll Wehlstädtel¹ heissen.
Wir hoffen bald Nachrichten zu erhalten,
ob Sie mit unserm Plane einverstanden sind.
Auch bitte ich, uns wissen zu lassen, ob die Preussen
bei Aussig eine Schiffbrücke über die Elbe geschlagen
haben; es liegt uns viel daran davon unterrichtet
zu sein."

4) Brühl an Flemming:

Hauptquartier Struppen am 28. September.

„Ich habe Ew. Excellenz Depesche erst heute
Morgen empfangen. Ich habe sofort darüber dem
Könige Vortrag erstattet, und Se. Majestät ist sehr
erfreut über die freundschaftlichen Gesinnungen so
voll von Theilnahme, welche Ihre Kaiserlichen Majestäten in Betreff der trostlosen Lage, in welcher
Sachsen sich befindet, gegen Sie ausgesprochen. Es
wird alle Tage schlimmer. Man begnügt sich nicht
mehr damit, starke Lieferungen von Fourage und
Lebensmitteln zu erpressen; man hat sich aller Lan-
deskassen bemächtigt, ja man fängt schon an Re-
kruten auszuheben. Das Königliche Schloss in Torgau
ist geplündert; die dortigen Keller sind ausgeleert
worden, kurz man könnte unser Unglück nicht in
zu schwarzen Farben malen. Das Beste ist, dass wir
unsere schöne und gute Armee erhalten haben; sie
verlangt nichts Besseres, als für alle diese unerhörten
Massregeln Rache zu nehmen. Wir sind im vollen

¹ S. oben Seite 150, Zeile 5 von oben.

Einverständnisse (dies in Chiffern) mit Feldmarschall Broune über die Operationen, welche nöthig sein werden, um uns mit ihm zu vereinigen. Dieselben sind nur dadurch aufgehalten worden, dass er die erwarteten und für diese Bewegungen so nöthigen Verstärkungen seiner leichten und irregulären Truppen noch nicht erhalten hat."

Nachdem Brühl die bezüglich des Marsches der drei Cavallerieregimenter aus Polen nach Oberschlesien mit dem Obersten Gössnitz getroffenen Verabredungen mitgetheilt, fährt er fort:

„Erst wenn wir weniger in unserer Correspondenz genirt sind, wird man sich über den Subsidienvertrag, den die Kaiserin wünscht, verständigen können. Wir bedürfen desselben sehr, wie Ew. begreifen, dennoch möchten wir nicht die Vortheile verlieren, welche uns von Rechtswegen zukommen, wenn Gott unsere Waffen segnet, und den ungerechten Störer der Ruhe straft. Uebrigens sind wir sehr begierig auf positive Nachrichten aus Russland und Frankreich. Von hier nichts Neues. Der Courier ist pressirt zum Feldmarschall Broune zurückzukehren, ich schliesse daher etc."

Schwierigkeiten der Verpflegung. Am 30. September erstattete aus Thürmsdorf der mit dem Commissariat der Armee betraute Generalmajor August Siegmund von Zeutzsch eine gehorsamste Anzeige an Brühl, in welcher er eröffnete, wie ihn der Generalmajor von Dyherrn am 24.

angewiesen, vor allen Dingen noch auf eine Versorgung der Armee mit Brod bis zum 12. October Bedacht zu nehmen. Er habe daher mehrere entsprechende Massregeln genommen und Hoffnung gehabt, den gewünschten Zweck zu erreichen, da in Pirna ebenso wie auf dem Herrenhofe zu Rothwernsdorf noch unausgedroschenes Getreide vorhanden, hin und wieder auch noch Korn in den Scheunen vorräthig geblieben. Jetzt aber finde sich, dass weder in Pirna noch auf den Dörfern das Korn theils wegen der Dürre, theils wegen der zur Erntezeit eingefallenen Nässe so ergiebig in Scheffeln ausgefallen, als man vermuthet. Auch hätten viele Einwohner ihre Vorräthe vergraben, um sich selbst des Hungers zu erwehren. Endlich seien zwar die Eigenthümer bereit, wenn ihnen nur Brod auf kurze Zeit gelassen werde, ihre Getreidevorräthe herzugeben, „aber die Menge Derer, so keinen eigenen Zuwachs haben und doch alle Tage essen wollen," sei so gross, dass besonders in Pirna in wenig Tagen die grösste Noth und Unordnung zu befürchten, wenn nur für die Armee gedroschen, gemahlen und gebacken werden solle. Schon jetzt stehe die gewaltsame Wegnahme des Brodes von den Bäckern und des Mehles aus den Mühlen durch „den Pöbel" zu befürchten, mit welchem die gemeinen Soldaten, die Soldatenweiber, auch die „müssigen Personen, so der Armee gefolget sind" gemeinschaftliche Sache machen könnten. Unter diesen Umständen, die er nicht habe voraussehen können, und die zu verhindern er nicht im Stande sei, habe Zeutzsch nicht verfehlen wollen, zur Deckung seiner Verantwortlichkeit diese Meldung zu thun in der Hoffnung, es werde „da die anfänglich hierher geschafften Vorräthe an Korn und Mehl nur auf 20 Tage hinreichend gewesen, nach der Zeit aber die Consumtion durch so viele Personen vom Hofstaat und bei der Armee um ein Grosses vermehrt, hingegen alle Zufuhr gänzlich abgeschnitten worden, auch eher, als bis das zur Verpflegung auf diesen Monat vorräthig gewesene Korn vermahlen gewesen, keine weitere Vermahlung vorgenommen werden können, die Unmöglichkeit, ein Mehreres zu prästiren, gnädigst eingesehen werden."

Wir bemerken nur, dass mit vollem Rechte hierauf resolvirt ward, es sei vor Allem für die Armee zu sorgen, den Unordnungen der Soldatenweiber u. s. w. werde man schon zu begegnen wissen.

Gute Nachrichten aus Paris.

Broglie benutzte an diesem Tage eine ihm von der Gräfin Mniszeck angebotene Gelegenheit, um dem Grafen Brühl folgende Nachricht aus Paris mitzutheilen:

Der Brief des Königs von Frankreich an den König von Polen, (dessen Uebersendung die nur gedachte Gräfin übernommen) enthalte die unzweideutigsten Zeugnisse der Gesinnungen, welche die schwierige Lage des Königs von Polen einem Fürsten habe einflössen müssen, der ihm durch die Bande des Bluts und der Freundschaft so nahe verbunden. Zugleich sei der Botschafter angewiesen, Hilfsleistungen anzubieten, welche die Umstände erheischten, und Seiner Polnischen Majestät die Versicherung zu geben, dass über die geeignetsten Massnahmen gegen den unerwarteten Angriff, dem das Sächsische Land ausgesetzt worden, eine Verständigung zwischen den Höfen von Versailles und Wien unverzüglich erfolgen solle. Ew." — fügt Broglie hinzu — „werden mir die Gerechtigkeit widerfahren lassen, von dem *Empressement* überzeugt zu sein, mit welchem ich diese mir so angenehmen Befehle zu vollziehen bereit bin. Ich weiss jedoch nicht, ob Seine Preussische Majestät mich daran verhindern werden;[1] ich erwarte die Antwort dieses Fürsten auf einen Brief, den ich die Ehre gehabt an ihn zu richten."

„Es scheint — nach allen meinen Nachrichten — gewiss, dass der König von Preussen nach Böhmen aufgebrochen ist. Ich sende Ihnen mehrere Berichte, die mir zugegangen. Der Jude, der mir den einen erstattet, ist dem Baron Dyherrn bekannt. Es ist

[1] Der hier angekündigte Besuch im Sächsischen Lager sollte am 6. October erfolgen. Der General Winterfeldt — der nach Friedrichs II. Abreise das Commando der in Sachsen zurückgebliebenen Preussen übernommen hatte — gestattete jedoch dem Grafen von Broglie nicht, die Preussischen Vorposten zu passiren, ein Umstand, der den gegen Preussen ohnediess sehr gereizten Diplomaten noch mehr aufbrachte.

ein Mensch, der früher von dem Herzog von Sachsen-Weissenfels verwendet worden ist. Er ist intelligent und lässt sich gut genug bezahlen, um zuverlässig sein zu können. Ich erwarte noch einen andern Emissär, den ich in die Gegend von Tetschen gesendet. Ich muss diesen Nachrichten einiges Vertrauen schenken, weil sie mir von anderer Seite bestätigt worden. Wenn es wahr ist, dass nur noch 10—12,000 Mann im Lager von Sedlitz stehen, so dürften dieselben nicht in übergrosser Sicherheit vor einer braven Armee wie die Sächsische sein, welche bis jetzt 60,000 Mann gegenüber Stand zu halten gewusst hat, insbesondere, wenn Seine Preussische Majestät in Böhmen, wie ich es hoffe, durch den Feldmarschall Broune beschäftigt werden. In diesem Falle wird die Lage dieses Fürsten bedenklich und ich zweifle nicht, dass wir bald den Beweis davon erhalten. Die Besetzung von Tetschen durch die Oesterreicher scheint mir ein ganz günstiger Umstand. Sollte es unmöglich sein, die Defileen von Aussig und Peterswalde zu forciren, so würde man auf dem rechten Elbufer debouchiren können, und vorausgesetzt, dass Graf Broune die *tête* seiner Truppen bis nach Schandau vorschieben kann, würde dann die Vereinigung bewirkt und der König von Preussen genöthigt sein, das eine oder andere Elbufer freizugeben. Wer weiss, ob nicht noch grössere Vortheile daraus erwachsen.

Um darüber zu urtheilen, müsste man wissen, was zwischen dem Feldmarschall Schwerin und dem Fürsten Piccolomini vorgeht. Es ist schon einige Zeit her, dass ich diese Idee dem General von Dyherrn vorgeschlagen, und mit Vergnügen habe ich von ihm die Nachricht erhalten, dass man sich mit diesem Plane befreundet. Ich habe niemals so sehr gewünscht, glückliche Inspirationen zu haben, als seitdem ich weiss, dass dieselben Seiner Polnischen Majestät von einigem Nutzen sein können.[1] Durch die Post habe ich gestern erfahren, dass der Graf d'Estrées nach Wien gegangen ist, um dort die Operationen dieses Feldzugs zu verabreden. Ich vermuthe, dass dieser General die 24,000 Mann commandiren wird, und ich glaube, Ew. Excellenz versichern zu können, dass es wenig so gute giebt. Er dürfte demnächst zur Würde eines Marschalls von Frankreich erhoben werden."

Kundschafter-Berichte über den Aufbruch Friedrichs II. nach Böhmen.

Da Kundschafter-Nachrichten im Sächsischen Lager sehr selten waren und es uns hier nicht darauf ankommt die wirklichen Bewegungen der Preussischen Armee zu eruiren, sondern darauf, zu constatiren, was man in Struppen von dem Feinde wusste, so geben wir einen Auszug aus den Notizen des von Broglie benützten jüdischen Spions.

[1] Hiernach wäre also die oben mitgetheilte Disposition vom 25., dieselbe welche am 12. October ausgeführt werden sollte, Französischen Ursprungs.

Er meldet, dass er den 27. im Lager von Sedlitz gewesen, dass der König von Preussen schon um zwei Uhr Nachmittags von dort abgegangen, dass die ganze Equipage gefolgt sei. Man habe gesagt, der König sei nach Hellendorf bei Peterswalde. Das Regiment des Erbprinzen Ferdinand und ein anderes seien am 28. gefolgt, ein Theil der Garden noch im Lager. Im Ganzen könnten kaum 10,000 Mann zurückgeblieben sein; es sehe aber nach mehr aus, weil in den Zelten, welche sonst fünf Mann beherbergten, nur zwei lagerten, viele dieser Zelte aber auch ganz leer ständen. Das Regiment Württemberg-Dragoner stehe am äussersten linken Flügel ohnweit der Schiffbrücke von Pratzschwitz, dann komme die Abtheilung in Sedlitz und die Garden, das Bataillon Retzow und das Regiment Erbprinz Ferdinand hätten vor ihrem Ausmarsche die zweite Linie gebildet. Als er, der Jude, ohne alle Gefahr sich bei einem der Zelte ausgeruht, habe er bemerkt, dass die Soldaten vor einem Angriffe der Sachsen grosse Besorgniss hegten, weil ihre Anzahl zu gering. Andere hätten jedoch die Besorgten beruhigt: die Sachsen würden nichts thun, weil die Preussen sie nicht angriffen. Nachdem der vom Oberstlieutenant Dieskau befehligte Artilleriepark dem Hauptquartier gefolgt sei, befänden sich seit dem 27. nur noch 22 Geschütze und 4 Haubitzen im Preussischen Lager. Täglich würde bei Schandau Artillerie verladen, um auf der Elbe weiter transportirt zu werden. Auf der andern Seite des Lagers sollten noch 20 Geschütze stehen. Hinter der Artillerie lagere das Regiment Kleist oder Kalkstein und noch 9 andere Regimenter, die indess nicht vollzählig wären und, wie man versichere, noch heute, den 29., abmarschiren würden. Das Regiment des Markgrafen Karl sei das letzte an der Schiffbrücke von Schandau. Die Cavallerie stehe hinter ihnen bis nach Peterswalde hin echelonirt. Schanzen seien nicht aufgeworfen, aber die Bauern würden zur Besserung der Wege verwendet. Die Soldaten fürchteten den Marsch nach Böhmen ausserordentlich. General Retzow commandire das Lager, auf der andern Seite der Elbe der Prinz von Bevern. Man versichere, dass alle diese Truppen nicht lange in Sachsen bleiben würden.

Auch ein Jäger hatte dem Französischen Botschafter Bericht erstattet:

Zwischen Cotta und Hennersdorf ständen 2 Infanterieregimenter, Kleist und Zastrow, sowie 2 Regimenter Cavallerie, unter dem Markgrafen Karl. Der König sei nach Böhmen abgegangen in der Absicht, eine Schlacht zu liefern, wie man sage. Im Lager von Sedlitz ständen: 1 Dragonerregiment, 2 Garderegimenter, das Regiment des Prinz Moritz von Dessau und hinter diesem ein Artilleriepark, dann die Regimenter Prinz Ferdinand, Prinz Heinrich, General Winterfeldt, 1 Bataillon Grenadiere, 1 Cavallerieregiment

Normann, desgleichen 1 Prinz Württemberg, endlich die Infanterie-Regimenter Wietersheim, Knobloch, Kalkstein und Prinz Karl; dieses letztere beendige den rechten Flügel dicht beim Dorfe Cotta. Weiterhin von Cotta nach Hermsdorf zu campirten die Regimenter Kleist und Zastrow, weiter noch 2 Schwadronen Husaren von Ziethen, die den Weisberg besetzten, alles in allem stünden noch 2 Cavallerie- und 10 Infanterieregimenter in Sachsen. Viel davon sei aber detachirt, namentlich für die Escorte des Königs, man könne daher das, was in Sachsen geblieben, höchstens auf 12,000 Mann schätzen."

Hiernach dürfte die Nachricht von Friedrichs II. Aufbruch nach Böhmen drei Tage gebraucht haben, um zu den Sächsischen Heerführern zu dringen. Vom Prinzen von Preussen begleitet war König Friedrich am 27. von Sedlitz aufgebrochen, hatte in Zehista übernachtet, um am 28. zu seiner bei Lowositz debouchirenden Armee nach Böhmen zu eilen.

Ausser dem Schreiben an Graf Brühl hatte Broglie noch folgendes Billet am 30. an Dyherrn gerichtet:

„Mit grosser Freude, mein lieber Baron, habe ich aus Ihrem Billet vom 26. ersehen, dass Sie sich meiner Idee über die Art, wie Sie sich von da, wo Sie stehen, degagiren können, genähert haben; wenn nur der Weg auf dem rechten Elbufer für eine Armee practicabel ist, dann ist es jedenfalls der beste, welchen Broune einschlagen könnte, um Ihnen zu Hilfe zu kommen, besonders seitdem er sich wieder in den Besitz von Tetschen gesetzt hat. Wenn er sich bei Wehlen und Schandau lagern und dort zwei Brücken über die Elbe schlagen wollte, so würden Sie ihm als ein guter Brückenkopf dienen können, und es würde dann nicht unmöglich sein, sich gemeinschaftlich auf den König von Preussen zu werfen, dessen Magazine, Schiffe und Artillerie dann hier sehr in der Luft schweben würden. Mir scheint, dass man durch eine solche Bewegung diesen Fürsten zwingen könnte, aus Böhmen zurückzukehren. Sie sehen aus meinem Briefe an Graf Brühl ein anderes Project, welches ich auch für möglich halte. Im Ganzen, glaube ich, ist für Sie etwas zu machen, und, ich mag suchen, wie ich will, ich finde nichts, was der König von Preussen zu seinem Vortheil thun könnte. Adieu mein lieber Baron! Meine Empfehlungen an Ihre liebenswürdigen Generale, tausend Grüsse an Meagher und Vitzthum, den *Roué* nicht zu vergessen. Machen Sie auch dem Feldmarschall meine Entschuldigungen, wenn ich als Diplomat es wage, meinen Rath zu ertheilen; aber ich finde, seitdem ich diese Sache behandele, mich so geschickt, dass ich fast fürchte, meinen neuen Kameraden unausstehlich zu werden."

Eine Correspondenz mit dem K. K. Feldmarschall unter dem Donner der Kanonen von Lowositz.

Mit solchen Plaudereien verbrachte man den Vorabend der Schlacht bei Lowositz. Am Schlachttage selbst erreichte das Sächsische Hauptquartier die nach-

1. October.

stehende chiffrirte Deutsche Depesche des Feldmarschall Browne d. d. Budin den 28. September:

„In Zeit von zwei Stunden Unterschied erhalte ich Ew. schätzbarste zwei Schreiben vom 25. dieses abeilenden Monats (also das Programm[1]) wovon der Inhalt eines dem andern gleichlautend, folglich auch als ein Duplicat bemerkt gewesen, und gleich wie ich auch Ew. versichern muss, dass mir dessen Inhalt zu ausnehmendem Vergnügen gewesen, zumalen mich in solcher Situation befinde, alle demjenigen aufs genaueste nachzukommen und in seine Erfüllung zu setzen, was darinnen nur immer verlanget worden, als bin auch bereit, auf den angezeigten Anhöhen mich auf den 11. mit einem hinlänglichen Corps einzufinden, damit die dieses Tags in der Nacht um 11 oder 12 Uhr antragende Retraite nach allen Kräften unterstützt sein solle; und da vielleicht diese Unternehmung absolut umb ein oder zwei Tage früher bewürkt werden müsste, so wäre mir nur frühere Nachricht sogleich beliebig mitzutheilen nöthig, indem meines Orts gegenwärtig im Stande sein kann, solches umb einen oder zwei Tage auch frühzeitiger zu unternehmen, wenn nur die gesicherte Willensmeinung weiss. Auf der Seiten von Leitmeritz befindet sich bereits ein detachirtes Commando von 4000 Mann, welches schon also unvermerkt

---

[1] S. oben Seite 148 u. ff.

verstärkt wird, um dem nunmehrigen Vorhaben gewachsen zu sein. Der ich indessen bereits übermorgen (also den 30.) mit der Armee von hier aufzubrechen gedenke, und meinen Marsch auf Lowositz zu nehme, von dannen aber weiter auf die Anhöhen von Aussig, wo (ich) jedoch alle Zeit den linken Flügel gegen Töplitz zu extendiren antrage, fürrücken werde, umb solcher Gestalten desto mehr die vorhabende *entreprise* zu maskiren. Nur kann ich hierbei Ew. nicht verhalten (verhehlen), dass mich von dar in gehöriger Zeit abzusondern wissen werde, damit nicht leicht errathen werden könne, dass (ich) davon abwesend seye und selbsten das Commando auf der andern Seite bei obgedachter *entreprise* führte, massen (weil ich) mit äussersten Verlangen entgegensehe, mich Ihrer Königlichen Majestät in Person am ersten zu Füssen zu legen und Ew. nebst gesammter hoher Generalität zu embrassiren. Ich zutraue so vieles der gerechten Sache, dass meines Orts an der erwünschten glücklichen Erfüllung nicht den mindesten Zweifel hegen könne, wenigstens werde alles dasjenige thun, was nur immer möglich sein möchte. Allein unter 5 bis 6 Märschen wird sich nichts von Leitmeritz nicht bewürken lassen, worzu (ich) jedoch bis (zum) 10. oder 11. ohnehin hinlänglich Zeit habe. Nur Eines habe ich noch anzumerken, dass (ich) die drei in Dero Schreiben angedeuteten Ortschaften als benanntlichen: Mitteldorf, Altendorf und Rathmannsdorf in keiner Land-Charten vorfinde und daher hierüber als eine der erstern Nothwendigkeiten mir nähere Auskunft erbitte. Am besten wäre, wann mir Ew. einen Offizier auf den 7. oder 8. bis Böhmisch-Kamnitz entgegenschickten, auch Ueberbringern dieses wieder zurückexpediren könnten. Das Packet an Graf Flemming habe anheunt (heute) mittelst eigener Estafette expedirt.

Brühl's Antwort lautete:

„Ew. geehrtestes Schreiben vom 28. September habe ich diesen Morgen durch den zurückgekommenen Boten wohl erhalten und von dessen Inhalt Seiner Majestät, meinem Allergnädigsten Herrn, sofort allerunterthänigsten Vortrag gethan. Höchstdieselben sind von dem Eifer, womit Ew. sich bestreben, uns zu Hilfe zu kommen, recht gerührt gewesen und erwarten mit Verlangen die glückliche Stunde, worin Sie selbst Ew. Excellenz die Danknehmigkeit werden bezeugen können, wie denn auch Se. Excellenz der Feldmarschall und die ganze Generalität eifrig wünscht, sich mit Ew. Excellenz unterhabenden Armee conjungiren und gemeinschaftlich agiren zu können. Und da Ew. Excellenz die vorgeschlagenen *operationes* auch ein paar Tage eher bewerkstelligen zu wollen sich anerbieten, uns aber die Lebensmittel gar sehr zu gebrechen anfangen, so soll Ew. Excellenz ich ganz gehorsamst ersuchen, anstatt den 11. October den 9. mit dem detachirten Corps über Schandau einzutreffen. Wir unseres Orts werden gleichfalls in der Nacht vom 9—10. unsere Passage ohnfehlbar effectuiren und haben dazu bereits alle vorläufigen Anstalten getroffen. Sollten jedoch wider besseres Vermuthen Ew. dieses *mouvement* zu bestimmter Zeit zu bewerkstelligen nicht vermögend sein, so bitte (ich) mir, wie auch alle Zeit, baldige Nachricht aus. Die Dörfer, so auf der ordinären Carte nicht befindlich, sind klein, der Ort Seidnitz oder Sebnitz aber ist bekannt und liegt an der Strasse nach Schluckenau. Von da bis Schandau und Rathmannsdorf oder, wie man es nennt, Ramsdorf über Lichtenhain, Mitteldorf und Altendorf ist nicht völlig drei Stunden für die Infanterie zu marschiren. Seit vorgestern, gestern und heute vornehmlich hören wir hier stark kanoniren und auch aus dem kleinen Gewehre feuern und, da sich der Schall genähert, hoffen wir mit Zuversicht, dass der Feind gelitten haben müsse. Auch sind über Hals und Kopf ein Paar Cavallerieregimenter von hier aufgebrochen und haben den Weg nach Böhmen genommen.

„Schliesslich soll Ew. ich noch gehorsamst ersuchen, Se. Excellenz den Herrn Grafen von Nettolitzki im Namen Seiner Majestät des Königs, meines

Allergnädigsten Herrn, zu requiriren, dasjenige Haus, welches er letzthin schon vor Dieselben und Dero Suite besprechen lassen, nunmehr wiederum parat zu halten, indem Seine Majestät Sich vor der Hand wohl einige Zeit in Prag aufhalten dürften."

Gleichzeitig traf aus dem Lager von Budin am 29. ein Rapport Riedesels ein, welcher nur meldet, dass Gössnitz die ofterwähnten Gelder gefasst habe. Brühl antwortet am 1. October:

„Ich habe heute Vormittag Ihren vorgestrigen Brief erhalten. Ich freue mich, daraus zu ersehen, dass Gössnitz die fraglichen Gelder gefasst hat. Wir nehmen übrigens das Anerbieten des Feldmarschall Broune an, von welchem er Sie unterrichten wird. Wir hören nun schon seit drei Tagen, insbesondere aber heute stark kanoniren und da der Kanonendonner sich nähert, so erblicken wir darin ein gutes Zeichen. Gott gebe, dass diese Vermuthung sich bestätige. Wir harren mit grosser Ungeduld auf Nachrichten, um auch unserer Seits an den Operationen Theil nehmen zu können."

<small>Die Tranksteuer für das Bier im Lager.</small> Bevor man noch im Sächsischen Hauptquartier <small>2. October.</small> erfahren, was dieser Kanonendonner, was das „Victoria-Schiessen" welches am 2. aus dem Preussischen Lager herübertönte, zu bedeuten, am Morgen nach der Schlacht von Lowositz, in einem Augenblick wo man eines Angriffes gewärtig war, richtete der Feldmarschall Graf Rutowski das nachstehende, wir

dürfen wohl sagen: gemüthliche „ganz ergebenste **Premomoria** an den Premierminister und General Grafen Brühl Excellenz":

„Da nach dem Bericht des Generalmajor von Zeutzsch diejenigen 29 Scheffel Malz, welche zu Langhennersdorf vorräthig und in Gefahr gewesen, von den Preussischen Husaren weggenommen zu werden, beim Pachter daselbst abgeholt und in Königstein verbraut worden, auch das Bier an die Regimenter im Lager gegen baare Bezahlung des Viertels zu 4 Rthlr. 16 Gr. 3 Pf. excl. der Tranksteuer vertheilt werden wird, so habe, damit der gemeine Mann solches Bier um gedachten leidlichen Preis erlangen möge, Ew. Excellenz ganz ergebenst ersuchen wollen, die Verfügung zu ertheilen, damit gedachte Tranksteuer erlassen werde. Es bleiben auch 2 Viertel vor den Königlichen Hof übrig, welche der Oberküchenmeister wird abholen lassen, und der Abgeschickte sich beim Rathsbeisitzer Zahn zu Königstein melden kann.

Hauptquartier Struppen, den 2. October 1756.

gez. Rutowski.

Dass man einen Erlass der Tranksteuer für die armen Soldaten *in optima forma* begehren musste, nachdem seit Einem Monat das ganze Land vom Feinde besetzt, die Hauptstadt verloren, die Kassen mit Beschlag belegt, alle Steuern von den Preussen erhoben worden waren, das möchte bezeichnend sein für die Allmacht des „*red tape*,“ des „rothen Fadens,“ wie der Engländer die Pedanterien der Bureaux und Kanzleien nennt, bezeichnend auch für die ächt Sächsische Gewissenhaftigkeit.

Wir müssen aber, um gerecht zu sein, hervorheben, dass dieses *Promemoria* nur einen Theil der Massregeln enthält, welche der Feldmarschall an diesem Tage traf, um den Ausmarsch vorzubereiten.

Ward nun aber nicht nur im Preussischen Lager, sondern auch in Dresden selbst „mit 24 blasenden Postillonen“ der Sieg der Preussischen Waffen bei Lowositz gefeiert, so möchte es keinen Tadel verdienen, wenn wir den bekannten Preussischen Berichten von dieser Schlacht, den Hauptinhalt eines wahrscheinlich aus Sächsischer Feder geflossenen in Deutscher und Französischer Sprache in Druck verbreiteten Flugblattes gegenüberstellen. Es wurde freilich auf Grund eines Rescriptes an den Königlich Preussischen Comitial-Gesandten zu Regensburg, d. d. Berlin den 23. October als eine „impertinente Broschüre,“ welche „in der That mit allen Marquen eines gegen Uns (d. h. Friedrich II.) gerichteten *libelli famosi* versehen ist,“ als „eine infame *pièce*“ confiscirt, auch der Debit verboten. Dennoch möchte, wie die Folge zeigen wird, in diesem Blatte, welches zu den bibliothekarischen Seltenheiten gehört und sich durch einen glücklichen Zufall im Wölkauer Archive erhalten hat, mehr historische

Wahrheit zu finden sein, als in der Geschichtserzählung Friedrichs II. *Oeuvres IV.* Seite 87 u. ff.

Das „Schreiben des Herrn von *** an Herrn von N. N. aus dem Lager bei Budin vom 4. October 1756"[1] lautet:

„Seit dem der König von Preussen es sich zur Aufgabe gestellt hat, das Publikum zu täuschen, sind seine Minister, seine Pressen und Zeitungen nur damit beschäftigt, die wundersamsten Fictionen und die handgreiflichsten Lügen zu verbreiten. Aber diese Stimmen, so lärmend sie auch sein mögen, genügen ihm nicht, er muss auch noch Posthörner haben, um den gesunden Menschenverstand zu übertäuben. Ein Fürst, der sich einen so grossen Ruf im letzten Kriege erworben, bedarf er eines erdichteten Sieges (*une victoire postiche*) um diesen Ruf zu behaupten? Das sieht dem Salomo Voltaires nicht ähnlich und scheint in Wahrheit zu klein für unsern modernen Cäsar. Wahr ist es freilich, dass die 24 Posthörner, die sich in Dresden vernehmen liessen, das famose *veni vidi vici* nicht eben verkündigten. Im Gegentheile, diese Postillone gestanden, dass der Tag von Lowositz ihrem Helden theuer zu stehen gekommen; führten aber doch an den Ufern der Elbe die Sprache der Garonne. Der liebenswürdigen Nymphe jenes

---

[1] Das Original ist Französisch, wir geben unsere eigene Uebersetzung, da die uns ebenfalls gedruckt vorliegende Deutsche unverständlicher ist.

Flusses überlassen wir es, gegen diese Usurpation zu reclamiren. Ich aber, mein lieber Freund, will Ihnen nur auf gut Deutsch die Sachen sagen, wie sie waren.

„Feldmarschall Broune hatte seine guten Gründe sein Lager bei Lowositz aufzuschlagen und wir versammelten uns dort am 30. September. Der König von Preussen hatte sich in den Defileen und Bergen von Aussig und Teplitz verborgen gehalten, allem Anscheine nach mit der Absicht, uns zu überraschen. Was diese Vermuthung bestätigt, ist ein Brief,[1] den er wahrscheinlich absichtlich in unsere Hände hat fallen lassen, ein Brief, durch welchen er dem Feldmarschall Grafen Schwerin die Nachricht giebt, dass die Sachsen seine Geduld auf eine allzuharte Probe stellen würden, wenn nicht die Nachlässigkeit der Oesterreicher ihn über die Zeit tröstete, welche er mit dem Sächsischen Piket verliere. Er stellte sich in diesem Briefe, als ob er den Marschall Broune noch in Collin vermuthete und ich weiss nicht, in welchen Winkel Böhmens er den Fürsten Piccolomini versetzte. Diese Kriegslist konnte nur Neulingen imponiren und wären die Dispositionen, welche der König von Preussen in der Folge traf, nicht besser gewesen als seine List, so würde sein Ruf in Lowositz wahrscheinlich begraben worden sein. Aber wir hatten, schon bevor wir jenen Brief auf-

---

[1] Selbstverständlich nicht der über die Schlacht selbst, welchen wir dem Grundsatze: „*audiatur et altera pars*" getreu, an der Spitze dieser Studie gegeben haben.

fingen, begonnen, uns daselbst aufzustellen und wir wussten seit dem 30. Nachmittags, dass er mit allen seinen Truppen gegen uns marschire. Man bereitete sich daher zum Kampfe und am andern Morgen den 1. October früh 3 Uhr fingen unsere Vorposten an zu tirailliren. Der König hatte die Nacht benutzt, um die Höhen des Thales von Welmina mit den aus den Sächsischen Zeughäusern entführten Geschützen zu besetzen. Er errichtete daselbst mehrere Batterien schwerer Artillerie. Seine Infanterie debouchirte durch jenes Thal und formirte sich gleichzeitig auf den Höhen zur Rechten und zur Linken. Sie wurde durch 12 Cavallerieregimenter, jedes zu 5 und eines zu 10 Schwadronen unterstützt. Diese Infanterie machte die grössten Anstrengungen gegen unsern rechten Flügel. Um 7 Uhr früh engagirte sich das Gefecht. Die Kanonade des Feindes war entsetzlich (*terrible*). Unsere Cavallerie hielt sie mit bewunderungswürdiger Ruhe aus. Da zeigte sich die feindliche Cavallerie, sie entwickelte sich durch ein neues Manövre und wollte wie ein Corps *d'impulsion* operiren. Unsere guten alten Kürassiere und Dragoner, welche niemals Geometrie studirt haben, stürzten sich geschlossen auf diese Schüler des Euklid, durchbrachen mit tüchtigen Säbelhieben deren Schwadronen und jagten sie von dannen. Die feindlichen Cavallerieregimenter sammelten sich unter dem Schutze ihrer Artillerie, unternahmen einen zweiten Angriff, wurden aber ein zweites Mal geworfen und so übel zugerichtet, dass sie sich schliesslich hinter ihre Infanterie zurückzogen und nicht wieder erschienen.[1]

„Der Feind suchte nun zu wiederholten Malen unsere Infanterie zu entamiren, ward aber immer zurückgeschlagen. Niemals ist ein Gefecht wohl mit grösserer Ordnung, Lebhaftigkeit und Muth geführt worden.

„Als aber der König von Preussen endlich sah, dass er nirgends durchbrechen könne, verdoppelte er seine Anstrengungen gegen eine Höhe zu unserer Rechten, welche von Croaten und einiger Infanterie besetzt war. Es gelang ihm, die kleine Stadt Lowositz durch glühende Kugeln in Brand zu stecken und in Folge dieses Zufalles die Truppen, welche auf der gedachten Höhe standen, zwischen das Feuer des Angriffs und die Feuersbrunst von Lowositz zu bringen. Dadurch zwang er sie, sich

---

[1] Bei Gelegenheit dieses Cavallerieangriffs, welcher vom Könige von Preussen an der angeführten Stelle ganz übereinstimmend erzählt wird, extrahiren wir eine Anekdote aus des General Vitzthums Briefen: Der Preussische General Kyaw, dessen Tapferkeit bekannt, hatte gegen den zweiten Cavallerieangriff Vorstellungen gemacht; Friedrich II. aber spottend gefragt: „ob er sein Leben schonen wolle?“ Kyaw gab keine andere Antwort, als den Befehl zum Angriff. Aber was er vorausgesehen, traf ein. Die Preussische Cavallerie wurde mit grossem Verluste geworfen. Kyaw selbst war nicht blessirt und meldete sich daher beim Könige. „Wo ist meine Cavallerie?“ fragte dieser und erhielt zur Antwort: „Dorten liegen sie!“

in die Ebene zurückzuziehen und ihm jene Position zu überlassen. Sie thaten diess Schritt für Schritt in bester Ordnung und das ist es, worauf sich der Triumph des Königs von Preussen reducirt. Er hat ihn bezahlt mit dem Verlust von 7 bis 8000 Mann seiner besten Truppen. Das Feuer hörte gänzlich auf von beiden Seiten um 3 Uhr Nachmittags und beide Armeen verblieben während des ganzen Tags und der darauf folgenden Nacht in ihren Stellungen. Jede behauptete das Terrain, welches sie vor der Schlacht inne gehabt. Am andern Morgen bei lichtem Tage setzte sich unser rechter Flügel in Marsch nach dem Lager von Budin. Der linke Flügel folgte und diese Bewegung hatte keinen andern Grund, als die Nothwendigkeit, uns unseren Lebensmitteln zu nähern, da die Proviantwagen wie gewöhnlich während der Schlacht auf und davongefahren waren.

„Man hat von keiner Seite weder Kanonen noch Fahnen, noch Standarten verloren und wenn der Sieger seinen Ruhm nur nach der Zahl der Schlachtopfer berechnete, so würde niemals ein Fürst entschiedener geschlagen worden sein, als der König von Preussen bei Lowositz; denn die Zahl seiner Todten und Blessirten ist dreimal so gross als die unsrige, wir haben etwa 2000 Mann verloren, aber mehrere Hundert gefangen genommen und seine Todten beerdigt.

„Hiernach urtheilen Sie, ob der König von Preussen, dem man die Eigenschaft eines grossen Feldherrn nicht abspricht, sich in den Augen des Publikums nicht selbst erniedrigt, wenn er uns mit einem Federstriche 20,000 Mann tödtet. Sie leben noch diese 20,000 Mann und verlangen nichts besseres, als zum Kampfe zurückzukehren unter einem Führer, den sie lieben und der den glänzenden Ruf verdient, dessen er sich erfreut."

Soweit die „impertinente Broschüre."

Der Generallieutenant Graf Vitzthum[1] verweist, da er selbst der Schlacht nicht beigewohnt habe, seinen Correspondenten auf die Oesterreichischen und Preussischen Berichte, von welchen wohl weder die einen noch die andern volle Wahrheit enthalten würden über diese *„affaire indécise"* oder *„bataille douteuse,"* wie er sie nennt. Komischer Weise, bemerkt er, hätten sich beide Theile den Sieg zugeschrieben, während doch beide, nachdem sie das Schlachtfeld kurze Zeit behauptet, zurückgegangen wären, die Oesterreicher über die Eger, die Preussen nach Sachsen. Friedrich II. sei aber über den Widerstand, den er gefunden, sehr erstaunt gewesen und habe gleich nach der Affaire geäussert: Er sehe wohl, dass er es nicht mehr mit den alten Oesterreichern zu thun habe und dass die jetzigen *„lui donneraient du fil à retordre."* Uebrigens stellt der Sächsische General schon damals, unter dem ersten Eindrucke des Ereignisses, die Betrachtung an, welche wir aus seinen in der ersten Studie abgedruckten Briefen vom

---

[1] Briefconcepte vom 3. und 7. October. Wölkauer Archiv.

December 1756 und von 1762 kennen, über den unbegreiflichen Fehler, den Friedrich II. begangen, sich so lange durch die Sächsische Armee aufhalten zu lassen. Denn, ganz unzweifelhaft sei es, dass Broune am 29. August nicht mehr als 22,000 Mann gehabt, und dass er durchaus nicht in der Lage gewesen, den Preussen zu wehren, sich Prags zu bemächtigen und die Winterquartiere in Böhmen zu nehmen.

Wie dem auch sei, jedenfalls war die Schlacht von Lowositz „*un affaire indécise*," denn, durfte sich der König von Preussen auch rühmen, den rechten Flügel der Kaiserlichen Armee taktisch geschlagen zu haben, strategisch war Graf Broune nicht geschlagen, da er von seinem eigentlichen Zwecke, dem Marsche nach Sachsen, nicht abgehalten wurde. Die Capitulation der Sächsischen Armee war eine Folge zufälliger Unglücksfälle, wie wir sehen werden, keineswegs ein Ergebniss der Schlacht von Lowositz.

Des K. K. Feldmarschalls Grafen Broune Version von der Schlacht von Lowositz. Am 5. October erreichte gegen Mittag folgendes Schreiben des Feldmarschall Grafen von Broune das Sächsische Hauptquartier:

5. October.

„Ew. habe ich zu benachrichtigen nicht ermangeln wollen, wasmaassen vor-vorgestrigen Tages mit der Armee von hier aufgebrochen und mich mit solcher bei Lowositz gelagert, woselbst gegen Abend die Nachricht erhielte, dass der König von Preussen mit einer Armee von 40,000 Mann im wirklichen Anzuge begriffen seie. Ich machte daher meine Ver-

anstaltungen und erwartete folglichen die weiteren
Ergebnussen, da sich dann fügte, dass in der Nacht
zwischen ein und zwei Uhr mit denen unsrigen
Kroaten und ihren Vorposten sich ein kleiner *rencontre*
ergeben, welcher aber in Zeit von einer halben
Stunde wieder geendigt und die Nacht hindurch
Alles ruhig gewesen. Des Morgens aber um 7 Uhr,
als sich der Nebel zu verlieren angefangen, rückte der
Feind mit seiner ganzen Armee zum Theil zwischen
denen Bergen heraus, zum Theil aber über solche
herunter und dieses zwar unter beständiger Losbrennung
des groben Geschützes, worunter Kugeln von
24 Pfund gefunden worden. Endlichen wurde die
Affaire engagirt und ich glaube, dass nicht bald so
hartnäckig als diesmal gestritten worden. Es dauerte
über 7 ganzer Stunden und blieben beede Armeen
die ganze Nacht hindurch auf dem *champ de Bataille*
stehen. Unsere Infanterie bezeigte sich recht
standhaft und die Cavallerie hat sich gar besonders
hervorgethan. Unser Verlust wird sich zwischen
Todten und Blessirten, wie ich dermalen vermuthe,
auf die 2000 Mann belaufen. Von dem Feinde hingegen
soll die Zahl der Todten und Blessirten dem
sichern Vernehmen nach noch weit namhafter sein.
Wie aber in derlei Fällen Alles und Jedes, so zum
Streiten nicht tauglich ist, hinweggeschickt wird, so
habe ich mich mit der Armee heunt früh in mein
voriges Lager anhero gezogen, um folglichen andurch

sowohl wieder zur Bagage zu kommen, als auch die so nöthige Subsistenz zu erlangen. Wie mich dann ohnerachtet dessen nichts hindert, dem Feinde aufs Neue unter die Augen zu treten."

Nun folgt die chiffrirte Nachschrift, auf welche wir die besondere Aufmerksamkeit zu lenken bitten:

„Solchemnach bleibt es bei der auf den 11. dieses concertirten Unternehmung, wann anders die Umstände sich nicht ändern, wovon aber zeitliche Nachricht zuzubringen suchen werde. Indessen wäre mir sehr lieb, wenn Solches bis auf den 12., 13., 14. oder 15. in der Nacht verschoben werden könnte und zwar wegen der zu nehmen müssenden Umwege und etwa einfallenden üblen Wetter, worüber Ew. mir aber baldige Antwort ertheilen wollen, wie ich denn mit Verlangen den an mich abzuschicken erbetenen Offizier auch gewärtige, um desto einverständlicher in allen Dingen nach Dero Verlangen fürgehen zu mögen."

„Budin den 3. October 1756."

Wir erinnern, dass Broune am 28. September[1] sich erboten hatte zwei Tage früher als zuerst verabredet, wenn es gewünscht würde, auf den Höhen von Schandau zu sein, und dass Brühl diese Offerte in seiner Antwort vom 1. October[2] angenommen und

---

[1] S. oben Seite 170.
[2] S. oben Seite 172.

den Ausmarsch der Sächsischen Armee für die Nacht vom 9. zum 10. angekündigt hatte. Dieses Brühlsche Schreiben vom 1. war aber wie wir sehen werden, am 3. früh, als Broune seinen Bericht über die Schlacht von Lowositz niederschrieb, noch nicht in dessen Händen. Er konnte daher nur in Gemässheit des ursprünglichen Sächsischen Planes vom 25. September das Versprechen wiederholen, er werde trotz des angeblichen Preussischen Sieges, zur bestimmten Zeit, an Ort und Stelle und für den 11. bereit sein.

Die zugleich hingeworfene Frage: ob die Unternehmung nicht um einige Tage vielleicht aufgeschoben werden könnte, ward von dem Grafen Rutowski, wie aus einem Billet Dyherrn's ohne Datum hervorgeht, welches hier einschlägt und am 5. October geschrieben sein muss, verneint:

„Alles, was uns zu thun möglich, — schreibt Dyherrn, — ist, die Attake der Preussischen Posten unter dem Lilienstein und die Passage der Elbe bis zur Nacht vom 11. zum 12. nach dem ersten Plane auszuführen. Unser Mehl reicht nicht weiter. Das Wohl des Königs, der Armee und vielleicht des Staats dependirt von der genauen Vollziehung des gemachten und festgestellten Planes. Der Feldmarschall Broune, von dessen Eifer man sich Alles verspricht, wird sich hiermit um den Kaiserlichen und Königlichen Hof verdient machen."

Graf Brühls Antwort.

Brühl antwortete daher dem K. K. Feldmarschall Grafen Browne:

„Ew. Geehrtestes vom 3. dieses, welches mir diesen Mittag zugekommen, ist uns um so viel tröstlicher gewesen, als wir daraus ersehen, dass der dortige Verlust bei der am 1. *hujus* vorgefallenen Action bei Weitem nicht so beträchtlich gewesen, als man selbigen ausgesprengt, da man hingegen Preussischer Seits selbst gesteht, an die 4000 Mann und darunter auch 4 Generale verloren zu haben, auch den Kaiserlichen Königlichen Truppen die Gerechtigkeit widerfahren lässt, dass sie sich recht tapfer gewehret. Inzwischen hat man sowohl im Preussischen Lager allhier, als auch die Preussische Garnison in Dresden den davon getragenen Sieg durch ein dreimaliges Abfeuern des groben und kleinen Geschützes angekündigt und sagt man ihrerseits, der König sei noch begriffen, den geschlagenen Feind zu verfolgen. Wie sich nun solches weiter ergeben werde, erwarten wir mit dem grössten Verlangen zu erfahren, da wir inzwischen alle unsere Einrichtungen nach dem verabredeten Plane fortsetzen. **Länger aber als äusserst bis nach der ersten Abrede, auf die Nacht vom 11. zum 12. kann es nicht verschoben werden, indem wir auch nur bis dahin zu leben viel Noth haben werden.** Dahero ich Ew. denn auch ersuchen muss, die Anstalten dahin zu treffen, damit wir nach unserer Conjunction gleich etwas Brod und Fourage finden, weil wir gar nichts mitbringen können, und da von der glücklichen Ausführung dieser concertirten Operationen nicht nur die Sicherheit der geheiligten Person Ihrer Majestät des Königs, sondern auch das Wohl der Armee und das Interesse des Staats abhänget, so zweifelt man keineswegs, Ew. Excellenz werden Dero Orts alles nur mögliche thun und sich dadurch auch bei Dero Hofe ein neues *Meritum* erwerben. Da Ew. von dem richtigen Empfange des dritten Exemplars meines unterm 25. *passati* an Dieselben nichts gedenken, so bin ich dieserwegen einigermassen in Sorge. Auch habe ich seitdem unterm 1. dieses wiederum drei andere einander gleichlautende chiffrirte Blätter an Ew. Excellenz erlassen.[1] Was wir übrigens vors künftige vor gute Vertröstungen aus Russland haben, geruhen Ew. aus der Anfuge zu ersehen.[2] Ich erwarte ferner gute Nachrichten und verharre u. s. w."

Postscript. „Einen Offizier abzuschicken, will dermalen ohnmöglich fallen, weil selbiger nicht mehr durchzubringen ist."

[1] S. oben Seite 172.
[2] Es ist das bekannte Russische Manifest gemeint. Generallieutenant Graf Vitzthum schreibt darüber am 29. September: „*Il parait un manifeste Russe, par lequel l'Imperatrice promet de puissants secours, ces promesses raniment le courage des troupes, mais ne rassasient pas; et les gens' sensés savent que les secours Russes sont fort éloignés.*" — Schon am 16. hatte er bemerkt: „*L'armée Saxonne peut se curer les dents au soleil, comme le Gascon qui n'avait pas mangé depuis trois jours.*"

[1756.]

Der Brief wurde daher auch dem von dem Feldmarschall gesendeten Boten eingehändigt.

Der Französische Botschafter an den Grafen Brühl.

Gleichzeitig erreichte auch folgendes Billet des Französischen Botschafters den Grafen Brühl:

„Ich weiss nicht, ob Ew. Nachrichten vom General Broune und von dem haben, was aus ihm wird. Wir erwarten deren hier mit Ungeduld und ich will nur wünschen, dass sie gut sind; wären sie es nicht, so möchte der Augenblick für das Sächsische Lager gekommen sein, einen Entschluss zu fassen. Das Gerücht geht hier, dass Sie sich seit einigen Tagen vorbereiten, ich weiss nicht aus welchem Grunde. Sollte die Vereinigung unmöglich sein, was man im Lager besser wissen muss als hier, und ebenso ein längeres Verweilen im Lager unter dem Königstein, so würde nichts übrig bleiben, als mit der Armee auf Eger zu marschiren. Dort bliebe man in der Nähe von Sachsen, man wäre in Sicherheit, hätte Lebensmittel und könnte sich über die Hilfsleistungen, welche man von Frankreich und anderwärts zu erwarten, verständigen. Was den Sold der Truppen anlangt, so können Sie versichert sein, dass sich Mittel dazu finden werden. Mein Vorschlag wäre: Die Person des Königs in Sicherheit zu bringen; er könnte nach München oder auch auf Umwegen nach Polen gehen und unterdessen würde man irgend etwas verabreden können. Jede andere Entschliessung würde bedenklicher sein; am bedenklichsten die, die Sächsische Armee nach Polen führen zu wollen; denn dort würde dieselbe nur innere Zwistigkeiten hervorrufen, andere Armeen hinziehen und namentlich die des Königs von Preussen, welche in Pommern steht; auch würden dadurch die Operationen der Russischen Armeen wahrscheinlich eine ganz andere Richtung gewinnen. Ich beschwöre Sie daher, meine erste Idee wohl in Erwägung zu ziehen. Es ist nicht zu bezweifeln, dass die Sachen bald eine andere Wendung nehmen werden.

Dresden am 4. October, 11 Uhr Abends.

Hierauf antwortete Graf Brühl am 6. October: 6 October.

„Sie können versichert sein, dass Alles, was man dort sagt, keinen Grund hat. Ich kann nur glauben, dass meine letzten Billete Ihnen nicht zugegangen sein können. Wenn wir einen Entschluss fassen, so wird er immer Ihren Ideen und den Umständen entsprechen. Der König hat durchaus keine Lust, sich hier einschliessen zu lassen. Die Sicherheit Seiner geheiligten Person bleibt immer unser Augenmerk. Seit unserer Abreise von Dresden ist keine Rede mehr davon gewesen, die Armee nach Polen zu führen. Das andere Project dagegen, die Vereinigung, scheint uns durchaus nicht unmöglich und wir werden bis zum letzten Tage festhalten, wo der Brotmangel uns zwingen wird, etwas zu unternehmen . . . . Wir hoffen noch das Glück zu haben, Sie selbst hier zu sehen."

ACHTE STUDIE.
DAS TRAUERSPIEL AUF DER EBENHEIT.
7. bis 20. October 1756.

Der Sächsische Befreiungsplan definitiv vom K. K. Feldmarschall angenommen. — Die Pontons können nicht stromaufwärts herbeigeschafft werden. — Die Brücke geschlagen. — Der König geht nach Thürmsdorf. — Der Elbübergang. — Der König auf dem Königstein. — Brühl an den K. K. Feldmarschall. — Die Armee auf der Liliensteiner Ebenheit. — Ein Kriegsrath. — Zwei K. Befehle. — Graf Browne's entscheidendes Schreiben. — Der entscheidende Kriegsrath. — General von Gersdorff auf dem Königsteine. — General von Dyherrn auf dem Königstein. — Der dritte Befehl des Königs vom 14. October. — Graf Brühl an den K. K. Feldmarschall. — Dessen Antwort. — Graf Brühls vierzehn Punkte. — Die Capitulation. — Wie die Preussen dabei verfuhren. — Spörkens Mission. — Abreise des Königs nach Polen. — Nachträgliche Correspondenz.

Parallelstellen zur Orientirung.

. . . . il (le Roi de Prusse) ordonna qu'on travaillât à élever quelques batteries et à retrancher les parties les plus faibles de son camp; cela ce trouva d'autant mieux fait, qu'on apprit le 6 que M. de Browne avait détaché à la sourdine quelques régiments de son armée;

que ce corps, taxé à six mille hommes, ayant passé par Raudnitz, s'avançait vers Böhmisch-Leipa, pour suivre de là la route qui mène en Saxe. Quoique ce détachement ne causât pas de grandes appréhensions, le Roi en avertit le margrave Charles et le prince Maurice demeurés en Saxe, et il se mit à la tête d'un renfort de cavalerie, pour les mener au camp de Sedlitz, où il n'était resté que trente escadrons, ce qui n'était pas suffisant pour arrêter les Saxons, surtout s'ils avaient entrepris de percer du côté de Hellendorf et de Teplitz. Sa Majesté partit le 13 de Lowositz avec quinze escadrons, et arriva le 14 à midi à son armée, qu'elle trouva à Struppen, quartier que le roi de Pologne avait occupé durant tout le temps de la bloquade des Saxons.

Les choses avaient entièrement changé de face en Saxe, depuis que le Roi avait pris le commandement de son armée en Bohême: la bataille de Lowositz avait frappé la cour; elle n'espérait que faiblement dans l'assistance des Impériaux. Les troupes étaient menacées d'une disette prochaine, ce qui fit tenter aux généraux saxons de se frayer eux-mêmes un chemin à travers les Prussiens: leur projet étant de se sauver en passant l'Elbe; ils tentèrent de jeter un pont à Wehlstädtl; vis-à-vis de ce lieu se trouvait une redoute prussienne qui coula à fond quelques-uns de leurs bateaux, ce qui dérangea leurs mesures. Ils changèrent de dessein, et firent transporter leurs pontons à Halbstadt, qu'ils regardaient comme le lieu propre et le plus convenable pour leur sortie, surtout à cause des secours que M. de Browne venait de leur promettre de nouveau.

Du côté d'Altstadt, où les Saxons avaient résolu de passer l'Elbe, il y a à la rive droite de ce fleuve une petite plaine dominée par le Lilienstein, rocher escarpé qui en borne une partie; aux deux côtés de ce rocher se présentaient cinq bataillons prussiens, aux ordres de M. de Retzow, derrière des abatis qui, en forme de croissant, allaient s'appuyer des deux côtés au coude que l'Elbe forme en cet endroit; cinq cents pas derrière ce poste, six bataillons et cinq escadrons occupaient le défilé de Burkersdorf, derrière ce défilé se trouve une chaîne de rochers âpres et escarpés, nommée le Ziegenrück, qui embrassant tout ce terrain, aboutit des deux côtés à l'Elbe. Pour percer de ce côté-là, les Saxons avaient donc trois postes à forcer consécutivement, les uns plus redoutables que les autres; ce fut néanmoins pour tenter leur évasion de ce côté qu'ils commencèrent dès le 11 d'octobre à établir leurs ponts. Les Prussiens eurent bien garde de ne les point traverser dans cet ouvrage. Leur descente de Thürmsdorf vers l'Elbe se trouva assez praticable; mais lorsque leurs ponts furent achevés, et que de l'autre bord ils voulurent monter le rocher pour gagner la plaine d'Altstadt, ils ne trouvèrent qu'un sentier étroit, dont les pêcheurs se servaient. Une demi-journée s'écoula à y faire passer deux bataillons; les pluies abondantes qui tombèrent, achevèrent d'abîmer ce chemin; ils furent obligés de laisser leurs canons, qu'il était impossible de transporter à l'autre rive: ainsi toute leur artillerie resta sur les retranchements qu'ils venaient d'abandonner. La lenteur de leur passage fut cause que la cavalerie, l'infanterie, le bagage, l'arrière-garde de tout ce corps pêle-mêle et en désordre demeurèrent aux environs de Struppen.

Le 13, avant le jour, le Prince Maurice d'Anhalt

fut le premier averti de l'évasion des Saxons; l'armée prit sur-le-champ les armes, et se mettant sur sept colonnes, elle gravit encore avec peine ces rochers du camp de Pirna. tout privés qu'ils étaient de leurs défenseurs, les généraux la reformèrent sur la crête de ces montagnes, entre le Sonnenstein et Rottendorf. M. de Zieten avec ses hussards attaqua aussitôt l'arrière-garde de l'ennemi. et la poussa jusqu'à Thürmsdorf, les compagnies franches et les chasseurs prussiens se logèrent dans un bois proche de cette arrière-garde, d'où ils incommodèrent beaucoup par leur feu. Le Prince Maurice, qui survint, envoya le régiment de Prusse infanterie occuper une hauteur qui était à dos des Saxons. A peine eut-on tiré deux coups de canon de cette colline, que les Saxons, surpris du feu qu'ils recevaient d'un endroit où ils ne s'y attendaient pas, se mirent en désordre, et prirent soudain la fuite; les hussards se jetèrent sur le bagage, qu'ils pillèrent, et les chasseurs se glissèrent dans un bois proche de l'Elbe, d'où ils tirèrent sur l'arrière-garde saxonne, qui finissait de passer le pont.

Cela acheva de leur tourner la tête, ils coupèrent eux-mêmes les cables de leur pont; le courant l'entraîna jusqu'à Rathen, où les Prussiens le prirent. Le Prince Maurice fit aussitôt camper les troupes sur les hauteurs de Struppen; leur gauche allait vers l'Elbe, et leur droite se prolongeait derrière un ravin profond qui va se perdre du côté de Hennersdorf.

Telle était la situation des choses lorsque le Roi arriva avec ses dragons à Struppen. Les Saxons attendaient un certain signal dont ils étaient convenus que les Impériaux devaient leur donner, pour attaquer de concert les Prussiens: ce signal ne se donna point; cela acheva de leur faire perdre l'espérance. Ils ne furent que trop convaincus alors, en voyant la manière dont M. de Retzow était posté, qu'il leur était impossible de se faire jour à eux-mêmes. D'un autre côté, le Roi de Pologne, qui s'était réfugié au Königstein, pressait de là vivement ses généraux d'attaquer M. de Retzow au Lilienstein, et le Comte Rutowski lui remontrait à son tour avec force l'inutilité de cette entreprise, qui mènerait à une effusion de sang et à un massacre dont après tout le Roi ne pourrait tirer aucun avantage. M. de Browne se trouvait dans un cas aussi embarrassant, mais moins fâcheux: il avait devant lui un corps de troupes prussiennes, supérieur en nombre; et comme toute communication lui été coupée avec le Königstein, qu'il rencontrait des empêchements physiques dans toutes les entreprises qu'il pouvait former pour dégager les Saxons, et qu'il avait à craindre que, ces troupes se rendant prisonnières à son insu, il aurait aussitôt toute l'armée prussienne sur les bras, il jugea la situation de l'armée saxonne désespérée, et ne pensant plus qu'à sauver son propre détachement, il se retira le 14 en Bohême. Les hussards prussiens le suivirent; M. de Warnery battit son arrière-garde, et passa trois cents grénadiers croates au fil de l'épée.

Cette entreprise si mal exécutée donna lieu aux reproches les plus injurieux que se firent les généraux saxons et les généraux autrichiens; ils avaient tort les uns et les autres: le général saxon qui avait fait le projet de cette évasion, était le seul coupable; il avait sans doute consulté des cartes fautives; il n'avait jamais été sur les lieux, dont le local lui était inconnu: car quel homme sensé choisira pour sa retraite un défilé qui passe par des rochers escarpés dont l'ennemi est le maître? Ces lieux, tout-à-fait contraires par leur dispositions aux manoeuvres que les Autrichiens et les Saxons avaient dessein d'y faire, furent les vraies causes des malheurs que les Saxons y trouvèrent; tant l'étude du terrain est importante, tant le local décide des entreprises militaires et de la fortune des États.

Le Roi de Pologne fut du haut du Königstein spectateur de la situation déplorable où se trouvaient ses troupes, manquant de pain, entourées d'ennemis, et ne pouvant pas même par une résolution désespéré se faire jour aux dépens de leur sang, parce que toute ressource leur était ôtée; pour ne les point voir périr de faim et de misère, il fut obligé de consentir qu'elles se rendissent prisonnières de guerre, et qu'elles missent bas les armes. Le comte Rutowski fut chargé de dresser cette triste capitulation: tout ce corps se rendit ainsi, et les officiers s'engagèrent sur leur honneur de ne plus servir contre les Prussiens durant cette guerre; sur quoi, comptant sur leur parole, on les relâcha. . . . .

Frédéric II. Roi de Prusse, Histoire de la Guerre de Sept Ans. Chap. III. p. 92, 93, 94. Oeuvres IV.

Si l'événement a été contre nous, il l'a été encore bien plus contre le grand objet du Roi de Prusse. En un mot: notre perte a été le salut de la Bohême.

Comte Rutowski, Exposé raisonné.

<small>Der Sächsische Befreiungsplan definitiv vom K. K. Feldmarschall angenommen.</small> Mit Spannung harrte man im Sächsischen Lager <small>7. October</small> der definitiven Entschliessungen des Kaiserlichen Feldmarschalls. Noch hatte man keine Antwort auf das Schreiben Brühl's vom 1. October, worin dieser, mitten im Kanonendonner der Schlacht von Lowositz, das Anerbieten Broune's, wenn nöthig, einige Tage früher an Ort und Stelle zu sein, angenommen hatte. Es war aber seitdem wie wir gesehen,[1] wieder auf den ursprünglichen Plan, den Durchbruch auf dem rechten Elbufer unterhalb des Liliensteins in der Nacht vom 11. zum 12. zu versuchen zurückgegangen worden, und es fügte sich, dass sich die Sächsische Courier-Expedition vom 5. und die Kaiserliche vom 5. kreuzten, während Beider Inhalt übereinstimmte. So überbrachte Oberstlieutenant Riedesel ohne es zu wissen am 7. nicht bloss Broune's Antwort auf die Sächsische Expedition vom 1., sondern indirect auf die vom 5., eine hocherfreuliche Entscheidung.

Broune schrieb:

„Ew. schätzbarstes Antwortschreiben vom 1. inlebenden Monats[2] habe (ich) durch den zurückgelangten Boten rechtens behändigt erhalten. Gleichwie ich nun, in Ansehen der ermangelnden Subsistenz, meines Orts festiglich beschlossen habe, auf den 11. dieses gegen Abend mich auf den

---

[1] S. Brühls Depesche vom 5. October, oben Seite 187 u. ff.
[2] S. oben Seite 172 u. ff.

Höhen von Schandau einverstandenermassen einzufinden, um allda den 11. in der Nacht zwischen 11 und 12 Uhr zu der verabredeten Operation schreiten zu können, so habe nicht verweilen wollen, Ew. davon Nachricht zu geben, damit Dieselben auch Dero Orts die zu Ausführung sothaner *entreprise* erforderliche Vorkehrung und Disposition treffen mögen. Zu dem Ende dann auch Gegenwärtiges nicht nur durch einen eigenen Boten zu Handen überreichen lasse, sondern es geht auch mit eben diesem Boten der Herr Oberstlieutenant Baron von Riedesel selbst dahin ab nebst einem Duplicate von diesem nämlichen Schreiben, desgleichen auch ein Rittmeister vom Stambach'schen Regimente Namens Strobel. Diese werden Ew. von meinen Ideen das Umständlichere beibringen und ich ersuche nur, den einen oder andern wieder an mich zurückzuschicken, damit in dieser Sache in allen Stücken *de concerto* fürgegangen werden könne. Hiernächst gebe mir die Ehre, Ew. gegenwärtige Specification von denen bei der unter dem 1. bei Lowositz vorgefallenen Action Todten, Blessirten und Gefangenen zur gefälligen Einsicht anzuschliessen.

Hauptquartier Budin,
    den 5. October.

(Gez.) Graf von Browne.

Nachschrift: „Weil Ueberbringer dieses mir für den Geschicktesten scheint, so mir das

Triplicat¹ behändigt hat, so schicke ich diesen voraus und verbleibts dabei, wie es in diesem Schreiben angemerkt wird. Der König von Preussen ist noch in seiner alten Position hinter Lowositz."

Brühl erwiederte am 8. October: 8. October.

„Ew. Antworten vom 5. dieses sind mir gestern Vormittag durch den abgeschickten Boten, das Duplicat durch den Oberstlieutenant Riedesel wohl zu Handen gekommen. So angenehm uns aus diesen die Bekräftigung der festgesetzt bleibenden Vollstreckung der einverstandenen Operationen zu ersehen gewesen, ebenso gern haben wir aus dem durch den Herrn Oberstlieutenant von Riedesel erstatteten umständlichen Rapport entnommen, wie eigentlich das am 1. vorgefallene Treffen gewesen und dass durch die so weise als tapfere Anführung Ew. Excellenz der Feind gewiss mehr als Ew. Excellenz verloren. Gott gebe ferneren glücklichen Fortgang der gerechten Waffen. Uebrigens beziehe (ich) mich auf Dasjenige, was oftgedachter Oberstlieutenant Ew. wegen der bevorstehenden Operationen annoch zu überbringen hat und verharre" . . . .

Riedesel wurde sonach am 8. zurückexpediert,

---

¹ Das Triplicat der wichtigen Sächsischen Depesche vom 25., welche die für den Ausmarsch in Vorschlag gebrachte Disposition der Sächsischen Generale enthielt und von welcher Graf Broune am 28. September (s. oben Seite 170) nur zwei Exemplare erhalten, was Brühl Sorge gemacht hatte. S. oben Seite 188.

ebenso Tags darauf der erwähnte Bote des Grafen Browne mit nachstehendem Billet des Sächsischen Premierministers vom 9. October:

„Ob ich gleich nichts sonderliches weiter zu berichten habe, nachdem ich bereits gestern durch Baron von Riedesel gemeldet, dass Alles bei der genommenen Abrede verbleibe, so will ich doch nicht ermangeln, weil es Ew. also gewünscht, den Ueberbringer dieses, welcher mir das dritte, aber der Ordnung nach erste Exemplar Ew. geehrtesten Schreibens vom 5. diesen Vormittag behändigt, sofort zurückzuschicken, um ausser der nochmaligen Confirmation des verabredeten Concerts nur noch dieses hinzuzufügen: dass vergangene Nacht und diesen Vormittag wir uns mit den Preussen wegen der Herunterbringung einiger Schiffe brav canoniert, wobei aber jene gewiss mehr als wir verloren, indem wir nicht mehr als einen einzigen Todten und zwei Blessirte haben, dahingegen wir viele von jenen haben fallen sehen."

Das war die unglückliche Operation, an der das ganze Unternehmen scheitern sollte. Der Versuch, die bei Pirna liegenden Pontons durch gemiethete Schiffsknechte, da die Sächsischen Pontoniere bis auf wenige Mann in Polen waren, stromaufwärts an den Bestimmungsort zu bringen, misslang, und dadurch ward der ganze Plan den Preussen verrathen, welche nun das Eine Bataillon auf dem rechten Elbufer hinter dem bisher fast unbeachtet und unbewacht gebliebenen Verhau unter dem Lilienstein, wo die Sachsen durchbrechen wollten, durch zwölf andere Infanterie-Bataillone und mehrere Batterien verstärkten.[1]

Am 10. October 1 Uhr früh richtete Dyherrn über diese Vorgänge folgendes Billet an Brühl:

„Es ist uns gestern Nacht (also am 9.) die unvermeidliche und nicht zu verhüten gewesene Fatalität zugestossen, dass, da wir mit unsern Brückenschiffen mittelst einer starken Canonade und Musqueteriefeuer unter dem Preussischen Posten zu Wilstädtel passirt haben, die Steuer- und Schiffsleute ohngeachtet der genommenen Präcaution sich fast alle in die Elbe geworfen und mit der Flucht salvirt haben, wir folglich diese jetzige Nacht nicht möglich gemacht haben, diese und andere, wenn auch mit Degen und Bajonetten, wieder zur Arbeit bringen zu können und diese Schiffe weiter fortzuschaffen.

„Dieses nöthigt uns, andere blecherne Pontons nunmehr zu Lande zu transportiren und dadurch 24 Stunden Zeit zu verlieren, weil eine starke Reparatur dieser blechernen Pontons nöthig. Der General-Feldmarschall Graf von Browne muss daher davon benachrichtigt werden, weil das, was zur Cooperation des verabre-

---

[1] Am 13. übernahm dort Winterfeldt persönlich das Commando.

deten *desseins* geschieht, nun um 24 Stunden später geschehen muss."

Dieses Billet wurde fast wörtlich zu einem Schreiben benutzt, welches Brühl am 10. in drei chiffrirten Exemplaren an Browne absendete. Das dritte Exemplar erhielt noch folgende Nachschrift:

„Da des Herrn von Riedesel Wegweiser, welchen er mir sogleich zurückzuschicken versprochen, bis dato nicht angekommen, so stehe (ich) dieses Offiziers wegen sehr in Sorgen. Sollte er ja unglücklich gewesen sein, welches mir sehr nahe gehen würde, so ermangele ich nicht, Ew. zu benachrichtigen, dass ihm hauptsächlich aufgetragen worden, Ew. Excellenz in Seiner Majestät Namen inständigst zu ersuchen, uns 300 Pferde mit Geschirr zuzubringen, gegen 7 Uhr Abends des bewussten Tages zu uns zu kommen und bis Waltersdorf, welches näher als Schandau, so es möglich, zu avanciren, auch, da unsere Lebensmittel und Fourage gänzlich alle, uns mit solchen bei Dero Ankunft etwas zu versehen."

Riedesel wurde gleichzeitig von diesem Vorgange durch Mittheilung des Schreibens an Browne unterrichtet mit dem Beisatze:

„Diess wird jedoch die Ausführung der beabsichtigten Operationen nicht verhindern, sondern um Einen Tag verzögern. Ich hoffe nur, dass diese Nachricht rechtzeitig zu Ihnen gelange."

Am 11. October konnte endlich, als es zu spät war, mit den reparirten kupfernen Pontons bei strömendem Regen, unter den Kanonen des Königsteins die Schiffbrücke allmälig begonnen werden, auf welcher die eingeschlossene Armee den Elbeübergang 24 Stunden später, als ursprünglich verabredet, unternehmen sollte. Jetzt erhielten die Sächsischen Heerführer auch Gewissheit über die nahende Hilfe durch folgendes Schreiben des General-Feldmarschalls der Kaiserlichen Armee aus Böhmisch-Kamnitz datirt den 9., wie der immer exacte Broune eigenhändig hinzusetzt „Nachts umb 8 Uhr."

„Beide von Ew. an mich erlassene Antwortschreiben vom 5.[1] und 8.[2] dieses sind mir heunte, und zwar das Erstere, so ein Duplicat, zu Prabern in der Nacht, Letzteres dagegen durch den Oberstlieutenant von Riedesel allhier zu Handen gelangt. Hierauf habe nun nicht umhin sein wollen, Ew. kräftigst zu versichern, dass ich übermorgen 7 Uhr Abends an dem bestimmten Orte ohnfehlbar und ohnausbleiblich eintreffen, allda aber erwarten werde, dass um obgedachte Stunde, wie mir bemeldeter Oberstlieutenant gemeldet hat, in Dero Lager ein *Retraite*schuss geschehe, um solchen in meinem Lager durch einen gleichen Schuss wiederholen und beant-

---
[1] S. oben Seite 187.
[2] S. oben Seite 199.

worten zu lassen, wo folglichen selben als das Signal nehmen werde, wornach zur verabredeten Operation ohnverzüglich geschritten werden kann und im Falle die Defense in Waltersdorf sich opiniatriren sollte, so werde ich auch nicht ermangeln, sodann zu secundiren, bei welcher Gelegenheit meines Orts nichts erwinden lassen will, dem zu erzielenden Effecte allen nur immer möglichen und gedeihlichen Vorschub zu geben."

Brühl antwortete umgehend:

Er habe die Antwort vom 9. „diesen Morgen" (d. h. den 11.) richtig erhalten und daraus ersehen, dass der Feldmarschall nicht nur alles Verabredete vollbringen, sondern auch, „wenn die *resistance* in Waltersdorf *opiniâtre* sein sollte," „wie sie es denn nunmehro gewiss sein werde" die Sachsen in Zeiten unterstützen wolle.

„Um Letzteres" (d. h. um die Unterstützung) so schliesst der Premierminister, „bitte ich, nach Zulassung der Umstände und sobald als nur immer möglich, um soviel mehr, als der Feind unser *dessein* durch das berichtete *Incident* ganz deutlich wahrgenommen und dahero auch seit der Zeit seine mehrste *force* gegen Waltersdorf zieht, allwo wir eine sehr harte Nuss aufzubeissen haben werden. Sonsten werden wir mit Schlagung unserer Pontonbrücke morgen bei guter Zeit fertig, haben auch gestern bereits von 50 Grenadieren jenseits der Elbe Posto fassen lassen. Inzwischen hoffe ich, dass Ew. eines meiner beiden unter dem 10. dieses an Dieselben erlassenen Schreiben, wovon ich noch ein Exemplar beifüge, zugekommen sein werde, worin ich die Ursache vermeldet, warum die Execution der verabredeten Operationen um 24 Stunden verschoben werden müsse."

Der König geht nach Thürmsdorf.

Am 12. October ward das Hauptquartier von Struppen nach Thürmsdorf verlegt. Der König, von beiden Prinzen, dem Grafen Brühl und seiner ganzen Suite begleitet, stieg um 6 Uhr Abends zu Pferde und ritt hinüber. Er trat in dem Thürmsdorfer Herrenhause ab in der Absicht, dort den Augenblick zu erwarten, wo die gesammte Armee auf der einzigen Schiffbrücke, die man mit Mühe und Noth geschlagen, das rechte Elbufer erreicht haben würde. Er blieb fortwährend auf die Nachricht des erfolgten Ueberganges harrend, angezogen, die ganze Nacht über in den obern Zimmern.

Der Elbübergang.

Die Armee begann den Nachtmarsch Abends um 9 Uhr, die Grenadier-Bataillone voran. Der mit üblicher Ausführlichkeit Tags zuvor ertheilte Armeebefehl (in 27 Punkten),[1] der den Marsch regeln sollte, verhinderte nicht die bald eintretende Verwirrung. Der Elbübergang begann gegen Mitternacht. Das

---

[1] S. bei Aster a. a. O., Seite 354 u. ff.

Wetter war abscheulich, die Wege durch Regenfluthen zerstört, die Pferde verhungert, die Mannschaft bereits am 12. Abends seit 24 Stunden ohne Brod, Verzögerungen und Unordnungen daher fast unvermeidlich. Die Artillerie konnte nicht transportirt werden und man beschloss, in der Nacht vom 12.—13., der König möge auf dem Königstein die Nachricht von dem vollendeten Uebergange abwarten.

Der König auf dem Königstein. Er begab sich daher am 13. früh um 5 Uhr *13. October* mit seinen beiden Prinzen und dem Premierminister auf die Festung. Dort erhielt Brühl kaum angekommen, ein nicht unterzeichnetes, aber von Rutowski entweder selbst geschriebenes oder dictirtes Billet des Inhalts: „man müsse dem Feldmarschall Broune Seiten des Königs die besten Entschuldigungen machen und ihm schreiben, die ganze Armee sei zwar auf dem rechten Elbufer, aber könne erst Abends (anstatt, wie verabredet, mit Tagesanbruch) auf den Höhen von Waltersdorf sein, weil die ausgehungerten Pferde unbrauchbar geworden, die Kanonen also nicht vor Abend folgen könnten. Der König müsse den Feldmarschall daher bitten, der Sächsischen Armee am Morgen des 14. früh bei guter Zeit zu Hilfe zu kommen, dann würde man den Feind von allen Seiten angreifen können. Man müsse diesen für stark halten, weil er die Sächsische Arrièregarde (welche Arnim commandirte) nur mit Husaren habe angreifen lassen."

Brühl an den K. K. Feldmarschall.

Brühl schrieb sonach vom Königstein aus an Feldmarschall Browne am 13. October wie folgt:

„Ich sende Ihnen dieses Schreiben, um Sie zu benachrichtigen, dass es bei den abscheulichen Wegen unmöglich, heute mit unserer Artillerie auf die Höhen von Waltersdorf zu gelangen. Wir haben anstatt 2 Pferde — 8 vor ein einziges Geschütz gespannt, bis jetzt aber nur 15[1] hinüberschaffen können. Es wird daher heute unmöglich sein, die dortige Preussische Position noch zu forciren, aber Ew. Excellenz können darauf rechnen, dass es morgen bei Tagesanbruch geschehen wird. Wir beschwören Sie daher Geduld zu haben und unser Unternehmen auch von Ihrer Seite zu unterstützen. Inzwischen ist schon unsere ganze Armee auf der andern Seite des Flusses mit einziger Ausnahme der Arrièregarde. Der König versichert Sie seiner Achtung. Er hat sich, bis man sehen wird, wie die Sache abläuft, hierher zurückgezogen. Gott gebe, dass Alles dies zum Vortheile der guten Sache ausgehe. Ich muss Sie noch davon benachrichtigen, dass allem Anscheine nach die Preussische Armee sich in voller Stärke zwischen Waltersdorf und Schandau befindet; denn unsere Arrièregarde ist nur von Husaren angegriffen worden. Nach dem, was wir von hier aus haben beobachten können, muss der rechte Flügel des Feindes auf Schandau gestützt sein und der linke auf einen

---

[1] Nach andern Nachrichten damals nur 7.

Wald bei Waltersdorf. In diesem Walde muss er besonders stark sein, auch Cavallerie verborgen haben und vor dem Walde soll eine schöne Ebene sein, wo die Cavallerie mit Vortheil gebraucht werden könnte. Ich wiederhole nochmals im Namen des Königs die allerdringendste Bitte, Ew. Excellenz wollen Alles thun, um uns zu helfen, da der Erfolg der Unternehmung von höchster Wichtigkeit und im Falle des Misslingens der König in dieser Festung eingeschlossen und einem Bombardement ausgesetzt sein würde. In diesem Augenblicke erscheint in unserm alten Lager eine starke Colonne Preussischer Infanterie, welche jedenfalls die Absicht hat, sich auf unsere Arrièregarde zu werfen, und wahrscheinlich in der Nacht versuchen wird, unsere Brücke zu vernichten."

„Ich Sehe Wohl" — hatte der aus Böhmen zurückkehrende König von Preussen, schon am 11. an Winterfeldt geschrieben — „Ich Sehe Wohl das es anjetzo mit den Saksen zu Ende gehet."[1]

Auf der Liliensteiner Ebenheit (Ebene) — so nannte man das kleine Berg-Plateau — zwischen fast unwirthbaren Felsen eingeschlossen, ohne Nachricht von den Freunden, die weder „den Retraiteschuss" noch den Kanonendonner des Königstein, am wenigsten das Klein-Gewehrfeuer der in das verlassene Struppener Lager nachdringenden Preussen gehört

---

[1] S. das Schreiben bei Aster a. a. O., Seite 362.

hatten, — im Rücken angegriffen, vor sich den Preussischen Verhau stark befestigt, von frischen, wohlgenährten Truppen übermächtig vertheidigt, hinter sich die Eine Schiffbrücke, die jeden Augenblick zerstört werden konnte, so standen die Tapfern, im strömenden Regen, ohne Artillerie, ohne Bagage, ohne Nahrung. Ja, es „ging zu Ende" mit der schwer geprüften Armee. Ein Wunder nur, dass ihr passiver Heroismus so lange Stand gehalten, dass noch Ordnung herrschte, dass Mannszucht und Gehorsam, die Verzweifelung über das gescheiterte Unternehmen überlebt hatten. „Krautstrünke und Kürbisranken," „gekochter Puder mit Schiesspulver gesalzen," so lautete der Speisezettel nach vierundzwanzigstündigem Marsche. Ein Groschenbrod ward mit 30, eine Kanne Branntwein mit 18 Groschen bezahlt. Fünfzig Feldgeschütze hatte man mitnehmen wollen, mit 7 bis 8 war man oben auf der Ebenheit angelangt. Die Patronen waren durchnässt und unbrauchbar geworden.

Ein Kriegsrath. Unter diesen Umständen versammelte Graf Rutowski seine Leidensgefährten, die Generale, zu einem Kriegsrath. Alle konnten in der Verwirrung, die im Bivouac herrschte, nicht gefunden werden, aber die Meisten erschienen. Der alte Arnim, der sich bei Prag vor Jahren schon einmal durch die Rettung der ihm anvertrauten Arrièregarde Ruhm erworben, befehligte auch heute die Nachhut, und war wahrscheinlich noch auf dem linken Ufer beschäftigt einige

Ordnung in das Chaos zu bringen; denn die Cavallerie war mitten zwischen die Artillerie und Bagagewagen gerathen. Auch Rochow war nicht zu finden gewesen. Die Uebrigen waren einstimmig der Ansicht, dass die gewonnene Position bei dem Mangel aller Nachricht aus dem Kaiserlichen Hauptquartier, einem doppelt starken Feinde gegenüber, weder zum Angriffe tauge, noch zur Vertheidigung; dass also der Augenblick gekommen sei an eine Capitulation zu denken.

Der Beschluss ward in die Form eines Schreibens an den Grafen Brühl gegossen. Major Accaris führte die Feder. Alle Anwesenden unterzeichneten: Rutowski, Chevalier de Saxe, Haxthausen, Wilster, (Prinz) Eugène d'Anhalt, Minckwitz, Meagher, Comte de Vicedom, Baron von Dyherrn und dann unterschrieb Rutowski noch einmal *„au nom de tous"* mit der Bemerkung: *„Comme les Généraux Arnim et Rochow n'ont pu être trouvés dans la confusion de notre camp, attendu le peu de temps et l'importance de l'affaire, on a cru ne devoir pas attendre la Signature, étant persuadé qu'ils pensent de même."*

Die Nachschrift ist nicht von Accaris Hand, wie es scheint von der des Chevalier de Saxe, dem Datum *„le 13. octobre"* hat aber Rutowski eigenhändig beigefügt: *„à neuf heures du Soir."* Wer der Ueberbringer dieses Schreibens' gewesen, ist aus den Acten nicht ersichtlich.

[1] S. Beilagen des *Exposé raisonné* am Schlusse dieses Bandes.

Zwei Königliche Befehle.

Wie wenig Brühl die Sachlage daraus erkannte, 13. October. geht aus der Antwort hervor, die er in jener Nacht entwarf und am 14. October um 2 Uhr nach Mitternacht vom Könige unterzeichnen liess. Die Stunde der Entscheidung war gekommen. Der Premierminister mochte daher seine Verantwortlichkeit decken wollen, oder vielleicht auch hoffen durch ein Königliches Handschreiben grösseren Eindruck auf die Generale zu machen. Kurz auf die Eingabe, welche diese an den Minister gerichtet, antwortete der König. Er gedenkt des bittern Schmerzes, mit welchem Er das an Seinen Minister gerichtete Schreiben habe vorlesen hören; erkennt jedoch die traurige Lage der Armee und das Gewicht der gemachten Vorstellungen an.

„Ihr kennt Mich Alle, Ihr wisst, wie sehr es Mir widerstrebt, das Leben eines einzigen Menschen zu opfern" — fährt der Monarch fort — „aber was würde Europa sagen, wenn eine Armee sich kriegsgefangen ergeben oder capituliren wollte; eine Armee von 18,000 Mann einer anderen schwächeren gegenüber?"

Diese einzige Bemerkung charakterisirt die Illusionen, in welche Brühl seinen Herrn gewiegt hatte.

„Mein Bundesgenosse würde Mich verlassen, der grausamste Feind Mich barbarisch behandeln, Meine Lage und die Meines Hauses die beklagenswertheste sein. Feldmarschall Broune ist — das kann nicht zweifelhaft sein — in Eurer Nähe. Er hat nur Niemand durch die Preussen hindurch senden können.

„Ich habe ihn nochmals davon unterrichtet, dass Ihr diesen Morgen ohnfehlbar angreifen würdet, und er wird kommen, sobald Ihr handgemein seid. Die Kanonenschüsse waren das Signal Eures Ausmarsches. Das von Euch bezeichnete Signal aber ist der Angriff auf Waltersdorf und Prossen. Der Feind ist nicht unüberwindlich, Gott und der Feldmarschall Broune werden sicherlich mit Euch sein! Alles beseelt Meinen Muth. Ich beklage, dass Ich Mich habe überreden lassen, Mich hier einzuschliessen. Ich würde Euer Schicksal gern getheilt haben. Denkt an Alles, was wir immer dem Feinde geantwortet. Denkt an Seinen unerträglichen Hochmuth, wenn er eine ganze Armee die Waffen strecken sähe vor einigen Verschanzungen. Ich möchte Euer Blut mit dem Meinigen bezahlen. Aber um Gottes Willen habt Vertrauen in die Vorsehung; Ihr werdet sieggekrönt aus dem Kampfe hervorgehen. Jede solche Capitulation würde uns um Ehre und Reputation bringen. Ich kenne die Bravour Meiner Generale, die Tapferkeit Meiner Truppen. Ein guter Erfolg wird den muthigen Entschluss krönen, Feldmarschall Broune mit Euch sein inmitten des Gefechts. Ich sende Euch alle Pferde, die Ich habe auftreiben können, um Eure Artillerie fortzuschaffen. Gott wird für Euch streiten und Ihr könnt versichert sein, dass Ich Meiner

Armee einen solchen Dienst nie vergessen werde u. s. w."

In der That wurden die Königlichen Pferde vom Königstein nach der Elbe gesendet. Sie konnten die von Artillerie und Munitionswagen in grösster Verwirrung eingenommene Brücke nicht passiren, erreichten aber schwimmend das andere Ufer und wurden zu Fortschaffung der stecken gebliebenen Geschütze bestthunlichst verwerthet.

Ein zweites Königliches Handschreiben ward gleichzeitig in jener Nacht an den Feldmarschall und an den Chevalier de Saxe gerichtet. Ein kurzer Armeebefehl, ebenfalls in französischer Sprache, in deutscher Uebersetzung also lautend: „Herr Feldmarschall Graf Rutowski und Herr Chevalier de Saxe werden nochmals so schleunig wie möglich mit den Generalen berathen. Ich empfehle Euch nochmals, was Menschen möglich. Ihr wisst es, Ich habe dem König von Preussen geantwortet, dass das Schicksal Meiner Armee das der Ehre und Nothwendigkeit sei. Mein Vertrauen in Euch ist das vollkommenste u. s. w.

Gegeben zu Königstein, den 14. October 1756.

August Rex."

Beide Handschreiben sind von derselben Hand concipirt, auf verschiedenen Blättern; wahrscheinlich von Brühl selbst; mit Gewissheit lässt sich jedoch die sehr flüchtige Handschrift nicht erkennen. Reinconcepte von beiden mit des Königs Paraphe liegen ausserdem bei den Acten. Das zweite beginnt in der dritten Person: „*Mr. le Veldmaréchal et Mr. le Chevalier de Saxe délibéreront*" u. s. w. und geht dann ohne Weiteres in die directe Anrede über: „*Je vous recommande*"..... Bei der sonstigen Genauigkeit der Kanzlei, ein Symptom der Aufregung. Wahrscheinlich sollte das Letztere allen Generalen gezeigt werden, das Erstere nur für Rutowski bestimmt sein. Jedenfalls waren Beide concipirt und unterschrieben, wahrscheinlich auch abgesendet, als um 5 Uhr ein Bote aus dem Kaiserlichen Hauptquartier Lichtenhain den Königstein erreichte. Der Bote mochte Brühl, an welchen er ein chiffrirtes Schreiben des Feldmarschalls Grafen Broune zu überbringen hatte, im Sächsischen Hauptquartiere gesucht haben. Denn davon, dass der König und der Premierminister auf den Königstein gegangen, wusste der Absender damals noch nichts. Auch darf nicht übersehen werden, dass die Vorsicht, welche nöthig war, um den Preussen nicht in die Hände zu fallen, Zeit geraubt haben mag. Der Weg, der sonst in vier Stunden zurückzulegen ist, kostete sieben. Das Schreiben war ausserdem grossentheils in Chiffern, musste also erst auf dem Königsteine dechiffrirt werden, bevor die Abschrift an die bei Tagesanbruch auf der Ebenheit zu dem Kriegsrath versammelten Generale gesendet werden konnte. Diese Details mögen pedantisch erscheinen, aber wir werden sehen, dass es hier auf Minuten ankam. Also am 14. früh 5 Uhr erhielt Brühl, — zwei Stunden später, um 7 Uhr, erhielten Rutowski und seine Generale, mitten in der Berathung, zu denen sie die beiden Königlichen Handschreiben aufgefordert hatten, die erste Nachricht, dass Broune Wort gehalten und vier Wegstunden von ihnen entfernt, seinerseits begierig auf das Signal zum Angriff harrte.

Broune's Schreiben lautete:

<small>Graf Broune's entscheidendes Schreiben.</small> „Ew. Excellenz Zuschrift vom 11.[1] habe (ich) heute Abends nach 5 Uhr erhalten, und finde hierauf weiter nichts zu bemerken, als dass ich sowohl gestern, als heute bis gegen Abend, in der Hoffnung zugewartet, (und) ganz sicher vermuthet, dass Dero Orts die Passage tentiret werden würde. Gleichwie nun aber, weil solches nicht erfolget, selbsten wohl abnehmen kann, dass sich hierzu dermahlen keine fügliche Gelegenheit mehr ergeben, auch die Macht derer Feinde diesseits alstets sich verstärket, mithin nur neue schwere Anstände und Beschwernissen sich zeigen müssen; so werde (ich) bis morgen 9 Uhr noch alhier mich aufhalten, um zu erwarten, ob doch die Passage tentiret werden will, in welchem Fall

---

[1] Also den Brief, wo Brühl gemeldet, dass man am 12. mit der Brücke fertig zu werden hoffe und in Waltersdorf eine „harte Nuss aufzubeissen" haben werde, da ja der Feind nunmehr das ganze „Dessein" kenne. (S. Seite 204.)

ich auf alle Art secundiren, und die Feinde, so vor mir stehen, angreifen werde. Schlüsslich hoffe (ich) man wird erkennen, dass meines Orts All- und Jedes, so nur immer möglich war, gethan, diese Unternehmung zu befördern. Sonst habe ich noch bemerken wollen, dass, gleich wie Herr von Nettolitzki mich versichert, Ihro Königlichen Majestät vorhabender Reise und daselbstiger *reception* in Prag halber die nöthigen Anstalten seither 8 Tägen bereit seyen; womit mich in vollkommener Hochachtung empfehle

Euer Excellenz

Hauptquartier Lichtenhayn den 13. October 1756, Abends nach 10 Uhr.

m. p. { gehorsamster und getreuer wahrer Diener Graff v. Broune."

Der entscheidende Kriegsrath.

Man vergegenwärtige sich den Kriegsrath unter den geschilderten Umständen. In der Vorberathung am Abend vorher waren nicht alle Führer aufzutreiben gewesen. In der Nacht hatten die Adjutanten Zeit gefunden jeden Einzelnen zu suchen. Alle Generale, die ein actives Commando im Lager führten — zwanzig an der Zahl — waren um den General-Feldmarschall versammelt. Der alte Thaddäus O'Meagher fehlte nicht. Es war das erste, das einzige Mal, dass ein wirklicher Kriegsrath gehalten wurde.[1]

[1] Wenn ein neuerer Kritiker, Aster a. a. O. Seite 453, den in diesem Kriegsrath gefassten Beschluss den „klügsten

Die rein militärisch gewordene Frage sollte
nunmehr von Soldaten allein erwogen und entschieden
werden. Der Minister-General war nicht unter ihnen.

Wenn man das Misstrauen kennt, welches der
Mann der Feder den Männern der That im Feld-
lager einzuflössen pflegt, das Misstrauen, so lebenswahr in der Figur gezeichnet, die Questenberg in
Schillers Wallenstein spielt, so kann man sich leicht
denken, wie die Sächsischen Generale an jenem verhängnissvollen Morgen sich des leidigen Trostes freuten
ihren Zungen wenigstens freien Lauf zu gönnen. —
Sie mögen des Mannes nicht eben geschont haben,
der nichts gethan und Alles versäumt hatte, der Alles
commandiren wollte und nicht zu befehlen verstand,
der, für seine Person in Sicherheit droben auf dem
Königsteine, den König bewog, jetzt, wo es zu spät
war, energische Befehle zu geben, die nicht auf die
Sachlage passten! Edel und über kleinlichen Neid
erhaben mögen die Königssöhne, Rutowski und der
Chevalier de Saxe Mühe gehabt haben den Unwillen
ihrer Kriegs- und Leidensgefährten einigermassen im
Zaum zu halten. Die Kugeln des Feindes fürchtete
Rutowski nicht; das hatte er bewiesen an jenem nicht
minder kritischen Tage vor nunmehr neunzehn Jahren,

Gedanken" nennt, den die Generale in jenen sechs Wochen
gehabt, so können wir dem nur beistimmen, müssen aber
bemerken, dass Brühl vorher versäumt hatte, ihre „Gedanken"
auszuführen.

in Ungarn, wo er an den Ufern des Timoc mit einer Handvoll braver Sachsen die herandringenden Türken aufgehalten, die Kaiserliche Armee gerettet hatte. Friedrich II. selbst gedenkt rühmend dieser That.[1] An Energie hatte es dem Bruder des Marschalls von Sachsen auch nicht gefehlt vor Prag am 25. November 1741, als er „erklärte den Sturm allein unternehmen zu wollen, wenn die Franzosen und Baiern sich nicht daran theilzunehmen getrauten."[2] Mehrere, die den geliebten Führer in jenen beiden historischen Augenblicken gesehen und seinen Ruhm getheilt hatten, umgaben ihn auch heute; von Zweien wissen wir es gewiss, Graf Vitzthum hatte am Timoc die türkischen Kugeln mitpfeifen hören, auch in Prag war er „mit dabei gewesen." Ebenso Dyherrn hier und dort. Also was immer seine Fehler und Schwächen gewesen sein mögen, dass er die Gefahr nicht scheute, dass er dem Soldatentode ruhig in das Gesicht zu sehen wisse, das brauchte Rutowski nicht mehr zu beweisen. „*Il avait fait ses preuves*" wie die Franzosen sagen. Auch wessen man von dem übermüthigen Feinde gewärtig sein müsse, dem man gegenüber stand, brauchte Brühl dem nicht zu sagen, dessen Warnungen man überhört hatte, als es noch Zeit war. Im Vollgefühle seiner Verantwortlichkeit, als Feldherr, dessen

---

[1] Oeuvres II. Seite 27.
[2] Von Arneth, Maria Theresia's erste Regierungsjahre, I. Seite 342.

erste Pflicht nicht das Schlagen, sondern das Siegen
ist, der sich nicht berechtigt glaubt, nutzlos das Blut
der ihm anvertrauten Armee zu opfern, gebot Rutowski allen Regungen der Eitelkeit Schweigen, um
nüchtern mit Männern, die das Handwerk kannten,
zu erwägen, was möglich, was nothwendig. Ein
Protokoll des Kriegsraths vom 14. October hat sich
nicht erhalten. Das Ergebniss kennen wir aus einem
Schreiben, welches der Feldmarschall und seine
Generale unterzeichneten und wiederum an den Premierminister richteten. Dieses Mal führte nicht Rutowski's Adjutant die Feder, sondern der Generallieutenant Graf Vitzthum. Man mochte absichtlich
einen Mann gewählt haben, dessen Handschrift und
Styl dem Könige und dem Minister bekannt waren,
um der Eingabe grösseres Gewicht zu geben.

Das ihnen abschriftlich mitgetheilte Schreiben
Broune's konnte die Generale nur in dem am Abende
vorher gefassten Beschlusse bestärken.

Die Kaiserlichen standen in Lichtenhain, vier
Wegstunden entfernt. Broune wollte und konnte
nur bis 9 Uhr warten. Es war 7 Uhr. Wie war es
denkbar in zwei Stunden mit einer Armee in so
trostlosem Zustande vier Wegstunden auf zerstörten
Bergstegen zurückzulegen? Wie war es möglich den
Marsch anzutreten, der damit beginnen musste ohne
Artillerie einen doppelt starken Feind in stark befestigten Positionen anzugreifen und zu werfen? einen

Feind, der den linken Flügel, die Nachhut der Sachsen, schon hart bedrängte und bereits Batterien aufgeführt hatte, welche die Vorhut, die Sturmcolonnen der Sächsischen Grenadiere am Fusse des Liliensteins bei der ersten Bewegung vernichten mussten?

Mit seinen Vertrauten aber musste Rutowski auch noch höhere Rücksichten in's Auge fassen, deren Besprechung in dem Kriegsrathe nicht thunlich erschien. Wenn die Armee sich auch opfern, das Gefecht mit der Gewissheit der Niederlage beginnen wollte, was wurde aus dem König? Bis jetzt hatte man beiderseits noch die Fiction des Friedenszustandes festgehalten, ein eigentlicher Kampf hatte noch nicht Statt gefunden. Begann man denselben, würde sich der König von Preussen nicht aller Rücksichten für den auf dem Königstein eingeschlossenen Monarchen entbunden erachten? War die Festung zu halten? Rutowski, der vergebens die nöthigen Geldmittel verlangt hatte, um das Fort in Vertheidigungsstand zu setzen, musste fürchten, dass eine Belagerung die Uebergabe und die Kriegsgefangenschaft des Königs zur Folge haben könnte. Es galt also zwischen zwei Uebeln das kleinere zu wählen und das kleinere war die Kriegsgefangenschaft der Armee, das grössere ein nutzloser Verzweiflungskampf, der möglicher Weise des Königs Person in die Hände des übermüthigen Feindes geliefert haben würde.

Diese Erwägungen dictirten das Schreiben, welches am 14. October 8 Uhr Morgens an den Grafen Brühl gerichtet ward. Das Schreiben[1] constatirt, dass nur die Anwesenheit des Feldmarschalls Broune in Rathmannsdorf und dessen gleichzeitige Attake des Preussischen Postens bei Waltersdorf einen Angriff auf das Preussische Verhau unter dem Liliensteine für den Rückzug der Armee nützlich machen könnte; dass es nichts helfe dieses Verhau zu forciren, wenn man nicht sicher sei, auf ein Corps zu stossen, welches der Sächsischen Armee Alles mitbringe, was einer Armee unentbehrlich: nämlich Brod, Fourage, Pferde für die Artillerie und Munition. Die Hälfte der Artillerie und der Munitionswagen habe man an dem Ufer der Elbe zurücklassen müssen, die Schwäche der Pferde gestatte nicht das Geschütz auf das Plateau heraufzuziehen; das wenige Pulver, was vorhanden, werde kaum für den Angriff ausreichen, man werde Mangel leiden an Munition und an Arzneien für die Verwundeten.

„Die Armee — heisst es weiter — hat der Ehre genügt. Wir haben uns in unserm Lager sechs Wochen lang gegen ein Corps, weit stärker als das unsere, gehalten, täglich des Angriffs gewärtig, haben wir den Feind bisher während dieser ganzen Zeit aufgehalten. Mit Muth und Festigkeit haben wir uns

---

[1] S. Beilagen des *Expose raisonné* am Schlusse des Bandes.

zurückgezogen auf einen Posten, von welchem aus,
wäre unser Vorhaben gelungen, wir nun auch an-
griffsweise hätten vorgehen können. Aber unüber-
steigliche Hindernisse, der Mangel der drin-
gendsten Bedürfnisse verhindern uns daran.
Das Corps des Feldmarschall Broune selbst, wenn
es in diesem Augenblicke, wo wir Gegenwärtiges
schreiben, noch zu Lichtenhain stände, würde uns
nichts helfen, so lange es nicht, über Rathmannsdorf
hinaus vorgeschoben, unsere Attake auf Waltersdorf
unterstützt. Lichtenhain ist fast zwei deutsche Meilen
von hier entfernt, und das Corps des Feldmarschall
Broune wird zurückgegangen sein, bevor er von
unserem Uebergange sichere Nachricht haben kann.
Der gestrige Kanonendonner sowie das Kleingewehrfeuer hätte ihn davon unterrichten müssen. Er selbst
gesteht, dass es nun zu spät, da der Feind alle Zeit
gehabt, sich zu verstärken.

„Es folgt aus allem Diesen, dass die unterzeichneten Generale ihre Meinung nicht ändern können
(also auf dem Kriegsrathsschluss vom 13. October
beharren). Sie unterwerfen sich dem Urtheil aller
Kriegskundigen, welche die Sachlage kennen. Die
Armee besteht aus ungefähr 12,000 Mann, was man
Combattanten nennt, die Cavallerie ist ausser Stande
sich mit anderer Cavallerie zu messen, ohne Brod
seit zwei Tagen, ohne Munition, ohne Gepäck. Die
Unglücksfälle, die uns in diese Lage gebracht, konnten

weder vorhergesehen, noch überwunden werden. An dem Könige ist es, zu sprechen. Die Armee wird ihr Blut hergeben, aber vergeblich. Ihre Vernichtung, welche unvermeidlich, könnte weder die Waffenehre, noch den Staat retten und würde ein Corps von Generalen, welche bisher mit Ehren und in Treue gedient zu haben glauben, dem gerechten Vorwurfe der Unwissenheit und Verwegenheit aussetzen."

„Diess ist das Resultat des Kriegsraths, versammelt und gehalten von allen unterzeichneten Generalen, die sich dem Könige ihrem Herrn zu Füssen legen. Posten von Ebenheit unter dem Lilienstein *Ce 14. octobre 1756. à huit heures du matin.*"[1]

General von Gersdorff auf dem Königstein.

Hatten die Generale Einem aus ihrer Mitte die Abfassung und die Reinschrift dieses Actenstücks anvertraut, so wählte nun auch der Feldmarschall einen Boten, der durch seinen Rang und seine ausgezeichneten Fähigkeiten in der Lage war auch mündlich die Eingabe zu unterstützen, welche er nach dem Königstein überbringen sollte. Es war dies Carl August von Gersdorff, damals Generalmajor und Commandant der zweiten Infanteriebrigade, ein hochgebildeter Offizier, der sich um die Sächsische Armee später als Cabinets- und Kriegsminister, Staatssecretär,

---

[1] Nicht „8 Uhr Abends," wie Aster a. a. O. Seite 410 irrthümlich annimmt, und dadurch seine Geschichtserzählung der Ereignisse des 14. Octobers ganz unverständlich macht.

General der Infanterie und Chef des Ingenieurcorps grosse Verdienste erworben hat.

Nach geschlossenem Kriegsrath ward Seiten Rutowski's ein Parlamentär in das Preussische Lager gesandt, um den commandirenden Preussischen General zu ersuchen einen Stabsoffizier in das Sächsische Bivouac zu schicken, mit welchem man eine kurze Waffenruhe verabreden könne. Anstatt des erwarteten Stabsoffiziers kam Winterfeldt selbst, der, wie gesagt, Tags vorher das Commando über die der Tête der Sächsischen Colonne gegenüberstehenden Preussischen Bataillone übernommen hatte.

Winterfeldt kreuzte sich mit Gersdorff, als dieser eben von dem Feldmarschall abgefertigt nach dem Königstein abgehen wollte. Gersdorff liess sich selbstverständlich durch das überraschende Erscheinen des Preussischen Generals nicht aufhalten und traf oben auf der Festung Vormittags zwischen 9 und 10 Uhr ein.

Ueber diese Sendung Gersdorffs besitzen wir zwei Relationen, die eine von ihm selbst, d. d. Stengersdorf, den 20. Januar 1757, die andere officielle vom König genehmigte d. d. Warschau den 3. November 1756.[1] Gersdorffs Relation auf Befehl Rutowski's nachträglich aufgesetzt, ist durch die Warschauer provocirt worden. In der Hauptsache stimmen beide überein.

Gersdorff traf den König und den Premierminister

[1] S. Beilagen am Schlusse des Bandes.

auf einer Bastion. Letzterer ging dem General einige Schritte entgegen. Dieser bat Brühl, Seiner Majestät den Kriegsrathsschluss vorzulesen. Nach der officiellen Relation, der wir folgen, brach der König während des Lesens mehrmals in folgende Worte aus: „Mein Gott, woran denken sie, wollen sie denn meine Armee opfern, ohne einen Schuss zu thun? Die Generale werden grosse Ehre davon haben! Denken sie denn nicht daran, dass sie ihre ganze Reputation verlieren? ist es erlaubt so zu handeln? warum wollen sie meinen Befehlen nicht gehorchen? Fehlt es ihnen an Muth zu fechten?"

Gersdorff verneinte dies natürlich und suchte dem König die eigentliche Sachlage auseinander zu setzen, worauf Seine Majestät antwortete: „Und welchen Vortheil würde ich davon haben, wenn sie sich als Kriegsgefangene mit der ganzen Armee ergeben wollten? es wäre besser für unsere Ehre, wenn zwei Drittheile auf dem Platze blieben!"

Als Gersdorff wiederholt den Mangel an Munition hervorhob, gerieth Seine Majestät in Zorn, weil man immer behauptet, jeder Soldat habe 120 Patronen erhalten. Gersdorff versicherte, nur 60 Patronen seien ausgegeben, das Pulver zu den andern 60 aber wieder abgeliefert worden.

Der König entgegnete: man habe sonach seinem Befehle schlecht nachgelebt, doch würden am Ende auch 60 Patronen hinreichend sein.

Generalmajor von Gersdorff hatte noch erwähnt, wie in dem Augenblicke, wo er das Hauptquartier verlassen, der Preussische General Winterfeldt dort gerade angekommen sei, um mit dem Feldmarschall Grafen Rutowski zu verhandeln, nachdem dieser am Morgen einen Trompeter mit dem Oberstlieutenant Bibra ins Preussische Lager gesendet, um einen Offizier, mit dem man eine Waffenruhe verabreden könne, zu erbitten.

Der König vernahm diese Nachricht mit grossem Erstaunen, da die Absendung des Herrn von Bibra ohne Vorwissen und ohne Befehl Seiner Majestät erfolgt war.

Schliesslich ertheilte er dem General von Gersdorff den mündlichen Befehl, „**dem Feldmarschall zu sagen, der König habe durchaus nicht die Absicht, harte und demüthigende Bedingungen anzunehmen. Man könne nicht darauf rechnen, andere zu erhalten; der König beharre daher auf seiner Meinung, sie sollten angreifen. Der König zöge vor, zu sterben, mit ihnen zu sterben, als eine solche Schmach zu überleben; denn unerhört sei es, dass eine Armee die Waffen strecke ohne einen Schuss zu thun.**"

Gersdorff's Version gibt in der Hauptsache übereinstimmend den mündlichen Befehl des Königs in folgenden Worten wieder: „wenn man keine guten Bedingungen erhalten könnte, so sollten wir attakiren.

Ihro Königliche Majestät wollten lieber selbst sterben, als schlechte Bedingungen eingehen."

Kaum hatte Gersdorff das Hauptquartier erreicht, wo inzwischen eine Waffenruhe verabredet worden war, als der vom Königstein abgesendete Adjutant des Prinzen Carl, Oberstlieutenant von Lamsdorf, den ebenfalls mündlichen Befehl überbrachte, die Generale möchten jedes einzelne Regiment befragen, ob es entschlossen sei, seine Pflicht zu thun und wenn die Soldaten, wie man hoffe, dazu bereit, solle man sie sofort gegen den Feind führen.

General von Dyherrn auf dem Königstein.
Jetzt sandte Graf Rutowski seinen Generalquartiermeister, den Generalmajor von Dyherrn, mit dem Oberstlieutenant von Lamsdorf nach dem Königstein zurück, um dem Premierminister die militärischen Gründe auseinanderzusetzen, welche die Attake unmöglich machten und zugleich auch die politischen, auf die persönliche Sicherheit des Königs bezüglichen im Kriegsrathsschlusse nicht erwähnten Motive darzulegen.

Auch von dieser Sendung besitzen wir einen besondern, spätern Rapport, d. d. Wölke den 11. Februar 1757,[1] welcher wie der Gersdorffsche Bericht durch die obenerwähnte officielle Aufzeichnung, d. d. Warschau den 3. November, provocirt worden ist.

Nach seinem eigenen Berichte ist Generalmajor von Dyherrn Nachmittags um 3 Uhr auf die Festung

---

[1] S. unter den Beilagen des *Exposé raisonné* am Schlusse des Bandes.

gekommen und hat mit dem Grafen Brühl, auf dessen Zimmer, in Gegenwart des geheimen Legationsraths von Saul verhandelt, ohne den König selbst damals gesehen zu haben.

Er hatte zunächst gemeldet, General von Winterfeldt habe das Sächsische Bivouac mit dem Versprechen verlassen, die Entscheidung des Königs von Preussen einholen und zurückbringen zu wollen.

Der Generalquartiermeister wiederholte dann „mit Thränen in den Augen" was Gersdorff bereits bezüglich der Unmöglichkeit eines Angriffs vorgestellt hatte. Wenn der König es durchaus wolle, so werde die Armee natürlich gehorchen. Aber ein schriftlicher Befehl sei in diesem Falle unerlässlich. Erfolge dieser, so werde man mit dem Kopfe gegen den Lilienstein rennen. Gegen alle Regeln der Kriegskunst sei es freilich; irgend ein Erfolg nicht zu erwarten; es heisse die Truppen zur Schlachtbank führen, und könne ein solcher Kampf die Lage nur verschlimmern. Denn, sei der grösste Theil der Armee in Stücke gehauen, so würden die Uebrigbleibenden jede Bedingung annehmen müssen und der Feind keine Rücksichten mehr nehmen. Der Hof müsse sich auf die äussersten Gewaltmassregeln gefasst machen und auf die Nothwendigkeit einen Vertrag zu unterzeichnen, durch welchen man Alles verlieren werde: die Armee und die Früchte eines sechswöchentlichen Ausharrens.

„Ich stellte vor — schreibt General Dyherrn —

dass der Königstein, wenn auch unangreifbar, durch
eine Belagerung um so sicherer fallen müsse, als die
Mehlvorräthe für die Armee verwendet worden und
kaum noch 600 Centner übrig blieben für eine Besatzung von 1300 Mann, ohne den Hof zu rechnen.
Alle diese unheilvollen Folgen und die grosse Gefahr,
in welcher die geheiligte Person des Königs schwebe,
könnten vermieden werden, wenn der König, ohne
in irgend eine Verhandlung mit dem Könige von
Preussen selbst einzugehen, das Schicksal der Armee
dem Feldmarschall überlasse."

„Ich fügte hinzu, dass Herr von Winterfeldt nichts
Anderes gesagt, als wie er nicht glaube, der König sein
Herr werde von den Bedingungen abgehen, die man
in Struppen gestellt[1] und der König, unser Herr,
sonach dem Könige von Preussen seine Armee
cediren müssen. Nun sei aber, bemerkte ich dem
Premierminister, nach dem Urtheile unserer Generale,
diess gerade das Einzige, was man vermeiden
müsse und desshalb werde nichts übrig bleiben,
als sich kriegsgefangen zu ergeben."

Hierauf habe nun — so beendigt Dyherrn seinen
Bericht — Brühl ihm den Befehl gegeben, eine
Ordre des Königs an den Feldmarschall zu entwerfen. Nachdem Dyherrn diesen Auftrag vollzogen

---

[1] Ueberlassung der Armee, Offensivbündniss mit Preussen
gegen die Kaiserin Königin. (Audienz Winterfeldts vom
14. September. S. oben Seite 83 u. ff.)

und Brühl einige Worte — nach Ausweis des bei
den Acten vorhandenen Conceptes — eigenhändig
geändert hatte, begab sich der Premierminister zu
Seiner Majestät und brachte dem General Dyherrn
den mit der Allerhöchsten Unterschrift versehenen
Befehl zurück. Brühl fügte nur noch hinzu, man
solle trachten, einen Theil der Armee zu retten, die
Gardes du Corps, das Regiment der Grenadiergarden
ausnehmen und die Cadetten sofort nach dem Königstein schicken. Auch solle man verlangen und darauf
bestehen, dass die Feldartillerie, die Waffen, die Fahnen und Standarten nach der Festung geschafft würden.

<small>Der dritte Befehl des Königs vom 14. October.</small> Der von Dyherrn entworfene, von Brühl corrigirte
Befehl, also der dritte, den der König am 14. October
seinem Feldmarschall ertheilte, lautete:

„Ich habe mit grösstem Schmerze die traurige
Lage gesehen, in welche eine Verkettung von widrigen
Umständen Euch, meine Generale und meine Armee
gebracht hat. Man muss sich der Vorsehung unterwerfen. Wie Ihr mir durch den Generalmajor Dyherrn
zu erkennen gegeben, will man mich zwingen, härtere
Bedingungen anzunehmen, je nachdem sich die Umstände verschlimmert haben. Ich will nichts davon
hören. Ich bin frei in meinem Hause, so will ich leben,
so sterben; das Eine und das Andere mit Ehren.
Ich überlasse Euch das Schicksal Meiner Armee. Euer Kriegsrath möge entscheiden, ob Ihr Euch
kriegsgefangen ergeben, oder ob Ihr durch Schwert

und Hunger umkommen wollt. Möge die Menschlichkeit, wenn möglich, Eure Entschliessungen leiten. Wie sie auch ausfallen mögen, ich habe nichts damit zu thun (*elles ne me regardent plus*) und ich mache Euch nur dafür verantwortlich, dass Ihr Eure Waffen nicht gegen Mich und Meine Freunde kehrt" u. s. w.

Auf Grund dieses Befehls, welchen Dyherrn nach der Ebenheit zurückbrachte, ward nun Winterfeldt gegen Abend in das Sächsische Hauptquartier zurückgerufen und man verständigte sich vorläufig über die Capitulationsbedingungen.

Die kurze Waffenruhe, deren Antrag Vormittags, zwischen 8 und 9, zu dem ersten unerwarteten Erscheinen Winterfeldt's geführt hatte, war gewährt worden. Motivirt war dieses Verlangen einmal durch die Nothwendigkeit dem Feuer der Preussen auf die Sächsische Nachhut Einhalt zu thun, dann durch die, zu verhindern, dass die auf der Ebenheit campirende Armee nicht durch eine Batterie geradezu vernichtet werde, welche der Feind auf dem linken Elbufer errichtet hatte. Da das Sächsische schwere Geschütz hatte zurückgelassen werden müssen, so standen die Sachsen dieser neuerrichteten Preussischen Batterie nur mit ihren Feldgeschützen d. h. wehrlos gegenüber.

<small>Graf Brühl an den K. K. Feldmarschall.</small> Während Dyherrn mit dem von ihm selbst redigirten Königlichen Befehle von der Festung nach der Ebenheit eilte, musste Brühl zur Feder greifen, um

den Feldmarschall Grafen von Browne von der gefassten Entschliessung zu unterrichten. Er erfüllte diese unliebsame Pflicht, unmittelbar nach Dyherrn's Abgang am 14. Nachmittags, wenige Stunden bevor der König von Preussen, von Lowositz nach Sachsen zurückgekehrt, in Struppen sein Hauptquartier nahm.

Brühl schrieb:

„Ew. Excellenz muss ich leider hinterbringen, wasmassen, nachdem Seine Königliche Majestät diesen Morgen nochmals an Dero Armee den gemessenen Befehl ertheilt, die feindlichen Posten anzugreifen, falls nur einige Möglichkeit selbige überwinden zu können, vorhanden. Es läuft aber eben eine umständliche Vorstellung von sämmtlicher Generalität[1] nach beiliegender Copie ein, welche die Unmöglichkeit der Bewerkstelligung der vorgehabten Expedition lebhaft vorstellt. Es bleibt uns mithin keine andere Partie übrig, als so gut wie möglich zu capituliren, wovon sobald und wie es geschehen, ich Ew. nochmals Nachricht zu ertheilen nicht ermangeln werde. Inzwischen hoffen wir, man werde, was wir zum Besten Ihro Majestät der Römischen Kaiserin Königin und zu Dero unstreitig grossem Nutzen gethan, nicht vergessen. Wir unseres Orts wollen auch bei der zu schliessenden Capitulation nicht ermangeln, die sichere *Retraite* Ew. Excellenz, damit nicht die sämmtliche

---

[1] Das Schreiben der Generalität vom 14., 8 Uhr Morgens. S. oben Seite 221.

hier gestandene Preussische Armee denselben auf den Hals falle, bestmöglichst zu menagiren suchen.

Nachschrift. Ew. Excellenz werden aus der abschriftlichen Beilage die Entschliessung entnehmen, welche der König gefasst hat, um treu und unerschütterlich in seiner Anhänglichkeit an seine Alliirten und Freunde zu verbleiben.[1] Sie werden leicht die Lage meines Allergnädigsten Herrn ermessen, auch dass ich selbst in Verzweiflung bin, dieses Unglück welches uns trifft, zu überleben. Ich beschwöre Sie, denn wir sind ausser Stande, es selbst zu thun, Ihrer Majestät der Kaiserin Königin alles diess vorzustellen, und Sie im Namen des Königs zu ersuchen, die traurige Lage des Königs und seine Festigkeit wie auch sein Vertrauen auf die Theil nehmende Hilfe seiner Alliirten und Freunde in Russland und Frankreich bekannt geben zu wollen. Der König schmeichelt sich, dass man versuchen werde, ihn sobald als nur irgend möglich aus seiner Gefangenschaft zu erlösen, denn wir werden wohl blokirt oder bombardirt werden; der König von Preussen ist zu Allem fähig. Ich bitte Sie, auch dem Grafen Flemming durch Dero Kanzlei hievon Kenntniss zu geben."

Browne's Antwort. Wir fügen hier sogleich Browne's charakteristische Antwort ein und nehmen mit derselben von dem tapfern Feldherrn Abschied, an dessen gutem Willen es gewiss nicht gefehlt hatte. Er schreibt aus dem

---

[1] Das von Dyherrn redigirte Königliche Handschreiben vom 14. October, Nachmittags. S. oben Seite 230.

Lager von Schönlinden, den 15. October 1756 Abends 10 Uhr wie folgt:

„Indem ich in dieses Lager Abends gegen 5 Uhr einziehe, erhalte ich den Brief vom Gestrigen, mit welchem Ew. Excellenz mich beehrt. Man hat noch nicht Zeit gehabt, die Beilagen zu dechiffriren, ich behalte mir also meine Antwort darauf für später vor. Für heute habe nur zu sagen, dass ich in Folge Ihres Billets vom 13. mich gestern nicht bloss bis zum Morgen, sondern Nachmittag 3 Uhr auf den Höhen von Schandau erhalten habe. Da ich aber von der ganzen Sachlage unterrichtet worden, so habe ich mich nach 3 Uhr in Marsch gesetzt. Meine Arrièregarde ist heftig angegriffen und bis zum Dorfe Lichtenhain verfolgt worden. Ich habe ohngefähr 70 Todte und Blessirte, der Feind dürfte nicht weniger verloren haben. Es ist unnöthig, dass Ew. sich die Mühe geben, von meinen Truppen in Ihrer Capitulation zu sprechen, denn wenn die Preussen mich auch mit ihrer ganzen Armee verfolgen wollten, so würde mich das in diesen Thälern, Bergen und Defileen nicht in Verlegenheit setzen, denn sie würden hier nichts als Schläge davon tragen. Uebrigens werde ich nicht verfehlen, Alles, was Sie mir aufgetragen, am geeigneten Orte vorzubringen und jede Gelegenheit mit Vergnügen benutzen, um Ihnen die Beweise meiner Dienstwilligkeit zu geben, mit welcher ich bin u. s. w.
Graf von Broune."

Graf Brühls vierzehn Punkte.

Kaum war Dyherrn im Hauptquartier eingetroffen, als die von dem Premierminister eigenhändig aufgesetzten Bedingungen, welche der Feldmarschall Graf Rutowski als von ihm selbst ausgehend bei der Capitulation auswirken sollte, diesem Letztern zugesandt worden.[1] Die Urschrift ohne Datum hat sich im Wölkauer Archive erhalten. Wir inseriren dieses Brühl'sche Autograph, um zu beweisen, in welchen Illusionen er damals noch lebte:

1) Le Roy S'imagine bien et veut le savoir positivement, si le Roy de Prusse prétend de le traiter en Prisonnier, car le Roy veut avoir, comme un Roy libre, la pleine liberté d'aller à Dresde avec sa cour, ou tel autre endroit, qui Lui plaira, ou en Pologne.

2) Les 4 Regiments ne sont plus dans le pouvoir du Roy, les ayant laissé dans l'état urgent des affaires, — lorsque le Roy (nämlich de Prusse) S'est saisi de toutes ses revenus — pour 3 ans entièrement à l'Impératrice Reine, et cela est un même objet (?)

3) Le Roy veut avoir pleine communication libre, lui et sa cour, d'écrire par tout, où il veut, de pouvoir se faire venir des vivres par tout, d'envoyer librement ses domestiques, enfin comme il convient pour un grand Roy, et de se faire suivre par tous ses domestiques, Cavaliers, chancellerie et tout ce qu'Il a besoin.

4) Que S. M. Prussienne se déclare par rapport des revenus, et en cas qu'Il veut absolument une somme annuelle, qu'Il stipule Une somme, mais ne dispose pas de

---

[1] S. Dyherrns Rapport vom 11. Februar 1757, in den Beilagen.

ses baillages et l'accise, en cas qu'Il veut disposer du fond public accordé par les états pour le payement des dettes.

5) Que le Roy et sa cour puisse voyager librement par tout sans être arreté par personne aussi bien pour aller en Pologne qu'ailleurs.

6) Que les ministres étrangers accredités à Lui puissent le suivre par tout.

7) Que la Reine et toute la famille Royale soit traité avec plus d'égards, qu'aucune sentinelle n'entre plus au château et que les bourgeois fassent la garde aux Maisons Royales, Ministres et autres personnes, qui en ont.

8) Que la Reine et la Famille Royale peuvent agir dans la Résidence selon leur bon plaisir, se promener et faire ce que bon leur semble.

9) Que le Roy peut d'abord envoyer à Dresde se faire venir des vivres et fourage aussi quelques pelisses et autres hardes pour Lui ses Princes et sa cour.

10) Que le Roy peut en sûreté renvoyer les cadets à Dresde et que leur maison soit vuidé sans incommoder la Résidence par les blessés ou malades.

11) Qu'on menace jamais la résidence comme on a fait *mit Feuer und Schwerdt* et que tous les officiers Prussiens usent de politesse envers tout le monde et se contentent des quartiers à la façon comme la garnison du Roy lorsque elle y est.

12) Que le Commandant Mons. le Général de Willich[1] soit obligé de remédier dans l'instant quand S. M. la Reine aura quelques plaintes, et que la plus exacte discipline soit observé.

13) Les états du Roy en pleine sûreté, ouverts à tout le monde, et comme un état Se doit voir en tems de paix.

[1] Wylich.

14) Comme on a évacué l'arsenal en tems de paix, il faudra le rendre.

Enfin tout est remis à Son Excellence, Monseigneur le Feld-Maréchal, qui donnera tout cela pour ses idées et conditions.

(signé) Comte de Brühl.[1]

Die Capitulation.

Im Sächsischen Hauptquartier war die Vorbesprechung zwischen Rutowski und Winterfeldt durch die hereinbrechende Nacht unterbrochen worden, und die Capitulation wurde erst am 15. früh niedergeschrieben, wie denn das Actenstück auch vom 15. datirt ist. General Arnim ward mit dieser Niederschrift an den an demselben Morgen eingetroffenen König von Preussen nach Struppen gesendet und kehrte erst Abends den 15. in das Sächsische Hauptquartier zurück. Förmlich abgeschlossen ward die Capitulation erst am 16. Nachmittags, wo der Generalmajor von Dyherrn dieselbe mit den eigenhändigen Marginal-Entscheidungen des Königs Friedrichs II. zurückbrachte und die Sächsische Armee zugleich Preussischerseits mit Brodrationen versehen ward. Der König von Preussen schrieb darüber am 15.[2] dem Feldmarschall Keith:

15 October

[1] Die eigenhändige Urschrift dieser Pièce im Wölkauer Archive scheint Rutowski zu seiner Legitimation an sich behalten und in Wölkau gelassen zu haben, das ehemalige Feldmarschalls-Archiv besitzt eine Abschrift von der Hand des Generallieutenants Grafen Vitzthum.

[2] Aus dem Leben des Feldmarschalls von Keith, von Varnhagen von Ense, Seite 129.

„Heute schreitet die Angelegenheit mit den Sachsen ihrem Ende entgegen. Gestern haben die Verhandlungen begonnen und es ist zu glauben, dass Alles nach meinem Wunsche gehen wird. Sie haben die Elbe bei Königstein überschritten, wo sie auf einem Terrain von 1200 Schritt Länge und 500 Schritt Tiefe stehen. Unsere Truppen, welche nur ein Verhau von ihnen trennt, haben sie auf dieser Seite eingeschlossen. Sie haben weder Lebensmittel noch Zelte; ihre Nachhut und ihre Equipage ist grossentheils geplündert. Ziethen hat mit 300 Husaren ihre aus 4 Escadrons bestehende Nachhut genommen. Niemals wird man errathen, aus welchen Gründen sie diese schlimme Massregel ergriffen, mit welcher Unordnung sie ausgeführt. Die Oesterreicher haben sich gestern auch zurückgezogen u. s. w. Der König von Polen, seine Söhne und sein Günstling sind auf dem Königsteine und verlangen nur herauszugehen. Endlich hoffe ich, dass ich morgen das Ende dieser Angelegenheit und meinen Plan für die Folge werde anzeigen können. Adieu!

Friedrich."

Sonnabend am 16. October erschien der Preussische General von Ingersleben im Sächsischen Bivouac um der Sächsischen Armee im Namen des Königs von Preussen den Eid der Treue abzunehmen. Dieses Ansinnen schlug Rutowski ab. Er sandte, wie schon erwähnt, Dyherrn mit einem

Schreiben an Friedrich II. worin ausdrücklich erklärt ward, der Feldmarschall sei ermächtigt, seine Armee kriegsgefangen zu übergeben, aber durchaus nicht, ihr den zugemutheten Eid abnehmen zu lassen. In den obgedachten Verhandlungen mit Arnim hatte der König von Preussen zwar die Armee als kriegsgefangen anzunehmen verweigert, auf Grund der energischen Vorstellungen Dyherrns aber in diese Bedingung gewilligt, wie die eigenhändigen Marginal-Resolutionen Friedrichs II. beweisen.

Wir inseriren des Zusammenhanges wegen die vollzogene Capitulation, obgleich das Actenstück schon mehrfach gedruckt ist. Das Original hat sich nicht gefunden, aber mehrere gleichlautende Abschriften.

Capitulations-Urkunde.

Demnach Sr. Königl. Majestät in Preussen durch des Herrn **General-Lieutenants** von **Winterfeld Excellenz** mich bedeuten lassen, welchergestalt Allerhöchst Selbte darauf beruheten, die Königl. Poln. und Churfürstl. Sächs. dermahlen meinem **Commando** anvertraute **Armée** nicht anders, als Kriegs-Gefangene anzunehmen;

Als werden Sr. Königl.

Majestät in Preussen nach der mir darüber von Ihro Königl. Maj. meinem allergnädigsten Herrn gegebenen Vollmacht, und darauf mit sämmtlichen *Generals* gehaltenen Kriegs-Rath, folgende *Capitulations*-Punkte von mir Allerunterthänigst überreichet:

1.

Si le Roi veut me les donner; ils n'ont pas besoin, d'être prisonniers de guerre.

1.

Die Königl. Poln. und Churfürstl. Sächs. *Armée*, wie sich solche dermahlen allhier in dem Posten Ebenheit unter dem Lilienstein befindet, wie der *Etat* in der Beylage (S. 247) enthalten ist, ergiebt sich an Ihro Königl. Königl. Majestät in Preussen, als Kriegs-Gefangene.

2.

Bon, tout ce qu'on peut conserver de leur bagages, et tout ce que l'on peut en retrouver, leur sera rendu.

2.

Die *Generalität,* alle zum *General*-Staabe, *Commissariat* und *Proviant*-Amt gehörige Personen, alle Staabs- und Ober-*Officiers* behalten ihre *Bagage* und *Effecten,* so wie sie solche dermahlen bey sich oder an verschiedenen Orten zurück gelassen haben. Unter-*Officiers* und Gemeine behalten ihre

	Tornister, Mantel und Quersäcke nebst ihrer *Beymontour*.
3. *Bon, et dès aujourd'hui plutôt que demain.*	3. Ihro Königl. Majestät in Preussen geruhen allergnädigst die *Armée* mit *Vivres* und *Fourage* des fördersamst versehen zu lassen, und darüber Dero gemessenste *Ordres* zu stellen.
4. *Ceux qui veulent entrer en mon service, doivent dès ce moment en avoir la pleine liberté.*	4. Alle *Generals*, Staabs- und Ober-*Officiers*, oder *Officiers*-Rang habende Personen *reversiren* sich schriftlich gegen Ihro Königl. Maj. in Preussen, bis zu Herstellung der Ruhe gegen Allerhöchst Dieselben die Waffen nicht zu führen, dahingegen denenselben frey stehet, deren Aufenthalt in dem Churfürstenthum Sachsen oder ausserhalb demselben zu erwählen.
5. *Il n'y a point d'exception à faire, d'autant plus que l'on sait, que le Roi de Pologne a donné des ordres à ses Saxons de Pologne, de se joindre aux Russes,*	5. Die *Garde du Corps* und Leib-*Grénadiers-Garde*, nach dem darüber zu übergebenden *Etat*, werden von dem Innhalt des ersten *Articuls eximiret*, und geruhen Sr.

pour se porter sur les frontières de la Silesie, et il faudroit être fou, pour relacher des trouppes que l'on tient, et de se les voir opposer une seconde fois, et d'être obligé de les prendre prisonniers une seconde.

Königl. Majestät in Preussen zu bestimmen, wo diese beyden *Corps Escadrons-* oder *Compagnie-*Weise in dem Churfürstenthum Sachsen oder *incorporirt*en Ländern *délogir*et werden sollen.

Der *General-*Feld-Marschall Graf *Rutowski*, als *Chef* der Leib-*Grenadier-Garde*, der *Chevalier de Saxe* als *Chef* der *Garde du Corps*, sowohl als sämmtliche Staabs- und Ober-*Officiers* dieser *Corps* verbinden sich mündlich, oder auch, auf Verlangen schriftlich, die zu bestimmende Quartiere, unter keinerlei *Praetext*, ohne Ihro Königl. Maj. in Preussen Genehmigung, zu verändern, oder das geringste, wieder deroselben Willen vorzunehmen.

6.

Timbales, Etandarts et Drapeaux peuvent se transporter au Koenigstein, mais point les Armes ni Canons des régiments ni les munitions de guerre, ni tentes; les officiers garderont sans

6.

Alle *Generals*, Staabs- und Ober-*Officiers* behalten ihren Degen; dahingegen das Ober- und Unter-Gewehr und Lederwerk von Unter-*Officiers* und Gemeinen der sämmtlichen Regimenter *Cavalerie*, *doute leurs épées, et j'espère, que ceux qui seront de bonne volonté, s'en serviront pour mon service.*

Dragoner, **Artillerie** und **Infanterie**, auf die Vestung Königstein gebracht wird, wohin auch die Paucken, **Estandarten** und Fahnen **transportiret** werden sollen.

7.

Nego.

7.

Dergleichen Bewandnis hat es auch mit denen dermahlen allhier befindlichen Feld-Stücken und **Munitions**-Karren.

8.

C'est de quoi personne n'a besoin de se mêler, on ne forcera aucun Général de servir malgré lui, cela suffit.

8.

Ihro Königl. Maj. in Preussen versichern allergnädigst, dass weder Unter-**Officiers** noch Gemeine, wieder ihren Willen genöthiget werden sollen unter Deroselben **Armée** Dienste zu nehmen, und dass alle und iede, bey baldig zu hoffender hergestellter Ruhe an Ihro Königl. Maj. in Pohlen wieder zurückgegeben werden sollen. Gleichwie dann auch Ihro Königl. Maj. in Pohlen denenjenigen **Generals**, Staabs- und Ober-**Officiers** von Deroselben **Armée**, so sich in auswärtige Dienste freywillig **engagiren** wollen, verhoffentlich die

9.

Cessat.

Il est très raisonnable que je paye ceux qui serviront, ce sera sur les perceptions les plus claires des contributions.

Quant au Généraux, on les traitera en gens, qui ont servi avec honneur, et il sera facile de pourvoir à leur subsistance.

10.

Je me charge de l'entretien de l'Armée, et elle sera

Abschiede nicht versagen werden.

9.

Wegen der Verpflegung der *Garde du Corps* und Leib-*Grenadiers-Garde* wird mit Ihro Königl. Maj. in Preussen Genehmigung ein Abkommen gefunden werden, auf was Art und aus welchen *C*assen solche *fourni*ret werden soll. Wie denn auch Sr. Königl. Maj. in Preussen vornehmlich zu *determinir*en geruhen werden, aus welchen *Fonds* oder *C*assen der sämmtlichen *Ge*neralität, *General*-Staab, Staabs- und Ober-*Officiers*, sammt allen übrigen zur *Armée* gehörigen Personen, der bisher genossene Gehalt oder *Tractament*, monatlich, gegen Quittung fortgereichet, und nach einem, von dem *Ge*neral-Kriegs-*Commissario*, *General-Major* von *Zeutzsch* zu fertigenden *Extract*, bezahlet werden soll.

10.

Allerhöchst gedachte Ihro Königl. Maj. geruhen Sich

payée plus regulierement que par le passé, et sur le pied de mon armée.	auch wegen der **Delogir**ung und Verpflegung derer Regimenter und **Corps Cavalerie, Infanterie, Ingenieur-Corps** und **Artillerie** derselben Fortkommen und anderer dahin einschlagender Bedürfnisse, allergnädigst zu erklähren.
11.	11.
On peut convenir de ce point dans un quart d'heure, il faut choisir le chemin le plus commode, et les endroits les plus proches, ou on leur peut faire administrer la subsistance.	Ihro Königl. Maj. in Preussen geruhen anzuordnen, wann und wie die **Generalitaet**, die sämmtliche **Armée**, nichts ausgenommen, benebst ihrer **Bagage**, aus dem Posten allhier **defiliren** soll.
12.	12.
Bene.	Es geruhen allerhöchst Selbte allergnädigst zu erlauben, dass für den **Transport**, das Unterkommen und die Versorgung der zurückgelassenen Kranken die nöthige Besorgnisse genommen werden mögen.
13.	13.
Bene.	Alle und jede **Generals**, Staabs- und Ober-**Officiers**, Unter-**Officiers** und Gemeine, so seither zu Gefangenen gemacht worden, oder zurück geblieben sind, sollen in

dieser *Capitulation* mit begriffen seyn.
Sign. Ebenheit unter Lilienstein, den 15. *Octobris* 1756.
Rutowski.

14.
Il faut que le Königstein demeure neutre pendant le cours de la presente guerre.
Frederic.

C. de Saxe,
Arnim,
Rochow,
Haxthausen,
Wilster,
Eugenius F. z. Anhalt,
Minckwitz,
de Meagher,
Christian Ploetz,
Vitzthum v. Eckstaedt,
Friedr. Botho Gr. z. Stollberg,
Carl August v. Gersdorff,
Ch. v. Rechenberg,
Christoph Erdmann v. Reizenstein,
von Bolberiz.

Ich bin *autorisiret*, der *Armée* das Gewehr strecken zu lassen: ich kan aber weder von dem Eide, den sie geschworen, dieselbe lossprechen, noch ihr einen andern Eid schwören lassen. Alles andere ist Sr. Königl. Maj. in Preussen Allerhöchsten Willens Meinung gemäss überlassen.

Der *General-Lieutenant* von *Winterfeldt* hat mir hoffen gemacht, es würden Sich Sr. Königl. Maj. in Preussen annoch gefallen lassen, Eine *Escadron Garde du Corps* übrig zu lassen.

Sr. Königl. Maj. in Preussen geruhen den *Articul*

[1756.] DAS TRAUERSPIEL AUF DER EBENHEIT.

wegen des Königsteins, der daselbst befindlichen adeligen *Compagnie Cadets*, und der Königl. Wacht von der *Grenadier-Garde*, mit Ihro Königl. Majestät in Pohlen, da Solche dermahln auf der Festung Königstein befindlich, zu *terminiren*.

Den 16. *Octobris* 1756.
Rutowski.

Etat.

Derer im hiesigen Lager stehenden Königl. Pohl. und Chur-Fürstl. Sächs. *Corps*, Regimenter und *Bataillons*, welche in der *Capitulation* nach dem 1. Punct mit begriffen:

Cavallerie.
Rutowski, *Dragoner*-Regiment.
Leib-*Cuirassiers.*
Königl. Chur-Prinz.
Arnim.
Fürst *Anhalt.*
Ploetz.
Vitzthum.

Infanterie.
Ingenieur-Corps.
Artillerie-Corps.
Garde-Regiment zu Fuss.
Königin.
Chur-Prinzessin *Grenadier-Bat.*
Printz *Friedrich August*-Reg.
Printz *Carl Maximilian.*
Printz *Xaverius.*
Printz *Clemens.*
Graf *Brühl.*
Fürst *Lubomirski.*
Rochow.
Minckwitz.
Printz *Gotha.*
*Anhalt*ische Frey-*Compagnie.*

Ueberdies

Sämtliche *Generalitaet*, *General*-Staab. *Commissariat*, *Proviant*-Amt, Feld-Apotheke, Lazareth und darzu gehörige Personen.

Nachdem nun am 16. October die Capitulation abgeschlossen, lag dem General-Feldmarschall noch die traurige Pflicht ob, für die gehörige Ordnung bei dem letzten Acte, der Entwaffnung der kriegsgefangenen Armee zu sorgen und von derselben Abschied zu nehmen. Es erfolgte diess durch einen am 16. October Abends erlassenen Armeebefehl. Hiernach sollten am 17. früh 6 Uhr die Fahnen, Pauken und Standarten in Gemässheit des 6. Punktes der Capitulation auf den Königstein gebracht, um 9 Uhr aber „Vergatterung" geschlagen werden, um 10 Uhr die ganze Armee sich in Stand setzen, um mit Sack und Pack marschiren zu können. Der 5. und 6. Punkt des Armeebefehls betraf die Ordnung, in welcher die Armee defiliren sollte, es sollte die sämmtliche Generalität „so in der Armee und den Brigaden eingetheilt gewesen, *à la tête* der Infanterie nach ihrem Range" durch den Preussischen Verhau über Waltersdorf, Oberrathen und über die Preussische Schiffbrücke marschiren. Dort werde die Armee vom König von Preussen den Befehl erwarten, vor Allerhöchstdemselben die Waffen niederzulegen und dann den zu bestimmenden Marschrouten zu folgen haben.

Der 7. Punkt lautet:

„Alle Generale, Stabs- und Oberoffiziere behalten ihre Seitengewehre und Equipagen und haben die Freiheit, in Ihro Königliche Majestät in Polen Diensten zu verbleiben; gleichwie im Gegentheil auch Seine Königliche Majestät Niemandem, der Dero Dienst quittiren will, den Abschied versagen werden. Alle und jede sind gehalten, gegen Ihre Königliche Majestät von Preussen die Waffen nicht zu führen und sämmtliche Regimenter und Corps werden bis zur Herstellung der Ruhe als Kriegsgefangene tractiret werden."

Im 8. Paragraph versichert der General-Feldmarschall die Armee der Zufriedenheit des Königs für die demselben geleisteten Dienste.[1]

Dass diesem Befehle unter den oben geschilderten Umständen in bester militärischer Ordnung genügt werden konnte, ist der beste Beweis für die vom Feinde selbst gerühmte Tüchtigkeit der damaligen Sächsischen Armee.

Wie die Preussen dabei verfuhren. Wie Preussischer Seits bei der Uebernahme am 17. verfahren worden, ersehen wir aus dem amtlichen Rapport, den Rutowski am 24. October an den König erstattete. *17. October.*

„Nachdem der grösste Theil der Infanterie — heisst es darin — am 17. die Schiffbrücke bei Oberrathen passirt, hat man Preussischer Seits successive, um jedes Regiment, nachdem man alle Stabs-

[1] Wölkauer Archiv.

und Oberoffiziere davon abgesondert, einen Kreis schliessen, der gemeinen Mannschaft eröffnen und dabei diese List gebrauchen lassen, als wenn Ew. Königl. Majestät an des Königs von Preussen Majestät Dero Truppen in Dero Dienste überlassen hätten und sie also dem König von Preussen getreu zu sein schwören sollten, worauf die Preussischen Kriegsarticul vorgelesen und sodann die Finger zu erheben anbefohlen worden, dadurch dann der gemeine Mann, ob man gleich die Vorsicht im Voraus angewendet, ihn durch Offiziere avertiren zu lassen, dass er zwar kriegsgefangen wäre, jedoch nicht gezwungen werden könnte, Dienste zu nehmen, dennoch zum Theil und weil man den falschen Vorwand gebrauchte, dass die abgesonderten Offiziere bereits den Eid abgeleget, übereilet worden, zum Theil nicht gewusst, was er thäte. Wie dann von denen im Kreise befindlichen und sich melirten Preussen mehr als von den Kriegsgefangenen da Ja geantwortet und Vivat ausgeschrieen worden, auch man sich an die *protestationes* derjenigen Mannschaft, so gar nicht schwören und Dienste nehmen wollen, im Geringsten nicht gekehrt hat."

Während man so mit den von ihren Offizieren gewaltsam getrennten Truppen verfuhr, „schämten sich die Preussischen Prinzen und vornehmsten Generalspersonen nicht — wie Rutowski in diesem Rapport weiter berichtet — die Offiziere durch

Glimpf, *inductiones* und grosse Versprechungen, ja selbst durch Drohungen zu bewegen, Preussische Dienste zu nehmen."

Ganz übereinstimmend, nur ausführlicher erzählt der Generallieutenant Graf Vitzthum diese empörenden Vorgänge in einem seiner Briefe, mit dem ausdrücklichen Bemerken, dieselben hätten einen um so peinlicheren Eindruck auf ihn machen müssen, weil er dabei gewesen (*l'ayant eu sous les yeux*). Wir heben nur folgende Stelle hervor:[1]

„Endlich sind also die armen Sachsen dem Könige von Preussen als Kriegsgefangene überliefert worden. Dieser Fürst hat damit angefangen die Offiziere von ihrer Truppe zu trennen und ihnen anzubieten in seinen Dienst zu treten. Nur fünfunddreissig haben Dienst genommen; darunter nur neun geborene Sachsen, die Uebrigen waren Schlesier, Pommer, Brandenburger, folglich geborne Unterthanen des Königs von Preussen. Die Soldaten und Unterofficiere hat Er sich berechtigt geglaubt zu seinem Dienst zu zwingen. Er war Selbst gegenwärtig als man die Soldaten genöthigt, Ihm den Eid zu leisten. Er hatte Seine Bataillone in Reihen (*en haie*) formirt, welche von Zeit zu Zeit mit geladenen Kanonen geschlossen waren. Durch diese Reihen mussten die Sachsen, nachdem man sie zuvor entwaffnet, defiliren. Gegen Diejenigen, welche den

---

[1] Briefconcept vom 28. October 1756. Wölkauer Archiv.

sogenannten Eid der Treue, den ihnen ein Auditeur vormurmelte *(marmoter)* nicht nachsprechen wollten, brauchten die Preussischen Soldaten ihre Fäuste. Der Bruder des Königs, Prinz Ferdinand und der Prinz Moritz von Anhalt haben sich besonders hervorgethan, durch ihre Bemühungen die Sachsen mittelst Stockschlägen zur Eidleistung zu bewegen. Wundersam, dass der König von Preussen nur dann auf die Treue der Soldaten rechnen zu können glaubt, wenn sie einen Eid geleistet, unter Anrufung des Wesens, dessen Dasein der König öffentlich leugnet!

„Der König hat sich selbst soweit vergessen *(s'est si peu respecté)* einen jungen Edelmann, der als Fähnrich im Regimente Crousatz gestanden, eigenhändig mit dem Stocke zu schlagen und ihm dabei zu sagen: er habe weder Ehrgeiz, noch Ehre im Leibe, da er nicht in den Preussischen Dienst treten wolle *(qu'il n'avait ni ambition, ni honneur dans le ventre, parce qu'il ne voulait pas entrer au service Prussien).*"

Mit dem Ueberreste der Truppen ward am 18. und den folgenden Tagen in gleicher Weise verfahren. Die Mannschaften, die schlechterdings nicht schwören wollten, steckte man mit Gewalt unter Preussische Regimenter. Als diejenigen Regimenter, welchen allen diesen Versuchungen und Drohungen widerstanden, werden besonders hervorgehoben: Die Leibgrenadiergarde, die *Gardes du corps*, die Grenadierbataillone

Rochow, Arnim, und die Artillerie.[1] Diese wurden theils in Pirna, theils in Sonnenstein Regiments- oder Bataillonsweise eingesperrt und so scharf bewacht, dass ihnen weder von ihren Frauen noch von ihren Freunden etwas zugebracht werden konnte; man wendete sogar den Hunger an, um die Sächsische Treue in Versuchung zu bringen.[2]

Wie wenig diese dem Völkerrechte zuwiderlaufende, grausame und unwürdige Behandlung kriegsgefangener Soldaten dem Könige von Preussen genützt hat, ist bekannt. Die gewaltsam nach Preussischen Festungen gesendeten oder unter Preussische Regimenter gesteckten Sächsischen Bataillone desertirten grossentheils, oft Compagnienweise und erreichten unter dem Rufe: „Es lebe der König Augustus!" von ihren Unteroffizieren auf weiten Märschen, unter den zweckmässigsten Anordnungen und der richtigsten Terrainbenutzung geführt, Polen, Ungarn und Oesterreich. Der Geschichte aufbewahrt

---

[1] Der Preussische General von Gaudy erzählt in seinem Tagebuche: „sie hätten weder die Finger aufgehoben, noch die Eidesformel nachgesprochen. Nur der Auditeur, der den Schwur verlas, und der Fürst Moritz, der ihn nachsagte, schwuren allein. Letzterer stiess desshalb während der Handlung tausend Flüche gegen die Sachsen aus."

[2] „Il n'y a sorte de violence dont le Roi de Prusse n'ait usé contre les soldats Saxons — sagt Graf Vitzthum in dem schon angezogenen Briefe vom 28. October. — Il leur a fait souffrir la faim, des coups de bâton et de plât d'épée; plusieurs ont été blessés."

zu werden verdienen die Namen von drei Sergeanten: Richter, Secher und Knabe, welche bei diesen Märschen ebenso wahrhaft patriotischen Muth, als entschiedene militärische Instinkte und Talente entwickelt haben. Bekannt ist, dass schliesslich diese einzelnen Truppenabtheilungen von dem mehrerwähnten, zum Generallieutenant beförderten Baron Dyherrn aus Polen und Ungarn nach dem Elsass geführt wurden, dass dieses sogenannte „*Corps des transfuges*" zu einer von der Sächsischen Dauphine mit Kanonen ausgestatteten, vom Prinzen Xaver geführten Armee von 10 bis 12,000 Mann anschwoll, welche an den spätern Kämpfen ruhmreichen Antheil nahm und den Kern, des nach dem Hubertusburger Frieden reorganisirten Sächsischen Heeres bildete.

Spörckens Mission.

Neben den Verhandlungen zwischen beiden Hauptquartieren lief seit dem 16. noch eine andere zwischen beiden Monarchen. Veranlasst war dieselbe durch die am 15. dem General von Arnim ausgesprochene Willensmeinung des Königs von Preussen, die Punkte, welche wir aus der eigenhändigen Aufzeichnung Brühl's vom 14. October kennen, „*de Roi à Roi*" erledigen zu wollen. Spörcken war dabei der Unterhändler.

Die 14 Brühl'schen Punkte wurden nun, nachdem Arnim die Unmöglichkeit constatirt haben mochte, diese Concessionen zu erlangen, auf 6 reducirt. — Spörcken sollte:

1) freien Durchzug verlangen „zu passiren und repassiren aller Orten" für den König und das ganze Königliche Haus;

2) anfragen, da man nicht glauben könne, dass der König von Preussen alle Revenüen an sich ziehen würde, wie es wegen Besoldung des Hofstaates u. s. w. gehalten werden solle?

3) versprechen, dass die vom König von Preussen gewünschte Neutralität der Festung Königstein beobachtet werden sollte;

4) vorstellen, dass die Cadetten nicht mit in die Capitulation einbegriffen werden möchten;

5) dasselbe zu versuchen in Betreff der Garde du Corps;

6) den König von Preussen aufzufordern, Dresden zu räumen.

Als Motiv zu diesem letzten Antrage wird angeführt, dass der König von Polen, so lange die Residenz mit Preussischen Truppen besetzt sei „Sich auf eine anständige Art allda nicht aufhalten könne;" auch sei „nicht leicht ein Exempel, dass man sich derer Residenzien gekrönter Häupter bemächtiget."

Das durch Spörcken übersandte Königliche Schreiben lautete:

Monsieur Mon Frère. Mon Général et Aide de Camp Baron de Spoercken aura l'honneur de présenter cette lettre à V. M. Après l'avoir envoyé chez le Veld Maréchal Comte Rutowski, pour lui faire quelques questions, il vient de Me rapporter que la capitulation pour Mon armée étoit en train d'être finie, Je passe sous silence sous quelles conditions, et que V. M. a fait déclarer, que J'étois le Maître d'aller en pleine liberté avec Ma Cour et toutes les personnes de Ma suite tant de l'état civil, que militaire, où bon Me sembleroit, Je n'ai jamais douté de cette déclaration amiable, *puisque naturellement Je ne puis pas avoir avec Ma Famille Royale, Ma Cour et tous Mes domestiques moins de privilèges dans Mes Etats que Mes propres Sujets;* mais J'ai encore chargé le dit Général de Spoercken de représenter à V. M. quelques points très équitables et justes. Je La prie d'avoir la bonté de S'expliquer là dessus envers luy, et suis avec considération et estime etc.

Koenigstein ce 16. Octobre 1756.

A. R.

Friedrich II. erwiederte:

Monsieur Mon Frère. V. M. peut être persuadée que Je conserverai toujours tous les égards qui sont convenables à Sa Dignité et à celle de Sa Famille, et Elle peut être seure que Je n'attenterai jamais ni à la liberté de Sa Personne, ni à celle de ses Proches. Quant à ce qui regarde la Neutralité de Koenigstein ainsi que d'autres points dont V. M. a chargé Son Général Major de Spoercke, J'espère qu'il Lui rendra compte de la réponse que Je lui ai faite. Je suis avec des sentiments d'Estime et de Considération

Struppen
ce 16° de Octobre M. R.
1756.

Monsieur Mon Frère
De Votre Majesté
Le bon Frère
(signé) Federic.[1]

---

[1] Beide Handschreiben sind ungedruckt und fehlen in der von Preuss in den *Oeuvres de Frédéric le Grand* T. IV. abgedruckten Correspondenz.

Ausserdem brachte Spoercken ein Preussisches *Promemoria* mit zurück, welches die nurgedachten sechs Punkte wie folgt beantwortete:

1) „Die Cadetten, so auf dem Königstein sind, gehören eigentlich zur Armee und also werden solche auch wohl billig mit übergeben werden;[1]

2) vom Königstein fordert man, dass solcher während der Zeit des jetzigen Krieges ganz neutral bleiben solle, dergestalt, dass man von da weder die Preussischen Schiffe so auf der Elbe passiren, beschiesse, noch solchen unter was Prätext es auch sei, das Geringste in den Weg lege, noch dass, wenn etwa hier oder da österreichische Partieen im Lande eindringen möchten, solchen einiger Aufenthalt gestattet noch einige Protection unter den Canons der Festung gegeben werde;

3) des Königs von Polen Majestät hat noch fünf Regimenter in Polen, die, wie zu glauben, *suffisant* zur Garde seynd, also dass Deroselben weitere *gardes* zu lassen nicht nöthig ist. Ohnerachtet je denn noch des Nachtheils, so man des Königs von Preussen Majestät zufügen wollen, so wollen sich diese dennoch zu der *complaisance* verstehen und des Königs von Polen Majestät von denen Polen und Irländern 120 Mann zur *sauve garde* überlassen;

4) Wird der Generalmajor daselbst consideriren,

---

[1] Dabei blieb es auch, trotz einer eigenhändigen Verwendung des Churprinzen vom 17. October.

wie wenig es harmoniren könne, dass des Königs von Polen Majestät denen Feinden Sr. Preussischen Majestät Truppen überlassen wollen, um Dero Lande zu attaquiren und dieselben auf der andern Seite dennoch *complaisances* vor erstere haben sollten, welches gar nicht übereinstimmt und man also Seiner Königlichen Majestät von Preussen keine *conditiones* proponiren müsse, worin *contradictiones* seynd und die unmöglich angehen können."

Diese „*réponse peu favorable*" erheischte eine neue Sendung Spörckens mit dem nachstehenden Königlichen Handschreiben vom 17. Abends:

Monsieur Mon Frère. Mon Major Général Baron de Spoercken M'a rendu compte de la *réponse peu favorable* que V. M. luy a faite. Je M'engage le plus solemnellement par la présente, que la forteresse de Koenigstein, selon la demande de V. M., pendant tout le cours de cette guerre, observera la plus exacte neutralité, et ne protégera en aucune façon des partis qui pourroient venir se refugier sous ses Canons, ni qu'Elle mettra le moindre obstacle au libre passage de l'Elbe.

Du reste comme Je suis résolu, n'étant plus Maître de Mon Pays, d'aller demeurer en Pologne, où même naturellement les affaires de Mon Royaume M'appellent, et la Nation demande Ma présence, V. M. voudra bien donner les ordres nécessaires au plustôt pour une centaine de chevaux par les endroits de Crossen et Zullichau, de la manière accoutumée.

Je suis etc.

Koenigstein ce 17 Octobre 1756. A. R.

Spörcken überbrachte am 18. früh folgende Antwort:

Monsieur Mon Frère. Après la résolution que V. M. a prise d'aller séjourner en Pologne, Elle peut être persuadée que Je n'y mettrai aucun obstacle; mais Je La prie de vouloir bien considérer que dans la circonstance présente il Nous importe également de finir les affaires que Nous avons traités jusqu'à présent entre Nous. Elle voudra bien en conséquence, M'envoyer ici Son Général Baron de Spoercke pour M'apprendre Sa résolution sur les autres points indécis du *pro Memoria* que Je Lui avois fait remettre et l'autoriser en même tems de signer les Points dont on est convenu, conformément à ce qui est de l'usage de Guerre. Je ne manquerai pas alors d'ordonner au plustôt tout ce que V. M. Me demande relativement à Son voyage. Je La prie d'être persuadée de la haute Considération avec laquelle Je suis

Struppen
ce 18ᵉ d'Octobre   M. R. }   Monsieur Mon frère
1756.   de Votre Majesté
                                    Le bon frère
                                    (signé) Federic.

Hierzu noch folgende „*nota*":

1) „Da bei Uebergabe derer Trouppen verschiedene *contraventiones* vorgegangen seynd, so wider die Capitulation laufen, indem nicht nur verschiedene Offiziere und Leute von denen Regimentern zurückgezogen und allda behalten worden, so ist Solches noch zu redressiren, damit alles *de bonne foi*, so wie es mit dem Grafen Rutowski verabredet worden, geschehe.

2) So ist auch der *condition* wegen derer Cadets

auf dem Königstein noch keine Genüge geschehen und also solche noch zu berichtigen.

3) Ist nöthig, dass des Königs von Polen Majestät einen Offizier autorisiren und anher schicken, der die Convention wegen der Neutralität des Königsteins während des jetzigen Krieges ordentlich nach Kriegsgebrauch zeichne und unterschreibe. Seine Majestät der König wird alsdann Alles, was nur des Königs von Polen Majestät zur vorhabenden Reise nach Polen verlangen, ungesäumt veranstalten. Dabei Dero Intention nicht ist, Dieselbe wegen der resolvirten Reise zu arretiren, sondern nur, dass Alles der Ordnung und denen stipulirten Punkten gemäss in seine behörige Richtigkeit gesetzet und nicht unausgemacht bleibe, noch in Weitläufigkeit gezogen werden möge. Endlich wird auch zu gänzlicher Berichtigung der Sache nöthig seyn, dass des Königs von Polen Majestät die Declaration ertheilen, nach welcher Dieselben die Offiziere der Dienste entliessen, so wie es stipulirt worden, welchen Punkt völlig abzuthun um so nothwendiger ist, als der General-Feldmarschall von Rutowski declarirt, wie er dazu keine Autorisation habe."

Spörcken ward hierauf an dem obgedachten 18. mit der Vollmacht zum Abschlusse der die Neutralität der Festung Königstein regelnden Convention und dem folgenden Königlichen Handschreiben zum letzten Male in das Preussische Hauptquartier gesendet:

Monsieur Mon Frère. Je comptois bien qu'après la malheureuse capitulation signée, dont le Feld-Mar[l.] ne M'a cependant pas encore envoyé l'Original, ainsi que J'ignore jusqu'à ce moment à quoi l'on en est resté, et après que Je Me suis positivement engagé dans Ma lettre d'hier à l'Observation d'une exacte neutralité de la forteresse de Koenigstein, tout étoit enfin fini entre V. M. et Moi. Cependant comme Elle exige d'avoir là dessus quelque chose par écrit, J'y autorise le Maj. Gén[l.] Spoercken et l'ai aussi instruit de Mes volontés sur les autres points du Promemoria. Du reste Je prie V. M. de ne plus mettre d'obstacle à Mon voyage et d'être persuadée etc.

Koenigstein ce 18 d'Octobre 1756.

A. R.

Nach Unterzeichnung der Convention[1] kehrte Spörcken mit dem zweiten Schreiben Friedrichs II. vom 18. October, worin der König von Polen unterrichtet ward, dass Seiner Abreise nichts mehr im Wege stände, auf den Königstein zurück.

Diese Antwort ist in die Sammlung mit aufgenommen worden, welche Preuss *(Oeuvres de Frédéric le Grand T. IV.)* veröffentlicht hat; hier ein correcter Abdruck des Originals:

Monsieur Mon Frère. V. M. Me marquant Son désir pour entreprendre Son voyage en Pologne après que les affaires entre Nous viennent d'être réglées; J'ai fait expé-

---

[1] Diese Convention wurde in Struppen am 18. October, Preussischer Seits von Winterfeldt, Sächsischer Seits von Spörcken unterzeichnet. S. den Text bei Aster a. a. O. Seite 438.

dier d'abord tous les ordres qu'Elle M'a fait demander par Son Major Zetchwitz, et fais des voeux pour que Son voyage soit des plus heureux. Il dépendra d'Elle de disposer de la route que V. M. voudra tenir tout comme Elle voudra, et si Elle aime de ne point trouver en Son chemin de Mes Trouppes, Elle voudra seulement Me faire savoir Ses Intentions à ce sujet par le Général Baron de Spoercke, afin que Je puisse d'abord faire écarter celles-ci selon Son Intention. Je finis en faisant des protestations les plus sincères à V. M., que malgré tout ce que Je Me suis vu obligé de faire indispensablement pour Ma sûreté dans la conjoncture présente, Je Lui conserverai toujours l'amitié la plus parfaite, de sorte que si jamais Je puis procurer des avantages à V. M. ou à Sa Famille Royale, Je ne manquerai pas de les embrasser avec tout le plaisir imaginable, pour Lui prouver les sentiments de la plus haute Estime et de la parfaite Considération avec lesquels Je serai à jamais

Struppen
ce 18ᵉ d'Octobre M. R. ⟨ Monsieur Mon frère
1756.   de Votre Majesté
          Le bon frère
          (signé) Federic.

Abreise des Königs nach Polen.

Die Abreise des Königs von Polen sollte sofort am 19. stattfinden, ward jedoch wieder verschoben und erfolgte erst am 20. früh gegen 5 Uhr. Der Zug bestand aus 33 Wagen. Der König und die beiden Prinzen, welche die Schiffbrücke bei Pirna passirten und sich zunächst nach Königsbrück begaben, legten diese Reise zu Wagen zurück, der Premierminister Graf Brühl, aus Furcht, von den Preussen aus dem

Wagen seines Herrn herausgerissen zu werden, folgte grösserer Sicherheit halber zu Pferde.[1] In Königsbrück waren der Churprinz und die Churprinzessin mit den Prinzen Clemens und Albert, um sich zu verabschieden. Die Königin hatte nicht gewagt die Hauptstadt zu verlassen, aus Besorgniss, man werde ihr die Rückkehr dahin nicht gestatten. Sie sollte den Königlichen Gemahl nicht wieder sehen. Der König traf am 27. October in Warschau ein.

Ueber die Nebenpunkte der Negociation, mit welcher Spörcken betraut gewesen, entspann sich zwischen diesem und dem König von Preussen noch eine unfruchtbare Correspondenz, welche sich hier anschliesst. Wir machen besonders auf die Nachschrift aufmerksam, welche der erzürnte Monarch am 2. December 1756 seinem letzten Schreiben hinzufügte. Dieses eigenhändige Postscriptum bedarf keines Commentars. Wir bemerken nur, dass der König von Preussen, als Er am 16., 17. und 18. October mit dem Generaladjutanten Augusts III. die nöthigen Verabredungen wegen der Correspondenz zwischen Warschau und Dresden traf, über die Thatsache, dass die in Polen stehenden Sächsischen Cavallerie-Regimenter der Kaiserin überlassen worden, vollkommen unterrichtet war, wie das Preussische *Promemoria* vom 16. October beweist.

---

[1] Eigenhändiges Briefconcept des Generallieutenants Grafen Vitzthum vom 26. October 1756. Wölkauer Archiv.

Première lettre du Général-Major de Spoercken au Roi de Prusse.

Sire,

Sur ce qu'il a plû à V. M. m'assurer si positivement que le cours d'une correspondance réglée entre le Roi m. M., Sa M$^{té.}$ la Reine et la Famille Royale ni d'autres lettres particulières ne seroit en aucune façon interdites, et que même pour la faciliter, le Roi m. M. pourroit en toute sûreté établir des Ulans de Station en Station par la Silésie jusqu'à Dresde, Je n'ai manqué, Sire, d'en faire mon très humble rapport; Mais avec quelle douleur et juste sensibilité n'ai-je appris, que bien loin de cet ordre, le Maître de Poste de Crossen en date du 10 d'Octobre avoit reçu un tout différent portant de ne laisser passer ni lettres, ni Courriers et Estaffettes, sous quel prétexte que ce soit.

Or pouvant dans ces circonstances reclamer en toute sûreté la parole Royale de V. M. fondée sur une si juste cause, j'ose prendre la liberté de faire à cet égard des très humbles représentations y étant autorisé par le Roi m. M. que Vous daignez, Sire, donner les ordres nécessaires à ce sujet.

Je suis avec le plus profond respect etc.

Varsovie le 3 Novembre 1756.

Réponse du Roi de Prusse.

à Sedelitz ce 9° de Novembre 1756.

Monsieur le Baron de Spoercken. J'ai reçu la lettre que vous M'avez fait du 3. de ce mois. Je ne démentirai jamais la parole que Je vous ai donnée par rapport aux Stations d'Hulans à établir depuis Varsovie jusqu'à Dresde pour l'aisance de la correspondance de votre Cour;

mais vous voudrez bien vous souvenir que cette promesse fut conditionnelle, et qu'alors vous M'assûrates de la part du Roi votre Maître qu'il ne donneroit point de Ses Trouppes en Pologne à la Cour de Vienne pour s'en servir dans la guerre présente. C'est donc en conséquence de cet engagement, que Je vous réitère que Je suis tout prêt à permettre cet établissement de Postes d'Hulans, avec toute la sûreté requise, pourvu que Sa Majesté le Roi votre Maître persiste comme Je Me le persuade de Sa religion, aux assurances que vous Me donniez de Sa part, pour ne pas donner de Ses Trouppes au service de Mes ennemis. Mais si contre toute Mon attente Elle venoit de changer de sentiment et de promesse la dessus, vous devez convenir vous-même, qu'il y auroit de l'incongruité dans l'établissement de pareilles stations d'Hulans, que tout le monde regarderoit en gens dont les principaux soins seroient d'observer ce qui se passeroit le long de la route pour en faire un mauvais usage. Ce sera ainsi en conséquence de la réponse que J'aurai de vous que Je Me réglerai, priant Dieu au reste, qu'il vous ait, Monsieur le Baron de Spoercke en sa sainte et digne garde.

Au General-Major
Baron de Spoercken.
(signé) Federic.

Seconde lettre de Mr. le Général-Major de Spoercken au Roi de Prusse.

Sire,

J'ai reçu le 21 de ce mois la réponse, dont Votre Majesté m'a honoré en date du 9.

Je ne dissimulerai point à Votre Majesté toute ma surprise des Conditions qu'Elle prétend avoir mises à la promesse expresse, de permettre l'établissement des Stations d'Uhlans, pour la facilité de la Correspondance de Pologne en Saxe et de Saxe en Pologne.

Lorsque j'eus l'honneur d'être envoyé à Votre Majesté à Son Quartier de Struppen, pour convenir avec Elle et signer les Articles de la Neutralité de la forteresse de Koenigstein, dans l'audience qu'Elle me fit la grâce de m'accorder; Comme je Luy demandai avec instance, que la Compagnie Noble des Cadets, qui étoit dans la forteresse et une partie du Régiment des Grénadiers Gardes du Roi mon Maître ne subit pas le sort du reste de l'Armée, et put rester auprès du Roy mon Maître pour la Garde de Sa Personne.

Votre Majesté en Se refusant à toutes mes demandes, me dit d'un ton de reproches:

Le Roy votre Maître a encore 5 Régiments de Cavalerie en Pologne et il les a donnés à mes Ennemis?

Alors, Sire, j'eûs l'honneur de représenter à Votre Majesté que l'Etat où Elle avait reduit le Roy mon Maître en S'emparant de tous les revenûs de l'Electorat, mettoit Sa Majesté dans la nécessité de pourvoir à la subsistance et Entretien des quatre Régiments, qu'Elle avoit en Pologne en les donnant pour un tems à l'Impératrice Reine.

J'ajoutai ensuite, mais de mon chef et sans ordre particulier, comme Votre Majesté peut le voir encore par l'incertitude où j'étois, que j'ignorois quelle Convention pouvoit être entre S. M. le Roy mon Maître et S. M. Imp. pour ces 4. Regiments, mais que je croyois, que si Votre Majesté vouloit bien, par égard pour le Roy mon Maître Luy accorder la Compagnie Noble des Cadets et une partie de Son Régiment des Grands Grénadiers, il ne seroit peut-être pas impossible au Roy mon Maître en retour de ce procédé, d'obtenir de l'Impératrice Reine qu'il fit rester un ou deux Régiments en Pologne pour Sa garde.

Votre Majesté ne daigna pas Se rendre aux Instances que j'eus l'honneur de Luy faire à ce sujet, et Elle exigeat absolument, que le Régiment des Grands Grénadiers et la Compagnie Noble des Cadets subissent le sort de toute l'Armée; Ce fut la seule Condition, que Votre Majesté mit à Sa Signature de la Convention de Neutralité pour la forteresse de Koenigstein, et des Passeports que je Luy avois demandés.

J'eus l'honneur ensuite de demander à Votre Majesté si la Correspondance seroit libre de Saxe en Pologne et de Pologne en Saxe. Elle me fit la grâce de me répondre oui! Je Luy demandai encore, si Elle trouveroit bon, qu'on établit comme à l'ordinaire des Stations d'Uhlans pour la facilité de cette Correspondance, entre le Roy mon Maître, la Reine et Sa Famille Royale: Votre Majesté me répondit en propres termes:

Oui, oui, cela ne fait aucune difficulté, Vous pouvez le dire au Roy Votre Maître; Il peut correspondre avec la Reine, faire venir qui il veut et placer Ses Uhlans, comme à l'ordinaire, pour faciliter et accélérer Sa Correspondance.

Et sur cela Votre Majesté m'engagea Sa parole Royale, sans conditions, sans reserve et sans faire mention des 4 Régiments de Pologne.

Voilà Sire, le rapport fidèle de l'Audience que Votre Majesté me fit la grâce de m'accorder à Son quartier de Struppen.

J'ay rendu compte au Roy mon Maître de ce que V. M. m'a fait l'honneur de m'écrire, et me suis lavé, ainsi que je l'ai dû, de l'imputation que V. M. semble me faire dans Sa lettre, de Luy avoir engagé la parole du Roy mon Maître, qui une fois donnée est invariable, mais qu'il ne m'a jamais autorisé à donner au sujet des 4 Régiments, et que je n'ay point sûrement donnée à Votre Majesté sans son ordre.

Je prends la liberté Sire, d'appeller de tout ce que je viens d'avoir l'honneur d'exposer à Votre Majesté à la fidélité de Son Souvenir.

C'est par l'ordre exprès du Roy mon Maître, que j'ay l'honneur de répondre à Votre Majesté et de Luy demander encore positivement ce qu'il Luy plaît de tenir de la promesse non conditionnelle qu'Elle m'a faite concernant l'établissement des Stations d'Uhlans et la sûreté de la Correspondance entre la Saxe et la Pologne.

J'ay l'honneur d'être avec le plus profond respect etc.
Varsovie le 24 de Novembre 1756.

Réponse du Roi de Prusse.

Monsieur le Général Major de Spoercke. J'ay reçu la lettre que Vous avez voulu Me faire le 24 du Mois précédent. Je trouve d'abord contre Ma dignité d'entrer en explication sur la certitude ou l'incertitude des différentes circonstances qu'elle contient. Il est cependant très certain, que de la part de Votre Cour on a usé de peu de sincérité en dressant la Capitulation; On a non seulement, pendant le tems que l'on y travailloit, fait monter 300 hommes du Régiment de Rutowsky et plusieurs officiers au Koenigstein, mais encore après la Confirmation de la Capitulation, on n'a pas hésité de faire évader surtout de ces derniers et de les faire entrer en Bohême auprès des Autrichiens, comme Je l'appris à n'en point douter. Par la même raison cy-dessus alléguée, Je Me dispense de relever ce qui s'est fait avec les Régiments Saxons, qui sont restés en Pologne, mais pour certain tous ces procédés ne peuvent point exciter ultérieurement Ma Complaisance; Et comme d'ailleurs toutes les tracasseries et menées que les Officiers Prisonniers de Guerre ont mis en pratique pour débaucher et animer les soldats à la désertion pour les faire entrer en suite clandestinement en Bohème, Pologne et autres endroits, contre la teneur de la Capitulation et leurs engagements d'honneur, sans parler de leur correspondance illicite; Je ne vois pas comment Je puis après cela me confier à la bonne foy. Je Me vois au contraire forcé de mettre des bornes à la Complaisance dont J'ay fait usage jusqu'icy et de songer plutôt à ma propre sûreté et au salut de Mes Etats et par conséquent de refuser rondement les Postes de Houlans au travers de Mes États, comme une chose de mauvaises suites, de sorte que l'on ne doit plus y penser. Sur ce Je prie Dieu, qu'il Vous ait Monsieur le Général-Major Baron de Spoercke en sa sainte garde. à Dresde le 2 Déc. 1756.

M. R. { *J'espere que ce sera la Derniere Lettre que Vous m'ecrivéz. car depuis les procedéz peûx amiables de Votre Cour il me reste que le Droit De L'epée; on abuse etrangement de ma moderation, si lon me pouse about je ne repond de rien, et ceux qui me bravent et me trompent grosierement apresent pouront avoir lieu de s'en repentir, mais il faut tout sacrifiér a la Cour de Vienne, et lon s'aveugle parce que lon ne veut point voir, je m'en lave Les Mains, voici la Derniere reponse qui Vous reservéz de moy.*

(signé) **Federic.**

Au General-Major Baron de Spoercke
à Varsovie.

NEUNTE STUDIE.

APRÈS LE DÉLUGE.

October 1756 bis November 1757.

> Vorbemerkung. — Die Königin. — Ein Schreiben der Kaiserin. — Die Capitulation beurtheilt. Erste Eindrücke. — Martange's „*Exposition des motifs*" etc. — Rutowski's „*Précis*" etc. — Eine Intrigue des Grafen Brühl. — Rutowski's Antwort vom 15. November. — Wölkau von Gellert geschildert. — Die Verpflegung der Sächsischen kriegsgefangenen Generale und Offiziere. — Ablehnende Antwort Friedrichs II. — Verletzende Journal-Artikel. — Rutowski's Correspondenz darüber. — Ein Urtheil Friedrichs II. zu Gunsten der Sächsischen Generale. — Was die Generale von Graf Brühl dachten. — Das „*Exposé raisonné.*" — Die „ohnparteiischen Gedanken über die Campagne der Sächsischen Armee von 1756." — Das spätere Schicksal der Kriegsgefangenen. — Der Königin Leiden und Tod. — Epilog.

Vorbemerkung. Wir haben das uns gesteckte Ziel erreicht. Die nachstehende letzte Studie ist strenggenommen ein *hors - d'oeuvre*. Es soll darin namentlich aus den uns vorliegenden, sehr umfangreichen Correspondenzen der kriegsgefangenen Sächsischen Generale ein kritischer Rückblick auf die geschilderten Ereignisse geliefert werden. Zugleich werden wir Gelegenheit finden, einige Beiträge zur Charakteristik der schwer geprüften Königin von Polen zu geben, sowie dem geschichtlichen Porträt des Premierministers, Grafen von Brühl, bezeichnende Züge beizufügen.

Wir verhehlen uns nicht, dass diese ergänzenden und erläuternden Nachträge eigentlich nur für die Special-Geschichte Sachsens von Interesse sein können. Für den denkenden Geschichtsforscher und Psychologen, welcher als „rückwärtsschauender Prophet" den Werth der zeitgenössischen *couleur locale* erkannt hat, wird sich jedoch immerhin aus einer genaueren Bekanntschaft mit den handelnden und leidenden Persönlichkeiten das Gesammtbild der Zeit, in welche wir uns zu versetzen versucht haben, schärfer und anschaulicher abrunden und vervollständigen.

In dieser Hoffnung werden wir namentlich die im Wölkauer Archive noch brachliegenden historischen Weizenkörner sammeln und diese Nachlese bestthunlichst zu verwerthen beflissen sein, die Spreu der verdienten Vergessenheit Preis gebend.

Die Königin. Die Königin blieb in Dresden. Das Motiv dieses Entschlusses war ein durchaus patriotisches. Die hohe Frau glaubte dem Lande in dieser schweren Zeit durch Ihre Anwesenheit die Last der Preussischen Einquartierung erleichtern, manche Härte mildern, manche Noth lindern zu können. Sie hat sich als treue Landesmutter bewährt. Der Churprinz stand ihr zur Seite und legte damals den Grund zu der Verehrung, die den früh Vollendeten in das Grab folgen sollte.

Ein Schreiben der Kaiserin. Vergebens hatte die Kaiserin Königin in dem nachstehenden Schreiben, welches unseres Wissens noch nicht veröffentlicht ist, der Königin den theilnehmenden Rath ertheilt, Sich mit Ihrer Familie ebenfalls nach Warschau zu begeben:

Ce 24 d'Octobre 1756.

Madame Ma chère Soeur et Cousine. La lettre de Votre Majesté du 18 a mis le comble à Mon accablement, que la nouvelle du 14 M'avoit déjà causée. Toute Ma consolation est, que Votre Majesté, tant que Son Auguste Epoux, reconnoissent, qu'il ne dépendoit pas de nous, de faire réussir ce tant désiré coup, et que tout le sang versé à Lowositz, étoit pour cette intention à Les soulager le plutôt qu'il dépendoit de nous. La divine Providence n'a pas voulu exaucer nos ferventes prières et dispositions, et il n'y a que cela qui peut Me tranquilliser, c'est la soumission aux Décrets Divins, dont V. M. donne tous les jours un exemple sans exemple, et en héroïne chrétienne soutient encore toute Sa Cour, et ceux qui peuvent L'approcher avec un courage incroyable. Je suis persuadée, que le Bon Dieu remettra les choses au mieux, mais chaque jour, chaque heure Me pèsent de savoir Vos Majestés dans la situation, où Elles sont. Je souhaiterois au moins, les savoir tous en Pologne pour ne les plus savoir entre ces mains, qui ne respectent rien. L'Empéreur pense de même, et partage bien sincèrement tous ces chagrins, et il ne regrette que Son insuffisance; s'il dépendoit de Luy, tout l'Empire viendroit à Son secours, et Luy à la tête, mais malheureusement ce Corps est trop partagé et insuffisant, pour en espérer la moindre chose. Nous ne manquerons point, d'employer tout ce qui sera en notre pouvoir. Nous attendons avec grande impatience un détail de tout ce qui s'est fait. La façon avec laquelle le Roi a soutenu Sa dignité et amitié pour nous a mis le comble à Ma joye, et Elle peut compter, que nous ne sommes pas des ingrats, et que rien au monde ne Me piqueroit plus, si on s'avisoit de mettre quelque faute ou nonchalance sur notre compte. Je suis assez persuadée de la façon de penser de Vos Majestés, pour être tranquille là dessus; mais si d'autres, qui portent peut-être toute la faute, voudroient s'en excuser, j'en serois bien fâchée, et ne pourrois le dissimuler. J'attends avec un empressement sans égal les nouvelles de Dresde, et Je L'assure, que tout ce que J'ai et pourrai, sera à Sa disposition, et que Je Me trouverai trop heureuse, de Luy pouvoir marquer, combien Je suis sincèrement et avec une tendresse sans égale

De Votre Majesté
  la très-affectionnée Cousine et Soeur
    (signé) Marie Therese.

Der König von Preussen nahm mit seiner Armee die Winterquartiere in Sachsen. Er selbst blieb in Dresden und stieg im Brühl'schen Palais ab.

Die Capitulation beurtheilt. Erste Eindrücke. Es konnte nicht fehlen, dass die unglückliche Capitulation von Ebenheit damals die grösste Missstimmung in den höheren geselligen Kreisen Dresdens hervorrief. Mit gerechter Entrüstung hatte man mit ansehen müssen, wie wenig Friedrich II. sein eigenes Königliches Wort, wie wenig er das Unglück achtete in jenen 17,000 Kriegern, die sechs Wochen lang nicht bloss einer Armee von 70,000 Mann, sondern auch dem Hunger, in ihrem improvisirten Lager Widerstand geleistet hatten.

„Leben wir noch in Zeiten, wo Kriegsgefangene Sklaven sind? Giebt es kein Völkerrecht? nicht Treu und Glauben mehr im Deutschen Reiche? Stehn wir schon alle unter der Fuchtel des eisernen Ladstocks? Herrscht das Faustrecht wieder oder noch die goldne Bulle? Gewalt oder Recht?" So fragte man sich. Wie immer in Zeiten der Aufregung zu geschehen pflegt, war man geneigt Unschuldige verantwortlich zu machen für die Schuld Anderer.

Laut beschuldigte man die Sächsischen Generale des Verraths. In den Briefconcepten des Generallieutenants Graf Vitzthum wird dieser Beschuldigung mehrfach gedacht. So heisst es schon unter dem 29. September: „Niemand zweifelt an dem guten Willen der Truppen, wenn man sich ihrer nur bedienen könnte." — „Der König und sein Minister, sowie die Generale fangen an, die Bedenklichkeit der Lage zu fühlen in einem Lager, welches keinen Ausgang hat und wo für keine Verpflegung gesorgt ist. Das Publikum beschuldigt laut den General Dyherrn."

Am 7. October schreibt Graf Vitzthum: „Man versichert, es herrsche grosse Uneinigkeit unter den

Sächsischen Generalen. Man ist unzufrieden mit den Massregeln des Generalquartiermeisters von Dyherrn, der der rechte Arm des Feldmarschalls ist. Letzteren beschuldigt man, er schenke dem Ersteren zu viel Vertrauen und sehe Alles nur durch dessen Augen. Dyherrns Freunde, deren Zahl nicht gross ist, rühmen seine Befähigung und Thätigkeit. Sie können nicht leugnen, dass seine Eitelkeit, sein Ehrgeiz und seine Selbstüberschätzung alle Grenzen überschreiten; dass er eine entschiedene Abneigung hat, zu gehorchen; dass er unverträglich mit seines Gleichen, den Befehlen seiner Vorgesetzten ungern Folge leistet. Er hat dem Könige, dem Feldmarschall und dem Grafen Brühl die Sachen ganz anders vorgestellt, als sie sind. Er hat immer behauptet, die Position des bei Pirna aufgeschlagenen Lagers sei unangreifbar, während doch Andere, die das Handwerk verstehen, versichern, der König von Preussen amüsire sich nur mit der kleinen Sächsischen Armee und wünsche sie zu zwingen, ihm den Eid zu leisten. Von der im Sächsischen Lager herrschenden Hungersnoth ist der Feind vollkommen unterrichtet, denn der König von Preussen hat Spione unter den Sächsischen Offizieren. Wenn Broune sie nicht rechtzeitig entsetzt, so wird ihr Schicksal traurig sein. Der Minister, der Feldmarschall, mit seinem General Dyherrn sind für das Unglück verantwortlich. Dyherrns Feinde beschuldigen ihn offen, im

Einverständnisse mit dem Könige von Preussen zu handeln; indessen betrachten nüchterne Leute diese Beschuldigung als eine Verleumdung."

Am 11. heisst es: „Man ist sehr aufgeregt gegen Dyherrn, der seinen Herrn und die Armee ein grosses Spiel spielen lässt. Auch gegen den Kriegsrathspräsidenten von Unruh ist das Publikum sehr aufgebracht. Er ist eine Creatur des Grafen Brühl, vollkommen unfähig „*rustre et épais;*" er theilt mit dem Premierminister den allgemeinen Hass des Publikums." In einer Nachschrift von demselben Tage steht: „Der Verdacht, dass Dyherrn die Armee verrathe, gewinnt immer mehr an Stärke."

Wenige Tage nach der Capitulation — am 28. October — widerlegt Graf Vitzthum diese Verdächtigungen in folgenden Worten: „Die Oesterreichische Partei wirft einen Stein auf die Sächsischen Generale und möchte die ersten dieses Corps des Verraths beschuldigen. Das ist abgeschmackt; 21 Generale können nicht bestochen werden und Alle haben einstimmig die Capitulation unterzeichnet, welche meiner Ansicht nach unter den obwaltenden Umständen das einzige Auskunftsmittel war. Die grösste Aufregung herrscht gegen General Dyherrn; die Einen beschuldigen ihn des Verraths, die Anderen vollkommener Unkunde, Unfähigkeit und kleinlichen persönlichen Ehrgeizes. Ich kenne Herrn von Dyherrn wenig. Ich halte ihn des Verraths für unfähig, für sehr fähig aber durch Eigensinn und Selbstüberschätzung grosse Fehler zu begehen. Gewiss ist, dass er allein die ganze Sache geführt, dass kein anderer General, von dem, was vor und während des Lagers von Struppen im Cabinet des Grafen von Brühl beschlossen worden ist, Kenntniss gehabt hat. Es ist daher zu beklagen, dass man die Generale für den Ausgang der Sache verantwortlich machen will. Thatsache ist, dass Dyherrn, als er mit den Grenadier-Bataillonen auf dem rechten Elbufer, auf der Ebenheit eintraf, von dem dortigen Terrain auch nicht die geringste Kenntniss besass. Als Generalquartiermeister lag ihm aber die Pflicht ob, jenes Terrain zu recognosciren, was um so leichter gewesen wäre, da es ja kaum sechs Stunden von der Hauptstadt, wo er lebte, entfernt liegt. Die Unsicherheit des Generals ist dem Scharfsinne der Grenadiere nicht entgangen."

<small>Martange's „Exposition des motifs" etc.</small> Graf Brühl hatte schon, bevor er den Königstein verliess, durch den Major von Martange eine *„Exposition des motifs qui ont déterminé l'armée saxonne à la capitulation"* [1] aufsetzen und zunächst dem Feld-

---

[1] Abgedruckt in Deutscher Uebersetzung in der Schrift: „Capitulation der Chur-Sächsischen Armee Anno 1756" (o. Druckort). Seite 19 „Anzeige derer Beweg-Ursachen, von der am 15. October 1756 zwischen der K. Polnischen Churfürstlich Sächsischen Armee und Sr. K. Majestät in Preussen getroffenen Capitulation."

marschall Broune mit einem Schreiben vom 17. October übersenden lassen. Wir erfahren aus der späteren Correspondenz, dass diese „*exposition*" auf Verabredungen zwischen Brühl und dem Französischen Botschafter Grafen Broglie beruhte und die Genehmigung des Königs erhalten hatte. Es heisst darin u. A.:

„Die Armee war seit 72 Stunden ohne Nahrung unter den Waffen. In einem zweiten Kriegsrathe ward beschlossen, endlich der Nothwendigkeit zu weichen und an den König von Preussen zu senden, um eine möglichst ehrenvolle Capitulation zu erhalten. Dieser Beschluss ward dem König (August) überbracht, der Augenzeuge von Allem gewesen, was seine Armee für seinen Dienst gethan und gelitten, und weit entfernt, derselben ihre Unglücksfälle anzurechnen, nur bedauerte, dass so viel Eifer und Standhaftigkeit nicht den Erfolg gehabt hatten, den man davon erwarten durfte. Es war unter diesen beklagenswerthen Umständen geboten, dass man einen Trompeter an den König von Preussen sendete und dass die Armee darein willigte, sich kriegsgefangen zu ergeben."

In dieser Aufzeichnung war sonach die Frage, ob die Absendung des „Trompeters" — des Parlementärs, den Rutowski am 14. October in das Preussische Lager gesendet und dem, wie wir in der vorigen Studie gesehen, Winterfeldt auf dem Fusse in das Sächsische Bivouac gefolgt war — mit oder ohne Vorwissen des Königs von Polen beschlossen worden? ganz unerörtert geblieben.

Rutowski's "Précis" ct.

Ohne diese „*exposition*" zu kennen, hatte Rutowski nun seinerseits, gleichzeitig, zu seiner Rechtfertigung ein „*Précis de la retraite de l'armée Saxonne du camp de Pirna*" aufgesetzt, und diese Schrift nicht nur nach Warschau gesendet, sondern auch der Königin und dem Churprinzen in Dresden selbst überreicht. Abschriften davon mögen schon damals circulirt haben. Eine deutsche Uebersetzung ist später in Frankfurt im Druck erschienen.[1]

[1] „Kurze Nachricht von dem Abmarsch der Sächsischen Armee aus ihrem Lager bei Pirna. Frankfurt 1756, mit einem Plane." Diese Schrift ist identisch mit der unter dem Titel: „Gegründete Nachricht u. s. w." unter den auf der K. Bibliothek zu Dresden aufbewahrten Urkunden de ao. 1757. Der beigelegte Plan ist höchst wahrscheinlich derselbe, welchen Graf Rutowski — nach einer Correspondenz, die sich in Wölkau erhalten hat — am 1. März 1757 bei dem Commandanten des Königstein, General Pirch, bestellte. Der Plan wurde mit Preussischer Genehmigung von Sächsischen Ingenieuren angefertigt. Wir geben ein Facsimile unter den Beilagen am Schlusse dieses Bandes und haben nur, grösserer Deutlichkeit halber, die Ortsnamen mit moderner Schrift bezeichnen lassen. Es braucht nicht hervorgehoben zu werden, dass die Situationszeichnung den heutigen Ansprüchen nicht genügt. Es erschien aber nicht uninteressant, dem Leser einen Plan aus der Zeit selbst vorzulegen. Denn nicht darauf kann es ankommen zu wissen, wie die Localität von einem heutigen Ingenieur dargestellt werden würde, sondern darauf, wie dieselbe Rutowski und seinen Generalen erschien.

Ist übrigens unsere Vermuthung über die Zeit, wo der Plan, der der erwähnten Druckschrift beiliegt, angefertigt

In diesem Aufsatze war unglücklicherweise folgende Stelle aufgenommen worden: „Die Entfernung des Feldmarschall Browne war durch seinen eigenen Brief constatirt und auf Grund wiederholter Vorstellungen von der Unmöglichkeit irgend eines Erfolgs schrieben Seine Majestät an den Feldmarschall Graf Rutowski den beiliegenden Brief, durch welchen Allerhöchstdieselben ihm befahlen, mit dem König von Preussen in Verhandlung zu treten u. s. w."

Der angezogene Brief war kein anderer, als der vom 14. October Nr. 3, dessen Redaction Dyherrn mit Brühl, wie wir oben gesehen, übernommen hatte.[1]

Die Intrigue des Grafen Brühl.

Diese Stelle des *précis* scheint den König persönlich verletzt zu haben, wie aus vertraulichen Mittheilungen, welche die Königin später dem Schweizerhauptmann Generallieutenant Meagher machte, sich wohl herauslesen lässt. Brühl aber missbrauchte diese ganz begreifliche momentane Verstimmung seines Herrn, und namentlich dessen Abgeschlossenheit in Warschau zu einer Intrigue, die den Zweck hatte den Premierminister in den Augen der fremden Mächte und des Publikums wegen der Capitulation rein zu waschen, auf Kosten der Generalität.

worden, begründet, so kann die Schrift — was auch aus andern Gründen nicht wahrscheinlich — nicht schon im Jahre 1756, sondern erst im Frühjahre 1757 in Frankfurt gedruckt worden sein.

[1] S. oben Seite 230.

Wir können uns zur Ehrenrettung der damaligen Sächsischen Armee die Enthüllung dieser Intrigue nicht ersparen.

Während man in Wien, Paris und Petersburg die bewunderungswerthe Festigkeit des Königs laut anerkannte und den Dienst vollkommen würdigte, den Er der „gemeinen Sache" dadurch geleistet, dass Er die Preussische Armee sechs Wochen lang aufgehalten und Friedrich II. gezwungen hatte seinen Angriffsplan für dieses Jahr wenigstens aufzugeben, stellte Brühl seinem Herrn die Sache so vor, als könnten die Alliirten das Rutowski'sche *Précis* als den Beweis eines geheimen Einverständnisses zwischen dem Könige von Polen und Preussen ansehen, falls den Generalen nicht ein öffentliches *démenti* gegeben würde.

Graf Brühl bekundete in dieser ganzen Angelegenheit einen solchen Grad von Furchtsamkeit und Doppelzüngigkeit, dass die actenmässige Blosslegung dieser Intrigue einen traurigen Beitrag zur Charakteristik dieses längst gerichteten Mannes geben wird. Offenen Visires den Grafen Rutowski zur Rede zu stellen, dazu fehlte dem Premierminister der Muth. Er zog es vor, sich hinter den König zu verstecken und erlangte ein K. Rescript, d. d. Warschau 3. November, welches in deutscher Uebersetzung lautet:

„Mein Herr Graf Rutowski! Ich habe das *Précis* über das, was sich bei der *retraite* meiner Armee und der Capitulation, die darauf erfolgt ist, begeben, und welches Sie hieher gesandt haben, empfangen. Da darin gesagt wird, dass nach dem Ausmarsch aus dem Lager ich Ihnen endlich befohlen hätte, mit dem Feinde zu capituliren, so erheischt es die Wahrheit und der schlimme Eindruck, den diess auf meine Bundesgenossen und Freunde machen würde, dass Sie diese Stelle in der gedachten Piece streichen, denn Sie werden sich erinnern, dass es gerade diese ohne meinen Befehl und mein Vorwissen begonnene Verhandlung war, welche mich bestimmte, Ihnen das Schicksal meiner Armee zu überlassen, indem ich sie Ihrer Menschlichkeit empfahl, um deren gänzlichen Untergange durch Hunger und Elend vorzubeugen, da die Generale sie nicht gegen den Feind hatten führen wollen, wie ich es mehrere Male befohlen, und die Armee selbst es dringend wünschte. Sie finden die Beweise in dem *Eclaircissement*, was ich hier beilege[1] u. s. w.

Dass Brühl bei diesem Anlasse die von ihm selbst geflissentlich herbeigeführte und erhaltene Unkenntniss des Königs über die wahre Sachlage miss-

---

[1] Wir geben das Original des K. Rescriptes und das „*Eclaircissement*" in den Beilagen und bemerken nur, dass in dem Concepte des Ersteren die Stellen über den „schlimmen Eindruck auf die Freunde und Bundesgenossen," sowie die zweite am meisten verletzende: „da die Generale die Armee nicht hätten gegen den Feind führen wollen" u. s. w. von Brühls eigener Hand hinzugesetzt worden.

brauchte, bedarf keines Nachweises. Der König, der offenbar erst durch Gersdorff am 14. früh erfahren, wie die Sachen standen, während ihn Brühl bis dahin in der Illusion erhalten hatte, dass sich die Armee ohne Schwierigkeit nach Böhmen durchschlagen werde, der König konnte, trotz des schriftlichen Befehls, den Dyherrn redigirt hatte, begreiflicherweise leicht dahin gebracht werden, in der obenbemerkten Stelle des Rutowskischen *précis* eine Verdrehung der Thatsachen zu vermuthen, die der Verfasser entschieden nicht beabsichtigt haben konnte.

Rutowski's Antwort vom 5. November

Das Königliche Handschreiben erreichte Rutowski noch in Dresden und ward von ihm sofort am 15. November beantwortet. Das Ueberreichungsschreiben an Grafen Brühl von demselben Tage hebt den Irrthum hervor, der sich in das Königliche Handschreiben vom 3. November, wie Rutowski sagt „er wisse nicht wie" eingeschlichen (*glissé*) habe. Denn nirgend habe er gesagt, am wenigsten in dem *précis*, dass der König ihm befohlen, nach dem Ausmarsch aus dem Lager zu capituliren. Der Feldmarschall beruft sich zugleich auf die für ihn am 18. September vorbereitete, aber nicht vollzogene Instruction, worin bereits der Fall einer Capitulation vorgesehen worden und ihm die nöthige Vollmacht dazu habe ertheilt werden sollen.

„Es ist weder mir — schreibt er — noch irgend einem Generale in den Sinn gekommen, die Waffen niederzulegen, bevor nicht die Unmöglichkeit vorlag, sich ihrer zu bedienen, und der Hunger sie unsern Händern entwunden."

In dem dem Königlichen Handschreiben beigefügten *éclaircissement* war der Ausdruck „*capitulation honteuse*" gebraucht worden. Dagegen verwahrt sich der Feldmarschall mit Entschiedenheit.

„Der gute Wille der Truppen" — schreibt er — „war mir hinlänglich bekannt. Aber den Soldaten fragt man nicht, wenn es sich darum handelt, die Folgen eines aussichtslosen Kampfes zu erwägen, welche viel bedenklicher hätten sein müssen, als der Verlust an Menschenleben, deren Aufopferung mir Seine Majestät gestattet hatte. Hätten wir am 14. angegriffen, so hätten wir 5 bis 6000 Mann verloren, der Rest wäre in die Elbe geworfen worden und Alles diess hätte uns gezwungen, uns dem Sieger auf Gnade und Ungnade zu ergeben. Der mit Sicherheit vorauszusehende Verlust dieses Verzweiflungskampfes würde nur die geheiligte Person des Königs in Gefahr gebracht und Ihn auf dem Königstein einem Bombardement ausgesetzt haben, mit welchem man uns zu drohen nicht verfehlt hat. Mit Einem Worte, ich für meine Person würde es natürlich vorgezogen haben, mich am Fusse des Liliensteins mit einem Theile meiner Armee zu begraben; was ich aber vermeiden wollte, war, den König selbst in die Gewalt des Königs von Preussen kommen zu lassen."

In dem Schreiben an den König, aus welchem wir bereits mehrere Thatsachen ausgezogen, wird die militärische Frage noch viel weitläufiger beleuchtet. „Ich bekenne" — schreibt der Feldmarschall — „dass die Vorwürfe Ew. Majestät mir das Herz zerreissen. Wenn es etwas gäbe, was mich in meinem Unglück trösten könnte, so ist es die Ueberzeugung von der Unmöglichkeit, in der ich mich befunden, den Naturgesetzen, der Uebermacht und dem Hunger zu widerstehen."

Graf Rutowski erinnert vor Allem — was er nicht gewagt haben könnte, wenn es nicht wahr gewesen — seinen Königlichen Herrn ausdrücklich daran, dass die Lebensmittelfrage ihn nichts angegangen, dass er bei dem Grafen Brühl zu wiederholten Malen auf rechtzeitige Herbeischaffung von Mehl und Vorräthen gedrungen; bemerkt, dass der Mangel an Proviant allein jedem Truppencommandanten ohne ausdrücklichen Befehl gestatte, mit einem übermächtigen Feinde in Verhandlung zu treten, und constatirt endlich die eigentliche Ursache des Unglücks in folgenden Zeilen: „Die Ereignisse haben bewiesen, dass die Anlegung von Magazinen, welche uns für wenige Monate Proviant gewährt hätten, die Armee und wahrscheinlich den Staat gerettet haben würde."

Nach Absendung dieser Schreiben begab sich

nun der Feldmarschall Graf Rutowski in Begleitung seiner Gemahlin und seiner Schwiegereltern, des Fürsten und der Fürstin Lubomirski geb. Vitzthum, mit dem Chevalier de Saxe, dem Generalmajor Dyherrn und mehrern Adjutanten, von denen der in der letzten Zeit mehrfach als Courier verwendete Oberstwachtmeister Accaris besonders genannt wird, nach Wölkau und verblieb daselbst nach unsern Acten bis zum November 1757, wahrscheinlich länger, da ihm Friedrich II. die Rückkehr nach Dresden wiederholt abgeschlagen.

Wölkau von Gellert geschildert.

Das dortige von dem Vater des damaligen Besitzers, des mehrerwähnten Generallieutenants Grafen Vitzthum, erbaute Schloss bot Raum genug für die zahlreichen Gäste. Wir besitzen eine anmuthige Beschreibung der Localität in einem Briefe Gellerts, der sich rühmte „zum Vitzthum'schen Hause zu gehören," und wollen uns nicht versagen dem Dichter das Wort zu gönnen:

Welkau den 16. May 1763.[1]

„Ich bin seit Sonnabends Vormittags wieder in Welkau ... Aber Sie kennen ja das Schloss nicht, wo ich lebe, und den Garten nicht, in dem ich krank und gesund gehe. Mit dem Schlosse wird mirs nicht gut glücken,[2] liebe Correspondentin: denn es ist so gross,

---

[1] 73. Brief aus dem „Briefwechsel Christian Fürchtegott Gellerts mit Dem. Lucius," Seite 215. Leipzig J. A. Brockhaus 1823.

[2] Nämlich: es zu beschreiben.

dass ichs selbst nicht ganz kenne und oft in der Gefahr stehe, das Zimmer unter fünfzig oder sechzigen nicht finden zu können, das mir ein wie allemal gehört. Indessen stellen Sie sich ein grosses, massives, ins Viereck, zu Anfange dieses Jahrhunderts von einem guten Italienischen Baumeister erbautes Gebäude, zwey Geschoss hoch, mit Souterrains, sehr hellem Hofe, mit unglaublich vielen, grösstentheils trefflich, durchgängig gut meublirten hohen Zimmern und einem prächtigen Salon vor, so haben Sie unser Schloss. An die Seite des *Corps de Logis* stösst der Garten, an den einen Flügel ein kleines Wäldchen, die Wohnung der Nachtigallen und aller guten Vögel, die singen können, und hier wohne ich, mit einem Teiche und einem Theile der Allee umgeben. Die andern beiden Seiten haben Teiche, Wiesen, das Dorf, die Kirche und einen Theil des Gartens und die Wirthschaftsgebäude zur Aussicht. Kurz, wir haben hier so viel Platz, dass zu Anfange des Kriegs die ganze Sächsische Generalität in diesem Schlosse hat wohnen und jedes für sich klagen und exerciren und Ball geben können. Der Garten ist nach dem grossen Garten in Dresden wirklich der grösste, den ich geschn habe, und ehe ich drey grosse Hauptalleen, und zwo in der Breite, zwo treffliche Bogengänge, und ein Lindenstück von zwölf Alleen — kurz, ehe ich zwölfhundert Linden durchgehe, so muss ich alle meine Kräfte mehr als einmal daran wagen. Indessen halte ich mich am meisten in den Cabinetten von wilden Bäumen auf; denn wer hört nicht gern die Nachtigallen? u. s. w.

<small>Die Verpflegung der Sächsischen kriegsgefangenen Generale und Officiere.</small> Mittelst Schreibens d. d. Warschau vom 27. November war Seiten des Grafen von Brühl an den Grafen Rutowski der Befehl ergangen „sich der

Direction der Justiz beim Generalkriegsgerichte über die zu Kriegsgefangenen declarirten Generals, Stabs- und Oberoffiziere, die im Lande geblieben, fernerhin zu unterziehen." Der Kriegsrath Götze hatte auf die Nothwendigkeit einer solchen Einrichtung aufmerksam gemacht, da man von Preussischer Seite sich auf keine Weise in die Jurisdiction der Offiziere, die den Revers unterzeichnet hatten, einmischen wollte.

Anheimgegeben wird dem Feldmarschall, sich darüber mit dem König von Preussen in Vernehmen zu setzen, nach Befinden eine Convention abzuschliessen. Rutowski verhehlte die Schwierigkeiten nicht, welche die Ausführung namentlich wegen der ermangelnden Execution haben würde und bat um die nöthigen Verhaltungsbefehle und Vollmachten. (Rutowski an Brühl, Wölkau vom 23. December 1756.)

Inzwischen hatte der König von Preussen die in der Capitulation ad 9 übernommene Verpflichtung, die Generale zu verpflegen, nicht eingehalten. Er hatte sich zwar erboten, dem Feldmarschall und dem Chevalier de Saxe einige Monate ihres rückständigen Soldes aus den mit Beschlag belegten Sächsischen Kassen zu bezahlen. Als aber beide dieses Ansinnen einer exceptionellen Vergünstigung abgelehnt und wie die übrigen Kameraden behandelt zu sein gefordert hatten, war jede Zahlung unterblieben. Der in Dresden zurückgebliebene Schweizerhauptmann

Meagher übersandte nun eine von ihm und den Generalen Rechenberg, Nitzschwitz und Bolbriz unterzeichnete Eingabe an den Feldmarschall d. d. 24. December, worin dieser ersucht ward, den König von Preussen an die Erfüllung des 9. Artikel zu erinnern.

In einem die Eingabe begleitenden Privatbriefe bemerkt Meagher, er habe die Genehmigung der Königin zu diesem Schritte nachgesucht und erhalten. Ihre Majestät habe dabei bemerkt, dass der König ihr Gemahl ganz ausser Stande sei, in diesem Augenblick etwas für seine Offiziere zu thun, so sehr er das auch wünschen würde. Sie könne daher nur den Versuch billigen, so wenig Erfolg Sie Sich auch davon verspräche, da ja der König von Preussen weder Sein Wort zu halten noch irgend eine Gelegenheit vorübergehen zu lassen pflege, wo Er denen, die ihrem Herrn treu geblieben, eine Demüthigung zu bereiten vermöge.

Rutowski antwortete sofort am 30.: er sei bereit, müsse aber zunächst die Befehle des Hofs aus Warschau einholen; was er auch an demselben Tage that.

Er erwartete keinen Erfolg und legte seiner Depesche an den Grafen Brühl den Entwurf eines Schreibens an Friedrich II. bei, in welchem der Antrag dahin formulirt werden sollte, es möge den Sächsischen kriegsgefangenen Generalen zwei Drittheile des ihnen gebührenden Tractaments ausgezahlt werden.

Die Generale hatten sich gleichzeitig auch an Brühl gewendet und dieser schon am 28. December den Feldmarschall noch bevor der König dessen Eingabe erhalten, mit entsprechenden Aufträgen versehen. Diese Letzteren wurde durch das Antwortschreiben Brühl's vom 8. Januar 1757 wiederholt, aber mit der Weisung, den vollen monatlichen Sold für die Generale und die sämmtlichen übrigen zu Kriegsgefangenen declarirten Offiziere zu verlangen, unter Bezugnahme auf den Artikel 9 der Capitulation und unter Betonung der Thatsache, dass Preussischer Seits alle Sächsische Kassen mit Beschlag belegt worden.

Auf Grund dieser Weisungen richtete Rutowski am 21. Januar 1757 ein Schreiben an Friedrich II., um Ihn zu ersuchen, Sich durch den Generalmajor Zeutzch den Etat vorlegen, und hiernach sämmtlichen Offizieren den Gehalt, wie er im October vorigen Jahres gewesen, auszahlen zu lassen.

„Wir hoffen Alles, heisst es darin, von Ihrem Königlichen Wohlwollen, um so mehr, da wir diesen Vorschritt mit Genehmigung des Königs, unseres Herrn, thun. Die Fonds sind in Eurer Majestät Händen, ich hoffe daher, dass, ganz abgesehen von dem, was in solchen Fällen Brauch ist, das Mitleid, welches die traurige Lage dieser armen kriegsgefangenen Offiziere Eurer Majestät einflössen muss, mein Gesuch unterstützen wird."

Meagher, der zur Ueberreichung dieses Schreibens ausersehen war, war krank und wurde dasselbe durch den Generalmajor von Zeutzsch und die übrigen in Dresden gerade verweilenden Generale dem Könige von Preussen an seinem Geburtstage (24. Januar) überbracht.

Ablehnende Antwort Friedrichs II Friedrich empfing zwar die Herren nicht ungnädig, liess sich aber auf die Sache selbst mündlich gar nicht ein, sondern richtete an Rutowski die nachstehende ablehnende Antwort:

Monsieur le Comte de Rutowsky! J'ay vu ce que Vous avez voulu Me faire parvenir par Votre lettre du 21. de ce mois en faveur des Généraux et autres Officiers Saxons Prisonniers de Guerre et la conclusion que Vous croyez pouvoir tirer de l'art. 9 de la Capitulation; mais Vous voudrez bien aussi Vous souvenir qu'en dressant la Capitulation et notamment cet art. 9, Je M'expliquois alors fort clairement, que Je ne pourrois que pourvoir à l'entretien des Officiers qui entreroient à Mon service, mais que Je ne pouvois Me charger des autres. Cecy ne souffre aucune interprétation. Du reste Vous pouvez être assuré de Mon entière Estime et sur ce Je prie Dieu, qu'il Vous ait, Monsieur le Comte de Rutowsky, en sa sainte et digne garde.

à Dresde le 25 Janvier 1757.

Signé: Federic.[1]

[1] Das Original im Wölkauer Archiv ist von demselben Secretär mundirt, dessen sich Friedrich II. in seiner Correspondenz mit dem König von Polen bedient hatte. Eine Abschrift hat sich im Feldmarschalls-Archiv, eine zweite in dem Fascikel der Correspondenz Brühls mit Rutowski erhalten.

Er wollte hiernach den 9. Artikel dahin interpretirt wissen, dass Er nur denen Offizieren versprochen habe ihren Sold zu zahlen, welche Ihm dienen würden. In der Capitulation hiess es bekanntlich: „*qui serviraient*," also ganz allgemein: welche fortdienen würden.

Auf die Nachricht von der abschlägigen Preussischen Antwort ertheilte Graf Brühl, am 19. Februar 1757, dem Feldmarschall die Weisung, sich anderweit schriftlich an Friedrich II. zu wenden, dessen unbedingte Weigerung den König August höchlich überrascht habe. Der Premierminister legte zugleich für das zu übersendende Schreiben einen Entwurf bei, wonach der Wortlaut der Capitulation und die oben angedeutete Interpretation wiederholt, ganz besonders aber hervorgehoben werden sollte, dass in Bezug auf die den Generalen gegenüber übernommene Verpflichtung nicht der geringste Zweifel obwalten könne; wie ja auch schon aus dem Anerbieten klar hervorgehe, welches Friedrich II. dem Grafen Rutowski und dem Chevalier de Saxe gemacht und diese nur zurückgewiesen hätten, um keinen Vorzug vor ihren Kameraden zu geniessen.

Der Brühl'sche Entwurf erschien jedoch dem Grafen Rutowski nicht zeitgemäss. Er zog es vor, nach Dresden zu gehen, und die Sache mündlich dem Könige von Preussen selbst vorzustellen. Ueber die ihm gewährte Audienz erstattete er, d. d. Dresden

7. März, einen Bericht, aus welchem wir Folgendes
ausziehen:

„Ich habe" — schreibt Graf Rutowski — „den
Brief vom 19. Februar empfangen, mit welchem mich
Ew. Excellenz beehrt haben, auch den Entwurf des-
jenigen, welchen ich nach Ihrer Ansicht dem Könige
von Preussen hätte überreichen sollen, um die Zahlung
des Tractaments der kriegsgefangenen Generale zu erlangen. Es sei mir gestattet, Ew. Excellenz vorzustellen, dass, so berechtigt auch das Verlangen, die
Form Ihres Entwurfes mir denn doch in meiner Stellung
zu stark erschienen ist. Von Souverän zu Souverän
wäre dieser Ton möglich gewesen, aber ein Privatmann, der an einen König schreibt — namentlich
wenn dieser Privatmann des Königs Kriegsgefangener — würde dadurch nur verletzt und die Chan-
cen, unsern Zweck zu erreichen, nur verringert
haben. Wenigstens habe ich das so angesehen
(*du moins je l'ai jugé ainsi*). Ich habe daher den
Intentionen Seiner Majestät (von Polen) dadurch
ebenso gut entsprechen zu können geglaubt, dass
ich seinen Befehl mündlich ausgerichtet. Was mich
hauptsächlich dazu bewog, war der Umstand, dass
sämmtliche kriegsgefangene Offiziere, vom Obersten
bis zum Fähnrich herab, Befehl erhalten hatten,
Dresden und alle übrigen Sächsischen Städte zu
verlassen, um sich den 11. dieses (März) nach einer
der vier Städte Guben, Lübben, Wittenberg oder

Eisleben zu begeben. Ich hoffte bei diesem Anlass, einige Erleichterungen zu ihren Gunsten zu erreichen. Es ist mir auch gelungen, die Genehmigung zu erwirken, dass der Generalstab, einige alte Offiziere, die Offiziere der Miliz und die Pensionirten in Dresden bleiben, dass diejenigen, welche in der Umgegend von Leipzig Güter oder Verwandte haben, sich dorthin zurückziehen dürfen und dass alle fremden Offiziere, welche in ihre Heimath zurückzukehren wünschen, Pässe zu diesem Zwecke ausgestellt erhalten sollen. Was ihre Verpflegung anlangt, so hat der König durchaus nichts davon hören wollen; er behauptete, er sei nicht dazu verpflichtet und habe sich übrigens über die Herren zu beschweren; über den Grund hat er sich jedoch nicht näher ausgesprochen. Was die Generale anlangt, so hat der König zwar zugestanden, dass er versprochen, dieselben zu verpflegen. Auch habe er die Absicht gehabt, und habe mir und dem Chevalier de Saxe angeboten, die nöthigen Zahlungen zu leisten. Da wir jedoch dieses Anerbieten abgelehnt, so habe er die Sache für abgemacht angesehen und darnach seine Einrichtungen getroffen *(il se l'était tenu pour dit, et en conséquence avait formé ses arrangemens).*"

Vergebens hatte der Feldmarschall die Gründe auseinandergesetzt, welche seine und seines Halbbruders Ablehnung motivirt, der König wiederholte,

„seine Einrichtungen seien getroffen; er würde um so weniger davon abgehen, als man ihm jetzt im Publikum sein Verhalten nicht mehr verdenken werde, seitdem die Sächsischen Regimenter aus Polen abmarschirt, um sich mit der Oesterreichischen Armee zu vereinigen,[1] für diese Regimenter werde der König Subsidien erhalten, da könne er ja seine Generale nunmehr selbst verpflegen. Was ihn anlange, so glaube er sich zu gar nichts mehr verpflichtet und er bliebe dabei *(il ne se croyait plus obligé à rien et s'en tenait là)*. Vergebens hatte sich Rutowski bemüht, das gute Recht der Sächsischen Generale durch allerhand Vorgänge darzulegen, vergebens hervorgehoben, wie er wahrscheinlich Befehl erhalten werde, seine Vorstellungen zu erneuern. Friedrich II. bemerkte höhnisch: „Das können Sie thun, ich aber bleibe bei meiner Antwort." („*Vous le pouvez, Monsieur, et j'y répondrai de même.*")

Am Schlusse seines Berichts erklärt sich übrigens Rutowski bereit, wenn es König August durchaus verlange, den im Entwurfe mitgetheilten Brief doch noch abzuschicken, obgleich er sich davon keinen Erfolg versprechen könne.

---

[1] Wir wiederholen, dass die Thatsache, mit welcher sich Friedrich II. hier entschuldigt, diesem König am 16. October bereits bekannt war, als er die Verpflichtung einging, an deren Einhaltung Rutowski vergebens mahnte. S. oben Seite 263.

Brühl antwortete am 23. März, der König billige die Gründe, welche Rutowski veranlasst, von dem mehrgedachten Entwurfe keinen Gebrauch zu machen. Jetzt sei der Augenblick vorüber. Es sei aber zu bedauern, dass der Feldmarschall vorgezogen habe, die Sache mündlich vorzustellen, da es, um die Gerechtigkeit der Forderung und die Ungerechtigkeit der Ablehnung zu constatiren, vielleicht in Zukunft zuträglich gewesen, die Correspondenz zu veröffentlichen.

Hiermit war die Sache erledigt. Die Sächsichen Generale erhielten gar nichts. Wie sie die Sache ansahen, ergibt sich aus dem nachstehenden Auszuge eines Schreibens, welches der General Rochow, d. d. Naumburg 3. März 1757, an Rutowski richtete:

„Ich kann nicht in Abrede sein, dass ich alle Zeit einer *Negativae* vermuthend gewesen bin, dass aber ein dergleichen unstatthafter Prätext erscheinen und der Artikel in der Capitulation, welcher denen Offiziers, so nicht Dienste nehmen, den Unterhalt versagt, auch auf die Generals extendiret werden würde, hätte (ich) mir nicht vorgebildet, denn da Königliche Majestät von Preussen mit eigener Hand und mit klaren Worten in Ansehung derer Generals dasjenige accordiret, was Sie in der Capitulation weiter unten denen übrigen Offiziers versaget, auch so wenig bei jenen.

sich einiger Restriction bedienet, als Sie hingegen bei diesen in der Antwort auf den sie betreffenden Artikel dergleichen hinzuzufügen vergessend gewesen, so halte ich einen *refus* von dieser Art vor eine völlige Umstossung und Bruch der Capitulation und glaube, dass an seine gegenseitige Engagemens gleichfalls nicht gebunden zu sein, keine grössere und wichtigere Ursache als diese, wenn man durch Hunger umgebracht werden soll, unter der Sonne gefunden werden kann."

Man wird hiernach begreifen, dass man sich nunmehr auch Sächsischer Seits nicht mehr durch die Capitulation für gebunden erachtete, welche der König von Preussen allenthalben gebrochen hatte.

Reizende Journal-Artikel.

Die wahrhaft trostlose Lage der Sächsischen Generale und Offiziere in jener Zeit, der Hunger und die Noth, zu welchen sie verurtheilt waren, mussten ihnen die Behandlung, welche sie von dem Minister erfuhren, doppelt fühlbar machen. Kaum hatte nämlich der Feldmarschall das oben erwähnte Vertheidigungsschreiben an Brühl und den König vom 15. November[1] expedirt, als in den Petersburger Zeitungen, und später in den Hamburger und Altonaer, das dem Königlichen Rescripte vom 3. November beigefügte *Eclaircissement* veröffentlicht wurde.

Im „Altonaer Postreuter" Nro. 206 vom 24. Dec.

[1] S. oben Seite 283.

1756 war diese Mittheilung mit folgender Einleitung versehen worden:

„Seine Königliche Majestät in Polen haben seit Dero Anwesenheit zu Warschau von den Umständen, welche bei der Sächsischen Truppencapitulation vorgefallen sind, folgende merkwürdige Relation bekannt machen lassen. Bei denen Seine Majestät, unsern Allergnädigsten König, betroffenen betrübten Umständen kann Dero Grossmuth und Standhaftigkeit, wie auch gegentheils die Furcht und Nachlässigkeit der Sächsichen Generalität nichts so sehr an den Tag legen, als nachfolgende von Seiner Majestät eigenhändig unterzeichnete Erklärung über dasjenige, was bei Dero Armee nach gehaltenem zweiten Kriegsrathe vor geschlossener Capitulation vorgegangen."

Rutowski's Correspondenz darüber. Rutowski, von allen Seiten auf diese Zeitungsindiscretion aufmerksam gemacht, erliess ein Circular, d. d. Wölkau den 10. Januar 1757, an die Generale von Arnim, von Rochow, Haxthausen, Wilster, Prinz Eugen von Anhalt, die Generallieutenants von Minckwitz und von Plötz, und die Generalmajore Gersdorff und Vitzthum, um ihnen folgenden Brief abschriftlich mitzutheilen, welchen er am 8. Januar an Graf Brühl zu richten sich veranlasst gesehen:

J'ai vu avec autant de surprise que d'indignation un article de la Gazette de Hambourg, No. 205, et un autre de celle d'Altona No. 206 nous accuser, les officiers-Généraux Saxons et moi, de lâcheté et de négligence.

Cette imputation précède la déclaration de S. M. le Roi, notre maître, en date de Varsovie le 3 de Novembre, et le début du gazettier semble annoncer, que c'est par ordre, que le tout a été inséré dans ces feuilles. Le Roi est assurément trop juste pour déshonorer tout un Corps d'officiers-Généraux, sans l'entendre. Les plus malheureux, les plus coupables de tous les hommes sont écouté en justice. Le pouvoir le plus absolu ne va pas jusqu'à flétrir, tel que ce puisse être, sans forme, et sans procédure, et tout homme bien né aime mieux perdre la vie, que l'honneur. Toutes ces considérations me persuadent, que les gazettiers ont supposé témérairement un ordre, qui ne leur a pas été donné, et que V. E. voudra bien leur faire parvenir celui, de revoquer un exposé également faux et diffamant. Je ne vous dirai rien, Msgnr., sur le fond de la déclaration du Roi, qui n'a rien du tout de commun avec le début du gazettier: ma réponse à S. M. et la lettre, que j'ai écrite à V. E. en conformité, contiennent tout ce qu'on peut écrire. Si S. M. ne nous tient pas assez justifiés, qu'Elle ordonne de notre sort: notre vie et notre honneur répondront de notre conduite. Nous gémissons sur notre malheur, dont le mécontentement de notre Maître est le plus grand, et le plus accablant. Nous espérons tout de la bonté Royale, et nous ne craignons pas sa justice, nous la demandons même à toute rigueur, mais nos juges doivent être des gens de guerre, éclairés, et non prévenus. J'avais espéré, que l'amitié de V. E. pour moi aurait pris fait et cause contre les mensonges et la calomnie. Je serais bien fâché, si je m'étais trompé. Je n'ai cependant manqué à personne, et je me manquerai encore moins à-moi même dans l'affaire du monde la plus importante. Presque tous les officiers-Généraux ayant lu avec une désolation inexprimable le malheureux article, qui les concerne, je n'ai pas cru devoir leur cacher mes représentations, ils en ont reçu copie, et je ne manquerai pas de les instruire de tout ce que V. E. aura fait, pour détruire les impressions, que les libelles du gazettier pourront avoir repandues dans le public.

J'ai l'honneur etc.

Wie Meagher dem Feldmarschall am 12. und 15. Januar aus Dresden meldete, wusste man bereits dort aus Warschauer Briefen, dass jene Veröffentlichung ohne Vorwissen des Königs erfolgt sei. Die Königin hatte Rutowski's Vorstellung an den Premierminister nicht nur gebilligt, sondern auch den Grafen Wackerbarth beauftragt, dieselbe zu unterstützen.

Brühl antwortete dem Feldmarschall am 26. Januar, wie folgt:

Monseigneur,

C'étoit Son Excellence M[r.] le Comte de Wackerbarth qui après un entretien avec M[r.] le Comte de Vicedom, m'avoit déjà informé de ce qui se trouvoit inséré dans les gazettes d'Altona, avant que Votre Excellence m'eut honoré de Sa lettre.

Ayant remarqué alors, que le Roi étoit irrité de ce que Messieurs les Généraux Le soupçonnaient, comme si Sa M[té.] se serviroit d'un gazettier, pour parler d'affaires, et donneroit même des ordres à des gens pareils, j'ai hésité quelques jours de parler au Roy de ce que Votre Excellence m'a donné à connoitre sur ce chapître, puisque je n'ignore pas, combien la Cour déteste ces sortes de moyens, qui malheureusement ne sont devenus que trop fréquents, et dont je sers moi-même d'exemple. Mais à la fin comme Votre Excellence m'en charge exprès, je n'ai pas voulu supprimer sa commission, quoique tous ceux, qui ont l'honneur d'approcher du maître se gardent de toucher la corde de la malheureuse catastrophe de l'armée, dont Sa M^té ne parle jamais qu'avec la plus vive affliction et amertume. Il en est arrivé comme je l'avais prévu. Le Roy m'a répété, qu'il étoit fort surpris de ce que Messieurs les Généraux Le connoissoient si peu, pour pouvoir s'imaginer, qu'il auroit besoin des gazettiers en voulant parler contre Ses serviteurs, ou S'expliquer avec eux: Que l'Exposé[1] qu'on avoit publié sans Sa permission, et qui Lui avoit extrêmement déplû, en ce qu'il a été tout autre, que celui de la plume du sieur Martange, concerté avec S. E. M^r l'Ambassadeur de France, et approuvé de Sa M^té à Koenigstein, avoit porté le Roi d'envoyer la pièce en question vraie de mot en mot à Votre Excellence, et de la communiquer confidemment à Ses Alliés, pour Leur prouver, que Lui n'avoit jamais pensé à faire capituler son armée, mais de la voir plutôt mourir l'epée à la main, que de se rendre sans coup férir entre les mains d'un ennemi dont le Roy prévoyoit comment Ses troupes seroient traitées.

Le Roy m'a ordonné encore de répondre à Votre Excellence, qu'Il Se devoit plus d'égards qu'aux autres; Que Sa propre réputation et Ses intérêts ayant exigé de Luy, dans le malheur présent, de faire revenir Ses alliés d'une opinion nuisible et dangereuse inspirée contre Luy, peut-être par les malicieuses insinuations de l'ennemi,

---

[1] Das „*Précis*" Rutowski's. S. Seite 279.

comme s'il y avoit eu un concert entre le Roy n. M. et le Roy de Prusse dans cette affaire, qui d'ailleurs ne leur paroissoit pas naturelle et possible. Sa M^{té} avoit jugé à propos de convaincre Ses alliés par cette comunication confidente de Sa fermeté, et d'anéantir par là un soupçon trop injurieux à Sa gloire et à Sa façon de penser.

Du reste Sa M^{té} ne veut refuser aucune justice à M^{rs} les Généraux, dès qu'ils jugent à propos de la Lui demander. Elle regrette que la pièce soit devenue publique par les gazettes, telle n'ayant jamais été son intention, et Elle donnera Ses ordres à Son Résident à Hambourg de tâcher de découvrir l'auteur, qui a donné cette commission au gazettier, et d'en témoigner son mécontentement.

Quant à moi, je puis prouver par le Roi même, par LL. AA. RR. et par tous les cavaliers qui sont ici, les marques d'une amitié sincère et attachement inaltérable, que j'ai manifestés pour Votre Excellence, dans cet étrange conjuncture. Je me serois flatté, qu'Elle en avoit trop de preuves, pour me faire là dessus un compliment si douteux. Et j'aurois cru, que mon bon coeur Luy devroit été mieux connu, et à tout le monde. Mon caractère n'a jamais été de faire du mal, pas même à mes ennemis, et je me suis toujours cru le plus heureux en pouvant rendre service à quelqu'un. Mais enfin je sais étouffer le chagrin personnel, et je proteste à Votre Excellence, que je ne finirai jamais d'être avec une respectueuse considération

    Monseigneur
    de Votre Excellence

à Varsovie   le très humble et très
ce 26 Janv. 1757.   obéissant serviteur
             C. de Brühl.

Hiermit scheint Brühl gehofft zu haben die Sache abzuthun. Er sandte an demselben Tage Abschrift des an Rutowski gerichteten Schreibens an Wackerbarth zu dessen Information und bemerkte dabei:

„*Je suis mortifié qu'une pièce soit devenue publique qui n'a été proprement faite que pour être communiquée confidemment à nos Alliés, et pour justifier le Roi même. Mais je le serais encore davantage si Messieurs les Généraux voulaient s'opiniâtrer à demander justice. Je crains fort qu'ils ne s'en trouvent mal. Car tout juge impartial les condamnerait ne fût-ce que pour avoir désobéi.*"

Ein Urtheil Friedrichs II. zu Gunsten der Sächsischen Generale. Wie mochte Brühl erstaunen, als er durch einen Brief, welchen Wackerbarth in Wechsel, zufällig an demselben 26. Januar, an den Premierminister richtete, das Urtheil eines unparteiischen Richters erfuhr!

Wackerbarth berichtet nämlich über die Audienz, welche, wie wir oben gesehen,[1] mehrere Sächsische Generale am 24. Januar bei Friedrich II. gehabt:

„*S. M. prit la lettre* (Rutowski's Brief an Friedrich II. vom 21. Januar) *avec bonté et s'informa de la santé du Comte (Rutowski) puis Elle leur demanda: s'ils n'avaient pas connaissance des articles qui les concernaient dans les gazettes de Hambourg et d'Altona? Ils repondirent qu'ils les avaient lus avec douleur, mais qu'ils avaient écrit au Roi, leur Maître, pour obtenir*

---

[1] S. oben Seite 291.

par grâce, que ces articles fussent rectifiés et que si cela n'arrivait pas, ils auraient recours à la justice.

„*Tout le monde Vous la rendra, Messieurs, Vous n'avez qu'à Me reclamer*" (Sie können auf Mich provociren) *repondit le Roi de Prusse.*"

Das wirkte. Denn kurz darauf — am 5. Februar — wurde durch ein kurzes Deutsches Schreiben Brühl's der Feldmarschall ermächtigt:

„Nachdem Ihre Königliche Majestät zu Ew. Excellenz und der gesammten Generalität Beruhigung, wegen des Ihrenthalben in verschiedenen Zeitungen kürzlich publicirten Artikuls Ihr höchstes Missfallen öffentlich bekannt zu machen sich entschlossen" — ....

von Wölkau aus einen Widerruf d. d. Warschau den 5. Februar in die „Leipziger Zeitungen" inseriren zu lassen. Die Insertion erfolgte auch in dem bei den Acten liegenden Blatte vom 22. Februar 1757, in welchem, beiläufig bemerkt, aus Lissabon über das grosse Erdbeben, aus Paris über das bekannte Attentat des Damiens, dem Ludwig XV. so eben entgangen war, die neuesten Nachrichten gegeben werden.

In dem officiellen Artikel wird „auf Seiner Königlichen Majestät ausdrücklichen Befehl declarirt, dass die obberegten Veröffentlichungen wider Wissen und Willen desselben erfolgt seien, der König also daran ebenso wenig als an denen von den Zeitungsschreibern beigefügten höchst strafbaren Urtheilen nicht den geringsten Antheil habe, Höchstdieselben auch, wenn Sie über das Betragen Ihrer Generalität einige Unzufriedenheit öffentlich zu äussern Ursache hätten, sich dazu der öffentlichen Zeitungsschreiber nicht bedienen würden."[1]

Die Piece wurde den mehrgenannten Generalen durch ein Circular d. d. 18. Februar 1757 wieder mitgetheilt. Der Feldmarschall empfiehlt darin Geheimhaltung des Schreibens, welches Brühl am 26. Januar an ihn gerichtet, damit es nicht anderweit in die Zeitungen gerathe, und ersucht die Generale ihm ihre „Gedanken" über beide ministerielle Schreiben vertraulich zu eröffnen.

Was die Generale von Graf Brühl dachten.

Die Generale kamen diesem Begehren ihres Chefs nach, und wir geben aus den im Wölkauer Archive aufgefundenen Antworten einige charakteristische Auszüge.

Arnim schreibt von Droyssig am 2. März 1757:

„In der Brühl'schen Antwort seien zwei bis drei Stellen, welche hinlänglich bewiesen, wie wenig man die Generale geschont, durch die Art wie man die verbündeten Höfe von diesem unglücklichen Ereignisse unterrichtet. Wahrscheinlich desshalb, weil

---

[1] Auch als Flugblatt wurden die Hamburger und Altonaer Artikel damals verbreitet; doch wurde der Vertrieb amtlich sistirt und die vorhandenen Exemplare in Leipzig confiscirt. K. S. H. Staatsarchiv.

man jenen Höfen, ebenso wie dem Könige vorher immerfort die falsche Meinung wiederholt, dass die Vereinigung mit dem Feldmarschall Broune gar nicht fehlen könne. Das sei allerdings für die Generale sehr traurig, da ja die einfache Wahrheit die Alliirten und die ganze Welt von der Unmöglichkeit jener Operation unter den obwaltenden Umständen hätte überzeugen und sonach jeden Verdacht wegräumen müssen, als sei der König von Polen im Einverständnisse mit dem König von Preussen gewesen. Alles diess könnte den Generalen durchaus nicht zur Beruhigung dienen und müsse sie überzeugen, dass man sie beim Könige hinter ihrem Rücken so angeschwärzt, dass sie die Folgen auch in glücklichern Zeiten noch empfinden würden.

Der General, der, wie wir oben gesehen haben, früher in Petersburg gewesen, sucht die Quelle der Veröffentlichung dort und motivirt dadurch seinen Zweifel, ob es möglich sein werde, Satisfaction für die erlittene Beleidigung zu erhalten. Er glaubt, der Hof solle den Stadträthen von Altona und Hamburg aufgeben, jene Journalisten, welche es gewagt, *„de telles horreurs“* aus den Russischen Zeitungen abzuschreiben, exemplarisch zu bestrafen.

Auch Rochow gibt d. d. Naumburg den 25. Februar seiner Entrüstung unverholenen Ausdruck, namentlich in einer eigenhändig geschriebenen Französischen Beilage — seinen „Gedanken." — Zu der Stelle des Brühl'schen Briefs, wo es heisst, der König sei gegen die Generale aufgebracht, wird dort nachstehender Commentar geliefert:

„Der König ist immer aufgebracht gegen seine Generale, bald über dieses bald über jenes. Aber wer reizt ihn dazu an? wer ist es, der ihm fortwährend mit Insinuationen, Lügen und Verleumdungen die Sachen so darstellt, wie sie nicht sind? Ich kann versichern und das auf meine Ehre, dass in der Correspondenz, welche ich mit den meisten betheiligten Generalen in dieser wichtigen Angelegenheit unterhalte, es auch keinem von uns allen in den Sinn gekommen, irgend einen Verdacht zu hegen gegen den König den besten und billigstdenkenden der Menschen. Wir sind alle einstimmig der Meinung, dass diese Beschimpfung von einem jener böswilligen Wesen ausgeht, welche mit einem zweischneidigen Schwert in der Hand die Ehre unsers lieben Herrn und die Ehre seiner Generale zugleich angreifen wollen. Wir begreifen, dass ein Souverain, der sich in der Nothwendigkeit sieht, fremde Hilfe anzurufen, die Gründe davon darlegen muss. Aber war denn die Gesinnung dieses Fürsten unbekannt? Sein Leben, geschmückt und erfüllt von so schönen Zügen der Rechtlichkeit und Festigkeit, war es denn nicht reich genug, um darin allein die Waffen zu finden, um Verdacht und Verleumdung zum Schweigen zu bringen? Um die Regententugenden des Königs, gekannt und verehrt von allen, zu constatiren, war es denn nöthig, die Ehre seiner Generale zu verletzen und die der Feigheit und der Nachlässigkeit zu bezüchtigen?

„Die Klugheit und meine Faulheit verhindern mich, dieses Thema weiter auszuführen, um so mehr, da ich von dem von Brühl erwähntem Aufsatze, welcher zwischen Broglie und Martange verabredet worden sein soll, gar keine Kenntniss habe."

Der alte Wilster lässt sich d. d. Chemnitz, 25. Februar dahin vernehmen:

„Obwohl man sich nicht vorstellen könne, aus eben den *raisons*, wie in besagtem Schreiben angeführet, dass solches (die Veröffentlichung) auf Allerhöchsten Befehl geschehen wäre, so hätte es doch vielmehr mögen übel und denen dabei Interessirten zum grössten Nachtheil sein ausgelegt worden, wenn man diesen sämmtlicher Generalität dadurch zugefügt gewordenen öffentlichen *affront* stillschweigend eingestecket, ohne verlangt zu haben, sich darüber zu *eclairciren*."

Er theilt gleichzeitig eine Rechtfertigungsschrift mit und kommt am 28. Februar noch einmal auf die Frage zurück, indem er dem Feldmarschall anheim gibt, ob es nicht gut wäre, den Zeitungsschreibern eine nachdrückliche Züchtigung wie dem — uns unbekannten — „Erlanger" vor einigen Jahren geschehen, ertheilen zu lassen und dafür zu sorgen „dass sie deme, so ihnen solche zugetheilet, über den richtigen Empfang zu quittiren, genöthigt wären."

Auch der Fürst Eugen von Anhalt lässt sich mehrfach über die Sache aus und gibt dem Feldmarschall anheim „Einige von die Herrn Generals nach Warschau abzuschicken um Alles gehörig und völlig noch vor Wiederherstellung des Friedens abzumachen" d. h. dem Könige mündlich die ganze Sache noch einmal auseinanderzusetzen; da es nach des Prinzen Erachten durch mündlichen Vortrag leichter sein werde, die Sache abzuthun, als durch Hin- und Zurückschreiben. „Ich war im Begriff" — schreibt der Prinz — „Ew. Excellenz dieserhalb, was in die Altonaer und Hamburger Zeitungen wegen der Generalität gefunden, zu benachrichtigen und dieselben ganz ergebenst zu bitten, deswegen fernere Vorstellungen zu machen, um unsere Unschuld an den Tag zu legen." (Dessau, 17. Januar 1757.)

General Minckwitz aber macht die wohl sehr richtige Bemerkung, dass wohl eigentlich nicht die Capitulation, sondern die geschehene „schlechte Haltung derselben" den Unwillen des Königs August erregt haben möge. „Denn — heisst es — obgleich Ihre Majestät sagen, dass sie lieber gesehen, dass Dero Armee mit dem Degen in der Faust gestorben wäre, so annectiren selbe doch zugleich die Ursache dieser Expression, nämlich weil sie vorausgesehen, wie man mit Dero Truppen verfahren würde." Er meint beim künftigen Friedensschlusse werde es sich wohl zeigen, was am besten gewesen und fügt hinzu: „obgleich ich selbst, wenn Ihrer Majestät ernstlicher Wille genugsam bekannt gewesen, viel lieber den Tod als selbem zuwider zu leben, würde erwählet haben; welches ich auch von Ew. Excellenz und allen Anderen persuadiret bin."

Gersdorff, der seine „ohnmassgeblichen Gedanken über die zwei Briefe aus Warschau" in einem besondern Aufsatze darlegt, dringt entschieden damals schon auf ein unparteiisches Kriegsgericht.

In seinem Ueberreichungsschreiben, des von Rutowski, wie wir schon gesehen, verlangten Rapports über seine Sendung nach dem Königstein vom 14. October, lässt sich aber Carl August von Gersdorff, d. d. Rennersdorf den 20. Januar 1757, folgendermassen aus:

„Ich ward darinnen — nämlich in der Warschauer Declaration, welche die Zeitungen gebracht hatten — manifeste Injurien und zugleich so zweideutige Ausdrücke gewahr, welche, so lange die Menschen sich darüber betrügen, die ersten (d. h. die Injurien) rechtfertigen könnten. In Summa, ich war ganz betäubt. Sollte diese Declaration von Warschau sein? Was konnte sie vor ein Absehen haben? Sollten die Schandflecke, welche ein Herr seinen Dienern in öffentlichen Schriften angehänget, dessen Standhaftigkeit beweisen? Dieses war unnöthig; denn es hat Niemand in der Welt zweifeln können, dass eine solche Standhaftigkeit nicht mit der grössten Sicherheit und Grossmuth sei an den Tag gelegt worden."

Nachdem er den von Dyherrn redigirten Königlichen Befehl noch einmal analysirt und es für unmöglich gehalten, dass ein Herr seine Generals „ohne reifes Examen," seine Diener „ohne irgend eine Absicht und Nutzen" in öffentliche Blätter beschimpfen wolle, geht er nun daran, die Sache zu erklären.

„Es fragt sich — sagt er — ob man dabei nicht einen traurigen Effect der Hofsprache gewahr wird. Die listigsten Hofleute aller Orten suchen ihre Glückseligkeit mehrentheils darinnen, wenn sie beständig ihrem Herrn nach dem Maule reden und andere verhindern können, die Sache in ihrer natürlichen Gestalt vorzutragen, und so unschuldig oder so klug und artig diese Sache aussieht, ich meine für den grossen Haufen, so boshafte, so schändliche und verderbliche Effecte müssen oft bloss dadurch zu Wege gebracht werden. Wenn z. B. in desparaten Umständen einer eingesperrten Armee, welche kein Brod hat, ein Herr beständig mit vergebener Hoffnung von einer *entreprise*, welche als *immanquable* vorgestellt wird, wäre geschmeichelt worden, so ist es natürlich, dass der Hofsprache zuletzt nichts als die unnatürlichsten Dinge, nämlich ein lächerliches ungleiches und also vergebenes Gefecht übrig bleibet, wodurch aller vorhandene Trost, alle Schmeicheleien, alle mit süssen Hoffnungen verkleisterten Vorträge sich von selbst entschuldigen und je weniger oder je mehr (denn in diesen Umständen ist es einerlei) ich sage: je weniger oder je mehr man einsiehet, dass die Generalität wider ein elendes Fechten sprechen wird, je gewisser muss die Hofsprache allen Trost im Fechten suchen, damit zuletzt alles Unglück auf den Mangel des Fechtens kann geschoben werden. Wenn man die Worte betrachtet, welche dem Generalmajor Dyherrn auf dem Königsteine gesagt worden (wir erinnern, dass Dyherrn nur Brühl damals gesehen hat) nämlich: „Der Gersdorff hat so viel gepredigt, dass der König recht wilde geworden," so scheinet es, Ihre Königliche Majestät habe vorhero die Sachen auf keiner so schlimmen Seite angesehen. Vermuthlich hatten Dieselben damals noch niemals an den Unterschied gedacht, welcher aus der verschiedenen Stellung des Herrn Feldmarschall von Broune herkommen konnte. In der ersten Situation war die Conjunction eines gewissen Theils der Sachsen sicher und in der andern — unmöglich. Soviel konnte ich damals merken, dass Ihro Königliche Majestät alles Heil und besonders alle Ehre im Fechten suchten und die übrigen Wünsche gar wenig in Consideration gezogen wurden."

Bezeichnend ist auch die Stelle aus des Generalmajors Heinrich Vitzthum von Eckstädt Schreiben d. d. Sangerhausen den 24. Januar:

„Ich weiss nicht, ob ein purer und simpler Widerruf in einer Zeitung den Flecken abwischen kann, der der Sächsichen Generalität bereits angehänget worden. Ich glaube, Ihro Majestät, unseres Allergnädigsten Königs Unterschrift, die öffentlich bekannt gemacht werden müsste, wäre hiezu nöthig. Doch ist man dabei noch inskünftige in Gefahr, dass (ob) Ihro Majestät dem Könige nicht falsche Berichte gethan worden und von der Armee nicht hinterbracht werden, so lange der mündliche Vortrag *immediate* an Ihro Majestät hohe Person nicht dem alle Zeit zugestanden wird, dem er zu thun gebühret. Ich will nicht sagen, dass der Verfasser der von Warschau nach Petersburg geschriebenen Relation die begangenen Fehler, durch Beschuldigung der Generalität Ihro Majestät aus den Augen ziehen will. Es scheint aber doch, dass derselbe gewünscht, dass Niemand von der Armee übrig sein möchte, welcher die unnatürlichen Bewegungsgründe, warum von

Jahr zu Jahr die Armee verringert, denen Offizieren die verdienten Besoldungen entzogen, und mit nie erhörten Auflagen beschweret, die Magazine verkaufen heissen, und Ihro Majestät dem König alle Mittel aus den Händen gewunden, womit Allerhöchst sich selbst Ihro *famille* und Ihro Erblande beschützen und vertheidigen können, beleuchten möge."

Rutowski hatte nicht verfehlt, seinen Generalen das Brühl'sche Antwortschreiben und durch Circular vom 3. März die am 28. Februar aus Wölkau an den Premierminister erlassene Replik mitzutheilen.

Diese Replik, welche, wie der Feldmarschall erwähnt, anderweit an den Minister und nicht an den König gerichtet worden, da ja „bei der Entfernung des Hofes" Alles durch die Hände des Erstern an Seine Majestät gelangen müsse, bemerkt im Eingange, dass so gross auch die Genugthuung gewesen sei, zu erfahren, wie der König die Frechheit der Zeitungsschreiber missbillige, diese Genugthuung doch sehr getrübt worden sei durch die Mittheilungen, welche Graf Brühl über die immer noch ungünstige Stimmung mache, die im Herzen des Königs wider seine Generale obwalte. Am tiefsten verletzt habe es aber zu vernehmen, dass jene schimpfliche Darstellung an befreundete Höfe mitgetheilt worden.

„Trauriges Auskunftsmittel — sagt Rutowski — um die Loyalität des Königs unsers Herrn zu constatiren. Als ob diese jemals in Zweifel hätte gezogen werden können, als ob die unerhörten Massregeln, die wider Ihn, sein Königliches Haus und sein Land geübt worden, nicht hinreichend wären, um Ihn gegen jeden Verdacht einer Connivenz sicher zu stellen! Sei es das grösste Unglück des Königs Gnade zu verlieren, so sei zugleich die Ehre zu verlieren „*le comble de l'infortune.*" In dieser Lage befinde sich jetzt ein Corps von Generalen, die bereit, ihre Ruhe, ihr Vermögen und ihr Leben aufzuopfern, kein anderes Opfer für unmöglich hielten, als das ihrer Ehre." So motivirt Graf Rutowski sein Verlangen einer eclatanten Rechtfertigung, welche unbedingt nöthig, ohne welche die Generale weder werth seien, zu leben noch dem Könige ferner zu dienen.

Der Feldmarschall gibt zwei Wege an, auf welchen jene Rechtfertigung gewährt werden könnte: entweder durch ein Kriegsgericht oder, wenn diess unter den gegenwärtigen Umständen durchaus unmöglich, durch die Genehmigung einer mündlichen Auseinandersetzung, zu welchem Ende Rutowski bereit sei, mehrere seiner Generale nach Warschau zu senden. Er für seine Person macht kein Hehl daraus, dass er den erstern Weg vorzieht:

„Ew. Excellenz werden mit mir ermessen — heisst es in seinem Schreiben — dass es nur ein

Kriegsgericht sein kann. Wie gross auch unser Gehorsam und unsere Resignation, soweit können sie nicht gehen, uns gleichgültig zu machen für die Beschimpfung, welche uns durch die vertrauliche Mittheilung an die alliirten Höfe geworden. Für den König, für seine Alliirten, wie für das gesammte Offizierscorps ist es von gleicher Wichtigkeit, dass das Verhalten der Generale, die mit Eifer und Treue gedient zu haben glauben, gehörig untersucht, und der ganzen Welt gegenüber als ein solches dargestellt werde, welches frei von Verbrechen, frei von Schande, frei von jedem Vorwurf gewesen. Verdienen Vernachlässigungen keine Gnade, so ist es doch gerecht das Unglück auf die Rechnung des Schicksals zu setzen."

Zum Schlusse bemerkt er, dass, wenn er vorausgesehen, es werde das der Königin und dem Churprinzen (wie bereits oben bemerkt) überreichte *précis* dem Könige missfallen, er es um so leichter unterdrückt haben würde, als es ja durch den Aufsatz des Herrn von Martange überflüssig geworden, ein Aufsatz, dessen amtlicher Charakter, ja dessen Existenz ihm, wie er feierlich versichern könne, durchaus unbekannt gewesen.

„Uebrigens hatte ich allerdings nicht geglaubt — fährt er nicht ohne Ironie fort — dass ein Anderer besser als ich und meine Generale, über die Terrainschwierigkeiten und über die Beweggründe

meiner Handlungsweise unterrichtet sein konnte."
Am 11. März erreichte dieses Schreiben Warschau.
Am 16. erwiederte Brühl:

„Der Brief, den Sie mir die Ehre erzeigt haben, mir am 28. v. M. zu schreiben, ist mir richtig zugegangen. Verzeihen Sie, wenn ich in Erwiederung darauf, mich in Einzelheiten weiter nicht einlasse. Ich kann Ihnen nur einfach mittheilen, dass ich Ihr Schreiben dem König ganz zu lesen gegeben habe. Seine Majestät hat sich begnügt, es mir zurückzustellen, mit der alleinigen Bemerkung, es sei jetzt nicht an der Zeit diese unglückliche Sache wieder aufzunehmen, man müsse sie schlafen lassen, bis zu einem schicklicheren Augenblicke." —

Hat der König Rutowski's Schreiben gelesen? Dieser Zweifel ist trotz der Versicherung des Grafen Brühl nur zu sehr gerechtfertigt.

Die Generale scheinen übrigens kaum einen bessern Erfolg erwartet zu haben, wie deren Antworten auf Rutowski's Circular vom 3. März beweisen.

„Es wird ein grosses Unglück sein, schreibt Wilster von Chemnitz am 17. März, da man Ihro Majestät so viele Jahre, wie auch in dieser letzten Begebenheit mit Eifer und lediglich *par* Ambition gedienet; indem das, was man von dem Seinigen im Dienste zusetzen müssen, um bei der immerwährenden Zurückbleibung derer Tractaments und anderer aus der Steuer zu erhebender Gelder sich zu erhalten, augenscheinlich darthut, dass man nicht *par* Interesse gedienet, ja noch gegenwärtig seinem Herrn mit aller ersinnlichen Treue bei denen betrübtesten und dürftigen Umständen zugethan verbleibet, ungeachtet aller *considerablen* Offerten, so umb den Dienst zu changiren einem gemacht werden und wovon zu seiner Zeit Ew. Excellenz ein Mehreres zu eröffnen die Ehre haben werde, weil man nach überstandenem grausamen Schicksal annnoch die unverdiente Ungnade des Herrn, den Verlust seiner Dienste und was sonst noch vor *désagréments* deme können anhängig sein, müsste zu befürchten haben."

In dem Erwiederungsschreiben des Generalmajors Heinrich Vitzthum vom 13. März bemerkt er, seine Einsicht in dem bekümmerten Zustand, worin sich die sämmtliche Generalität befinde, sei so beschränkt, dass sich selbe nicht weiter auf etwas Anderes als auf ein Kriegsgericht verlassen könne. Noch Andere als er würden der Ueberzeugung sein, dass die Freunde und Alliirten des Königs Seiner Majestät durchaus keinen Vorwurf zu machen hätten, nachdem Sie mit Ihrer kleinen Armee das Aeusserste abgewartet. Dass ein solcher Vorwurf möglich, davon könne er sich nicht überzeugen: Es sei denn, dass durch *oblique* Bemühungen diese hohe Alliirte und Freunde dahin bewogen worden. Auch Andere würden diese Auffassung mit ihm theilen, aber auch dabei die Ursachen mit ihm erkannt haben, „warum Sachsen auf einmal über den Haufen geworfen und so schnell in das äusserste Elend gestürzt worden," da sich schon einmal fast der gleiche Zufall ereignet habe (1745). „Dieses kommt nicht von der Ebenheit unter Lilienstein, sondern dort geschah nur das Consumatum. Ich bin ein Sachse und folglich sehr eifrig zur Vertheidigung der Ehre des Königs meines Herrn und zum Nutzen des Vaterlandes. Ich wünsche von ganzem Herzen, dass man ein Exempel an diejenigen zeige, die unsern Herrn und das ganze Land in jetzigen unglücklichen Zustand gebracht und kann ich meinen Verdruss nicht mässigen, wenn ich ansehe, mit was vor Arglist man den, dem Könige zugezogenen Chagrin auf die Generalität zu wälzen unternimmt. Diese Leute sein wie ein bekannter Seefisch, welcher, wenn er sich in Gefahr sieht, gefangen zu werden, das Wasser um sich herum ganz schwarz macht. Durch dieses Mittel will man, dass die wahre Ursache des Unglücks entwische und die unglückliche Generalität das Versöhnopfer sein soll, durch welches die Aufführung Anderer getilgt werde. Aber werden Ihro Majestät mit dieser Versöhnung sich begnügen oder selbe zulassen? Ich vermeine es nicht, hoffe vielmehr, dass Ihro Majestät mit der Sentenz wider Ihre Generals so lange verziehen werden, bis die Untersuchung mit aller Redlichkeit durch untadelhafte Richter verfertiget worden. Ich möchte aber wünschen, zu vernehmen, vor welches Gerichte dieses Gehör gebracht werden könnte, ob es genug ist, dass es vor das Cabinet komme."

Mittelst Circular vom 9. April wurde endlich auch Brühls letztes Schreiben den Generalen mitgetheilt. Rutowski bemerkt dabei, er habe der Nothdurft befunden, zu erwiedern: dass wenn ein Kriegsgericht unmöglich, die Genehmigung zur Absendung mehrerer Generale unumgänglich sei.

Ein Concept dieses Schreibens des Generalfeldmarschalls an den Premierminister hat sich weder in den Wölkauer, noch hat sich das Original in den Acten des Hauptstaatsarchivs gefunden. Indessen ergiebt sich aus einem Privatbriefe Meaghers, d. d. Dresden den 3. April, an Rutowski, dass dieser dem Schweizerhauptmann die Idee, noch einen letzten Versuch zu machen, vor den Uebrigen mitgetheilt hatte. Meagher war damals noch nebst dem Generalmajor Grafen von Horst in der Umgebung der Königin, welcher die Schweizer, die den Wachtdienst im Innern des Schlosses versahen, erst am 9. April entzogen wurden. Meagher fand, wie der Feldmarschall, Brühls Antwort vom 16. März ebenso lakonisch wie ungenügend. Der Minister scheine die Absicht zu haben, den Generalen Schweigen aufzuerlegen. Desshalb sei der Entwurf, welchen Rutowski ihm von dem, wie bemerkt, bei den Acten nicht vorhandenen Schreiben mitgetheilt, nur zu billigen. Es sei Alles, was man in der gegenwärtigen Lage thun könne. „Sie beharren" — schreibt Meagher — „bei dem Verlangen eines Kriegsgerichts, was eben den besten Beweis abgibt, dass Sie Sich für unschuldig halten und geben zugleich das Mittel an, welches den König und uns bis zum Eintritt des günstigen Momentes, auf den man uns vertröstet, zufrieden stellen kann." Der General gibt schliesslich anheim, ob es nicht möglich sein sollte, dem Premierminister durch einen Dritten einige Angst vor den Folgen seiner Weigerung beizubringen, denn nur durch Furcht sei auf ihn zu wirken. Was er vor Allem fürchte, sei der Verlust der Gnade seines Herrn und diess erscheine unfehlbar, wenn dem Könige klar und deutlich alles dasjenige zusammengestellt werde, was Seiten des Feldmarschalls seit dem Juni geschehen, um auf die erste Nachricht des Oesterreichisch-Französischen Bündnisses hin den Minister aus seiner Lethargie zu reissen und die Armee in kriegstüchtigen Zustand zu setzen. Er schlägt dazu den Kriegsrath Götz vor.

Wilster in seinem Schreiben d. d. Chemnitz

den 17. April legt die Gründe des Weiteren dar, warum es ihm allerdings unmöglich scheine, vor der Hand, da sämmtliche Generale kriegsgefangen, auf einem Kriegsgericht zu bestehen. Er glaube daher, den von Rutowski vorgeschlagenen Ausweg als den sachgemässesten empfehlen zu sollen und gibt die Hauptpunkte an, welche von den abzusendenden Generalen mündlich dem Könige vorgetragen werden sollten, nämlich:

1) was Ursache daran, dass man ein Lager gewählt, worin das kleine *Corps d'armée* einem viermal stärkeren Feinde *tête* machen müssen und selbigem aber auch ohne auswärtige Hülfe nicht entkommen können? und warum da nicht in Zeiten für genugsame Subsistenz gesorget worden?

2) Da man sich retiriren wollen, warum die *mesures* zu solcher höchst wichtigen *Entreprise* nicht zuverlässiger genommen worden? Unter den mehrgedachten Umständen sei der Armee eben nichts übrig geblieben, als die Capitulation. Dass solche nicht gehalten worden Seiten des Feindes, könne der Generalität nicht zur Last gelegt werden. Uebrigens ist er der Meinung, dass, wenn alle Umstände klar dargelegt und durch den Druck öffentlich bekannt gemacht würden, solches von eben dem Effect sein würde, als was man durch einen Kriegsrechtsspruch erreichen könne.

Wir haben die Geduld des Lesers auf eine

schwere Probe stellen müssen, um aus diesen bisher ganz unbekannten Papieren die Entstehung des „*Exposé raisonné*" zu erläutern; eine Rechtfertigungsschrift, welche Graf Rutowski in Wölkau aus dem durch die Correspondenz mit seinen Generalen gewonnenen Material zusammengestellt hat. Die Reinschrift liegt im Wölkauer Archive. Eine Abschrift hat sich im Königlichen Hauptstaatsarchive in den Acten des früheren Feldmarschalls-Archivs gefunden. Der Fund ist um so werthvoller als die Originalien der drei Promemorien der Sächsischen Heerführer aus den Cabinetsacten verschwunden sind und dort nur die Kanzleinotiz zurückgelassen haben, dass Graf Brühl diese drei Piecen an sich behalten,[1] wahrscheinlich in der Absicht, die Beweise seiner eigenen Versäumnisse und Unterlassungssünden zu vernichten. Für das „*Exposé raisonné*" dienten die „Gedanken," von denen wir einige Auszüge gegeben, als Vorarbeiten.

Die „ohnparteiischen Gedanken über die Campagne der Sächsischen Armee von 1756."

Auch der Hausherr hatte sich der Arbeit nicht entzogen. Ein ganz eigenhändiges, mehrfach corrigirtes also, jedenfalls selbst redigirtes Manuscript des Generallieutenants Grafen Vitzthum unter der Ueberschrift: „Ohnparteiische Gedanken über die Campagne der Sächsischen Armee von 1756" hat sich unter seinen Papieren vorgefunden. So helle Schlaglichter diese Arbeit auch auf die damaligen

[1] S. die Notiz I. Band, Vorwort Seite X die Anmerkung.

Sächsischen Zustände wirft, so werden wir sie doch, um die Urkundensammlung nicht allzusehr anschwellen zu lassen, nicht mitveröffentlichen. Der darin gegebene Schattenriss des Grafen Brühl hat durch die Ergebnisse der kurz nach dem Tode dieses Ministers eingeleiteten Untersuchung in den Hauptzügen volle Bestätigung gefunden. Dass die schon früher von 40,000 auf 21,000 Mann reducirte Sächsische Armee am 1. Mai 1756 noch um weitere 2000 Mann vermindert worden, wird vom Grafen Vitzthum scharf gerügt. Die wahre Ursache kannte er wahrscheinlich nicht. Wir haben sie oben dargelegt.[1]

Der Hauptvorwurf der Brühl gemacht wird, ist: „dass sich dieser Minister nicht die Zeit habe geben wollen, auf etwas Ernsthaftes zu denken und etwas Unangenehmes dem Könige vorzutragen, die ordinären Depensen einzuschränken und eine gehörige Distribution derer Finanzen zu machen, indem die bisherigen schlechten Einrichtungen alsdann wären an den Tag gekommen."

Seine gewissenlose Finanzwirthschaft wird in drastischen Zügen dargelegt und dabei erwähnt, der Preussische Minister von Borck, der, wie bekannt, damals die gesammten Sächsischen Finanzen auf Befehl Friedrichs II. verwaltete, habe gefunden, dass der Graf Brühl aus jeder Königlichen Kasse etwas, ja noch sein Pagentractament, überhaupt

[1] S. I. Band, Seite 309 u. ff.

aber und in Summa monatlich 65,000 Rthlr. Fixum mit Ausschluss der Revenüen seiner Güter, der Erträgnisse der ihm verliehenen Polnischen Salinen und der sonstigen Präsente und Anfälle bezogen habe. Ob es einem Sächsischen Minister erlaubt sei, dergleichen die Kräfte des Landes übersteigende Einkünfte zu acceptiren, werde dem Urtheile eines jeden vernünftigen Menschen überlassen, zumal, wenn man dabei nicht aus den Augen verliere, dass Brühl „alle Kassen dirigire, alle Unterschriften dem Könige selbst präsentire und keinen Minister, welcher sich seinen Unternehmungen widersetzen könnte, leide, sondern fast alle Chargen bei Hofe und im Ministerio bekleiden und deren Revenüen ziehen wolle."

Dieses Alles sei zu erweisen und bei aller Unparteilichkeit könne der Verfasser der „ohnparteiischen Gedanken" „irgend etwas dem Minister zu Ehren" nicht anführen, „weil ihm bei vielem Nachsinnen nichts einfalle, daher nichts übrig bliebe, als das Vorige zu bekräftigen und ins Künftige die Verbesserung voriger Fehler mehr zu wünschen als zu hoffen."

Uebrigens ist der Oheim der Gräfin Rutowska der Einzige der in seinen „Ohnparteiischen Gedanken" auch die „Fehler" des Feldmarschalls unumwunden darlegt. Die Uebrigen hatten nur von den Fehlern Brühls gesprochen.

Nach Allem, was sich aus den Correspondenzen des Feldmarschall Rutowski schliessen lässt, dürfte das Bild, welches Vitzthum von seinem Chef und Verwandten entwirft, lebenswahr und treu sein. „Wer ihn kennt," sagt er, „muss wohl gestehen, dass sein redliches und uneigennütziges Herz kaum seines Gleichen hat; sein guter gesunder Verstand lässt ihn jederzeit die Dinge sehen, wie sie sind. Wollte er nur seinen ersten Eindrücken und Entschliessungen folgen und wüsste er sie nur durchzusetzen, so würden seine Unternehmungen glücklicher ausfallen. Leider lässt sich aber dieser General von den Leuten, so bei ihm sind und ihm einiges *Attachement* zeigen, leiten, und da sein Trieb zur Arbeit mässig, die gute Meinung, die er vermöge seines Temperaments von den Leuten hat, masslos, ein Argwohn gegen deren Ehrlichkeit bei ihm nicht aufkommen kann, so überlässt er ihnen die Besorgung der wichtigsten Sachen, wenn sie ihm nur mündliche und oftmals nur wahrscheinliche Rapporte abstatten. Auch gibt er ihnen zuletzt nach, wenn sie heftig wider seine Meinung streiten, nur um ihrer Importunität überhoben zu sein."

Nicht zu übersehen ist das Motiv, womit Vitzthum es gewissermassen entschuldigt, dass Rutowski und der Chevalier de Saxe, nachdem alle ihre Vorstellungen an der Sorglosigkeit des Premierministers abgeprallt, vor der Campagne dem Könige nicht ihre Entlassung

zu Füssen gelegt hätten. Klugheit und Liebe für
den Königlichen Halbbruder und die Armee hätten
den Gedanken nicht aufkommen lassen. Denn Brühl,
der in der Ancienneität ihnen zunächst stehende
General, habe gewünscht, Feldmarschall zu werden.
Dadurch würde aber der Ruin der Armee und das
Unglück des Landes nur beschleunigt worden sein.
Nicht freisprechen könne man freilich den
Grafen Rutowski von dem Vorwurfe, dass er
in früheren Zeiten es versäumt habe, sich
beim Könige, dem Premierminister gegenüber
die dem Feldmarschall gebührende Stellung
zu wahren. Dadurch sei es zu erklären, dass der
Feldmarschall anfangs nicht sofort auf die Vereinigung der Sächsischen mit der Königlich Kaiserlichen
Armee habe dringen können. Diess sei nicht aus
militärischen, sondern aus politischen Gründen
unterblieben, weil es, wie man vorgegeben, der
Neutralität, welche man aufrecht zu erhalten gehofft,
entgegen gewesen und man sich eingebildet, Sachsen
dadurch zu retten. „Man glaubte nicht," heisst es
in den „ohnparteiischen Gedanken," dass der König
von Preussen wollte, würde und dürfte mit einer
Armee von 70,000 Mann in Sachsen gegen eine von
17,500 etwas unternehmen. Man hielt die *Auream
Bullam*, in welcher dergleichen Gewaltthätigkeiten
verboten sind, für eine unüberwindliche Brustwehr und
gab vor, dass die Zusammenziehung der Sächsischen

Armee dem *Commercio*, an welches vorher wenig war gedacht worden, schädlich sein würde."

So habe man sich denn für das unglücklichste Project entschieden, die ganze Armee zwischen Pirna und Königstein in ein vermeintlich unangreifbares Lager zu concentriren, ein Project, welches auf der falschen Voraussetzung beruht habe, der König von Preussen werde den „Hauptfehler" begehen, das Sächsische Corps hinter sich zu lassen, oder demselben „gute *Conditiones* zu accordiren, um nicht seinen Hauptendzweck zu verfehlen, ganz Böhmen zu occupiren und die damals noch schwache Kaiserliche Armee bis in die entferntesten Provinzen zu treiben."

Bei aller Klugheit des Königs von Preussen sei er aber denjenigen Fehlern, „so aus seinem unbeschreiblichen, von Jugend an eingesaugten Hasse gegen Sachsen, dessen Landesherrn und seinen Minister" entstehen könnten, unterworfen. Da diese Denkungsart bekannt gewesen, so hätte man „um so mehr auf seiner Hut sein sollen, und nicht alles auf einen nur vielleicht möglichen Fehler ankommen lassen."[1]

---

[1] In dem in der ersten Studie wiedergegebenen Briefe des Generallieutenants Grafen Vitzthum aus dem Jahre 1762 und an einigen Stellen seiner Correspondenz von 1756 macht sich die scheinbar widersprechende Ansicht geltend, Friedrich II. hätte in seinem Interesse die günstigen Bedingungen acceptiren sollen, welche Sachsen bot. Wir halten diese letztere Auffassung für die richtigere. Die Kritik des Generals ist aber dennoch

Auch hätte dem Grafen Rutowski die Denkungsart des Ministers gegen ihn selbst und gegen die Armee zu wohl bekannt sein müssen, als dass er sich in ein Lager begeben, welches in der That nichts als eine leidliche Festung gewesen. Denn Brühl hätte ja gewünscht, den Vorschlag einer Reducirung der bereits reducirten Armee Preussischer Seits angenommen zu sehen, da er dann dem Feldmarschall ohne alle Rücksicht auf die mangelnde Verpflegung die Schuld des unglücklichen Erfolgs beigemessen haben würde. Freilich sei kaum vorauszusehen gewesen, dass der Minister seine Pflichtvergessenheit aller gegebenen Versicherung ohnerachtet so weit treiben würde, die Armee mit Lebensmitteln gar nicht zu versehen, und dass er sich als „Sächsischer Citoyen" so schlecht bewähren werde.

Hierdurch erkläre sich auch, warum der Feldmarschall am 4. September nicht auf dem Marsche des Königs mit der Armee nach Böhmen bestanden habe. Man habe es sich eben nicht denken können, dass dem Minister, von dem die Verpflegung allein

gerecht. Die Wahl des Lagers von Pirna war ein Fehler. Mag Friedrich II. von seinem Standpunkt aus klug oder unklug gehandelt haben, indem er sich sechs Wochen lang aufhalten liess, die Sächsische Armee hätte sich nie in diese Mausefalle, ohne gesicherte Rückzugslinie einschliessen, sondern sofort, oder wenigstens am 4. September, nach Böhmen marschiren sollen. Hat man aber gar, wie die obige dunkle Stelle der „ohnparteiischen Gedanken" andeutet, auf den Edelmuth des Königs von Preussen gerechnet, so hat man allerdings die Rechnung ohne den Wirth gemacht.

abgehangen, die mangelnde Verproviantirung habe
unbekannt sein können, als der Entschluss zu bleiben
gefasst worden sei.

Allerdings könne Rutowski vorgeworfen werden,
dass er sich allein auf die an der Gottleube und
bei Pirna befindlichen Wassermühlen, welche ganz
den Preussischen Kanonen ausgesetzt gewesen, verlassen und für Handmühlen nicht gesorgt habe.
Diese letzteren würden jedoch den nöthigen Mehl-
bedarf nicht haben liefern können, und jene Wassermühlen seien ja bis zum letzten Augenblicke in
Thätigkeit gewesen. Freilich hätten „viele unnöthige
Mäuler" müssen ernährt werden und von Anfang an
hätte man Vieles verfehlt. Das Schlimmste sei der
Geldmangel gewesen und dieser erkläre es, dass der
Feldmarschall so schlecht von den Bewegungen des
Feindes unterrichtet gewesen. Da die Kriegskasse
leer, so habe man Spione nicht besolden können,
einzelne Nachrichten mit einigen Ducaten bezahlt,
die Rutowski, der nicht reich, noch dazu aus seiner
eigenen Tasche genommen.

In Betreff der Pontons sei jedenfalls eine grosse
Vernachlässigung zu rügen, da diese gleich von
Anfang an den Fuss des Königsteins gebracht und
dort hätten in Stand gesetzt werden müssen. Unser
Gewährsmann hält es, beiläufig gesagt, für unzweifelhaft, dass, wenn die Schiffbrücke 24 Stunden früher
fertig geworden, die Preussen zwischen zwei Feuer

gekommen und der Abmarsch der Sächsischen Armee auch noch am 13. October möglich gewesen wäre. Nur durch die verfehlten Anstalten seien ja die Preussen von dem Plane unterrichtet worden.

Endlich sei dem Feldmarschall, als die Katastrophe wirklich eingetreten und die Generale den einstimmigen Beschluss vom 13. October gefasst hatten, zum Vorwurf zu machen, „dass er den Herrn Grafen von Brühl, welcher vom Königstein aus in der glücklichsten Sicherheit seiner Person die Dinge betrachtet, nicht als General der Infanterie aufgefordert habe, mit der Armee über die Elbe zu gehen und die von ihm vorgeschlagene Attaque selbst zu dirigiren." Vermuthlich würde der Minister dann anders sprechen wie jetzt, und zwar der Vernunft und Humanität gemäss die Unmöglichkeit zu reüssiren eingesehen haben und dem einstimmigen Kriegsrathsschlusse beigetreten sein.

„Freilich," bemerkt Vitzthum, „hätte sich das Sächsische Corps noch drei bis vier Wochen länger halten können und hätte der Hunger es nicht aus dem befestigten Lager getrieben, so würden die Oesterreicher die Schlacht von Lowositz gar nicht zu schlagen nöthig gehabt, sondern sich Zeit haben gönnen können, um ihre Verstärkungen heranzuziehen, und dann würde der König von Preussen keine ruhigen Winterquartiere genossen, sich auch in Sachsen nicht haben verstärken können, denn die Blockirung des Lagers hätte er dann aufgeben und der Sächsischen Armee den Weg nach Böhmen selbst öffnen müssen." Mit Lebensmitteln wohl versehen, habe man einen Angriff auf das Lager ruhig abwarten können.

Als Endurtheil fasst der General seine Ansicht in drei Punkten zusammen:

1) Graf Brühl ist an dem Unglück Schuld, weil er allen Warnungen Rutowski's zum Trotz die Armee reducirt und in dem Lager für die Verpflegung zu sorgen unterlassen.

2) Aus Hunger hat die desparate Resolution, aus dem Struppner Lager zu gehen, genommen werden müssen;

3) diese ist misslungen, weil die Schiffbrücke, aus den obgedachten Gründen, nicht rechtzeitig fertig geworden.

Des Ministers Fehler seien „impardonable *crimina*," die des Feldmarschalls menschliche Versehen, welche, hätte der Sturm und die Desertion der Schiffszieher die rechtzeitige Verwendung der stromaufwärts gezogenen Pontons nicht verhindert, später gar nicht bemerkt worden sein würden. Gelingen werde es dem Grafen Brühl nicht, die Schuld von sich ab und auf Andere zu wälzen, wenn er auch 21 Generale zu verleumden suche; denn „die Welt kenne ja den Grafen Brühl, wisse, was man von ihm zu halten und sein

Gedächtniss werde mit gutem Grunde bei der Nachwelt und insbesondere in dem durch ihn unglücklich gewordenen Sachsenlande ein Abscheu sein, auch eine Zeit kommen, da sein criminelles Ministerium werde bestraft werden." Diese Zeit ist bekanntlich gekommen; wenn auch der Tod des Premierministers diesen persönlich der Strafe entzogen, so ist die Nemesis nicht ausgeblieben und die Geschichte hat den Stab längst über den Grafen Heinrich von Brühl gebrochen.

Ob die beabsichtigte Absendung von einigen Generalen nach Warschau erfolgt? ob es gelungen ist, den König über die Brühl'sche Intrigue aufzuklären? ob das „*Exposé raisonné*" welches wir mit seinen Beilagen und den von Brühl escamotirten Promemorien vom Juni, Juli und August 1756 in dem Anhange veröffentlichen, dem Könige jemals vorgelegen? Darüber schweigen die Acten. Nur liegt der Entwurf eines Königlichen Handschreibens an den Grafen Rutowski, ohne Datum, vor, welches auf eine Ausgleichung der Differenz zwischen dem Hauptquartier und dem Cabinet schliessen lässt. Auch erfolgten im October 1757 mehrere Avancements, welche beweisen, dass der König seinen Generalen wieder seine volle Gnade geschenkt haben muss. Unter den zu Generallieutenants Beförderten befinden sich der Baron Dyherrn und der Generalmajor Heinrich Vitzthum, ein Vetter des Grafen Johann Friedrich.

Das spätere Schicksal der Kriegs- gefangenen.

Unter dem Titel: „die neue Chursächsische Regierung sammt dem jetzigen Chursächsischen Hof-, Civil- und Militär-Staat", enthalten die genealogisch-historischen Nachrichten (42. Theil, Leipzig 1765) die Liste der Sächsischen Generale nach erfolgter Reorganisation der Armee. Wir heben daraus die Namen derjenigen hervor, denen wir im Laufe dieser Betrachtungen begegnet sind:[1]

I. Der General-Feldmarschall:

Johann George, Chevalier von Sachsen, Chef des Geheimen Kriegsraths-Collegii, Generaldirector der General-Kriegskasse, Gouverneur von Dresden, Obrist, Haus- und Land-Zeugmeister u. s. w.

II. Die Generale der Cavallerie und Infanterie:

1) Jacob Alexander Fürst Lubomirski (Inf.).
2) Carl Sigmund von Arnim (Cav.).
4) Johann von Wilster (Inf.).
5) Eugenius, Prinz von Anhalt-Dessau (Cav.).
6) Carl George Friedrich Graf von Flemming (Inf.), dirigirender Cabinetsminister.

III. Die Generallieutenants:

1) Thaddäus von Meagher (Inf.), Schweizerhauptmann.

---

[1] Graf Rutowski war, wie wir oben gesehen (I. S. 76), nach dem Frieden nicht wieder in activen Dienst getreten und im März 1764 gestorben.

2) Johann Franz Graf von Bellegarde (Inf.), Commandant der Neustadt bei Dresden.
3) Christian von Plötz (Cav.), Gouverneur von Leipzig.
4) Johann Friedrich Graf Vitzthum von Eckstädt (Cav.).
8) Carl August von Gersdorff (Inf.), Commandant des Ingenieur-Corps.
9) Christoph Heinrich Vitzthum von Eckstädt (Cav.).
13) Moritz August, Baron von Spörcken, Inf. (seit 1759), Commandant des Königsteins.
22) August Sigmund von Zeutzsch (Cav.), Geh. Kriegsraths-Vicepräsident.

Man sieht, bis auf zwei haben alle Führer des Lagers von Pirna den Krieg überlebt. Rochow war 1759 gestorben. Dyherrn, am 27. October 1757 zum Generallieutenant befördert, hatte das Glück gehabt, auf dem Felde der Ehre für seinen König zu sterben und durch den im siegreichen Treffen von Bergen (13. April 1759) gefundenen Heldentod den Verdacht eines verrätherischen geheimen Einverständnisses mit Preussen auf das Glänzendste zu widerlegen.

—

Der Königin Leiden und Tod.

Noch Ein Wort über das Schicksal der Königin.

Die Regierung in Sachsen, soweit davon die Rede sein konnte, leitete, wie wir schon gesehen, der frühere Erzieher, damalige Oberhofmeister des bereits 35jährigen Churprinzen, der Geheime Cabinets- und Conferenz-Minister Joseph Anton Gabeleon Graf von Wackerbarth-Salmour, ein Ehrenmann im vollsten Sinne des Wortes. Seine Treue zog ihm die rücksichtsloseste Behandlung Seiten des Königs von Preussen zu. Er ward am 10. April 1757, wie kurz vorher die Gräfin Brühl, die Gemahlin des Premierministers, arretirt. Die Gräfin wurde auf einer ihr von Friedrich II. selbst vorgeschriebenen Marschroute (Handschreiben Friedrichs II. an Gräfin Brühl, d. d. Lockwitz 3. April 1757) von einem Preussischen Offizier begleitet nach Warschau entsendet;[1] der alte an Wassersucht schwer erkrankte Graf Wackerbarth aber nach Küstrin transportirt. Erst nach dem Tode der Königin gelang es der dringenden

---

[1] Der unkönigliche Hass, mit welchem der König von Preussen den Grafen Brühl beehrte, ist bekannt. Generallieutenant Graf Vitzthum schreibt darüber in einem seiner Briefe: „*Le Roi de Prusse fait en particulier la guerre au Comte de Bruhl en brûlant ses terres. Cela me paraît bien petit. Le Comte de Bruhl sert son maître comme les ministres Prussiens servent le leur, et je crois que l'Impératrice ne sévira jamais contre les terres d'un ministre Prussien. A Brockwitz, une terre du Comte Bruhl, Il rencontre le concierge sur l'escalier emportant une pendule et frappe Lui-même le concierge avec une canne. Il voit dans l'éloignement une autre maison de campagne du Comte Bruhl et ordonne sur le champ de la brûler. Mais outre que cela rejaillit sur le Roi de Prusse, Il n'occasionne pas le perte au Comte Bruhl qui saura bien se dédommager en Saxe et en Pologne.*

Verwendung des Churprinzen, den treuen Diener aus dieser für seine Gesundheit so bedenklichen Gefangenschaft zu befreien.[1]

Gleichzeitig mit der Arretur dieser beiden Vertrauenspersonen der Königin wurde Ihrer Majestät auch die Schweizergarde entzogen, welche bis zum 9. April 1757 den Wachtdienst im Innern des Schlosses verrichtet hatte. Dem Schweizerhauptmann General Meagher und Generalmajor Graf von der Horst, der unter ihm commandirte, wurde bedeutet, dass sie das Schloss fernerhin nicht mehr zu betreten und Dresden zu verlassen hätten. Feldmarschall Keith war dazu verurtheilt diese harten Massregeln der Königin zu verkündigen und auszuführen. Der tapfere Schotte scheint sich übrigens als Mann von Erziehung bewährt zu haben. Seiner Verwendung verdankt Dresden die Schonung des Grossen Gartens, über welchen die Königin Ihre schützende Hand gelegt hatte, was nöthig, da der Sedlitzer Park unter den Augen des Königs von Preussen ganz muthwillig verwüstet worden war.

Die Königin, welche seit dem Monat April als Gefangene behandelt und überwacht ward, ist zu-

---

[1] Friedrich II. hatte, d. d. „Königsbrück 19. November 1757," das erste Schreiben des Churprinzen in dieser Angelegenheit, vom 17. November, ablehnend beantwortet. Der Churprinz erneuerte aber am 18. December die Bitte, und stattete dem Könige von Preussen für deren Erfüllung seinen Dank ab, in einem Schreiben vom 19. Januar 1758, welches von Breslau aus am 1. Februar 1758 höflich erwiedert wurde.

weilen zwar spazieren gefahren, aber nur im Innern der Stadt. Ihr gewöhnlicher Spaziergang war der Zwingerwall. Auch die Sammlungen und Kunstschätze, welche Sachsen grossentheils Ihrem Gemahl verdankt, erfreuten sich Ihrer liebevollen Pflege. Sie blieb auf verdeckten Wegen theils durch Französische theils durch Bayerische Couriere mit dem Auslande in Verbindung. Die Correspondenz mit Warschau, von den Preussischen Postcommissären streng überwacht, war nur in Chiffern und durch Reisende zu unterhalten. Der Legationsrath Just war bei der Königin zurückgeblieben, um die nöthigen Expeditionen vorzubereiten. Die Absicht Friedrichs II. die hohe Frau durch alle ihr angethanen Bedrückungen zur Abreise von Dresden zu vermögen, schlug fehl. Wie im April indirect, so ward diess am 13. Juni 1757, wenige Tage vor der Schlacht von Kollin, direct versucht.

Es hat sich darüber ein Protokoll erhalten, aus welchem wir den nachstehenden Auszug geben:

Generalmajor von Bornstädt, damals Preussischer Commandant von Dresden, liess sich am 13. Juni Nachmittags 4 Uhr durch den Oberschenk von Bose von der Königin eine Audienz erbitten. Die Königin empfing Bornstädt denselben Abend 7 Uhr im Audienzzimmer. Nach einigen Entschuldigungen eröffnete er Ihrer Majestät, wie der König von Preussen befohlen habe, Ihr mitzutheilen, dass die dermaligen Umstände die Gegenwart der Königin und der Königlichen Familie in Dresden nicht mehr gestatteten. Die Königin möge daher so gefällig sein, die Stadt binnen acht Tagen zu verlassen, und Sich mit Ihrer Familie durch Schlesien nach Polen zu verfügen. In Schlesien werde der König, sein Herr, für Postpferde sorgen. Der König sei überzeugt, wie es der Königin nur angenehm sein könne, dem Könige, Ihrem Gemahl, zu folgen.

Ihro Majestät hatte diese Mittheilung mit Ruhe angehört und ertheilte hierauf sofort folgende Antwort: Die so unerwartete und so wenig freundschaftliche Aufforderung erscheine um so befremdender, als sie im entschiedenen Widerspruche mit allen Versicherungen stehe, welche sowohl öffentlich als auf Privatwegen feierlich wiederholt worden. Der König von Preussen habe versprochen, alle der Königin und Ihrer Familie schuldigen Rücksichten zu beobachten. Der Königin sei kein Grund, nicht einmal ein Scheingrund bekannt, welcher diesen so empfindlichen Wechsel der Gesinnung des Königs von Preussen zu erklären vermöchte. Auch sei Ihr unbekannt, dass der König von Preussen dem Könige, Ihrem Gemahl, oder dem Lande Sachsen jemals den Krieg erklärt habe.

Sollte diess aber auch geschehen sein, so sei es doch allem Brauch zuwider, die Feindseligkeiten auf die Mitglieder des Königlichen Hauses auszudehnen. Sie sei eine Königin, frei und souverän, und glaube wenigstens darauf Anspruch machen zu können, Herrin in Ihrem eigenen Hause zu sein, wo Sie schon so viele Behelligungen und Bedrückungen erfahren. Ihr hiesiger Aufenthalt könne den Interessen des Königs von Preussen durchaus keinen Nachtheil bringen. Im Vertrauen auf des Königs Wort und Loyalität habe Sie Sich in seine Hände geliefert. Hätte Sie beabsichtigt, Ihre Familie, Ihre Diener, Ihre Unterthanen zu verlassen, so hätte Sie gleich von Anfang an mit dem Könige Ihrem Gemahl nach Polen gehen, und dort grössere Sicherheit und Ruhe geniessen können. Aber ganz abgesehen davon, würden die nöthigen Vorbereitungen zu einer so langen Reise, mit einer so zahlreichen Familie, wie die, welche der Allmächtige Ihr geschenkt, in der vorgeschriebenen Frist zu treffen unmöglich sein. Auch sei die Königin kaum von einer gefährlichen Krankheit genesen, durch die Gnade Gottes, von dessen heiligem Willen Ihr Leben abhänge, so wie Ihre Handlungen — von dem Ermessen Seiner Majestät Ihres Gemahls. Die Churprinzessin befinde sich im Zustande vorgerückter Schwangerschaft, der jüngste Prinz, Enkel der Königin (der nachmalige König Anton) sei ein Kind, so schwächlich, dass er sich in dem noch nicht vollendeten ersten Lebensjahre dem Tode näher als dem Leben befinde. Zu allen diesen Erwägungen kämen noch viele andere. Die Königin müsse daher den General ersuchen, dem Könige, seinem Herrn, zu melden, wie Sie Sich nicht entschliessen könne, Dresden zu verlassen. Dass man Sie mit Gewalt dazu werde zwingen wollen, könne Sie nicht glauben. Ein Attentat auf Ihre Person fürchte Sie nicht, denn eine Königin sei Sie, frei und gekrönt und von gleichem Range wie Seine Preussische Majestät. Ihre Sache würde die aller gekrönten Häupter der Welt werden; nicht mit gleichgültigen Augen würden Diese es mit ansehen, wenn in Ihr die Rücksichten verletzt würden, welche man der Majestät, der Krone schulde. Sollte es dennoch unumgänglich nöthig sein, sich dem zu unterwerfen, was man verlange, so würde die Königin doch vorerst die Genehmigung des Königs, Ihres Herren und Gemahls, einholen müssen, in einer Angelegenheit, die in so hohem Grade Seine Ehre und Würde, und die Erhaltung einer Königlichen Familie beträfe. Sie verlange daher einen Pass für einen Courier nach Polen. Falls der General diess nicht auf sich nehmen könne, so möge er die Befehle des Königs von Preussen selbst einholen.

General Bornstädt versprach, dem Könige, seinem Herrn, von Allem getreulich Bericht zu erstatten, was die Königin ihm eröffnet. Sein Courier ging in der That Abends um 9 Uhr ab.

Die nachfolgenden Ereignisse scheinen den König abgehalten zu haben, den Vorschritt zu erneuern. Auch nach dem Tode der Königin blieb der Churprinz mit seiner Familie und seinen jüngeren Brüdern und Schwestern noch einige Zeit in Dresden, — wie bekannt, — ja später sogar auf Friedrichs II. eigenen Wunsch, da er in der Anwesenheit des jungen Hofes eine Garantie für den Besitz suchte — aber nicht fand.

Das Notificationsschreiben über die Geburt Ihres Enkels, des Grafen von Artois, hatten die Preussischen Machthaber der Königin nicht vorenthalten können. Das von Ihr paraphirte Concept, zu dem Antwortschreiben vom 24. October, ist noch vorhanden.

Am 16. November ward eine Expedition nach Wien vorbereitet, die letzte, die Ihro Majestät genehmigen sollte. Das an mehreren Stellen von der Königin eigenhändig corrigirte Concept zu einem Handschreiben an den Gesandten zu Wien, Grafen von Flemming, hat sich in einem Actenhefte gefunden, welches die Aufschrift: *„Lettres intéressantes du roi de Prusse à la Comtesse Brühl"* trägt. Der Gesandte wird beauftragt, sich eine Audienz bei der Kaiserin zu erbitten, um ihr ein eigenhändiges Schreiben der Königin zu überreichen. Flemming sollte zugleich der Kaiserin, sowohl wie dem Fürsten Kaunitz für die Theilnahme, welche der Kaiserliche Hof Sachsen und der Königlichen Familie bewahrt, danken, zur Einnahme von Schweidnitz gratuliren und zugleich wiederholt das unglückliche Land der Fürsorge der Kaiserin ans Herz zu legen. Die Königin hatte dieses Handschreiben nebst einem andern an den Prinzen von Sachsen-Hildburghausen, der die Reichsarmee, und einen dritten an den **Prince de Soubise**, der die Französische bei Rossbach commandirt hatte, im Entwurfe genehmigt und war um Mitternacht beschäftigt, das nurgedachte eigenhändige Schreiben an Maria Theresia zu vollenden. Sie war bei den Worten: „*le bon Dieu*" stehen geblieben, und hatte Sich in der Absicht zu Bett gelegt, den Brief am andern Morgen zu vollenden. Um zwei Uhr in der Nacht ward Sie jedoch vom Schlage gerührt und starb ³/₄3 Uhr am 17. November. „*Notre grande et bonne Reine* — bemerkt Just auf das Concept — *après avoir approuvé le 16, la veille de Sa mort, cette dépêche et ayant été Elle-même occupée jusque vers Minuit à Sa lettre y alléguée pour Sa Majesté l'Impératrice Reine, sans l'achever ce soir, en étant restée aux dernières paroles qu'Elle a écrites:* „*le bon Dieu*" *fut malheureusement frappée vers deux heures d'un coup d'apoplexie dont Elle expira vers deux heures trois quart le 17 Novembre, jour à jamais déplorable et lugubre.*"

Wie ein eifriger Protestant über die hohe Verstorbene dachte, ergibt sich aus folgenden Worten:[1]

„Ich hatte vergessen, Ihnen vom Tode der Königin zu sprechen. Sie haben Sie gekannt und ich brauche Ihnen daher weder Ihr Lob zu schreiben, noch Ihre Schwächen auseinanderzusetzen. Die Katholiken verehren in Ihr eine Heilige und Sie

---

[1] Eigenhändiges Briefconcept des Generallieutenants Grafen Vitzthum vom December 1757. Wölkauer Archiv.

hat Alles gethan, um es zu verdienen. Die Protestanten beschuldigen Sie der Bigotterie und der Proselytenmacherei, was vielleicht nicht ganz unbegründet. Soviel aber ist gewiss, Ihre Absichten waren stets die besten. Sie hat aufrichtig die Wahrheit gesucht, vielleicht hat Sie sie nicht immer gefunden. Ihren Pflichten war Sie treu und hat aus freien Stücken keine verletzt. Ihre letzten Jahre waren von Bitterkeit erfüllt. Der König von Preussen hat Sie nicht behandelt wie eine Souveränin, sondern kaum wie eine gefangene Marketenderin in der Mitte einer feindlichen Armee. Es gibt keine *avanie*, die man ihr nicht auf Befehl des Königs von Preussen zugefügt hätte. Der Kummer hatte ihr einen Schmerz in der Seite zugezogen und an dem ist sie gestorben. Sie hat immer gesagt, der König von Preussen habe Ihr das Herz gebrochen. Mir scheint eine solche Handlungsweise ist schimpflich für den König von Preussen selbst. Ein gekröntes Haupt sollte sich in der Person eines andern selbst achten. Aber Friedrich II. setzt sich über Alles hinweg, und scheint zu vergessen, dass auch die Reihe an ihn kommen könnte."

Epilog. Unsere Arbeit ist gethan. Wir legen die Acten zurück, in welchen spätere Forscher noch manches unbenutzte Blatt, noch manche interessante Einzelnheit, aber — dessen schmeicheln wir uns — kein wesentliches Moment finden werden, welches für die Fesstellung der Thatsachen massgebend, für die Charakteristik der handelnden Persönlichkeiten wissenswürdig erscheinen konnte.

Die Ausführlichkeit und die Gründlichkeit der Beweisführung werden uns nicht zum Vorwurf gereichen. Wer hundertjährige Irrthümer entwurzeln, weitverbreitete Vorurtheile ausrotten will, darf die Mühe, tief zu graben, nicht scheuen. Wir haben schon bei Aufstellung des Problems — in der ersten Studie — die Ergebnisse unserer Untersuchungen in allgemeinen Umrissen angedeutet, am Schlusse der letzten können wir uns nicht entbrechen, die für die Wissenschaft gewonnenen speciellen Resultate übersichtlich zusammen zu stellen. Vielleicht ergeben sich auch einige Folgerungen für das Leben, für Gegenwart und Zukunft aus den enthüllten Prämissen der Vergangenheit.

Ueber drei Hauptmomente der geschichtlichen Frage, die uns beschäftigt, haben die vorstehenden Studien zum Theil ganz neue, zum Theil ergänzende Aufschlüsse gebracht:

1) über die wahren Beweggründe und die wahren Zwecke der Preussischen Schilderhebung von 1756;

2) über die Mittel, welche zur Erreichung dieser Zwecke angewendet worden sind oder angewendet werden sollten;

endlich:

3) über die **Hauptursachen**, an welchen das Unternehmen Friedrichs II. gescheitert ist.

Das eigentliche **Ziel** der Preussischen Politik vom Jahre 1756 hat uns der Generallieutenant Graf Vitzthum in einem seiner denkwürdigen Briefe mit wenigen inhaltschweren Worten enthüllt.

Friedrich II., sagt er, wollte „*dominer en Allemagne et y donner la loi.*"

Gerade in dieser lakonischen Allgemeinheit enthalten diese Worte die volle Wahrheit. Der König von Preussen, ein Vasall des Kaisers, ein Reichsfürst und als solcher Kaiser und Reich unterthan, wollte „herrschen in Deutschland und das Gesetz vorschreiben." Er wollte an die Stelle des bestehenden Rechtes seine Macht; an die Stelle der Reichsverfassung — seine Willkür; an die Stelle der Freiheiten und Privilegien der Fürsten und Völker Deutschlands — den Militärdespotismus eines gekrönten Söldnerführers setzen.

Dieses Ziel aber musste ein unerreichbarer Traum bleiben, so lange die der Preussischen weit überlegene Macht des Hauses Habsburg-Lothringen der Kaiserkrone Ansehen verschaffte, welche Maria Theresia im Oesterreichischen Erbfolgekriege ihrem Gemahle und ihrem Hause zurückerobert hatte. Oesterreich sollte daher geschwächt, gedemüthigt, wie im Jahre 1740 überrascht und wo möglich zu einem für Preussen mehr oder minder vortheilhaften Frieden gezwungen werden, bevor das Reich und die Garanten des Westphälischen Friedens Zeit gefunden, gegen den Friedensstörer einzuschreiten.

Ob zunächst die Lausitzen und Mähren, oder Böhmen angegriffen und erobert, ob der Churfürst zu Sachsen in Prag, das Haus Gotha in Dresden eingesetzt werden sollten? ist heute sehr gleichgültig.

Wir lassen es daher ganz dahin gestellt: ob das, was wir in den Aufzeichnungen eines wohlunterrichteten Zeitgenossen über diese Details des ursprünglichen Eroberungsplanes gefunden, Vermuthung ist, oder mehr als Vermuthung. Eins steht fest: Friedrich II. hat im Jahre 1756 erobern, sich auf Kosten seiner Nachbarn auf unrechtmässige Weise vergrössern und bereichern, und die bestehenden Verträge, in offener Empörung wider Kaiser und Reich, über den Haufen werfen wollen, um „zu herrschen in Deutschland und das Gesetz vorzuschreiben."

Auch die Beweggründe seines Handelns — welche sich aus dem Ziele von selbst ergeben — hat der Graf Vitzthum der Wahrheit gemäss bloss gelegt: massloser Ehrgeiz, unersättliche Ländergier, Hass gegen seine Nachbarn, namentlich gegen Sachsen und Oestereich, — *„car il n'y a rien de si désagréable que d'avoir des voisins,"* — Neid und Eifersucht, Langeweile über einen eilfjährigen Frieden und das Bedürfniss ein den eigenen Unterthanen zur Last fallendes, über Gebühr vermehrtes Söldnerheer zu beschäftigen und auf fremde Kosten zu ernähren.

Hierin liegen die wahren Ursachen des muthwillig heraufbeschworenen, muthwillig auf Deutschen Boden verpflanzten siebenjährigen Krieges, welcher nur desshalb resultatlos, d. h. ohne die sonst unvermeidliche Zertrümmerung des Preussischen Militärstaates endete, weil von Weiberlaunen abhängige, unfähige, vielleicht gar käufliche Generale — nach des Marschalls von Sachsen Tode — die Französischen Heere befehligten und weil ein Todesfall einen plötzlichen Systemwechsel in Petersburg herbeiführte, ehe die Oesterreichische Sorglosigkeit Zeit gefunden, den anfänglich unterschätzten Gegner zu vernichten.

Die von Friedrich II. aufgestellten Scheingründe und Vorwände, welche seinen Landfriedensbruch beschönigen und entschuldigen sollten, haben wir actenmässig widerlegt, und nachgewiesen, dass die von den meisten Geschichtsschreibern festgehaltene Nothwehr-Theorie auf falschen Prämissen beruht; dass die Europäische Coalition, welcher Preussen angeblich hatte zuvorkommen wollen — eine Fabel, das Hertzberg'sche *Mémoire raisonné* — ein Lügengewebe ist, dessen *Pièces justificatives*, verstümmelte, dem Sinne nach gefälschte Actenauszüge *(garbled extracts)*, das Gegentheil von dem, was wirklich in den Acten steht, glaublich erscheinen lassen sollten.

Mundus vult decipi. Aber wenn die Welt auch betrogen sein will und hundert und zehn Jahre lang einen Betrug nicht entdeckt hat, so ist das kein Grund, um denen die weder lichtscheue Augen haben, noch blaue Brillengläser tragen, die sonnenklare Wahrheit zu verhüllen.

Mögen naïve Bewunderer sich damit trösten, Friedrich II. habe — Selbst getäuscht — an die Existenz jenes Oesterreichisch-Russischen Offensivbündnisses geglaubt. Wir können solche Illusionen nicht theilen. Wenigstens wissen wir, dass weder die Mentzelschen Abschriften, noch die dem Dresdener Archive gewaltsam entführten Urschriften einen scharfsichtigen und klar sehenden Monarchen zu einer so augenscheinlichen Selbsttäuschung Anlass geboten haben können. Denn Sachsen war ja nicht einmal den Vertheidigungsbündnissen von Petersburg und Versailles beigetreten und hatte von den geheimen Verhandlungen, welche Oesterreich seit September 1755 mit Frankreich angeknüpft, auch nicht die entfernteste Ahnung.

Dass der Feldmarschall Graf Schwerin, der sich in Böhmischen Dörfern jedenfalls besser zurecht fand, als in diplomatischen Berichten und Depeschen, leicht dahin gebracht werden konnte in den mit Potsdamer Diebshaken erworbenen Mentzel'schen Abschriften entsetzliche Dinge zu lesen, die nicht darin standen, gereicht dem tapfern Haudegen nicht zum Vorwurf. Seine treuen und weisen Mahnungen gegen den von Winterfeldt, in Gegenwart des Königs angepriesenen Angriffskrieg wurden bekanntlich von Diesem durch jene Abschriften zum Schweigen gebracht, wie der anwesende Retzow erzählt.[1] Wahrscheinlich kamen Friedrich und sein Mephistopheles in Generaluniform durch das Gelingen jenes gegen den alten Helden in Scene gesetzten Theatercoups erst auf den Gedanken, die Welt mit demselben Mährchen zu täuschen, mit welchem der Feldmarschall bethört worden war.

Das ganze Verhalten des Königs von Preussen von dem Tage an, wo Er den „ohnschädlichen Durchmarsch" begehrte, bis zu jenem, wo Er Sächsische Kriegsgefangene mit Stockschlägen anwarb, liefert den besten Beweis dafür, dass Er selbst sich nicht für berechtigt erachtete, Sachsen mit Krieg zu überziehen. Ein Fürst, der sich so trefflich darauf verstand die öffentliche Meinung für sich zu gewinnen, würde die unberechenbaren Vortheile sicher nicht aus der Hand gegeben haben, welche Ihm eine offene Kriegserklärung gewährt haben müsste, hätte sich nur der geringste rechtliche Vorwand dazu gefunden. Gerade weil Er wusste, dass keine Coalition gegen Ihn bestand und dass Sachsen keiner solchen beigetreten sein konnte, wähnte Er den schutzlosen Nachbar ungestraft überfallen zu können,

[1] Retzow a. a. O. Seite 39.

um ihn einzuschüchtern und durch Verlockungen und Drohungen zu verleiten, gemeinschaftliche Sache mit Preussen zu machen, in der Razzia mit welcher Oesterreich heimgesucht werden sollte. Ein Fürst und Feldherr wie Friedrich II., an der Spitze eines kampfgerüsteten Heeres, würde sich nimmermehr herbeigelassen haben, um die Freundschaft, um das Schutz- und Trutzbündniss des schwächern Nachbars zu buhlen, hätte er den Beweis dafür in Händen gehabt, dass dieser Nachbar, wie das *Mémoire raisonné* der Welt glauben machen wollte, bereits Offensivbündnisse mit Russland und Oesterreich wider Preussen so gut wie abgeschlossen.

Auch um die Neutralität Sachsens war es Friedrich II. nicht zu thun, denn für diese waren ihm sofort die ausreichendsten Garantien geboten worden. Der ganze, von dem auf Kundschaft ausgesendeten Winterfeldt ersonnene Plan war, wie wir gesehen, darauf angelegt, die active diplomatische und militärische Mitwirkung Sachsens durch eine „*douce violence*" für den Angriffskrieg gegen Oesterreich zu gewinnen. Das war das Mittel, welches angewendet, Sachsen der Hebel, der in Bewegung gesetzt werden sollte. Gelang dieser Plan, dessen Ausführung Friedrich II. ganz sachgemäss in die Hände des Urhebers legte, so war die Vorbedingung erfüllt, unter welcher allein der muthwillig begonnene Angriffskrieg „des irdenen Topfes gegen den eisernen" überhaupt einige Aussicht auf Erfolg bieten konnte.

Winterfeldt hatte sich jedoch verrechnet, er hatte zwei Factoren übersehen, welche sein schlaues Calcul verdarben: die **Ehrlichkeit** des Königs August III. und die **Treue** der schwergeprüften Sächsischen Armee.

Das sind die **Hauptursachen**, an denen das ganze Preussische Unternehmen in Wahrheit gescheitert ist.

Mit vollem Rechte sagt Graf Rutowski: „*Si l'événement a été contre nous, il l'a été bien plus encore contre le grand objet du **Roi de Prusse**. Notre perte a été le salut de la **Bohème**.*" Dadurch, dass sich die kleine hartbedrängte Armee aufopferte und die mehr als vierfach stärkere Preussische aufhielt, ist Böhmen militärisch gerettet worden. Die sechs Wochen, welche Friedrich II. erfolglos (denn man wird uns doch nicht einreden wollen, dass es Ihm nur um fette Winterquartiere zu thun war) in Sachsen verlor, haben Kaunitz und Broune trefflich zu verwerthen verstanden.

Aber nicht bloss **militärisch**, indem es Oesterreich Zeit verschaffte, sich zu rüsten und in Vertheidigungsstand zu setzen, sondern namentlich **politisch** hat Sachsen damals Kaiser und Reich die grössten Dienste geleistet. Mag Carlyle das treue Festhalten an dem Königlichen Worte als „*ovine obstinacy*" verspotten, der Deutsche Patriot wird anerkennen, dass vor der zähen Ehrlichkeit des Lammes die Hinterlist des Wolfes zu Schanden geworden ist. Vor jenem Königlichen „Nein!" welches der schlechtberathene, hartbedrängte, schutzlose Churfürst zu Sachsen den machiavellistischen Verführungskünsten eines Friedrich II. und den Drohungen eines Winterfeldt entgegensetzte, zerstob schliesslich die Preussische Sturmfluth von 1756. Das Recht ist am Ende doch mächtiger als die Gewalt, und Ehrlichkeit ist und bleibt die beste Politik.

Der passive Widerstand Sachsens allein hat es möglich gemacht, die lahme Reichsmaschine in Bewegung zu setzen und völkerrechtlich den Preussischen „Landfriedensbruch" von 1756 als „Empörung" zu brandmarken. Der passive Widerstand Sachsens hat den Friedensstörer selbst dermassen demoralisirt, dass Er — da der Anschlag, Sachsen mit fortzureissen, misslang, den ursprünglichen Eroberungsplan für gescheitert ansah und nunmehr Alles that, um dessen Spuren zu verwischen und die Welt mit seinem Vorhaben auszusöhnen, indem er sich hinter den hohlen Vorwand verschanzte, nur zu seiner Selbstvertheidigung zu den Waffen gegriffen zu haben.[1]

[1] Dass Friedrich II., nachdem alle seine Intriguen in Paris und Petersburg durchschaut waren und er im Januar 1757 ein Offensivbündniss mit England abgeschlossen, im Frühjahre 1757 die Offensive dennoch ergriff und wirklich bis Prag vordrang, beweist nichts gegen unsere Behauptung: seinen ursprünglichen Eroberungsplan, der ihn noch vor Ablauf des Jahres 1756 vor die Thore Wiens führen sollte, hatte er aufgeben müssen. Wohl aber beweist die Thatsache, dass Sächsische Reiterregimenter die Entscheidungsschlacht von

Der passiven Widerstand des Sächsischen Kriegsherrn konnte freilich momentan die Brutalität nicht hindern, mit welcher die entwaffnete, kriegsgefangene Armee misshandelt wurde; aber dieser passive Widerstand zerbrach die mit Stockschlägen erzwungenen Eide und machte jene rohen Gewaltthätigkeiten nutzlos, denn schaarenweise verliessen die Sächsischen Soldaten den verhassten Preussischen Dienst und bewiesen durch die That, dass sie „Ehre im Leibe" hatten, indem sie unter dem Rufe: „Vivat der König Augustus!" sich tapfer und treu um die Fahne des angestammten Kriegsherren schaarten.

Dem passiven Widerstande des Churfürsten zu Sachsen endlich ist es allein zu danken, dass Er, nachdem die Kriegsfurie fast sieben Jahre lang im Deutschen Reiche getobt, in sein zum Kriegsschauplatze nun einmal verurtheiltes, von Freund und Feind gebrandschatztes und verwüstetes Land zurückkehren, in Seine geplünderte und durch ein grausames Bombardement heimgesuchte Hauptstadt wieder ein-

Collin entschieden haben — die Schlacht, welche Preussen für die ganze Dauer des Kriegs auf die Defensive zurückwarf — die Wahrheit der Behauptung, dass die Haltung Sachsens sehr wesentlich in die Wagschale fiel und derjenigen Coalition, welche Friedrichs II. Schilderhebung provocirt hatte, grosse Dienste geleistet hat. Denn hätten jene vier Sächsischen Regimenter auf Preussens und nicht auf Oesterreichs Seite gefochten, so wäre Friedrich II. und nicht Daun bei Collin Sieger geblieben und dann hätte der ganze Krieg nothwendig eine andere Wendung genommen.

ziehen konnte, unter dem Jubel des Volks, ohne
Ein Dorf verloren zu haben.

Will man sich deutlich machen, wie schwer in
jener Zeit die Individualität des Churfürsten zu
Sachsen in die Wagschale fiel, so vergegenwärtige
man sich zwei Möglichkeiten. Man denke sich zuerst an der Stelle des indolenten, kunstverständigen,
schlechtberathenen August III. einen Fürsten, der
das Kriegshandwerk geliebt und verstanden hätte;
des Königs Grossvater z. B., den tapfern Johann
Georg III. — den Befreier Wiens von den Türken,
der die blutige Arbeit gethan hatte mit seiner unerschütterlichen Infanterie und seiner trefflich bedienten Artillerie, damals auf dem Kahlenberge, während
der theatralische Polenkönig den Dank des Kaisers,
den Ruhm der That und die reiche Beute davontrug mit seinen flüchtigen Reiterschaaren. Man nehme
an, — um bei der Generation zu bleiben, welcher
König August angehörte — es hätte der Vorsehung
gefallen, dessen in demselben Jahre geborenen Halbbruder, den Grafen Moritz von Sachsen, nicht
der schönen Aurora von Königsmark, sondern
der frommen Königin Eberhardine zu schenken,
und der Held von Fontenai wäre Friedrichs II. gleichberechtigter Nachbar geworden. Seinen Thron würde
dieser Churfürst Moritz II. freilich kaum, um
die eben erworbene Sixtinische Madonna in das rechte
Licht zu stellen, mit den Worten: „Platz für den

grossen Raphael" hinweggeschoben haben. Auch würden die 100,000 Zechinen, welche August III. mitten im zweiten Schlesischen Kriege, wenige Monate vor dem Dresdener Frieden für die Tizians und Correggios der Modenesischen Sammlung verausgabte, schwerlich nach Italien gewandert, jene unsterblichen Meisterwerke wahrscheinlich nie nach Dresden gekommen sein. Aber die Geschichte hätte jedenfalls eine andere Wendung genommen. Hätte ein Soldat, wie der Marschall von Sachsen, als Churfürst die sich dem Laufe der Elbe entlang von den Sächsisch-Böhmischen Bergen in nordwestlicher Richtung abdachenden, für die Deutsche Kriegsgeschichte klassischen Ebenen zu vertheidigen gehabt, so würde der zweite Schlesische Krieg schon anstatt in Dresden, wahrscheinlich in Berlin geendet haben und jede fernere Brandenburgische „Empörung," wie die von 1756 ganz unmöglich geworden sein. Haben wir doch nachgewiesen, dass trotz der Missregierung Brühls dieser Minister vollkommen in der Lage war, die Preussische Schilderhebung von 1756 zu verhindern, hätte er nur die militärischen Vorsichtsmassregeln, welche Rutowski, und die politischen, welche Flemming und Vitzthum angerathen, in schlaffer Sorglosigkeit nicht verabsäumen wollen!

Wie nun aber umgekehrt, wenn ein minder ehrlicher, ein unternehmungslustiger, ein nur auf seinen nächsten Vortheil bedachter Fürst Versuchungen und Drohungen ausgesetzt gewesen wäre, wie August III. in Struppen? Man denke sich Winterfeldts Programm einmal ausgeführt; die „*douce violence*" mit Erfolg gegen die Sächsische Regierung und die Sächsische Armee in das Werk gesetzt; einen Systemwechsel vollzogen; an des unfähigen Brühl Stelle einen ehrgeizigen, dem Preussischen Interesse blind ergebenen Minister; man denke sich Sachsen seit Ende August 1756 durch ein Schutz- und Trutzbündniss mit dem Eingedrungenen verbunden; die drei mächtigsten Churfürsten des Reichs: Brandenburg, Sachsen und Braunschweig-Lüneburg — durch Englische Subsidien unterstützt, von Pitt im Britischen Parlamente angefeuert und vertheidigt — in offener Empörung wider den Kaiser; man denke sich, alle Kräfte Sachsens dem Preussenkönige zur Verfügung, alle Familieneinflüsse des Dresdener Hofes in Versailles, in Petersburg und — nicht zu vergessen — in München, an dem Hofe des Sohnes Kaiser Carls VII. für Preussen thätig und wirkend, — und man wird eingestehen müssen, dass dann die unmittelbaren Folgen für das nicht gerüstete Oesterreich und für ganz Deutschland sehr wahrscheinlich den sanguinischen Hoffnungen entsprochen haben könnten, mit welchen Winterfeldt seinem Könige geschmeichelt hatte. Weder von Russland noch von Frankreich war vor dem Frühjahre Hilfe zu

erwarten und es ist sehr die Frage, ob jene Hilfe
überhaupt gekommen sein würde, hätten in Versailles
die „Thränen der Dauphine," in Moskau und Petersburg die Sächsisch-Polnische Partei, in München die
junge Churfürstin für und nicht gegen Friedrich II.
gearbeitet; und wäre die Entscheidung, welche Broune
mit seinen 22,000 Mann ohne Artillerie und ohne
Patronen unmöglich aufhalten konnte, vor den Thoren
Wiens — wie Winterfeldt träumte — und vor Ablauf des Jahres wirklich erfolgt. War dann die
Hoffnung zu kühn, das Reichsgespenst „*le fantôme
de l'Empire*" — wie Friedrich das Reich zu nennen
beliebte und mit diesem letzten Einheitsbande die
Unabhängigkeit der Deutschen Stämme, die Rechte
und Freiheiten der Deutschen Fürsten und Völker
für immer unter dem Leichenstein des Preussischen
Militärdespotismus begraben zu können? Denn waren
Böhmen und Mähren erobert; die Kaiserin Königin
gezwungen, den „Schwerpunkt ihrer Macht nach
Osten" zu verlegen; Sachsen und Bayern zu Brandenburgischen Vasallen herabgesunken; tausendjährige
Dynastien entwurzelt und vielleicht durch des Eroberers Gnade mit fremdem Gute entschädigt; die
geistlichen Churfürsten, wie das Preussische Ordensland des Deutschen Ordens, säcularisirt, — was hätte
den Sieger gehindert, die lüsterne Hand nach der
Krone Carls des Grossen auszustrecken und das heilige Römische Reich Deutscher Nation, wie die eigenen

Erblande, in ein Heerlager zu verwandeln und mit dem Korporalstock zu regieren?[1]

Wer aber versucht sein sollte zu glauben, dass eine solche Herrschaft, welche nothwendig alle Keime der Freiheit erstickt haben würde, für die Deutsche Nation kein Fluch gewesen wäre, der studire aus lauteren Quellen die Preussischen Zustände in den letzten drei Jahrzehnten des vorigen Jahrhunderts. Wie weit der Krückenstock des Philosophen von Sanssouci und Hertzbergsche Tabellen ein Deutsches Land in kurzer Zeit herunterzubringen vermocht, das hat jene unter einer verknöcherten Militärmusterwirthschaft alle Klassen der Gesellschaft durchwehende sittliche Versunkenheit, — welche Malmesbury u. A. mit den düstersten Farben schildert, — das hat der Geschäftsbankerott, welchen Friedrich seinem Erben hinterliess, das haben endlich der Vaterlandsverrath von Basel und die in der Geschichte beispiellose Katastrophe bewiesen, welche nach der Niederlage von Jena hereinbrach. Wie „faul" muss Alles gewesen sein in diesem „Staate Dänemark!" Die Schöpfung Friedrichs II. — diese Thatsache kann nicht oft genug constatirt werden — hat den Stifter kaum zwanzig Jahre überlebt und der erste Krieg, ja die erste verlorene Schlacht genügte, um den Staat aus den Angeln zu heben und aufzu-

[1] Ueber diese *arrière pensée* Winterfeldts s. Retzow u. a. O. I. 43.

lösen. Jenes Preussen, welches, nach so tiefem Falle, die **Stein** und **Scharnhorst**, die **Blücher** und **Gneisenau** in der läuternden Gluth der Deutschen Nationalbegeisterung vom Jahre 1813 aus den Trümmern zusammenschweissten, jenes Preussen, welches unter dem Marschall „Vorwärts" in den Befreiungskriegen die Scharte von Basel ausgewetzt und dem Deutschen Vaterlande unvergessene und unvergessliche Dienste geleistet, — hat mit der Monarchie Friedrichs II. nur den Namen, die Dynastie und einige — die ältesten, aber auch die ärmsten Provinzen — gemein.

Wie dem auch sei, wir hoffen bewiesen zu haben, dass Sachsen, wenn es auch, was in seiner Macht stand, die Preussische Schilderhebung von 1756 nicht verhindert, dennoch durch die ehrliche Zähigkeit seines Beherrschers die hochfliegenden Eroberungspläne Friedrichs II. vereitelt und durch seinen passiven Widerstand wesentlich dazu beigetragen hat, den siebenjährigen Krieg resultatlos zu machen; resultatlos in so weit, als der Friedensstörer sehr zufrieden sein musste, ohne Einbusse an Land und Leuten seinen Einsatz zurück zu gewinnen.

Diese Erfahrung und andrerseits das persönliche Prestige, welches die unfruchtbaren Lorbeeren von Rossbach und Leuthen dem Schlachtenkönige gesichert, haben bekanntlich das Deutsche Vaterland seit jener Zeit vor einem ähnlichen Bruderkriege bewahrt.

Dreimal ist seitdem die Gefahr eines offenen

Bruches zwischen Oesterreich und Preussen hervorgetreten und dreimal ist die Krisis nicht zum Ausbruche gekommen.

Das erste Mal ward jene Gefahr noch zu Lebzeiten Friedrichs II. durch die Absichten Oesterreichs auf die Bayerischen Lande hervorgerufen. Es kam wirklich zu Feindseligkeiten. Der Bayerische Erbfolgekrieg ward aber im Keime erstickt durch den, unter Russlands ominöser Vermittelung, abgeschlossenen Frieden von Teschen (1779). Damals stand Chursachsen auf Preussens Seite.

Ein zweites Mal schien ein Krieg zwischen Oesterreich und Preussen unvermeidlich im December 1814. Es handelte sich bekanntlich damals um die Lösung der Sächsisch-Polnischen Frage, über welche sich der Wiener Congress nicht verständigen konnte. Russland wollte Preussens Polnische Provinzen behalten und dieses dafür mit dem ganzen Königreiche Sachsen entschädigt wissen. Oesterreich erkannte es als eine Lebensfrage für den Kaiserstaat, die Sächsisch-Böhmischen Bergpässe und deren Abdachungen nicht in Preussens Hand fallen zu lassen. Oesterreich war entschlossen, sich dieser Annexion mit den Waffen in der Hand zu widersetzen und schloss mit England und Frankreich das denkwürdige, obgleich todtgeborene Offensiv- und Defensivbündniss vom 3. Januar 1815 ab. Der Krieg gegen Russland und Preussen sollte eben beginnen, als die unerwartete Rückkehr Napoleons I. von Elba den Ausbruch des Kampfes unter den Alliirten verhinderte und jenes unglückliche Compromiss zu Wege brachte, welches dem Könige von Sachsen die grössere Hälfte seines Landes kostete und Preussen jene langgestreckten Grenzen gab, deren Vertheidigung ohne den Schutz, welchen die gleichzeitige Errichtung des Deutschen Bundes gewährt, ganz unmöglich sein würde.

Ein drittes Mal ward der drohende Bruch zwischen Oesterreich und Preussen und ein Deutscher Bürgerkrieg in der eilften Stunde abgewendet, — im Herbst 1850. Kurhessen sollte der Preussischen „Machtsphäre" mit Gewalt unterworfen, die Schöpfung eines kleindeutschen Bundesstaats mit Preussischer Spitze durchgesetzt werden. Preussen wollte wieder einmal: „*dominer en Allemagne et y donner la loi.*" Dieses Mal war Oesterreich gerüstet. Ganz Deutschland, in erster Linie Sachsen, stand auf Oesterreichs Seite, der Weg nach Berlin — offen. Wie es damals in Preussen am Tage vor Olmütz aussah, ist bekannt und es bedurfte der in Varnhagens Tagebüchern enthaltenen Enthüllungen nicht, um die Welt darüber zu belehren. Der Dualismus versöhnte sich in Dresden wieder mit der Bundesacte. Das einzige Opfer des kriegerischen Anlaufs war der Schimmel von Bronzell. Wie in Teschen vermittelte auch dieses Mal Russland die Aussöhnung.

So ist denn mehr als hundertjähriges Gras über

die Ereignisse des siebenjährigen Krieges gewachsen. Grosse Staatsumwälzungen und verheerende Kriege haben die Karte Europas, die Karte Deutschlands verändert. Das „Reichsgespenst" ist verschwunden. Anstatt des allgemeinen Deutschen Reichstags in Regensburg tagt in Frankfurt der vielgeschmähte Bundestag. Die Bundesacte ist nachgerade zu einer der ältesten Institutionen Europas geworden und Deutschland verdankt derselben einen ungestörten fünfzigjährigen Frieden. Seit fünfzig Jahren hat kein fremdes Heer deutschen Boden betreten, seit fünfzig Jahren haben Deutsche nicht gegen Deutsche in offener Feldschlacht einander gegenüber gestanden. Die Machtverhältnisse sind so ziemlich dieselben geblieben. Oesterreich und Preussen halten sich als Deutsche Mächte die Wage, ungefähr wie am Tage, wo „der König und die Kaiserin des langen Haders müde" das Hubertusburger Compromiss unterzeichneten. Der alte Hader, die alte Eifersucht glimmen aber fort unter der Asche unauslöschlicher Erinnerungen. Der Alp des in siebenjährigen Wehen geborenen Dualismus lastet noch immer auf dem Deutschen Vaterlande. Während Oesterreich, wie die Sphinx, des Oedipus harrend, über den drei grossen Räthseln Europas, dem Orientalischen, dem Italienischen und dem Deutschen — durch centrifugale Beängstigungen gequält — brütet, sucht Preussen bei jeder Gelegenheit den Traum Friedrichs II. zu verwirklichen: „zu herrschen in Deutschland und das Gesetz vorzuschreiben." Denn der „Fluch der bösen That," die Erinnerung an den ungestraft gebliebenen Schlesischen Raub ruht auf dem Lande, dessen Dynastie einer Ironie des Schicksals die Devise „*Suum cuique*" verdankt und die specifisch Preussische Erbsünde, jenes krankhafte Gelüst nach fremdem Eigenthum, ist — mit seltener Ausnahme — Jedem eingeboren, der sich zu der von Friedrich II. erfundenen „*nation Prussienne*" rechnet. Ehrgeiz und Ländergier erscheinen in Preussen nicht bloss als harmlose Sünden, sondern geradezu als Tugenden, so bald es sich darum handelt, Preussen zu vergrössern, hier einige Quadratmeilen *per fas et nefas* zu gewinnen, dort einige Tausend Menschen, die nicht die geringste Sehnsucht nach dem Preussischen Paradiese empfinden, wider ihren Willen zu ihrem Glücke zu zwingen.

Diese unersättliche Vergrösserungssucht, welche dem friedliebenden Europa täglich mehr als ein Anachronismus erscheint, wird mit dem Rechtsgefühle des Deutschen Volkes niemals in Einklang zu bringen sein und ist die Quelle aller Reibungen und Conflicte mit den Bundesgenossen. Hierin liegt die wahre Gefahr für den innern Frieden Deutschlands, welchen Preussen allein bedroht. Denn so lange Preussen selbstsüchtige, mit dem Gesammtinteresse der Deutschen Nation unvereinbare Zielpunkte verfolgt, bleibt ein neuer Preussischer Landfriedensbruch, eine zweite Auflage des siebenjährigen Krieges immer möglich; sowie in einem solchen Falle die Einmischung des Auslandes und die Schwächung der Gesammtmacht der Nation unausbleiblich erscheinen. Preussen würde dabei in erster Linie seine Existenz aufs Spiel setzen. Denn der Preussische Staat ist keine Deutsche, geschweige denn eine Europäische Nothwendigkeit. Ein Todesfall wie der der Kaiserin Elisabeth ist ein rettender Zufall, der sich jeder Berechnung entzieht und sich nicht leicht ein zweites Mal wiederholt. Was unter der Gunst und Ungunst exceptioneller Verhältnisse, die wir dargelegt haben, Preussen vor 110 Jahren mit einem Friedrich II. an der Spitze, nicht gelungen ist, das wird Preussen ohne einen Friedrich noch viel weniger gelingen. Es ist dafür gesorgt, dass die Bäume nicht in den Himmel wachsen! Mit Blut und Eisen droht man Kindern und erschreckt höchstens Börsenspeculanten. Nüchterne Männer wissen, dass das Blut des Deutschen Volkes heute zu kostbar, um für ehrgeizige Träume vergeudet zu werden und dass das Eisen zu besseren Dingen zu brauchen ist, als zu rasselnden Säbeln und zu Zündnadelgewehren. Die eisernen Klammern unserer Eisenbahnen haben das Vaterland geeint und die Blutsverwandtschaft der Deutschen Stämme zum Bewusstsein der Nation gebracht, wie nie zuvor. Dem Preussischen Korporalsstock ist das Deutsche Volk entwachsen.

Preussische Friedensstörungen wird Deutschland unschädlich zu machen wissen. Der Weg ist klar vorgezeichnet in der Bundesacte, die zu Recht besteht.

Möchten in Sachsen namentlich die Lehren des siebenjährigen Krieges nicht verloren sein! Wir haben im Laufe dieser Untersuchungen gesehen, dass trotz der Brühlschen Sünden und Versäumnisse, der Beherrscher jenes kleinen, gesegneten Landes das Zünglein der Wage in der Hand behalten und dass der passive Widerstand Sachsens einen ausser allem Verhältnisse zur Seelenzahl und zum Flächengehalte stehenden Einfluss auf die Geschicke Deutschlands geübt hat.

Ein Blick auf die Karte lehrt, warum. Die centrale Lage, im Herzen Deutschlands; das von Friedrich II. bereits gewürdigte Uebergewicht, welches der Besitz der Sächsisch-Böhmischen Bergpässe jeder von Süden nach Norden operirenden Armee verleiht; der Besitz der blutgedüngten Ebenen, auf welchen seit der Hunnenschlacht bei Merseburg bis zur Völkerschlacht bei Leipzig alle grossen Entscheidungen in Mitteleuropa erfolgt sind, das sind Factoren, welche immer in das Gewicht fallen werden, sobald es sich um Deutsche Macht- und Lebensfragen handelt.

Diese geographische Lage hat ihre Vortheile und ihre Nachtheile. Wer an einem reissenden Strome wohnt, muss sich auf Ueberschwemmungen gefasst machen. Aber Ueberschwemmungen sind meist vorübergehende Calamitäten. Die Springfluthen von 1756 und von 1813 sind verlaufen, die Wunden des siebenjährigen Kriegs vernarbt, das schwere Verhängniss von 1815 überwunden. Die zwei Millionen intelligenter, betriebsamer und genügsamer Menschen, welche im Schwerpunkte Deutschlands wohnen, wiegen heute mindestens eben so schwer als die zwei Millionen, welche in den Jahren 1756—1763 auf mehr als doppelt grossem Flächenraum die Segnungen des Preussischen Regiments genossen haben. Selten haben sich die grossen Eigenschaften des Sächsischen Volksstammes besser bewährt, als damals. Die lange Missregierung Brühls hatte die sittliche Kraft des Volks nicht zu brechen, die Keime einer besseren Zukunft nicht auszurotten vermocht. Ein Volksstamm, der in so trüber Zeit Fürsten wie Churfürst Christian und dessen Sohn Friedrich August den Gerechten, kerndeutsche und kerngesunde Naturen wie den General Grafen Vitzthum, Männer wie Gellert, Rabener, Lessing und Andere aufzuweisen, hat nicht nur ein Recht, seine Unabhängigkeit und Freiheit zu vertheidigen, sondern auch die Pflicht, dafür zu leiden, wenn es Noth thut. Vor allen Dingen aber hat ein solches Volk die heilige Pflicht, dem Gesammtvaterlande gegenüber sich der schweren Verantwortlichkeit, welche ihm die Vorsehung durch die Natur und die Lage seines Landes auferlegt, nicht zu entziehen, die heilige Pflicht, sich seiner Deutschen Aufgabe, selbstvergessend, unter allen Umständen, bewusst zu bleiben. So lange Sachsen treu am Rechte hält, so lange Sachsen — nicht bloss für sich selbst und seine tausendjährige Dynastie, sondern für Deutschland, seine Selbstständigkeit und Unabhängigkeit zu wahren versteht, so lange ist auch die Hoffnung auf eine allseits befriedigende Lösung des Deutschen Problems nicht verloren. Fällt Sachsen, jenes Bollwerk Deutschen Rechts und Deutscher Freiheit im Mittelpunkte Deutschlands, dann sind alle übrigen Deutschen Staaten zweiten und dritten Ranges bedroht. Der politische Dualismus würde sich, bis auf Weiteres, in der territorialen Carricatur der Mainlinie zu verkörpern streben. Die Signatur der Mainlinie aber lautet: *Finis Germaniae!* Denn in weiterer Consequenz würde eine solche rechtswidrige, unhistorische und gewaltsame Zerreissung, eine solche Wiederholung der Polnischen Theilung auf Deutschem Boden zu staatlichen Gestaltungen führen, welche — zu einem Duell auf Leben und Tod von Hause aus verdammt — machtlos der unausbleiblichen Anarchie im Innern, wie dem von Osten und Westen gleichzeitig drohenden äussern Drucke Preis gegeben, den chaotischen Zersetzungsprocess Mitteleuropas nur zu beschleunigen nicht aufzuhalten vermöchten. *Sapienti sat.* —

ANHANG.

K. RESCRIPT AN DEN FELDMARSCHALL GRAFEN RUTOWSKI.

Monsieur le Comte Rutowski.

J'ai lu le Précis[1] que vous avez envoyé ici, de ce qui s'est passé à l'occasion de la retraite de Mon Armée, et de la Capitulation, qui s'en est suivie. Comme il y est dit, qu'après la sortie du Camp Je vous avois enfin ordonné de capituler avec l'ennemi, la vérité et le mauvais effet que cela feroit auprès de Mes Alliés et Amis, exigent, que vous rayiez ce passage de la dite pièce. Car vous vous souviendrez, que ce fut précisément cette Négociation entamée sans Mes ordres, et à Mon insçu, qui Me détermina à vous abandonner le sort de Mon Armée en la recommendant à votre humanité, pour prévenir sa destruction totale par la faim et par la misère; puisque les Généraux ne l'ont pas voulu mener à l'ennemi, comme Je l'avois ordonné plusieurs fois, et comme elle l'avoit instamment désiré. Vous en trouverez les preuves dans l'éclaircissement que Je vous fais tenir ci-joint, priant Dieu au reste, qu'Il vous ait, Monsieur le Comte Rutowski, dans Sa sainte et digne garde.

à Varsovie ce 3 Nov. 1756.

A. R.

[1] S. oben Seite 279.

BEILAGE.

(Éclaircissement.)

Cette dernière représentation[1] a été envoyée par M.^r le Général Major de Gersdorff, comme Député des Généraux, et rendue au Premier Ministre en présence du Roi et lue de ce Ministre à Sa Majesté, Laquelle au milieu de la lecture a dit à plusieurs reprises: Mon Dieu! à quoi pensent-ils? ils veulent donc sacrifier l'Armée sans coup férir? les Généraux en auront beaucoup d'honneur: ne songent-ils pas, qu'ils se perdront de réputation? est-il permis d'agir de la sorte? et pourquoi ne veulent-ils pas obéir à mes Ordres? manquent-ils de courage à combattre? Sur quoi M.^r le Général répliqua: Non, Sire, mais il en arriveroit, que tant de braves gens seroient tués sans succès pour les intérêts de V. M. Sur quoi Elle a répondu de nouveau: et quel avantage aurai-je, quand ils se rendront prisonniers de guerre avec toute l'Armée? il vaudroit mieux pour notre honneur, que deux tiers restassent sur la place M.^r le Général de Gersdorff continuoit toujours la même excuse, et alléguoit entre autres le manque d'ammunition, ce qui mettoit Sa Majesté d'autant plus en colère,

---

[1] Das Schreiben der Generale an Graf Brühl vom 14. October früh, Beilagen des „*Exposé raisonné*" (No. XII.), ist die hier gemeinte „*dernière représentation.*" Dieses, sowie das vom 13. Abends (No. X.), endlich die K. Rescripte vom 14 October (A. B. und XV.) wurden bei der Mittheilung an die befreundeten Höfe dem *Éclaircissement* beigelegt. Vom Könige paraphirt ist in den Acten nur das Rescript, nicht die Beilage.

puisqu'on L'avoit toujours assuré, qu'on comptoit que chaque Soldat auroit 120 coups à tirer. Mʳ le Général assuroit, qu'on n'en avoit que 60 ayant rendu la poudre pour les autres 60. Mais Sa Majesté disoit, qu'on avoit donc mal exécuté Sa volonté, et qu'au bout du compte 60 coups étoient bien suffisants. La lecture finie, Mʳ le Major Général de Gersdorff racontoit, que lorsqu'il étoit parti, Mʳ le Général Winterfeldt étoit justement arrivé pour entrer en pourparler avec Mʳ le Feld-Maréchal Comte de Rutowski, puisqu'on avoit envoyé d'abord le matin un trompette avec le Lieutenant Colonel Bibra au Camp Prussien, pour demander un officier avec lequel on pourroit traiter (expédition, qui avoit été faite à l'insçu et sans les ordres de Sa Majesté). C'étoit avec la dernière surprise, que le Roi entendoit cette nouvelle, et ordonnoit à la fin par Sa propre bouche, que le dit Général de Gersdorff devoit dire aux autres Généraux, que le Roi n'étoit nullement intentionné d'accepter aucune condition dure ou flétrissante, et qu'on ne devoit pas s'attendre d'en obtenir d'autres (comme l'expérience l'a prouvé). Qu'il devoit donc leur dire, que Sa Majesté persistoit dans les mêmes sentiments, qu'ils devoient attaquer, qu'Elle aimoit mieux de mourir et de Se faire tuer avec eux, que de survivre une telle honte; qu'il seroit inouï, qu'une armée mettroit bas les armes sans tirer un coup. Sa Majesté faisoit suivre le dit Général par le Lieutenant Colonel de Lambsdorff, Aide de Camp de S. A. R. Monseigʳ le Prince Charles, pour dire aux Généraux, qu'ils n'avoient qu'à demander Régiment pour Régiment, s'ils étoient résolus de faire leur devoir, et quand ils trouveroient dans les Soldats, comme Elle ne pouvoit que l'espérer, la résolution d'attaquer, on devoit marcher incessamment à l'ennemi. Mais au grand déplaisir de S. M. Mess⁵ les Généraux restèrent dans l'inactivité, et avoient continué à traiter avec M.ʳ le Général de Winterfeldt; de sorte que M.ʳ le Général de Dyherrn arriva à trois heures après midi à Koenigstein les larmes aux yeux, disant, que les Généraux répétoient par lui leur représentation, qu'il n'y avoit rien à faire, et que le Général Winterfeldt étoit allé chez le Roy, son Maître, et reviendroit avec la résolution; qu'il avoit promis de nous laisser les Canons, un Escadron des Gardes du Corps et une Compagnie de Grenadiers, mais que le Feld-Maréchal insistoit, que tout le Régiment des Gardes du Corps, et un bataillon des Grenadiers devoit être excepté. Les choses étant avancées jusque là, et Sa Majesté voyant, que Ses ordres étoient restés sans exécution, Elle prit la résolution d'abandonner le sort de Son Armée à Ses Généraux, et écrivit la lettre ci-jointe *sub Litt. C* à Son Feld-Maréchal, qui demandoit Ses ordres par le dit Général Dyherrn, pour lui déclarer Ses intentions. Il n'étoit plus tems alors de se tirer d'affaire par quelque action de vigueur, les trouppes ayant été pendant ces 2 jours, que duroit ce pourparler, plus affoiblies par la famine, et l'ennemi ayant pris plus de précaution. Sa Majesté observa Elle-même que pendant cet intervalle les abattis furent augmentés considérablement, et l'on sçut à n'en pouvoir douter, que les Prussiens avoient beaucoup renforcé leur Corps du côté, où Son Armée devoit attaquer. On devoit d'ailleurs compter que le Feld-Maréchal Broune, qui avoit attendu quatre jours inutilement sous les armes, seroit retourné, comme il l'avoit marqué dans sa dernière lettre arrivée le même matin, et d'abord envoyée par ordre du Roi au Camp, pour déterminer d'autant plutôt les Officiers Généraux d'attaquer, et pour les tirer de leur préjugé, comme si le mentionné Feld-Maréchal avoit manqué de marcher. Du reste la lettre de Sa Majesté montre assez clairement qu'Elle n'a plus voulu Se mêler du sort de Son Armée, ni avoir part à une honteuse Capitulation, qu'on avoit déjà entreprise sans Sa volonté, au lieu qu'on auroit dû attaquer absolument comme Elle avoit réitérativement ordonné sur les représentations des Généraux, envoyées par le Général Major Gersdorff. Si Sa Majesté a admis dans Sa lettre le mot d'humanité, cette parole se trouve positivement après l'Abandon de Son Armée, et après que la Capitulation devoit être regardée pour autant que réglée et finie, quoiqu'à Son insçu et sans Sa permission. Le Roi n'a donc voulu exprimer par le mot d'humanité, que Ses soins paternels pour les Régiments, qu'ils méritoient à cause de leur valeur, le Soldat n'ayant pas demandé mieux, que d'être mené à l'ennemi. Cette humanité devoit porter le Feld-Maréchal à chercher tous les moyens humainement possibles de sauver les Trouppes, pour ne pas les faire mourir de faim, lorsque les Généraux leur refusoient une mort plus glorieuse, sous prétexte d'un trop grand danger, que Sa Majesté S'étoit cependant offerte de partager avec eux. Le local ne peut pas être une excuse, puisque les Généraux l'ont proposé comme l'unique passage par où le Roi pouvoit marcher en toute sûreté tant pour Sa propre personne que pour Son Armée. Ce que dessus ayant été couché par écrit par ordre spécial du Roi, et se trouvant en tout conforme à la propre et parfaite connoissance de Sa Majesté et fondé sur la vérité des faits, Sa Majesté l'a bien voulu autoriser par Sa propre signature.

à Varsovie ce 3 Nov. 1756.

EXPOSÉ RAISONNÉ

de quelques circonstances essentielles, qui ont précédé et suivi l'assemblée de l'Armée Saxonne au Camp de Struppen, justifiées par les plans et par les pièces authentiques.

Les réflexions générales sur ce qui pouvoit naître des suites du traité de Westminster, et quelques tems après de celui de Versailles, la guerre déjà déclarée entre la France et l'Angleterre, devoient faire craindre, que ce feu ne se communiquât au Continent, et conséquemment l'Allemagne n'en devînt le théâtre.

C'est dans cette supposition, que le Feld-Maréchal Comte Rutowski crut, qu'il étoit de son devoir, d'exposer au Premier-Ministre, Comte de Brühl, l'état actuel de l'Armée du Roi, ses besoins, et tout ce qui pouvoit avoir rapport au Département Militaire, en même tems les mesures convenables et peut-être nécessaires à prendre, pour y subvenir, quelque fût l'évènement.

No. 1. C'est ce grand objet, qui a fait celui du Mémoire, qu'il a remis le 8 Juin au Comte de Brühl.

Le Roi partit pour Fraustadt, le 10 Juin; son voyage ne fut que de peu de jours; nous touchions à la fin du mois, sans recevoir aucune résolution sur le Mémoire du 8. Enfin vers ce tems le Premier-Ministre, sur l'éclat, que faisoient les préparatifs de nos voisins, jugea à propos, de demander au Maréchal un autre Mémoire, relatif à la sûreté de la Saxe, par conséquent au rétablissement d'un Etat Militaire, tel que le Maréchal avoit cru devoir le représenter depuis trois semaines.

No. II.	Ce second Mémoire fut donné le 2 Juillet. Il roule sur un plan également essentiel et difficile. Il entre dans le détail des besoins, et finit par les instances les plus pressantes pour l'assignation des fonds nécessaires, et sur l'amas des provisions de bouche, pour une garnison de 12,000 hommes dans Dresden; et enfin sur l'établissement d'un grand Magazin à Pirna, et d'un autre à Annaberg.

No. III.	Sa Majesté ayant approuvé ce plan, en ordonna l'exécution et le secret le 5me Juillet. En conséquence tous les régimens reçurent leurs Instructions cachetées: On travailla au train d'Artillerie, aux fortifications de Koenigstein, et à plusieurs autres choses indispensables et pressantes, même avec plus de diligence, qu'on auroit dû se le promettre des moyens. Tout l'argent reçu à cet effet, jusqu'au 24 du mois d'Août, n'excède pas la somme de 4500 écus.

L'état de nos provisions de bouche existant pour lors, mais répandues dans les provinces, l'amas des farines pour l'Armée et la Dot pour Koenigstein, furent toujours inutilement sollicités jusqu'au 10 d'Août que le Maréchal
No. IV. en conséquence de son troisième Mémoire du 8 Août,
No. V. obtint l'état ci-joint, qui ne prouve que trop le manque de tout ce qu'il y avoit de plus nécessaire.

Les mouvemens des Prussiens n'étoient plus équivoques. Le Maréchal se vit obligé de donner un quatrième
No. VI. Mémoire au Premier-Ministre, daté du 19 Août; il s'y étend sur la nécessité de prendre incessamment le parti de se mettre en défense, même d'exposer plutôt l'Armée à

être taillée en pièces, en arrêtant le projet d'un injuste aggresseur, que de la voir enlever, et prendre en détail dans leurs quartiers. Mais pour ne point courir le risque de se voir désarmé par la disette, le Maréchal persista à faire les plus fortes instances sur l'amas des provisions de bouche. Voyant cependant qu'on ne se mettait pas trop en devoir d'approvisionner la ville de Dresden, il fut contraint de changer le plan projeté, d'y replier toute l'Infanterie, et, à ce défaut, il proposa le Camp de Pirna; poste unique, qui ne pût être forcé, ni tourné par une Armée aussi supérieure, que celle, qui nous menaçoit sur toutes nos frontières, depuis Eisleben jusqu'à Lauban.

On avoit enfin obtenu, de faire retirer quelques Corps extrêmement exposés, en deçà de la Sale, du côté de la Thuringe, et en deçà de l'Elster, du côté de la Lusace, lorsque le Maréchal, sur des nouveaux avis des grands mouvemens des Prussiens, que le Général de Rochow observait de près vers Halle, lorsque le Maréchal, dis-je, insista sur la marche de toute l'Armée vers Lommatsch, Nossen, et Meissen. Le grand objet de ce mouvement dicté par la prudence, n'étoit pas uniquement la sûreté des Corps; c'étoit pour leur donner les moyens de se pourvoir de provisions chemin faisant, qu'on étoit convenu, leur devoir laisser prendre.

Le premier Ministre, ne voulant pas se charger de procurer l'ordre pour un mouvement, qui, selon l'opinion commune, pourroit nous attirer l'orage, que nous voulions conjurer, renvoya au Conseil privé celui, qui étoit chargé d'en faire sentir la nécessité, dans la supposition, que l'évènement n'a que trop justifiée, que le Roi de Prusse nous écraserait dans quelque position, qu'il nous trouveroit.

Le Conseil privé ayant mûrement pesé la chose, ne

consentit qu'à un mouvement si limité, qu'il ne pouvoit plus permettre les amas de provisions nécessaires à des Corps, qui auroient vraisemblablement toutes les peines du monde d'échapper aux Prussiens, puisqu'il étoit arrêté, qu'on attendroit leurs mouvemens ultérieurs. Les Régimens, qui s'étoient repliés les premiers en deçà de la Sale et de l'Elster, n'avoient rien pris, pour éviter l'éclat. En un mot, il n'y eut que la Cavalerie, qui pût remplir des mesures, aussi sagement projetées. Le procès verbal de la délibération du Conseil privé est daté du 23 Août. On n'y prévoyoit pas le dénouement du 29me, que les Prussiens commencèrent à se saisir de la ville de Leipsic.

No. VII.

Ce n'étoit, que depuis peu de jours, que le Général Zeutzsch, destiné à exercer la charge d'Intendant, avoit reçu ses pouvoirs, lorsque l'Armée se retiroit déjà par pelotons dans un poste, où jusqu'à ce moment on n'avoit pu amasser que pour vingt-deux jours de farine. Cette fâcheuse situation engagea le Maréchal à solliciter un fourage général dans tous les environs de Pirna, et de Dresde. La Cour y acquiesça; au moyen de quoi on eût obtenu, il est vrai, beaucoup de grains, qu'on eût cependant jamais pu convertir en farine. Quoiqu'il en soit, cet expédient n'eut pas lieu en conséquence d'une autre délibération, qui fit prendre le parti de faire filer l'Armée en Bohême, aussitôt qu'elle auroit été un peu formée au Camp de Pirna.

Le gros de cette Armée prit ce Camp le 2 et 3 de Septembre. La plus grande partie de l'Infanterie et plusieurs Régimens de Cavalerie étoient dans la nécessité de changer leurs chevaux de bagage et leurs charettes; il falloit du tems pour rassembler d'autres, et préparer tout ce qui étoit nécessaire pour le remuement d'une Armée, en Corps, fort en désordre, et où l'embarras des distributions ne pouvoit être qu'extrême.

Il fut arrêté, que le Roi partiroit pour Aussig, à la pointe du jour, le 5 Septembre, sous l'escorte de 4 Escadrons de Ses Gardes du Corps, et autant de Dragons; douze Compagnies de Grenadiers s'étoient déjà saisies des défilées jusqu'à Peterswalde, mais dix Escadrons d'Houssards Prussiens s'étant laissé voir de l'autre côté de l'Elbe, entre Lohmen, Wehlen, et Hohenstein, on fut informé en même tems, qu'ils étoient suivis d'une grosse Colonne d'Infanterie et de Cavalerie, aux ordres du Général Lestewitz. Cette apparition suspendit le départ du Roi; La marche de Sa Majesté étoit bien assurée jusqu'à Aussig, mais comme celle de ce Corps Prussien, qui avoit débouché par Zittau, pouvait se diriger également vers Pirna, ou vers Leitmeritz, et que ce dernier chemin même étoit pour eux le plus court, on ne crut pas devoir risquer la personne du Roi, au sortir des défilés qui aboutissent à Lowosiz.

Le désordre de l'Armée l'empêchoit de marcher ce jour-là, d'ailleurs ce mouvement ne pouvoit se faire qu'en déroute, sans Artillerie, sans bagages, et presque sans munitions de guerre.

L'abandon de la Saxe, de toute l'Artillerie et de la forteresse de Koenigstein, où il n'y avoit encore rien d'arrangé pour ses subsistances, ni pour le reste de sa Dot, étoient les moindres inconvéniens de cette marche précipitée, dont on n'avoit pas assez prévu ni l'embarras, ni les suites. La poursuite de l'Armée Prussienne avec toutes ses forces, étoit essentiellement à craindre; la nôtre, trop faible pour l'arrêter derrière l'Egra, n'avoit pas eu le tems de prendre en rien la consistance nécessaire; elle couroit risque d'être poussée jusqu'à la Moldau, et même plus loin. Mr. le Maréchal de Broune n'étoit point encore en état, de faire aucun mouvement en avant, de son Camp de Collin, pour soutenir une Armée de 16,000 hommes, qui se retiroit devant une de 60,000. Une manoeuvre pareille, fort semblable à une fuite manifeste, sauvoit à la vérité notre Armée, mais elle occasionnoit la perte d'une grande partie de la Bohême: et peut-être encore quelque accident plus fâcheux pour l'objet de la cause commune, qui dans les commencemens ne pouvoit que souffrir par des manœuvres trop timides. Ce furent ces considérations, qui déterminèrent les Officiers-Généraux pour le maintien du Camp de Pirna, et pour y attendre les évènemens. Ce camp protégeoit également, et l'Armée, et la Bohême, et nous pouvions raisonnablement espérer, d'y rassembler encore, de quoi y subsister cinq ou six semaines.

L'Armée Prussienne pouvoit, il est vrai, nous y attaquer avec toutes ses forces; elle pouvoit aussi nous y bloquer avec un gros Corps, en pousser en même tems un autre dans la Bohême; elle pouvoit enfin composer avec nous sur une neutralité exacte et sûre. Ce dernier parti paroissoit convenir assez à l'état présent des deux Armées. Le premier étoit difficile pour ne pas dire impossible; le blocus étoit ce que nous avions le plus à appréhender. Plusieurs raisons nous portoient à croire, qu'il pouvoit n'avoir pas de suites fâcheuses. La circonvallation de notre Camp devoit occuper un Corps de 30 Bataillons et autant d'Escadrons. Un détachement aussi considérable ôtoit la supériorité à l'Armée Prussienne sur celle du Maréchal de Broune, et lui donnoit le tems de se mettre en état, de se porter en avant, et d'engager un combat dont le succès ne pouvoit manquer de nous dégager. D'un autre côté, l'Armée de Prusse, se tenant purement sur la défensive dans les gorges de la Bohême, risquoit, dans l'attente de nous affamer, une diversion de la part du Maréchal de Broune, qui déconcertoit totalement l'objet de toute sa levée de Boucliers. Pouvoit-on se figurer, que tout l'effort du Roi de Prusse dût aboutir à la ruine d'un petit Corps de trouppes, tandis qu'il donneroit le tems aux grandes Puissances, de parer la surprise d'une attaque supérieure? Le revers de ce tableau étoit la reddition de notre Armée par une Capitulation forcée, ou un traité de Neutralité. Celui-ci, sans avantage actuel, ne nous présentoit qu'un avenir sans ressource; l'autre augmentoit à la vérité nos malheurs présents, mais elle nous offroit un dédommagement proportionné au sacrifice et à la perte.

Il a fallu s'étendre sur ces considérations, qui ont été discutées et pesées, lorsqu'on s'est fixé à attendre les évènemens extrêmes dans le Camp de Pirna. Toute personne non prévenue est en état de voir, qu'en conséquence de ce plan nous pouvions être sauvés par une victoire, ou par un secours de la part du Maréchal de Broune; nous pouvions aussi périr par le fer ou par la disette; qu'il n'y avoit cependant pas d'autre alternative. Si l'évènement a été contre nous, *il l'a été encore bien plus contre le grand objet du Roi de Prusse. En un mot, notre perte a été le salut de la Bohême.*

Du 5 au 10 du mois de Septembre, on eut toutes les peines du monde à achever les préparatifs et les travaux nécessaires, pour mettre hors d'insulte un poste, qui bien que très-fort par lui-même, avoit des endroits, qui l'étoient moins, dans une étendue de trois heures de chemin. Toute l'Infanterie étoit occupée à faire des retran-

chemens et des abattis; la Cavalerie seule fit un grand
fourage dans les environs jusqu'à la Müglitz. Il eût été
dangereux, et inutile de pousser ses fourages plus loin;
dangereux, sans Infanterie et sans trouppes légères; l'Infanterie étoit occupée aux travaux; les Dragons n'étoient
qu'au nombre de quatre ou cinq cents chevaux; inutile,
puisque tous les villages faisoient d'eux-même leurs livrai-
sons, jusqu'au 9 et qu'il paroissoit trop dur à l'Intendant et peu conforme à ses instructions, de fouler les
sujets du Roi uniquement pour ôter aux Prussiens quelques subsistances, dont ces derniers n'avoient nullement
besoin. Ils avoient pris poste à Schandau avec quelques
Bataillons le 9me au matin. Nous avions projeté d'y jeter
un pont, que la foiblesse de notre Infanterie nous obligea
de retirer, n'étant pas possible de s'y soutenir et en pro-
téger la communication. Nous étions entièrement investis,
le 10. Ce même jour le Cte de Brühl, sur une dépêche
reçue du Cte de Kaunitz, par laquelle ce Ministre sembloit
nous conseiller de nous tirer de l'embarras, où nous
étions, le moins mal que possible, fit assembler les Généraux chez le Maréchal, pour les consulter sur les moyens
à prendre dans une conjoncture aussi difficile, et où le
secours de l'Impératrice Reine sembloit fort éloigné. Le
premier Ministre inclinant toujours à vouloir qu'on s'ouvrît
un chemin vers la Bohême, tous les Généraux lui en
firent sentir dès lors l'impossibilité; et le résultat de ce

No. VIII. Conseil de Guerre, dont le procès verbal est ci-joint, fut,
qu'on tâcheroit d'entrer en négociation avec le Roi de
Prusse. L'objet du traité étoit une neutralité. Le Cte de
Bellegarde d'abord et peu de jours après le Général d'Arnim reçurent leurs instructions du premier Ministre, qui
allèrent jusqu'à promettre, de séparer, et de distribuer

l'Armée de Sa Majesté, ainsi que le Roi de Prusse le jugeroit convenable à Sa sûreté, et de faire signer un engagement à tous les Officiers-Généraux de ne rien entreprendre contre le Roi de Prusse et Ses Alliés.

Ces propositions ne furent point acceptées, le Lieutenant-Général de Winterfeldt ayant déclaré au Roi, notre Maître, que le Sien persistoit à vouloir, que toute notre Armée passât sous ses drapeaux, et qu'à notre refus nous devions nous attendre à être attaqués. Cette négociation, peut-être déjà poussée trop loin pour les circonstances d'alors, fut rompue. Le Roi, notre Maître, écrivit au Roi de Prusse, qu'il avoit décidé du sort de Son Armée; que son parti étoit pris, et que c'étoit celui de l'honneur et de la nécessité.

On se flattoit cependant, que le Roi de Prusse ne s'opposeroit pas au départ du Roi, notre Maître, pour la Pologne, où Sa présence étoit nécessaire; au quel cas on prépara les instructions ci-jointes pour le Maréchal, qui prouvent bien, non-seulement tout ce qu'on prévoyoit déjà, mais encore de quelle façon on pensoit alors, sur ce qu'il falloit nécessairement prévoir, en mettant les choses au pire.

Le départ du Roi n'eut pas lieu, les instructions, bien qu'approuvées, ne furent point signées, cessant d'être nécessaires par la présence de Sa Majesté.

L'Investissement de notre Armée n'étoit pas au point, de nous ôter toute communication avec la Bohème et avec le Maréchal de Broune. Il nous fit savoir le 22 Septembre, par un Officier de confiance, qu'il avoit des ordres de Sa Cour, de faire tout ce qui étoit humainement possible pour nous dégager; il s'informait en même tems, quel étoit, selon nous, la façon la plus praticable, de nous prêter la main, ajoutant toute fois, qu'il ne lui étoit pas possible de ne rien entreprendre avant le 12 Octobre; pour lors la rive droite de l'Elbe lui paroissoit la moins difficile pour une pareille manœuvre. Elle l'étoit en effet par le petit nombre de trouppes Prussiennes, qui tenoient alors les bords de l'Elbe et les passages de ce côté-là, quelques difficultés que présente d'ailleurs le local. Il est nécessaire de remarquer, que le Maréchal de Keith avoit déjà pris le camp de Johnsdorff, avec un Corps de 24,000 hommes, sur ce qu'une tête de Grenadiers Autrichiens, aux ordres du Comte de Wieth, ayant paru en deçà d'Aussig, et poussé quelques détachemens jusqu'à Peterswalde.

Nous avions réduit la ration du pain au tiers, dès le 13 ou 14 de Septembre; nos farines avoient finies, il étoit impossible de moudre plus de grains, que ce qu'il nous en falloit pour faire les distributions sur ce pied jour par jour.

Sans entrer dans le grand détail du local de notre position, on pourra la concevoir par l'Exposé de nos projets, et mieux encore par le plan ci-joint.

Il étoit question de nous tirer d'un poste, inattaquable à la vérité, mais insoutenable par le défaut de toutes choses, dont on prévoyoit l'époque avant la Mi-Octobre. Dans la retraite en question, le principal objet devoit être la sûreté de la personne du Roi, la probabilité de sauver l'Artillerie de campagne et une partie des Equipages.

La marche de notre Armée par sa gauche sembloit la plus aisée, et les Prussiens nous y attendoient, d'autant qu'ils ignoroient ce qui la rendoit impraticable. Il nous falloit au moins pour quatre jours de pain: nous ne pouvions en avoir que pour un. Mais indépendamment de ce préalable essentiel, plusieurs autres difficultés ne pouvoient la permettre que dans le cas le plus désespéré. Il n'étoit pas possible de dérober notre mouvement à l'ennemi; nous nous engagions avec lui au sortir du village de Hennersdorf, par conséquent nulle sûreté pour la personne du Roi, attendu que notre marche ne pouvoit être qu'un combat continuel. Plusieurs Escadrons d'Houssards postés au débouché du village sus-dit, pouvoient être soutenus par un détachement d'Infanterie de 2000 hommes, campés entre Hermsdorff et Papsdorff, sur le flanc gauche de notre marche. Il falloit forcer de gros postes d'Infanterie derrière les ravins et les abatis de la Barne, et plus loin aux défilés de Markersbach et Hellendorff; ajoutez à ces difficultés l'aisance qu'avoient les Prussiens, de saisir ce dernier défilé avant nous, avec un Corps de 12 Bataillons et 2 de Grenadiers, dont la droite appuyoit à Giesshübel; il leur eût été encore plus aisé, à la première nouvelle de notre marche, de nous attendre entre Lauenstein et Altenberg, avec toutes leurs forces; ils pouvoient s'y rendre deux heures avant nous, quand même notre marche eût pu s'effectuer sans aucun obstacle d'ailleurs.

Le mauvais état de notre Cavalerie ne permettoit pas d'en attendre un coup d'épée; celle de l'ennemi lui étoit supérieure, pour ne la pas tailler en pièces dans ces plaines, et nous écraser par leur Infanterie aux passages, par où il falloit y entrer et en sortir.

Le second débouché étoit par Pirna sur Sedlitz, et au pont de communication des Prussiens. Il pouvoit y avoir de ce côté-là 8 ou 10 Bataillons et un Régiment de Dragons. Il est bon de remarquer ici, que lorsqu'on parle de Bataillons, les nôtres, supposés complets, sont vis-à-vis de ceux des Prussiens, dans la raison de 5 à 8, les Escadrons de 2 à 3. Nous pouvions aller à eux sur trois Colonnes, peut-être même les déposter, avant que le Corps, qui étoit à Cotta, et celui de l'autre côté de l'Elbe eussent pu les secourir. Mais que devenir après les avoir battus? Sans pain, sans bagages, et sans Artillerie, le plus court étoit de regagner notre poste; ainsi nous ne sauvions ni le Roi, ni l'armée par cette manœuvre. D'ailleurs notre pont de Pirna étoit masqué par des redoutes et des inondations, défendues par 6 Bataillons, qui s'y étoient rétranchés sous notre feu. On voulut faire tirer sur eux le canon: mais outre que le Commandant de l'Artillerie ne jugea pas pouvoir par-là les empêcher de s'enterrer, la grande considération de ne pas attirer légèrement le feu des Prussiens sur Pirna et ses faubourgs, où étoient nos greniers et nos moulins, nous fit aller bride en main. Il est étonnant, que les Prussiens n'aient pas été instruits de ces circonstances! Nous étions obligés de nous rendre la fin de Septembre, s'ils s'étoient avisés de mettre le feu à l'un ou à l'autre, qu'il nous étoit impossible de garantir. Il nous étoit donc très-essentiel de ne pas commencer une tiraillerie, sans un objet d'ailleurs bien essentiel.

Il reste à parler du troisième débouché, auquel on se détermina autant par nécessité que par raison. Il exigeoit une manœuvre préalable, aussi difficile, que rare; celle de jeter un pont sur l'Elbe sous les yeux d'un ennemi plus fort, que nous, sur l'un et l'autre bord de cette rivière. Cet article surmonté, le premier débouché sous le canon de Koenigstein étoit libre; le chemin étoit court mais mauvais; le rendez-vous du secours, qui venoit au devant de nous, soit en trouppes, soit en provisions de bouche, en chevaux pour l'Artillerie et les bagages, pouvoit se porter jusqu'à une demie lieu de notre pont:

La marche de notre Armée étoit courte, conséquemment facile à dérober à l'ennemi, et au moyen des attentions éloignées qu'on pouvoit lui donner; il lui falloit enfin 5 heures de marche de plus qu'à nous, pour s'opposer à notre jonction avec le secours sus-dit; la personne du Roi étoit en sûreté; quelque fût le succès du projet, il suffisoit d'emporter deux postes, pour lui ouvrir le chemin vers le secours et vers la Bohème; il étoit très-probable encore, qu'on auroit le tems et les moyens, de sauver non-seulement l'Artillerie de Campagne, mais aussi la meilleure partie des bagages; attention, qu'il convenoit d'avoir en faveur des Officiers, qui avoient tout sacrifié pour mettre leur trouppe en état.

Tout le projet rouloit, comme on voit, sur trois points essentiels, de faire approcher le secours, d'agir de concert, et de prévenir l'ennemi. Le voici en détail. Le Maréchal de Broune devoit approcher son Armée de Leitmeriz, et pendant que par sa droite il auroit poussé, vers Boehmisch-Camniz, un détachement de 12,000 hommes — quelques démonstrations par sa gauche vers Brix et vers nos Montagnes devoient masquer le vrai mouvement. Ce détachement, débouchant ensuite par Boehmisch-Einsiedel, devoit se porter sur le grand chemin de Sebnitz, par Lichtenhayn, Mitteldorff, Altendorff et Rathmansdorff, jusques au bord du défilé; nous y attendre en bataille, soutenir même ou partager notre attaque sur les postes de Prossen et Walthersdorff, où il y avoit un Bataillon de Grenadiers, au cas que nous y trouvions trop de résistance. Il s'étoit encore chargé de se saisir des hauteurs au dessus de Schandau, plier ou couper les deux Bataillons Prussiens, qui y étoient, avec une sorte de communication avec le Corps posté à Papsdorff, au moyen de quelques bateaux pontonnés. Notre Armée devoit donner jalousie aux Prussiens du côté de Hennersdorff, (ils comptoient que nous y déboucherions) attirer aussi leur attention entre Pirna et Zehista, en jetant des ponts sur la Gottleube, protégés du poste du Kohlberg.

On avoit pris la nuit du 8 au 9 pour remonter nos bateaux pontonnés de Pirna, à la faveur d'une canonnade supérieure, que nous pouvions exécuter sur les postes Prussiens à Wilstaedtel, Ober-Raden, et un peu au-dessus de ce dernier village. Il n'y avoit que deux petites pièces de Canons dans le premier et le dernier de ces postes, gardées par 50 ou 60 Grenadiers.

On comptoit donner jalousie à Wilstaedtel sur la construction du pont, qu'on ne faisoit cependant que transporter; il devoit être parfait à l'entrée de la nuit du 11 au 12me, au débouché du défilé de Thürmsdorff. Nous avions suffisamment des pontons de cuivre, pour un seul pont, mais comme les haquets n'étoient nullement en état, et qu'il étoit question, que notre unique pont fût bien large et bien solide, l'Officier des Pontonniers choisit de préférence le pont de bateaux auxquels il pouvoit faire travailler les Charpentiers et les Bateliers, attendu qu'il n'avoit qu'un Lieutenant, 1 Sergeant, 1 Caporal et 4 Pontonniers pour manœuvrer les pontons.

Au bas de la Montagne, vis-à-vis l'endroit, où se devoit jeter le pont, il s'y trouvoit quelques maisons, dont on devoit se saisir; douze pièces de gros canons balayoient le bord de l'Elbe et la petite plaine au dessus étoit soumise à tout le feu de Koenigstein. Ce débouché nous menoit au pied de l'abatis, que les Prussiens avoient fait dans un coude de l'Elbe, s'appuyant d'un côté de cette rivière, de l'autre du Lilienstein; delà régnoit une espèce de précipice jusqu'au retour de l'Elbe et au ravin du ruisseau de Prossen, où ils avoient une redoute fraisée, palissadée et du canon.

La petite plaine, qu'on nomme Ebenheit, peut contenir 8 Bat.s des nôtres de front; elle va en se rétrécissant à l'abatis des Prussiens, où elle n'a plus que 120 ou 130 Toises; elle aboutit enfin à une trouée couverte de sapins vis-à-vis des rideaux de Walthersdorff, où l'on ne sauroit passer qu'avec 24 ou 30 hommes de front, afin de gagner le défilé de Prossen, où il eût fallu entrer par trois. Entre la haute Elbe et Lilienstein, il y avoit aussi un chemin très-difficile et étroit, qui menoit au défilé de Prossen, et à la Redoute dont il eût fallu se rendre maître. Ce chemin fut trouvé impraticable, et les difficultés se montrèrent insurmontables au moment de l'exécution, par les obstacles, que l'ennemi y avoit mis alors. Ce devoit être de l'autre côté de ce défilé, que le Maréchal de Broune devoit nous attendre en bataille.

Vingt-quatre Compagnies de Grenadiers, soutenues de deux Brigades d'Infanterie, des nôtres, devoient attaquer et forcer l'abatis, la trouée et le rideau au débouché du bois; delà les Grenadiers devoient encore se saisir du Village de Walthersdorff et des défilées du Ziegenruck, Ober-Raden, et Burkersdorff; tous ces passages occupés, les Prussiens ne pouvoient plus y porter le moindre secours de leur Camp de Pirna et de Zehista. Il leur falloit d'ailleurs 5 heures de marche pour s'y rendre de Pirna. On avoit aussi préparé, à ce dernier endroit, quelques bateaux avec les machines nécessaires, pour faire sauter le pont de communication des Prussiens, sur lequel ils devoient dériver à la faveur de la nuit.

Le combat des Grenadiers à l'abatis et au débouché

du bois, et la prise de la redoute de Prossen, étoit la besogne, dont nous nous étions chargés, le reste devoit s'exécuter conjointement avec les trouppes Autrichiennes. Ces postes où il falloit prévenir l'ennemi, une fois occupés, toute l'Infanterie filoit sous leur protection; le Roi la suivoit avec Ses Gardes du Corps, les Dragons et les Cavaliers, toute l'Armée enfin, avec Artillerie et bagages alloit joindre les Corps du Maréchal de Broune; les Grenadiers aussi se seroient repliés sur lui, et de ce moment il eût fait l'arrière-garde de notre Armée, que rien ne pouvoit plus empêcher de se retirer en Bohême.

(Tout ce détail est extrait de la disposition donnée à toute l'Armée, la veille de notre retraite de Struppen.)

Nous n'avions pas encore eu de réponse positive du Maréchal de Broune, nous craignîmes avec raison, que les suites de la bataille de Lowositz n'eussent changé quelque chose à notre projet, lorsqu'un Officier de confiance, envoyé de sa part, nous rassura: il ajouta de plus dans sa lettre au Premier-Ministre, qui fut lue chez le Feld-Maréchal, en présence de plusieurs Officiers-Généraux, qu'il se rendroit immanquablement à Rathmannsdorff, et de là seconderoit nos attaques, s'il en étoit besoin. Il désiroit que l'expédition fût retardée jusqu'au 15. Nous ne pouvions acquiescer à ce délai, ayant déjà été obligés de prendre 300 Quintaux de farine des provisions de Koenigstein quoiqu'il n'y en eût que pour quarante jours, pour fournir à la Garnison de ce poste, afin de faire face aux distributions de pain pour l'Armée jusqu'au 12 inclusivement.

La nuit du 12 au 13me fut prise pour l'exécution de notre marche, et afin que les Prussiens n'en eussent aucun soupçon, il fut convenu, qu'il ne se donnerait point des signaux extraordinaires, que les coups de Canons et de la Mousqueterie, tirés aux passage de la rivière et à l'abatis, suffiroient à cet effet.

La nuit du 8 au 9me nous remontâmes les bateaux jusqu'à Wilstaedtel, sous une escorte de 100 hommes à Petsche, vis-à-vis Wilstaedtel. Il y avoit une Compagnie de Grenadiers, un Piquet d'Infanterie et une batterie de quatre pièces de gros Canons. Malgré le grand vent, directement contraire à la manoeuvre des bateaux, il ne laissoient pas d'avancer sous le feu des Prussiens, que notre batterie éteignit au bout d'un quart d'heure, et les soldats qui avoient succédé aux paysans, qui s'étoient d'abord sauvés, leurs auroient fait faire le reste du trajet, mais la terreur saisit aussi les bateliers, de sorte, qu'il n'y eut plus moyen de faire un pas en avant. Le jour nous prit dans cet embarras; un gros détachement de Prussiens survint avec du Canon, sur les hauteurs entre Wilstaedtel et Wehlen, toute la journée se passa à nous tirer des coups plongeants, qui ne laissèrent pas de couler bas trois de nos gros bateaux, et d'emporter le Caporal de nos Pontonniers. Il est bon de faire observer que la Redoute Prussienne au-dessus de Raden, ayant découvert à l'aube du jour notre batterie et tiré sur elle, la nôtre la fit taire, démonta son canon, et obligea enfin les Prussiens à abandonner la redoute. Il n'étoit donc pas trop hardi, comme l'on a prétendu le dire, de remonter ce Pont, puisque les feux, qui devoient s'y opposer, ont été éteints, et que sans la fuite des bateliers, il arrivoit avant le jour au lieu de sa destination.

On reprit la même besogne la nuit du 9 au 10me au moyen d'autres bateliers, au nombre de 40 qu'on avoit ralliés à force d'argent et de promesses; des volontaires, pris de l'Infanterie, devoient tirer les bateaux; tout s'acheminoit malgré nombre de pièces de Canons, dont les Prussiens avoient garni les hauteurs, qui plongeoient sur la rivière, lorsque ces préparatifs intimidèrent encore les bateliers; ils firent manquer l'entreprise. L'ouragan de la veille duroit toujours et servit de prétexte à leur mauvaise volonté; lorsqu'on se mit en devoir de les contraindre l'épée et la baïonette dans les reins, ils déclarèrent et se mirent à même de faire dériver les bateaux au bord opposé, plutôt que de se tirer du danger par l'ardeur du travail.

Ces fâcheux contre-tems nous ont fait perdre 24 heures, et nous ont nécessités, à faire usage de nos pontons, qu'on a transportés au lieu de leur destination avec un travail et des peines infinis. C'est une des principales raisons, qui a fait échouer notre entreprise. On en a d'abord informé le Maréchal de Broune; et en même tems: qu'il ne nous seroit pas possible d'effectuer notre passage avant la nuit du 13 au 14$^{me.}$ Mais l'émissaire n'a pu le joindre, que le 13me, qu'il étoit déjà à Lichtenhayn, où il s'arrêta. Notre objet n'étoit plus douteux, aussi les Prussiens sentant qu'ils ne pouvoient empêcher l'établissement de notre pont, se bornèrent à se porter en force vis-à-vis du Maréchal de Broune, ainsi qu'à Walthersdorff et derrière l'abatis. Nous ignorions au juste leur nombre et leurs dispositions; nos espions n'ayant pu pénétrer d'aucune part, passé le 11$^{me.}$ On avoit vu défiler de la Cavalerie du côté de Walthersdorff, mais il est plus que probable, qu'il falloit, qu'ils fussent déjà en force au passage de la Wendisch-Faehre, sans quoi rien n'eût empêché le Corps du Maréchal Broune de pousser en avant jusqu'au rendez-vous concerté.

L'Armée se mit en marche à l'entrée de la nuit du 12 au 13.me On voyoit du Koenigstein, ainsi qu'on avoit vu la veille les feux du Détachement du Maréchal de Broune, au delà des hauteurs d'Altendorff; on remarquait également un autre alignement de feux pas tout à fait parallèle aux autres, plus en deçà, qui ne pouvoit être que des Prussiens. On eut lieu d'espérer, que le Maréchal de Broune pousseroit en avant, vers l'aube du jour, et on pouvoit supposer dans l'ordre naturel des choses, que notre Armée auroit entièrement passé l'Elbe, vers ce tems. Le hazard frustra encore notre attente: une pluie abondante rendit tout ce terrain, qui n'est que roc ou terre glaise, si difficile et si glissant, qu'il était grand jour avant que les Grenadiers et les Brigades destinées à les soutenir, eussent pu gagner la hauteur du plateau, toute l'Artillerie de campagne de ces Brigades étoit demeurée au pied, les chevaux étant tellement harassés, qu'il n'y eut pas moyen de leur faire franchir un chemin creux, qu'il a fallu déblayer, et que la continuation de la pluie a rendu impraticable. Ce ne fut plus qu'à force de bras, qu'on pût monter le Canon. Il étoit grand jour, lorsque l'aile droite de l'Infanterie passa le pont et que le Maréchal fit tirer trois coups de Canon du Koenigstein. On avoit tiré quelques coups de fusil au passage de la tête des Grenadiers. Il est indubitable que si l'on eût répondu à ce signal par un coup de feu, nos Grenadiers attaquoient l'abatis, baïonette à bout du fusil, sans avoir une pièce de Canon et même leurs armes à feu hors d'état de tirer. On n'apprit rien du Maréchal de Broune; on sut seulement par quelques paysans, que l'abatis étoit garni de Grenadiers et de Canons.

Le Roi s'étoit rendu à l'entrée de la nuit à Thürmsdorff. On étoit convenu, que Sa Majesté iroit delà au Koenigstein, au cas que quelque accident ne lui permît pas de passer la rivière. Elle y alla donc deux heures avant le jour, avec Messeigneurs les Princes, le Premier-Ministre et toute la suite. Il Lui étoit aisé de rejoindre l'Armée, notre pont n'étoit qu'à une petite portée de Canon de cette place.

Vers les 8 heures du matin on entendit tirailler à notre arrière-garde, composée de dites troupes de Cavalerie, tous les Piquets de l'Infanterie postés dans les bois et sur les collines en decà de Struppen, et à l'entrée du défilé de Thürmsdorff. L'ennemi ne fit pas de grands efforts à cette attaque, on y tira cependant assez de coups de Canons, tant de la part des ennemis, que de Koenigstein, qu'il eût été impossible au Corps du Maréchal de Broune, de ne pas entendre ce bruit, et se douter par conséquent de notre passage, s'il eût été au rendez-vous à 11 heures.

Le reste de l'Infanterie de la droite acheva de grimper la montagne par des sentiers, où jamais trouppes n'avoient marché; le chemin restoit bouché par le Canon, dont malgré tous les efforts on ne put monter que six ou sept pièces.

Le Feld-Maréchal Comte Rutowski crut devoir prendre l'avis de tous les Officiers-Généraux d'Infanterie, pour savoir, s'il falloit attaquer sur le champ, ou attendre qu'on eût des nouvelles de notre secours. La possibilité de notre projet portoit sur sa présence, au défilé de Prossen, sur une attaque de concert et sur la surprise. Ces trois points manquoient absolument. Le Maréchal de Broune n'étoit pas à son poste, c'étoit chose sûre, vu le silence qui régnoit de ce côté-là; il y avoit donc entre lui et nous un Corps Prussien, même assez fort, pour l'empêcher d'avancer; il ne nous servoit par conséquent de rien, d'avoir forcé l'abatis et les postes même de Walthersdorff et de Prossen, tant que ce dernier défilé, qui étoit le plus fort, n'étoit pas occupé par le secours.

Nous avions jugé nécessaire, qu'il devoit nous seconder à notre attaque sur les postes de Walthersdorff, dans la supposition, que nous y gagnerions l'ennemi de vitesse. Mais il avoit eu tout le tems de s'y porter. Quel succès pouvions nous nous promettre d'une attaque soutenue de très peu d'Artillerie, et exécutée par une Infanterie, qui avoit été sous les armes ou en mouvement dix-sept heures de suite, harasée de la marche, percée d'une pluie continuelle, sans rafraîchissement et sans pain? Toute la Cavalerie, plus de 40 pièces de canons, les munitions de réserve, le bagage et l'arrière-garde n'avoient pas encore joint; et il ne s'agissoit pas dans notre projet de laisser tout en arrière, et d'abandonner le Roi même, quand il eût été possible de sauver une partie de l'Infanterie, sans que le Maréchal de Broune fût à portée de la recevoir: Mais il pouvoit encore avancer, le feu avait été assez grand pour l'avertir; il ne falloit pas manquer une entreprise de cette nature, en sortant du concert par une impatience, qui devoit tout perdre, pendant que nous pouvions espérer de tout sauver.

D'un autre côté il sembloit dangereux d'attendre que l'ennemi s'opposât à notre passage, avec toutes ses forces. Ces circonstances, surtout les moyens, qui nous manquoient pour une attaque vigoureuse, mûrement pésés, il fut arrêté, qu'il convenoit d'attendre et voir plus clair dans la position du Maréchal de Broune, même au hazard que l'ennemi se renforçât, d'autant plus qu'en attaquant ensemble les postes de Walthersdorff et de Prossen, nous pouvions encore nous promettre quelque succès, au lieu que notre attaque seule ne pouvoit alors sauver une partie de notre Infanterie, qu'en déroute, avec la perte de notre Cavalerie et tout notre bagage; le Roi restant à la discrétion de l'ennemi, dans une place, où il n'y avoit guère plus que pour un mois de vivres pour la garnison, et qui ne fut jamais à l'abri d'un bombardement.

Notre Infanterie ayant grand besoin de repos, on lui laissa prendre toute la paille qu'on trouva dans les granges d'Ebenheit. On tenta, bien que sans succès, tous les moyens possibles, pour instruire le Maréchal Broune de notre position. L'arrière-garde ne finit de passer la rivière, qu'à l'entrée de la nuit. Le désordre s'étant mis dans la colonne des bagages, on n'en put sauver qu'une partie. Malheureusement toutes les munitions de réserve furent perdues. Il étoit dit, que tous les accidens nous seroient contraires. L'officier des pontonniers étoit instruit de replier une partie du pont aussitôt que l'arrière-garde auroit passé; on ne pouvoit pas s'opiniâtrer à le soutenir; il étoit soumis à des hauteurs, dont l'ennemi étoit le maître de se saisir, et que le Canon de Koenigstein ne pouvait pas battre. Le pont échappa faute d'ouvriers, ou faute d'attention; le courant, très-rapide dans cet endroit, l'emporta et le dériva sur le poste des Prussiens à Ober-Raden. Le Roi étant informé, qu'il étoit impossible de transporter notre Canon, fit passer tous Ses attelages à la nage pour y travailler le reste de la nuit.

Le Maréchal Comte Rutowski fit encore assembler le conseil de guerre, pour délibérer sur ce qu'il y avoit à faire au cas, que le Maréchal de Browne ne fût pas à portée de remplir ses engagements. Notre situation devenant des plus fâcheuses, on crut devoir la représenter au

No. X. Premier-Ministre, par la lettre ci-jointe, signée par les Officiers-Généraux présents dans ce moment-là.

En attendant les ordres de la cour on prépara tout pour l'attaque, l'Infanterie surtout fut occupée à décharger ses armes et à sécher ses munitions. On nous apporta
A et B. deux lettres du Roi, signées en même tems; l'une nous enjoignoit de délibérer encore et de faire ce qui seroit humainement possible, l'autre nous exhortoit, à prendre confiance dans la providence divine et dans le secours du Maréchal de Broune; elle nous encourageoit à tenter une attaque que nous eussions déjà faite avec toute l'ardeur du monde, s'il y avoit eu, humainement parlant, la moindre apparence de succès.

Le conseil de guerre fut assemblé avant la pointe du jour du 14me. Tous les Officiers-Généraux, sans exception, s'y trouvèrent; leurs avis furent d'autant plus unanimes, que la lettre du Maréchal Broune, qui ne
No. XI. nous parvint qu'à 7 heures du matin, constatoit non-seulement son éloignement, mais bien plus le peu qu'il y avoit
No. XII. à espérer d'une diversion utile de sa part. La Copie ci-jointe est le précis du second conseil de guerre sur lequel nous attendions que Sa Majesté s'expliqueroit nettement pour nous faire commencer une attaque, qui ne pouvoit nous promettre d'autre avantage, que celui de nous sacrifier sous les yeux de notre maître. Les déserteurs nous avoient informés, que l'ennemi étoit vis-à-vis de nous, fort de 8 Bataillons de Grenadiers, deux Brigades d'Infanterie et un Régiment de Dragons, dans des postes inattaquables dans toutes les règles du métier, à moins qu'on ne les trouve dégarnis, ou qu'on puisse les tourner.

Le Général-Major de Gersdorff fut chargé de porter au Roi le résultat du conseil de guerre; nous devions compter sur un ordre par écrit; il n'en falloit pas moins dans les circonstances du monde les plus fâcheuses, où il étoit peut-être plus dangereux encore de faire trop, que de faire trop peu. Nous devions être taillés en pièces: mais ce n'étoit pas la suite la plus funeste d'une attaque désespérée. La Personne du Roi enfermée dans le Koenigstein, eût eu tout à craindre, si le Roi de Prusse s'abandonnoit à Son tour aux moyens extrêmes en voulant s'en rendre maître, ou le forcer à signer tel traité qu'il auroit voulu.

Cet article-là fut agité entre peu d'Officiers-Généraux: On n'osoit pas y toucher dans un conseil de guerre, qui ne pouvoit pas être tenu secret.

Le Général Gersdorff revint avec une résolution verbale, qu'on peut voir avec toutes les circonstances qui No XIII. l'ont accompagnée, dans sa relation ci-jointe. Cette résolution de Sa Majesté ne pouvait nullement mettre les Officiers-Généraux à l'abri du reproche, ou, d'avoir donné un combat malheureux, sans ordre positif, ou fait une capitulation sans l'aveu du Roi.

Cette réflexion obligea le Maréchal à renvoyer sur le champ le Général-Major Baron de Dyherrn, pour solliciter l'ordre nécessaire, et exposer en même temps au Premier-Ministre ce qu'on n'avoit osé discuter dans le conseil de guerre.

No. XIV. La relation de cet Officier et la lettre du Roi, dont il étoit porteur, semblent prouver, qu'on y eut égard, les expressions de la lettre ne nous paroissant point ambiguës, sur quoi on commença à entrer en négociation avec le Lieutenant-Général de Winterfeldt, qui de son propre mouvement étoit venu nous trouver, sur ce que le Maréchal avoit fait seulement demander un Officier-Major par le Lieutenant-Colonel de Bibra, envoyé à cet effet, pour convenir d'une suspension d'armes.

Nous étions soumis dans notre poste, qui n'en étoit pas vu, à des hauteurs, d'où il ne dépendait que des Prussiens de nous détruire à coups de canons.

Il paroissoit, qu'ils s'y préparoient déjà; nous voulions éviter ou prévenir l'embarras de la demander, lorsque le feu avoit commencé.

No XVI. Le billet ci-joint du Premier-Ministre prouve, que cet armistice n'a pas été à l'insçu de la cour, et que Sa Majesté ne l'a point improuvé dans ce moment-là. Cette circonstance peut devenir fort essentielle. Elle s'accorde parfaitement avec la lettre ci-jointe, que le Premier-Ministre doit avoir écrite le même jour, savoir le 14 Octobre, au Maréchal Comte de Broune, et laquelle se trouve publiée dans divers écrits publics.

Il convient de remarquer encore, que l'Artillerie du Koenigstein tira beaucoup jusqu'à ce moment. Ce feu n'avait d'autre objet, que celui, d'engager le Maréchal de Broune de tenter une attaque, qui pouvoit être suivie de la nôtre.

Cependant le Maréchal s'étoit mis en marche, soit qu'il n'eût point entendu le bruit de Canon, soit qu'il eût appréhendé les suites d'un engagement, ou qu'il eût prévu quelque difficulté pour sa retraite, ainsi qu'il semble l'insinuer par sa lettre.

Le Roi de Prusse étoit revenu de la Bohême avec 15 Escadrons de Dragons le 14 au soir.

Le Général d'Arnim lui porta les articles de la capitulation; il revint assez tard rendre compte de sa commission, et apporter ce que le Roi de Prusse y avoit ajouté.

Ce Prince avoit témoigné ne vouloir pas recevoir l'Armée prisonnière de guerre, y ajoutant, qu'il vouloit traiter du Roi à Roi.

Le lendemain 16me le Général Ingersleben étant venu de la part du Roi de Prusse, proposa au Maréchal, qu'il eût à faire prêter serment à l'Armée. Le Général Baron de Dyherrn, fut chargé de représenter l'impossibilité de souscrire à cette condition, le Maréchal n'étant autorisé qu'à faire mettre les armes bas à l'Armée.

Le Roy de Prusse ayant paru y acquiescer, et cet article ayant été ajouté à la Capitulation, elle fut conclue, et notre Armée reçut une livraison de pain, de la part du Roi de Prusse.

On ne s'étend pas sur les suites de cette Capitulation, elles ne sont malheureusement que trop connues.

Tel est, dans la plus exacte vérité, l'enchaînement de plusieurs accidens désastreux, qui a fait manquer le projet de notre retraite. On voit clairement, que ce n'est que la disette qui nous y a forcés. Etablis dans un poste également important et inattaquable, avec six semaines de vivres de plus, nous eussions vu l'Armée Prussienne obligée de lever le blocus et de prendre des quartiers d'hiver bien plus reculés, que ceux, qu'elle a gardés jusqu'à l'ouverture de la Campagne.

No. I.

PRO MEMORIA.

Die gegenwärtigen Bündnisse, Bewegungen und Anstalten aller benachbarten Staaten und Arméen scheinen ebenfalls einige Maass-Reguln, Anstalten und Einrichtungen zu des Königs Dienst, der möglichen Sicherheit des Landes, und vorzüglich zu der *conservation* der Armee zu erfordern.

Die schwachen Regimenter *Infanterie* und *Cavalerie* sind durch die gewöhnlichen Beuhrlaubungen zerstreuet; die *Officiers* befinden sich, besonders bey der *Cavalerie*, ohne Geld und *Equipage;* die Vorräthe an *Artillerie*, Gewehr, und andern *armatur*-Stücken *etc. vivres*, Schanz-Zeug, *Proviant*, Fuhrwesen etc. Bedürfnisse zur Ross-Parthey, Lazareth, und was zu diesem allen gehörig und erforderlich ist, besonders aber in denen Landes-Vestungen, *Wittenberg*, *Sonnenstein* und *Koenigstein etc.*, — alle diese Bedürfnisse, sage ich, sind keinesweges in behörigen sogleich brauchbaren Stande. Mit einem Worte, der ganze *Militair-Etat* ist durch die *Reductiones* und wirthschafftlichen Einrichtungen nach und nach so dürfftig, gering und *immobil* gemacht worden, dass man in einer dem Jahre 1744 ähnlichen *Situation*, sich in Eil von demselben wenig oder nichts versprechen kan.

Es entstehet also nicht die Frage, wie man sich einer dergleichen Gelegenheit *opponiren* soll, sondern wie man die höchstbesorgliche *destruction* und Aufhebung der Regimenter abwenden, dieselben der Gefahr entziehen, in Sicherheit setzen und ernähren kann. Die *supponirte* und ganz ohnfehlbar überlegene *Invasion* wäre dieser letztern Ursache halber eben nicht zu befürchten, wenn alle *Corps mobil*, beysammen und im Stande wären des vortheilhafften Lauffes des Elb-Strohms sich mittelst einer sichern *Defensive* zu bedienen.

Die Posten *Torgau* und *Meissen*, nebst ihren Brücken sind die fürnehmsten *Points d'appui*, so bald selbige dazu zu *aptir*en Zeit und Mittel vorhanden sind. Ausser diesem ist es schwer und gefährlich, unter andern möglichen *Manoeuvres*, in der Eile zu wählen. Die völlige *Retraite* der *Armée* ins Gebürge *exponiret* die *Residenz*, alle darinnen befindliche unersetzliche *Pretiosa*, die schwere *Artillerie*, und alles, was nicht in aller Geschwindigkeit nach *Königstein* zu flüchten möglich ist.

Der Posten zwischen *Sonnen-* und *Koenigstein* ist mit 20—24,000 Mann besetzt, *inattaquable*: 11,000 bis 12,000 Flinten aber, und 2—3000 Pferde sind vielleicht nicht so gross im Stande, denselben zu behaupten, ohnerachtet er wegen seiner *Importanz* und *Communication* zu Wasser und zu Lande mit *Boehmen*, der *Ober-Lausiz* und dem *Gebürge*, der einzige zu wählen wäre, wenn man die *Residenz* zu *soutenir*en vor ohnmöglich oder bedenklich hält.

Es kan diese, durch die völlige hinein zu werffende *Infanterie* gesichert, und die *Cavalerie* und *Dragoner* allein ins Gebürge gezogen werden. Die *Residenz*, die Neustadt und Vorstädte können gegen einen *Coup de main* mit Hacken und Schauffeln verwahret und *defendiret* werden, wenn man nur im Stande ist 12,000 Mann darinnen mit Brodt, Fleisch, Bier und Zugemüssen zu versehen. Diese **Garnison** hat nichts als eine Belagerung in *Forma* zu befürchten: ehe und bevor aber die dazu nöthige schwere *Artillerie* zu Wasser oder Lande herbey zu bringen ist, müssen vielleicht 3—4 Wochen verflossen, und die dringende Umstände durch *Diversiones*, *Alliance*- oder andere *Tractaten* abgeändert seyn.

Dressden und *Neustadt* ist, wenn eine kleine **Armée** darinnen befindlich, sehr schwer zu *investiren*, und allenfalls nicht ohnmöglich, sich des nahe angelegenen Wein-Gebürges gegen **Pillniz** zu, zu einer **Retraite** zu bedienen.

Die **Cavalerie** kan indessen im Gebürge und Voigtlande, auch ohne **Magazins** füglicher, als an einem andern Orte *subsistiren*, und hierinnen besonders von dem Regimente **Dragoner**, auch vielleicht von den aufzubietenden und zu bewaffnenden Berg-Leuten *protegiret* werden.

Aus allem, was bishero kürzlich berühret worden, äussern sich demnach folgende Drey Haupt-*Objecta*:

1) Die Zusammenziehung der *Armée* auf eine solche Art, dass derselben Bewegung und *Ralliement* so *immanquable*, als geheim und zum voraus auf allen Fall genau *reguliret* sey.

2) Die Wahl des **Point de Ralliement** mit allen möglichen denselben nicht entdeckenden *demonstrationen*.

3) Die Besorgung aller dahin einschlagenden Bedürfnisse, und hauptsächlich Mund- und Kriegs-**Provisionen**, an den zu bestimmenden und nicht bestimmten Orten.

Diese drey Haupt-*Articul* sind in gegenwärtigen

Umständen sonder Zeit-Verlust in die vollständigste Ordnung zu setzen.

Sollte man durch Bündnisse, oder Zeit-Gewinst im Stande und gemeynet seyn, auf die *Augmentation* der *Armée* und des *Militair-Etats* zu *reflectiren*; so wird nicht minder je eher, je besser auf die *Recroutir-* und *Remontir*ung, die *Equipir*ung und *Armatur*, hauptsächlich aber auf *Magazins* gedacht werden müssen.

Die *Recroutir*ung ist ohnfehlbar durch die im Lande erlassenen Creyss-Regimenter dermahlen erleichtert. Die *Remontir*ung hingegen, in Rücksicht der jetzigen Umstände nicht anders, als mittelst Land-Pferden möglich zu machen, wenn auf die *Passag*en durch die Preussischen und Hannöverischen Lande nicht zu rechnen wäre.

Diese Land-Pferde sind allerdings denen *Hollsteini*schen nicht gleich, zu baldigen Gebrauch aber allemahl von 6—7 Jahren denen 4jährigen *Remonte*-Pferden vorzuziehen.

Die *Magazins* vor der Erndte zu füllen, würde gewiss die gröste Schwierigkeit seyn, wenn man sie nicht ohnedem an solchen Oertern errichten müste, wo das Getraide dem Aufkauf unserer Nachbarn nicht *exponiret* ist. Wobey einem Erleuchten *Ministerio* anheim gestellet wird, ob dergleichen Aufkauf, auch ohne alle *Restriction*, durchgehends zu verbiethen, nicht die erste Aufmerksamkeit verdiene.

Alle vorberührte *Objecta* des gegenwärtigen sowohl, als des vielleicht zu *augmentir*enden *Militair-Etats*, nebst denen dazu führenden Mitteln und Wegen, sind ohne den mindesten Anstand, überhaupt und ins besondere durch die *Concurrenz* eines Erleuchten *Ministerii*, sowohl als des Geheimen Kriegs-Raths-*Collegii* mit dem **General-Feld-Maréchal** zu *ponderiren* und zu bestimmen: bey dieser Arbeit aber hauptsächlich auf das Geheimnis und die Zuziehung solcher Persohnen zu *reflectir*en, die die **Oecono**mische Kenntniss des Landes im höchsten Grade besitzen.

Dressden, den 8. *Junii* 1756.

Rutowski.

No. II.
PRO MEMORIA.

Auf Veranlassung Sr. des Herrn *Premier-Ministre*, Grafens von *Brühl Excell.* habe ich, nach gepflogener *Communication* mit des Herrn *Generals, Chevalier de Saxe, Excell.*, meine Gedancken in folgenden Puncten ohnvorgreifflich eröffnen wollen.

1.

Unter dem *Praetext* des allerhöchst anbefohlenen Strassen-Baues sollen die Regimenter *Infanterie* ohnverzüglich beordert werden, alle Beuhrlaubte einzuziehen, und, weil hierzu ganze Regimenter *emploiret* werden könten, hätten auch sofort die beuhrlaubte *Officiers* bey denen Regimentern sich einzufinden.

2.

Unter dem *Praetext* einer wegen besserer und leichterer *Subsistenz* vorseyenden anderweiten *Delogirung*, ergehet an die Regimenter *Cavalerie* eine gleichmässige *Ordre*.

3.

Zu den Behuf des vorhabenden Strassen-Baues, wird auch bey dem Haupt-Zeug-Hausse die *Reparatur* des Schanz-Zeuges und anderer *requisit*en angeordnet.

4.

Es wird in *continenti* eine *marchroute* vor jedes Regiment *Cavalerie* und *Infanterie* ausgearbeitet, vermöge welcher sich die ganze *Armée Compagnie*weise in *March* setzen, und auf Zwey *rendés-vous* eintreffen kan.

5.

Das *Rendés-vous* der ganzen *Infanterie* ist zwischen *Meissen* und *Nossen*.

Das *Rendés-vous* der ganzen *Cavalerie*, zwischen *Doebeln*, *Nossen* und *Waldheim*.

6.

Die zu der Zusammenziehung nöthige *Ordres* und *Dispositiones* sollen jeden Regiment *immediate* von mir verschlossen zugefertiget, und von denen *Commandanten* nicht eher, als auf ein hierzu noch zu erwartendes *Avertissement* eröffnet, und sodann nach den Buchstaben befolget werden.

7.

Jede *Compagnie Infanterie* und *Cavalerie* versiehet sich währenden *Marche* mit soviel Korn oder Mehl, als solche zur *Subsistenz* auf einen Monath nöthig hat.

Die *Cavalerie* nimmt ihren Vorrath an Hafer aus ihren *Magazin*en, und was an der *Subsistenz* auf 1 Monath ermangelt, ebenfalls aus denen *March-Quartier*en mit sich.

8.

Die völlige *Infanterie* wird in 2 *Divisiones* und 4 *Brigad*en, desgleichen auch die *Cavalerie* in 2 *Divisiones* und 4 *Brigad*en getheilet.

Der *Gen. Bar. v. Rochow*,
der *Gen. Bar. v. Haxthausen*,

der *Gen. Lt. v. Minckwiz*,
der *Gen. Lt. v. Meagher*,
Die *General-Majors*
v. Gersdorff,
v. Bolberiz,
v. Crousaz,
v. Dieden

commandiren die *Infanterie*. Die *Cavalerie commandir*en, unter dem *General Chevalier de Saxe*,
der *Gen. v. Arnim*,
der *Gen.* Fürst *Eugene* von *Anhalt*,
die *General-Lieutenants*
v. Ploez, und
Gr. *Vitzthum v. Eckstaedt*,
Die *General-Majors*,
v. Rechenberg,
v. Vitzthum,
v. Reizenstein,
Gr. *v. Ronnow*, oder
v. Dallwitz.

Dem *General* von *Wilster* wird die *Direction*, und das *Interims-Commando* bey der *Artillerie* anvertrauet.

Der Geheimde Kriegs-Rath und *General-Major* von *Zeutzsch* hat dabei alle die in das *General*-Kriegs-Commissariat einschlagende *Functiones* zu versehen.

9.

Alle übrige zum *General*-Staabe, *Artillerie, Commissariat* und *Proviant*-Wesen gehörige Persohnen, können erforderlichen Falls sogleich bestimmet werden.

10.

Ob nicht zu desto leichterer Versorgung der *Armée*, mit Brodt, Fleisch und andern Nothwendigkeiten, im voraus unter der Hand um *Entrepreneurs* sich zu bemühen, das beste Mittel sey, wird allerhöchsten Ermessen überlassen.

11.

Die *Residenz Dressden*, und die *Neustadt* soll erforderlichenfalls mit der ganzen *Infanterie* besetzet werden, und ist folglich auf einen Vorrath von Lebens-Mitteln, wenigstens auf 6 Wochen in voraus zu denken.

12.

Über dieses wird die Stadt *Pirna* zu einem Haupt-*Magazin* vor die *Infanterie*, und die Stadt *Annaberg* zu einem *magazin* vor die *Cavalerie* vorgeschlagen.

13.

Die *Residenz* und die Vorstädte, nebst der *Neustadt* bei *Dressden* in möglichen *Defensions*-Stand zu setzen, wird man zum voraus bedacht seyn, und soll das *Detail* davon dem Obristen *Eggers* anvertrauet werden.

14.

Die Vestungen *Koenigstein* und *Sonnenstein* müssen zur freyen *Communication* mit *Boehmen*, und zur Bedeckung der *magazins*, desgleichen um die schwere *Artillerie* und andere Kostbarkeiten in sichere Verwahrung zu bringen, mittelst der zu vermehrenden Arbeit, sonder Verzug in erforderlichen *Defensions* Stand gesetzet werden.

15.

Das zu diesem Endzweck erforderliche Holz, zu *Pallisaden*, würde auf Anmelden des *General-Majors Baron* von *Dyherrn*, von denen nächsten Ober-Forst-Meistern anzuweisen, und diese im voraus darauf zu *instrui*ren seyn.

16.

Die *Garnisons* von *Wittenberg*, *Pleissenburg* und *Stolpen* hätten mit der *Infanterie* zugleich ihre Posten zu *evacuiren*, und die *Garnisons* von *Koenigstein* und *Sonnenstein* zu verstärken.

Die *Waldheim*ische *Invaliden Compagnie* könte an die *ordre* des *Generals Chevalier de Saxe* gewiesen, und zu Bedeckung des *Magazins* in *Annaberg* gebrauchet werden.

17.

Alle zum *Commando* nicht ernennte *Generals* können sich, in so ferne solche nicht als Obristens bey Regimentern stehen, sich in der *Residenz* Stadt aufhalten.

Diejenigen, so mit ihren Regimentern sich auf den *march* begeben wollen, können den Dienst nicht anders, als Obristens thun.

Wie denn überhaupt alle *Officiers* nach ihrer Würcklichkeit, und nicht nach ihren höhern *Caractere*, dienen, und auf den Verpflegungs-*Etat* gesetzet werden sollen.

18.

Die *Infanterie* ist im Stande, die *Residenz* gegen alle besorgliche Unternehmungen zu bedecken.

Solte ein feindliches *Corps* solche auf lange Zeit zu *vestiren mine* machen, wäre dieselbe durch die *operationes* der *Cavalerie*, oder durch einen aus der Nachbarschafft zu erwartenden *Succurs* zu unterstützen, oder die *Retraite* derselben zu *facilitiren*: zu welchem Ende zuträglich seyn würde, ein *Corps* Kayserlich Königlicher Ungarischer *Trouppen* gegen *Leitmeriz* und *Schandau* zu *postiren*.

19.

Im Fall die sämbtliche *Cavalerie* genöthiget würde, ihren Posten hinter der Mulde zu verlassen, hätte sich dieselbe Fuss vor Fuss gegen *Annaberg*, und äussersten Falls nach *Boehmen* zu *retiriren*.

Alle diese *Mouvements*, und *Positiones* sind dem *Wiener* Hofe von Zeit zu Zeit zu *communiciren*, und sich darüber mit dem *commandir*enden *General* in *Boehmen* vollständig zu vernehmen.

20.

Übrigens werden die bekannten dringenden Umstände derer sämbtlichen *Officiers* Ihro Königl. Maj. allerhöchsten Hulde und Gnade allerunterthänigst *recommandiret*, und Sr. des Herrn *Premier-Ministre Excell.* werden vor den unumgänglich zu Ausführung dieses *Plans* erforderlichen baaren Geld-Aufwand des fördersamsten besorgt zu seyn Sich gefallen lassen.

Dressden, den 2. *Julii* 1756.

Rutowski.

No. III.

Monsieur le Comte Rutowski!

M'ayant été fait rapport du plan que vous avez projeté, sur les précautions convenables et secrètes à prendre à l'égard de Mon Armée, en conséquence des avis et apparences, dont Je vous ai fait informer, des présentes marches et mouvemens militaires dans le voisinage; Je suis bien aise de vous donner à connoître par Ma présente le gré, que je vous sais aussi dans cette occasion de votre attention et zèle pour Mon service, de même que Mon approbation des mesures et arrangemens éventuels, que vous avez proposés. Désirant de plus, que vous continuiez à les préparer, et de communiquer et vous concerter confidemment sur tout le détail de ces présentes et futures précautions avec Mon Ministère, que J'ai fait également instruire de Mes intentions y relatives; Je vous recommande au reste tout le ménagement et secret possibles, pour que dans l'incertitude et la délicatesse des conjonctures, les mesures innocentes de pure prévoyance, qu'elles Me conseillent, soient exemtes de toute fausse interprétation et ombrage.

Sur ce Je prie Dieu, qu'Il vous ait, Monsieur le Comte Rutowski, en Sa sainte et digne garde.

Fait à Dresde le 5 Juillet 1756.

Auguste Roi.

No. IV.

An
des Herrn *Premier-Ministre*
und *Generals*, Grafens v. Brühl
Excell.

GANZ ERGEBENSTES PRO MEMORIA.

Gleichwie bey denen zu behöriger **Precaution** getroffenen, mit Ew. **Excell.** *concertir*ten Veranstaltungen, wegen der **Subsistenz** der Königl. **Trouppen** bereits die nöthige Maass-Reguln genommen, und dieser Punct also in so weit in Richtigkeit gebracht worden, dass ich nur noch von Ew. **Excell.** die **Specification** der vorhandenen Getreyde-Vorräthe, und wo selbige befindlich, zu gewärtigen, und Denenselben dahingegen den von mir erhaltenen **Etat** der auf **Koenigstein** erforderlichen Mund-**Provision** ganz ergebenst zu *recommandir*en habe; also dürffte nicht minder, wenn *casu existente*, nach den bewusten Plan die **Armée** zusammen gezogen seyn wird, alsdenn von besonderer Nothwendigkeit seyn, dass diejenige **Casse**, so in solchen Fall der **Armée** zugegeben wird, gleich Anfangs mit hinlänglichen Geld-Vorrath versehen werde, damit zu *evitir*ung aller sonst zu besorgenden üblen Folgerungen, und weil auch die beständige **Connexion** mit der **General**-Kriegs-**Casse** ungewiss werden könnte, es niemahls an den *Officiers-Tractament* und Löhnungen fehlen möge.

Dannenhero mir die Freyheit nehme Ew. **Excell.** auch diesen Punct Deroselben hochgeneigten Vorsorge bestens, und ganz ergebenst zu empfehlen, auch hiernächst drittens zu bitten, darauf gütigst mit zu *reflectir*en, dass sämbtliche *Officiers* sowohl die **Rationes** und **Portiones**, vom Tage der Zusammen-Ziehung an, als das Feld-*Tractament* auch einige Zeit vorher, und besonders denen *Compagnie-Commandanten* solches *à dato*, da die Beuhrlaubung *cessir*et ist, zu ihrer *Indemnisation* allerhöchst zugestanden, und gereichet werden möge.

Dressden, den 8. *August* 1756.

Rutowski.

No. V.

	Staabs- und Ober-Officiers						Unter-Officiers und Gemeine						Summa Summarum					
	Portiones betragen			Rationes betragen			Portiones betragen			Rationes betragen								
	Anzahl.	Centner Mehl.	Schffl. Korn.	Anzahl.	Schffl. Hafer.	Ctr. Heu.	Anzahl.	Ctr. Mehl.	oder Schffl. Korn.	Anzahl.	Schffl. Hafer.	Ctr. Heu.	Portiones.	Centner Mehl	oder Scheffel Korn	Rationes.	Scheffel Hafer.	Centner Heu.
Täglich	3050	41 Ctr. 65 ℔	36 Sch. 4 Mzl.	3907	366	284	16950	231	201	3242	321	246	20010	273	237 1/2	7149	687	530
in 10 Tagen	30500	415	363	39070	3662	2841	169500	2312	2019	32420	3215	2460	200100	2728	2382	71490	6878	5301
in 20 Tagen	61000	831	726	78140	7325	5682	339200	4625	4038	64840	6431	4920	400200	5457	4764	142980	13756	10603
in 30 Tagen	91500	1247	1089	117210	10988	8524	508800	6938	6057	97260	9646	7381	600300	8185	7146	214470	20635	15905
in 31 Tagen	94550	1289	1127	121117	11354	8808	525760	7169	6258	100502	9967	7627	620310	8458	7385	221619	21321	16435

ANHANG.

Hierzu sind in denen *ordinairen* Land-*Magazins* dermahln vorhanden, als

Ctr. Mehl	Schffl. Korn	Schffl. Hafer	
3000	1960	1580	in *Dresden.*
—	150	—	„ *Leipzig.*
—	250	520	„ *Langensalza.*
1130	700	590	„ *Zwickau.*
840	—	—	„ *Königstein.*
1000	—	450	„ *Sonnenstein.*
—	—	220	„ *Zeitz.*
5970	3060	3360	*Summa*
fer: 1107	—	—	in *Meissen.*

7077 Ctr. Mehl.

Wann aber hiervon der Betrag derer angeordneten Verpflegungs-Bedürfnisse *pro August* an

    1500 Ctr. Mehl in *Dresden*
      81 „   „   „ *Königstein*
    148 „   „   „ *Sonnenstein*
    150 „   „   „ *Zwickau*

1879 Ctr. Mehl in *Summa*

annoch abgezogen werden: So bleiben alsdenn Vorräthig

    5198 Ctr. Mehl
    3060 Schffl. Korn, und
    3660 Schffl. Hafer.

Ermangeln also zu denen in umstehender *Tabelle* ausgeworffenen *Portions* und *Rations* Gebührnissen

auf 1 Tag
  — Ctr. Mehl
  — Schffl. Korn
  — Schffl. Hafer
  530 Ctr. Heu

auf 10 Tage
— Ctr. Mehl
— Schffl. Korn
3518 Schffl. Hafer
5301 Ctr. Heu
in 20 Tagen
556 Ctr. Mehl
508 Schffl. Korn
10,396 Schffl. Hafer
10,603 Ctr. Heu
in 30 Tagen
2987 Ctr. Mehl
2620 Schffl. Korn
17,275 Schffl. Hafer
15,905 Ctr. Heu
in 31 Tagen
3260 Ctr. Mehl oder
3000 Schffl. Korn
17,961 Schffl. Hafer
16,435 Ctr. Heu.

NB. Weil aber der **Langensalz**er Vorrath an 250 Schffl. Korn und 520 Schffl. Hafer mit in Ansatz gekommen, so wird solcher der Entlegenheit halber abzuziehen seyn.

No. VI.
PRO MEMORIA.

Der durch-*march* der Königl. Preussischen *Armée* durch die Chur-Sächssischen Lande, kann auf dreyerley Art geschehen.

1.

Nach vorgehender geziemender *Reqrisition*, auf den bestimmten *Routen*, mittelst baarer Bezahlung aller Ordnung und Manns Zucht.

2.

Ohne *Reqrisition*, aber mit Besetzung der *evacuirten* Plätze *Leipzig* und *Wittenberg*, mit wiederrechtlich drohenden Anmuthungen, dem *Westmunster*schen *Tractat* beyzutreten, oder die *Neutralitaet*, durch Einräumung *Dressden* und *Koenigstein*, durch Zerstreuung oder Entwaffnung der *Armée*, zu gewissern.

3.

Mit feindseeligen Bezeugungen, Brandschatzen *Contribution* Ausschreiben, Entführung der Unterthanen, und was dem anhängig ist.

In allen dreyen Fällen ist die Zusammen Ziehung der *Armée* bei *Meissen*, *Dressden* oder *Pirna*, als das einzige *Prealable* zu derselben Unterhaltung vorausgesetzt, und Allerhöchsten Orts genehmiget worden.

In dem ersten Fall öffnet man der Preussischen *Armée*
Wege und Stege: In dem dritten kan man ihren *march*
durch *Regul*mässige *Operationes* hindern, ihr allen Abbruch thun und suchen der überlegenen Macht in starken
Posten, mit Hoffnung des Beystandes unserer *Alliirten*,
zu wiederstehen, oder dieselbe zu vermindern.

Allen Vermuthen nach kan der Preussischen *Armée*
zu diesen Bewegungen eine gewisse Zeit anzuwenden,
nicht anders als höchst nachtheilig seyn.

Es bleibt also nichts übrig, als den Zweyten und
gefährlichsten Fall, mit allen Umständen und Folgerungen
so kurz als reiflich zu erwägen.

Das erste und Haupt-Bedenken äussert sich, sobald
durch die Känntniss des *Caractere* eines so gefährlichen
Nachbars man zum Grunde setzen muss, dass die Einräumung unserer Grenz-Vestungen gegen *Boehmen*, dass
die Zerstreuung, oder, welches das Selbe ist, die Entwaffnung der *Armée*, dass endlich die gröste und schmäh-
liche Erniedrigung uns keine Art der Ruhe und Sicherheit
versprechen, wohl aber den Staat, Land und Leute dem
Willkühr eines harten Bezwingers in die Hände liefern
kann.

Es ist gewiss, dass, sobald er glaubt, Chur-Sachsen
und seine gegenwärtige Verfassung sey annoch im Stande
seiner Herrsch-Sucht das mindeste Hinderniss im Weg zu
zu legen, er durch keine Niederlegung der Waffen sich
abhalten lassen wird, unsern gänzlichen Staat zu zer-
nichten.

Die darüber zu gewartenden mündlichen und schriftlichen Versicherungen können uns so wenig beruhigen,
als sie bey seiner erstern *Invasion* in *Schlesien* die Königin
von *Ungarn*, bey seiner zweyten *Invasion* in *Boehmen*

den letzt verstorbenen Kaysser, und selbst ehedem in
Maehren und *Boehmen*, und endlich **Prag** und **Dressden**,
ohnerachtet der *stipulir*ten *Tractat*en und *Capitulationen*,
nicht in Sicherheit gesetzet haben.

Wer ist es also, der uns vor seinen Hass, vor die
Verwüstung des Landes, vor den **Ruin** des **Commercii**,
vor der Verachtung unserer bisherigen *alliir*ten die *garantie*
leisten kan, so bald er Herr und Meister ist, eine zer-
streute, oder entwaffnete *Armée* in die seinige zu *incor-
poriren*, wenn er auch *moderation* genug hätte, solches
nicht gleich anfänglich bewürken zu wollen?

Die Folgerungen dieses vom Anfange gewiss alles
überschwemmenden Überfalls werden den äussersten Nachtheil einer schimpflichen Unterwerffung unwiedersprechlich
an den Tag legen. Diese Folgerungen sind der Sieg oder
die Erniedrigung dieser fürchterlichen Macht. Der Sieg
erhebt ihn auf den Gipfel der unumschränkten Gewalt, und
liefert ganz Teutschland seiner willkührlichen Bothmässigkeit.

Man stellet einem jeden anheim zu erwägen, ob wir
in diesem Fall die einzigen seyn können, die die Härte
seines Verfahrens nicht zu besorgen haben? Wozu kan
uns also unsere Unterwerfung helffen oder nützen? Und
wie können im Gegentheil von seiner viel eher zu ver-
muthenden Erniedrigung diejenigen etwas gutes von seinen
Überwindern sich versprechen, da ohne Schwerdt-Streich
sie sich ergeben, unter dem Joch gebeugt, und von selbst
ausser den Stand gesetzet haben, sich und ihren Freunden
zu helffen?

Die überlegene Macht schliesset eine nothwendige
Gegenwehr nicht aus, und, so lange man die Waffen in
Händen hat, sie gebrauchen kan, oder sterben will, mag
man schwerlich zu etwas gezwungen werden.

Es folget aus allem diesem, dass durch die üble Wahl eines also scheinenden Vergleichs, Untergang, Schimpff und Schande, aber nicht die mindeste Sicherheit zu hoffen ist.

Auf der andern Seite kan der aufs äusserste getriebene Wiederstand niemanden, als diejenigen, die ihre Schuldigkeit ohnedem dazu verbindet, aufopffern.

Es ist besser, und ohnfehlbar *glorieuser*, eine **Armée** durch die Schärffe des Schwerdts, als durch Streckung des Gewehrs zu verliehren, so bald eines, wie das andere dem Lande nicht mehr helffen als schaden kann.

Die *genereuse* Wahl eines so gerechten als gezwungenen Wiederstandes thut, auch ohne Rücksicht auf den Verlust der Zeit, dem Feinde wenigstens einen gleichen Abbruch, und die Folgerungen des Sieges und die Erniedrigung des ungerechten *aggressoris* sind in diesem Falle sehr unterschieden, indem der Sieg unsern **Etat** nicht verschlimmern kan, seine Erniedrigung hingegen ihn nothwendig verbessern muss.

Wir haben durch unsern Wiederstand dem allgemeinen Feinde Abbruch gethan; wir haben uns vor unsere Freunde aufgeopffert; wir haben vor das allgemeine Beste gelitten. Wie ist es möglich, dass sodann sein Ueberwinder, wozu wir uns mit rechnen können, nicht auf unsere Schadloshaltung, ja vielleicht auf unsere Erhebung dencken müssen? Mit einem Worte: die Sicherheit des Landes *periclitiret* allerdings in beyden Fällen der Unterwerffung und des Wiederstandes.

Die Ehre des Königs, der **Nation**, der **Armée** und die Hoffnung eines bessern Schicksals äussert sich ganz allein in dem von Gott, der Natur und dem Völcker-Rechte vorgeschriebenen Gesetze: Gewalt mit Gewalt zu vertreiben. Dieser gerechte Wiederstand würde in desto grössere

Sicherheit gesetzet werden können, wenn man von dem *Wiener* Hofe eine *ordre* auszuwürcken bedacht wäre, vermöge welcher dem **General**-Feld-Marschall, Grafen von **Broune** Befehl gegeben würde, ein **Corps** von 8. *Bataillons Infanterie*, 500. *Husaren*, und 1000. *Croaten* in der Gegend *Aussig* und *Töplitz* dergestalt *parat* zu halten, dass der **Commandant** dieses **Corps**, auf die erste **Reqvisition** von hier aus sich bey *Pirna* mit der Königl. *Armée conjungir*en könte.

Wir könten im Gegentheil die im Königreich *Pohlen* befindliche schwere und leichte **Cavalerie**, unter *ordre* des **General-Lieutenants** von **Rex** ohngesäumt gegen **Bieliz** rücken, und von dar aus nach *Maehren* zu der Kayserl. Königl. *Armée* stossen lassen.

Man könte auch andern Falls diese Pohlnische Regimenter zu einer **Diversion** in die Gegend **Schidlo** rücken lassen, und sich ihrer von dar aus, nach Erforderung der Umstände bedienen.

Dieses ist was Endesunterschriebene Sr. Königl. *Maj.* Allerhöchsten **Resolution**, und dem Ermessen Eines erleuchteten *Ministerii* sonder Maasgebung pflichtschuldigst anheim stellen sollen.

Dressden, den 19. *Aug.* 1756.

Rutowski und *Chev. de Saxe.*

No. VII.

Dressden, den 23. August 1756.

Da Endesunterschriebener von des Herrn **Premier-Ministre** Grafens von **Brühl Excel.** befehliget worden, das *sub praesentato* des gestrigen Tages von des Herrn **General** Feld-Marschalls **Excel.** durch den Herrn **General-Major, Baron** von **Dyherrn** überschickte **Pro Memoria**, die jetzigen Bewegungen derer Preussischen **Trouppen**, und was man etwa hiesiger Seits dieserwegen vor **Praecautiones** zu nehmen habe, betreffend, Sr. **Excellenzien** denen Herren **Conferenz-Ministris** zu dem Ende zu *communiciren*, damit dieselben, wohin Dero erleuchtete Gedanken gehen, zu eröffnen geruhen möchten; Alss sind selbige dahin ausgefallen,

dass:

„Bei der *Situation*, worinnen dermahlen die Sachen
„annoch stehen, wohl am besten seyn würde, es
„bey dem, dem **General, Baron** von **Rochow** er-
„theilten Bescheide, noch zur Zeit bewenden zu lassen,
„jedoch zu Gewinnung künfftiger Zeit, und damit
„gedachter **General** sich nur *praepariren* könne,
„entstehenden Falls, das, in der verschlossenen *ordre*
„anbefohlene desto schleuniger zur Vollstreckung zu
„bringen, ihm zu erlauben, selbige, jedoch bloss zu
„seiner alleinigen *Information* zu eröffnen, mit der

„*Execution* aber, entweder den würcklichen Eintritt
„Preussischer *Trouppen* in hiesige Lande, oder fernere
„Anweisung dazu von hier aus zu erwarten."

Datum ut supra.

Ferdinand Ludwig von *Saul*.

Nachdem des Herrn *Premier-Ministre Excell.* ich
Endes benannter, bey Dero *Retour* vom heutigen Schiessen, von dem, wohin obgedachtermaassen, das *Sentiment*
des Geh. *Consilii* ausgefallen, eröffnet, *communicirt*en Sie
selbiges dem eben zugegen seyenden *General-Major
Baron* von *Dyherrn*.

Da nun aber dieser verschiedenes, zu Behauptung
der Nothwendigkeit der nähern Anziehung etwa dreyer,
sonst der Gefahr der Abschneidung allzusehr ausgesetzt
bleibender Regimenter vorstellte, befahlen Ihro *Excell.*
demselben mit in das *Conseil* zu führen, um diese Vorstellungen auch allda zu *proponiren*, und sodann derer
Herren *Conferenz ministrorum Excellenzi*en fernerweites
Gutachten darüber zu vernehmen.

Nachdem nun der Herr *Gen. Major Baron* von
Dyherrn seine *Reflexiones* vorgetragen, und einige Zeit
darüber *deliberire*t worden, wurde der Schluss endlich
dahin gefasset,

dass:

„*eventualiter* die *ordres* an den *General, Baron*
„von *Rochow* wohl dahin gestellet werden könten,
„denen weitesten Regimentern, als dem Prinz *Xave-*
„*rischen, Garde* und Chur-Prinzlichen *Cuirassiers*
„ein paar *Maerche*, nach denen bereits entworffenen
„*Routen*, näher an die andern thun zu lassen, sobald die Preussischen *Trouppen* sich *en corps* dichte

„an die Sächssische Grenze zusammen ziehen, und allda *campiren*, oder auch *cantoniren* solten."

Dat. eod. die Nachmittags.

Ferdinand Ludwig von **Saul**.

Hier *registrirtes* **Resultat** haben Ihro Majestät der König Allergnädigst *approbir*et.

G. v. Brühl.

No. VIII.

Haupt-*Quartier Struppen*,
den 10. *September* 1756.

In Praesentia
der Herren **Gen.** Feld-Marschalls Grafen ***Rutowski***, **Gen.**
Chevalier de Saxe, **Pr.** *Ministre* und ***Generals*** Grafen
von ***Brühl***, ***Generals*** von ***Arnim***, ***Baron*** von ***Rochow***,
Baron von ***Haxthausen***, von ***Wilster*** und Fürsten zu
Anhalt, **Gen. Lieut.** de ***Meagher***, und **Gen.** ***Major***,
B. v. ***Dyherrn***.

In dem diesen Vormittag angeordneten Kriegs-Rath eröffneten des Herrn **General** Feld-Marschalls *Excell.* welchergestalt Ihro Königl. Majestät bey denen dermahligen Umständen, da der Wiener Hoff zu erkennen gegeben, dass man uns keine Hülffe zukommen lassen könte, das Gutachten Dero ***Generalitaet*** allergnädigst verlangeten, was bey diesen Umständen zu thun das rathsamste wäre?

Es wurde darauf von dem Herrn Geh. ***Legations-Rath Saul*** ein Schreiben von dem Kaysserlichen ***Ministre***, Grafen von ***Kaunitz*** an den General-Feld-Marschall Grafen von ***Broune*** verlesen, worinnen die Uhrsachen, warum man uns nicht entsetzen, noch *degagir*en könte, *detaillir*et worden, und fügten des Herrn ***Premier-Ministre Excell.*** demselben annoch bey, dass inzwischen,

dass dieser Brieff abgegangen, bereits über 3. *Couriers*
dorthin abgeschicket wären, um die Hülffe zu *pressiren*.
Es wurde demnach zuförderst berathschlaget, ob die *Retraite* unserer *Armée* nach *Boehmen* annoch möglich zu
machen wäre? und fiel der einmüthige Ausspruch dahin,
dass dieses nunmehro zu späte, und schlechterdings *impraticable* wäre; dahero auch kein ander Mittel übrig
bliebe, als alhier in diesem *Posto* zu verbleiben, und das
äuserste abzuwarten.

Es wurde zwar vorläufig hierbey die Frage auf die
Bahne gebracht, ob er uns hier *attaquiren*, *bloquiret*
halten und auszuhungern suchen; oder ob er sich mit
uns nicht *amusiren*, sondern vielmehr seinen *Operations-Plan* nacher *Boehmen* fortsetzen würde? Jedoch hielten
die meisten Herren *Generals* dafür, dass er das erste
gewiss beobachten, und unsere *Armée* zuvor nach seinem
vorgesetzten Endzweck zu zwingen *tentiren* würde.

Bey dem genommenen Entschluss, dass man das
äusserste allhier abwarten müste, erwehnten annoch des
Herrn *Gen.* von *Wilster Excell.* so wohl als der Herr
General-Lieutenant von *Meagher*, dass, wenn man es
auch wagen, und so glücklich seyn würde, sich mit der
Kaysserl. Königl. *Armée* in *Boehmen* zu *conjungiren*,
dennoch die allerübelsten Folgen, und der gänzliche *Ruin*
des ganzen Landes zu befahren sein dürffte.

Es erörterten hierauf des Herrn *Generals* von *Wilster
Excell.* Dero *Sentiment* dahin, dass es sehr wohl gethan
seyn dürffte, wenn unsers Allergnädigsten Königs Majestät
nochmahls ein Schreiben an Ihro Majestät den König in
Preussen abgehen zu lassen, und Deroselben darinnen
vorstellig zu machen geruhen wolten, dass, da man durch
diese jezige *Position* der *Armée*, und ob man gleich

Gelegenheit und Zeit genug gehabt hätte, eine anderweite **Partie** zu erwählen, man dennoch genugsam gezeiget hätte, dass man **neutral** verbleiben, und dem Könige von Preussen in seinem **Marche** nichts in Weg legen wolte; dass man, aller **offerten** ohngeachtet dennoch bey diesem **Sentiment** bliebe: Es wäre denn, dass der König von Preussen die **Armée** zur grösten **Desperation** bringen wolte, woraus allerhand schädliche **Suiten** vor beyde Theile entstehen könten; dass dahero des Königs von Preussen Majestät Ihre **Declaration** von Sich zu geben geruhen möchten, was Selbte denn endlich von unserer Seite verlangten?

Wie nun hierüber von unten auf *votir*et wurde; so stimmten sämbtliche Herren **Generals** mit diesem Gutachten überein, und traten auch des Herrn **General-** Feld-Marschalls **Excell.** so wohl, als des Herr **Chevalier de Saxe** Durchl. demselben ebenfalls völlig mit bey, mit dem Beyfügen, dass dieser **Pas**, wenn er auch, wie fast zu besorgen, nichts fruchtete, den König von Preussen dennoch bey der ganzen Welt in *tort* sezen würde.

Und obzwar annoch auf die Bahne gebracht wurde, ob es nicht dienlich seyn dürffte, annoch anderweit nacher **Wien** zu schreiben, den **Succurs** zu *pressir*en, und die Antwort zu erwarten; so zeigten doch des Herrn **Premier-Ministre Excell.**, dass solches nunmehro zu späte, und ohne *effect* seyn würde, auch der **Courier** mit dem Briefe aufgefangen, und die Sache dadurch nur noch übler gemacht werden dürffte; beliebten auch selbst schrifftlich ein dergleichen Schreiben zu entwerffen und vorzulesen, welchen man allenfalls *à tout hazard* dem hier befindlichen **Courier** mit zurückgeben könte.

Man *deliberir*te nach diesen, wie der Brieff an den

König von Preussen zu bringen seyn möchte, und fiel endlich der Entschluss dahinaus, dass solches durch eine *Generals*-Persohn, die eben jezo nicht mit Dienste thäte, geschehen müsse, und obzwar in Vorschlag kam, zuförderst einen Trompeter mit einem offenen *Pass*, den auch der *General-Major*, *Baron* von *Dyherrn concipirte*, abzuschicken, und darinnen um einen Frey-*Pass* für den abzusendenden *General* anzusuchen, so hielten dennoch des Herrn *Generals* von *Arnim Excell.* dafür, dass solches unnöthig wäre, und nur einen Zeit-Verlust verursachte, welchem denn auch beygestimmet wurde.

Wie man endlich noch über den Innhalt des zu fertigenden Königl. Schreibens *deliberirte*, so stimmte die *Generalität* mit des Herrn *Premier-Ministre Excell.* geäusserten *Sentiment* völlig ein, dass solches in etwas nachdrücklichen *Terminis* bestehen, und darinnen sowohl, was unserer Seits bishero vor *Proponenda* gethan, und wie man sich verhalten, als was von jener Seite vor *facta*, mitten im Frieden, wieder des Königs von Preussen eigenes *Manifest*, wieder das Völcker-Recht und wieder die Gewohnheit aller gesitteten Völcker, vorgenommen worden. Worauf sodann dem Herrn Geh. *Legations-Rath* von *Saul* aufgetragen worden, das *Concept* davon zu entwerffen, und solches diesen Nachmittag, zu einer anderweiten *Deliberation* darüber, zu *communiciren*. Zuletzt wurde vor Endigung der *Session* annoch beliebet, dass der Herr *Gen. Lieut.* von *Rex* zum Ueberbringer dieses Schreibens zu *choisiren* seyn dürffte, oder auch der Herr Geheimde Rath, und *General-Lieut.* Graff von *Bellegarde. uts.*

Carl Friedrich v. Graffen.

Nachmittags nach 5. Uhr, und wie obbemelte Herren sämbtlich sich wieder eingefunden hatten, wurde das *concipirte* Schreiben vorgelesen, und nach ein- und anderes darinnen *adjustiret*, auch des Herrn Grafens von **Bellegarde Excell.** beordert, um Mitternacht mit dem Schreiben abzugehen, und zu dem Ende ein Trompeter, der ihn begleiten solte, *commandiret*.

Carl Friedrich von **Graffen.**

No. IX.

An
den *General*-Feld-Marschall,
Grafen *Rutowski*.
Haupt-Quartier *Struppen*,
den 16. September 1756.

EIN BEREITS ALLERHÖCHST APPROBIRTER ENTWURFF,

so aber nicht vollzogen worden.

Hoch- und Wohlgebohrner, lieber Getreuer; bey Unserer nach den Königreich **Pohlen**, durch die vorwaltenden Umstände, nothwendig erforderlichen Abreise, überlassen Wir euch Unsere *Armée*, so wie sie dermahlen zwischen **Sonnenstein** und **Koenigstein** sich befindet, und das unumschränkte *Commando*, Macht und Gewalt über dieselbe, so wohl als über beyde Vestungen **Koenigstein** und **Sonnenstein**, solchergestalt, dass die Ober-Gerichtsbarkeit, wie auch die *Direction* über die **General**-Kriegs-**Casse**, *Commissariat*, *Vivres* und alles was dem anhängig ist, davon keinesweges ausgeschlossen sey.

Wir verbiethen euch hiernächst, allen und jeden *ordres, rescript*en und Befehlen, oder auch *avertissemens*, die nicht unter Unserer eigenen Hand und Unterschrift, und zwar aus dem Königreich **Pohlen** *datiret*, und von dar ohnfehlbar *emaniret* sind, Folge zu leisten. Und gleichwie Wir mit des Königs von **Preussen** Majestät Uns bisher zu vernehmen gesucht, Deroselben auch sogar *offeriret* haben, Unsere ***Generals***-Persohnen, dass sie in diesem Kriege gegen Dieselben nicht dienen wollen, *reversir*en zu lassen; also habt ihr, mit Zuziehung eines Kriegs-Raths, falls diese von dem Könige von **Preussen** verworffene ***Condition***, und keine andere einzugehen, auch nunmehro anzufangen, Gewalt mit Gewalt zu vertreiben.

Solchemnach ermahnen Wir euch nebst allen und jeden Unsern ***Generals***, Staabs- und ***Ober-Officiers***, auch Unter-*Officiers* und jeden Soldaten, in der *pressanten Situation*, in welcher Wir sie zu lassen genöthiget sind, ihrer Ehre, und derjenigen Treue und Pflicht, womit sie Uns verbunden sind, eingedenk zu sein: allermaassen nichts, als ihre Treue, Tapferkeit und Standhafftigkeit ihnen zu einiger *ressource* dienen, und Unsere und ihre Ehre vor Gott und der Welt retten kan.

In diesem zuversichtlichen Vertrauen *autorisir*en Wir, zu Erhaltung dieses Endzwecks, alle, auch die gefährlichsten Mittel und Wege, und, da es endlich der ***Armée*** an Lebens-Mitteln gebrechen könte; so kan sie sich auch, mit Verlassung der Vestung *Sonnenstein*, nach Befinden der Sache, suchen einen Weg mit dem Degen in der Faust zu bahnen: Die Vestung *Koenigstein* aber muss bis auf den letzten Mann *defendiret* werden.

Sollte nun endlich, da Gott vor sey! der ***Armée*** alle Lebens-Mittel und Wege abgeschnitten werden; so genehmigen Wir zum Voraus alle diejenigen *Capitulationes*, die in dergleichen Fällen alle ***Armé***en einzugehen gedrungen werden können, und habt solche ihr, nebst Zuziehung der sämbtlichen **Generalitaet**, zu schliessen, zu vollziehen, und Uns davon Bericht zu erstatten, niemahls aber sich zu ermächtigen, gegen Uns und Unsere Freunde die Waffen zu führen.

Hieran vollbringet ihr Unsere ernste Willens Meynung, und Wir verbleiben euch in Gnaden gewogen etc.

No. X.

Monseigneur,

Nous attendons depuis ce matin une attaque, ou des nouvelles de M.^{r} le Maréchal de Broune, sans avoir rien appris de lui, ni aperçu qu'il fît, ou pu faire la moindre démarche pour nous. Le peu de canon, que le mauvais chemin, et les chevaux de l'artillerie exténués par la faim, nous avoit permis de ramasser vers les 7 heures du matin, nous a mis hors d'état de faire l'attaque concertée.

Nous attendons encore ce soir et malgré la fatigue de notre Infanterie, qui est excessive, nous la ferons,[1] si nous sommes avertis par celle, que Mr de Broune doit entreprendre pour nous tirer d'une position, que nous n'avons pu prendre que pour percer, et non pour y séjourner.

La difficulté de l'attaque est augmentée par tous les renforts de troupes, que l'armée ennemie a tirés de ses camps, pour se porter à Prossen, Altendorff, et où nous serions obligés de défiler, sans avoir personne pour nous recevoir en bataille. Si le Roi nous l'ordonne, notre vie est à Lui, et nous la sacrifierons avec plaisir; mais nous

---

[1] Nämlich: *l'attaque*.

sommes obligés d'avertir V. E. que M.ʳ de Broune nous manquant, ce seroit sans apparence de succès. La marche d'ici à Sebnitz est de 5 heures, et nous ne sommes point assurés d'y trouver même du pain. Le zèle de l'Armée pour le service du Maître ne nous empêcheroit pas, malgré la faim dont elle souffre, de la mener à l'ennemi; mais nous avons achevé le peu de chevaux que nous avions pour traîner notre Artillerie, de façon que nous n'en pouvons avoir que très peu de pièces; sans parler de nos bagages, dont l'ennemi s'est emparé pour la plus grande partie.

C'est au Roi à décider de nous; mais il a été de notre devoir de Lui faire représenter, que nous manquons absolument de pain, et de fourages. Il est dur sans doute de céder au plus fort, mais le malheur, qui peut nous arriver n'est pas sans exemple.

Nous avons poussé les choses à l'extrémité, et nous pensons, que M.ʳ de Broune nous manquant, ce seroit abuser du sang de Ses sujets, que de le faire verser, sans qu'il put être utile à Son service, et à Sa gloire. La capitulation, que nous ferions, ne compromettroit pas du moins la personne du Roi, qui est libre dans une de Ses places, et ne priveroit l'Armée de Sa Majesté, que d'une activité, qui dans ce moment-ci, ne peut avoir aucun effet.

Nous attendons les ordres du Roi, s'il se peut, *avant le jour*, pour nous règler en conséquence. *La position où nous sommes, n'est propre, ni pour attaquer, ni pour nous défendre*, le concert seul pris avec M.ʳ de Broune, et *la nécessité où nous étions de sortir du camp de Pirna*, l'autoriseront aux yeux de tous les gens de guerre, qui nous blâmeroient, d'avoir voulu poursuivre notre dessein, *le concert nous manquant, et l'ennemi étant du double plus fort.*

Nous avons l'honneur d'être de V. E.

Signé: ***Rutowski.***
Cher. de Saxe.
Haxthausen.
De Wilster.
Eugène Pr. d'Anhalt.
de Minckwitz.
De Meagher.
Comte de Vicedom.
Baron von Dyherrn.

Comme les Généraux d'Arnim et Rochow n'ont pu être trouvé dans la confusion de notre camp, attendu le peu de tems et l'importance de l'affaire, on a cru ne devoir pas attendre la signature, étant persuadé qu'ils pensent de même.

Au nom de tous

Le 13 Octobre 1756 à neuf heures du soir.

Signé: ***Rutowski.***

A.
LETTRE DU ROI A SON FELD-MARÉCHAL.

Monsieur le Comte Rutowski. C'est avec une amertume du coeur, que j'ai entendu lire la lettre, que vous avez écrite à Mon Ministre. J'entre dans la triste situation de l'armée, et Je sens le poids de vos représentations. Vous me connoissez tous assez compatissant, et contre Mon inclination de causer le sacrifice d'un seul homme: Mais que diroit toute l'Europe, si une armée se rend prisonnière de guerre, ou capitule de 18^m hommes, vis-à-vis d'une autre, qui est d'un nombre inférieur. Je serai abandonné de Mon Allié, traité barbarement d'un ennemi le plus cruel, et Ma situation et celle de Ma maison déplorable. Il n'y a pas à douter, que le Maréchal Broune ne soit proche de vous. Il ne peut faire percer personne chez vous. Je l'ai averti de nouveau, que vous attaqueriez, infailliblement ce matin, et il viendra quand vous en serez aux mains. Les canons tirés ont été le signal, que vous êtes sorti du camp. Mais l'attaque à Walthersdorff ou Prossen a été le vrai signal, que vous aviez préscrit. L'ennemi n'est pas invincible, et Dieu et le Feld-Maréchal Broune seront à vous sûrement. Tout anime Mon courage, et Je suis fâché de m'avoir laissé persuader de m'enfermer ici; J'aurois volontiers partagé votre sort. Pensez, à tout ce que nous avons toujours répondu à l'ennemi, et pensez à sa hauteur insoutenable, si devant quelques redoutes il voyoit mettre les armes bas à toute une Armée. Je voudrois payer votre sang par le Mien. Mais pour l'amour de Dieu, ayez confiance dans la Providence, vous verrez, que vous sortirez victorieux, car toute capitulation pareille nous perdroit de réputation. Je connois la bravoure de mes Généraux, et la valeur de Mes troupes. Un bon succès suivra à une vigoureuse résolution, et le Maréchal Broune sera à vous au milieu de l'affaire. Je vous envoie tous les chevaux que j'ai pu ramasser pour traîner votre artillerie. Dieu combattra pour vous, et vous pouvez être persuadé, que Je n'oublierai jamais un tel service de Mon armée. Je prie Dieu, qu'Il vous assiste, et qu'Il vous ait etc.

Fait à Koenigstein ce 14 d'Octobre 1756.

A. R.

B.

AUTRE LETTRE DU ROI AU MÊME, ET AU CHEVALIER DE SAXE.

P. P.

Monsieur le Feld-Maréchal et Monsieur le Chevalier de Saxe délibéreront de nouveau, et au plus vite avec les autres Généraux. Je vous recommande encore une fois ce qui est humainement possible. Vous savez que J'ai répondu au Roi de Prusse, que le sort de Mon armée étoit celui de l'honneur, et de la nécessité. Ma confiance en vous est la plus parfaite. Sur ce etc.

Fait à Koenigstein ce 14 d'Octobre 1756.

A. R.

No. XI.
COPIA

des von des Herrn *General*-Feld-*Marschalls*, Grafens von *Broune* Excell., d. d. Haupt-*Quartier Lichtenhayn*, den 13. *October* 1756, erlassenen Schreibens, Abends nach 10 Uhr. [1]

<small>Des Herrn Gen. Feld-Marschal's Excell. communiciret den 14. ejusd. früh um 7 Uhr.</small>

Ew. *Excell.* Zuschrift vom 11. dieses habe heute Abends nach 5 Uhr erhalten, und finde hierauf weiter nichts zu bemerken, als, dass ich, so wohl gestern, als heute bis gegen Abend, in der Hoffnung zu gewartet, ganz sicher vermuthet, dass Dero Orts die *Passage lentir*et werden würde.

Gleichwie nun aber, weil solches nicht erfolget, selbstwohl abnehmen kann, dass sich hierzu dermahlen keine fügliche Gelegenheit mehr ergeben, auch die Macht Derer Feinde diesseits allstets sich verstärket, mithin neue schwere Anstände und Beschwernisse sich zeigen müssen; so werde bis morgen um 9 Uhr noch allhier mich aufhalten, um zu erwarten, ob doch die *Passage lentir*et werden will, in welchem Fall ich auf alle Arth *secundir*en, und die Feinde, so vor meiner stehen, angreiffen werde.

Schlüsslich hoffe, man wird erkennen, dass meines Orts alle und jedes, so nur immer möglich war, gethan, diese Unternehmung zu befördern etc.

Graff **Broune**.

[1] Den vollen Text s. oben, Seite 215.

No. XII.

Monseigneur,

Hier au soir l'avis unanime des Généraux portoit sur un concert manqué. Ce n'est que la présence actuelle du Maréchal de Broune à Rathmannsdorff, et n'est que l'attaque qu'il partagera avec nous sur Walthersdorff, qui puisse rendre l'attaque de l'abatis utile pour la retraite. Il ne sert de rien de le forcer, si nous ne nous retirons pas sur un Corps d'Armée, qui doit nous attendre en bataille, pour nous recevoir, et pour nous fournir ce qui est essentiel pour une armée; c'est-à-dire du pain, du fourage, des chevaux pour l'artillerie, et par conséquent des munitions de guerre. Nous avons été obligés de laisser la moitié de notre canon, et des chariots de munitions au bord de l'Elbe, ne pouvant les faire monter en haut, par la foiblesse des chevaux. La poudre que nous avons se consumera à l'attaque, et nous manquerons de toute munition, comme aussi de tout médicament pour nos blessés. L'Armée a satisfait à ce que l'honneur exige d'elle. Nous avons soutenu dans notre camp pendant six semaines contre un corps beaucoup plus supérieur, que le nôtre, attendu journellement son attaque, et nous l'avons arrêté pendant ce tems-là. Nous nous sommes retirés avec courage et fermeté, pour occuper un poste duquel, si tous nos desseins avoient réussi, nous aurions attaqué à notre tour. Mais les obstacles insurmontables, et les besoins très-pressants nous en empêchent. Le Corps de Mr de Broune à Lichtenhayn, quand il y seroit encore, actuellement, que nous écrivons ceci, ne nous serviroit à rien, avant qu'il ait poussé jusqu'en deçà de Rathmannsdorff, et soutenu notre attaque à Walthersdorff.

Lichtenhayn est à près de deux lieues d'allemagne d'ici, et le Corps de Mr de Broune aura marché en arrière, avant qu'il puisse être sûr de notre passage. Le bruit du canon, et de la mousqueterie d'hier auroit dû l'en avertir. De plus, il convient lui-même, qu'il est trop tard, l'ennemi ayant eu tout le tems, qu'il lui falloit pour se renforcer.

Il suit de tout ceci, que les Officiers-Généraux soussignés ne sauroient changer d'avis. Ils se soumettent au jugement de tous les gens de guerre, partant de la situation, où l'armée se trouve, forte à peu près, de ce que l'on nomme combattants, de douze mille; la cavalerie étant hors d'état de combattre contre de la Cavalerie, sans pain depuis deux jours, sans munition et sans bagage.

Les accidents, qui nous y ont mis, ne pouvoient, ni être prévus, ni être surmontés. C'est au Roi à parler; l'armée versera tout son sang, et le versera inutilement; sa déstruction inévitable ne pouvant, ni affermir Sa gloire, ni sauver l'État, et ne pouvant que couvrir d'un reproche d'ignorance et de témérité un Corps d'Officiers-Généraux, qui croit avoir servi jusqu'ici avec honneur et fidélité.

Tel est le résultat du Conseil de Guerre assemblé et tenu de tous les Généraux soussignés, qui le mettent aux pieds du Roi, leur Maître.

Au poste d'Ebenheit, au-dessous du Lilienstein, ce 14 d'Octobre 1756, à huit heures du matin.

Signé: ***Rutowski.***
Chev. de Saxe.

Arnim, General der Cavallerie.
Rochow m. p., General von der Infanterie.
Haxthausen, Général d'Infanterie.
J. v. Wilster, Général d'Infanterie.
Eugène Pr. d'Anhalt, Général de Cavalerie.
v. Minckwitz, Général-Lieutenant d'Infanterie.
De Meagher, Général-Lieutenant d'Infanterie.
Christian Ploez, General-Lieutenant.
Joh. Friedr. Graf Vitzthum von Eckstädt, General-Lieutenant.
Friedrich Botho Graf Stolberg, General-Major.
Carl August von Gersdorff, General-Major der Infanterie.
Carl Heinrich von Rechenberg, General-Major.
Heinrich Vitzthum von Eckstädt, General-Major von der Cavallerie.
Christoph Erdmann von Reizenstein, General-Major.
Wolff Heinz von Bolberiz, General-Major.
Christian Ludwig von Nizchwiz, General-Major der Infanterie.
Johann Wilhelm Graf von Ronov, General-Major.
François Noé de Crousaz, Général-Major d'Infanterie.
Baron von Dyherrn, General-Quartier-Meister.
Johann Friedrich von Dieden, General-Major.

No. XIII.
UNTERTHÄNIGSTER RAPPORT

an Ihro, des Herrn *General*-Feld-Marschalls, Grafens *Rutowski*, *Excellenz*.

Ew. ***Excellenz*** befehlen, dass ich hier die Antwort wiederholen soll, welche ich am 14. Octobr. 1756 bey meiner Zurückkunfft vom Königstein, auf der Liliensteiner Ebenheit, im Nahmen Ihro Königl. Majestät an Höchstdieselben, sambt den beystehenden Herren ***Generals***, mündlich und öffentlich ausgerichtet, und desgleichen, dass ich Dasjenige wahrhafftig hinzusetzen möge, was bei meiner ***Commission*** auf dem Königstein vorgefallen, und in der kurzen Antwort, so ich öffentlich zurückbrachte, nicht begriffen seyn könnte, welches ich aber doch Ew. ***Excellenz*** ins besondere zu erzehlen nicht unterlassen hätte.

Ich leiste hier gehorsamste Folge:

Als ich den lezt gehaltenen Kriegs-Rath nach Königstein überbrachte, so stunden Se. Königl. Majestät samt des ***Premier-Ministre*** Grafens von ***Bruhl*** Excell. auf einer ***Bastion***. Letzterer kam mir einige Schritte entgegen, und meine Bitte an Dieselben ward sogleich dahin gerichtet, dass dieser Kriegs-Raths-Schluss Ihro Königl. Majestät möchte vorgelesen werden.

Die Zeit meiner Ankunfft nach Königstein war ohngefehr zwischen 9 und 10 Uhr des Morgens.

Als ich mich Ihro Königl. Majestät näherte, ward ich sogleich gefraget, warum wir nicht *attaquirten*?

1) Ich antwortete, dass die Artillerie, welche wir zu der *attaque* höchst nöthig brauchten, dahmals noch grössten Theils nicht auf der Ebenheit angelanget.

2) Und dass der Herr *General*-Feld-Marschall v. *Broune* unsere *attaque*, abgeredeter maassen bei Schandau und Rathmannsdorff unterstützen müsste, wenn irgend der geringste *success* davon zu hoffen seyn sollte.

3) Da er aber niemahls näher als nach Lichtenhayn (auf 4 Stunden Weges vom Lilienstein gelegen) angerücket wäre.

4) Und nach dessen eigenen Brieff diesen Morgen um 9 Uhr, *nota*, bereits wieder zurück, in eine noch grössere Entfernung von denen Sachssen gegangen; So wäre von irgend einer *attaque* um so weniger *effect* zu hoffen, weil das Haupt-*Object* einer *Conjunction* mit dem Herrn *General*-Feld-Marschall von *Broune*, nach der Einsicht der gesammten *Generalitaet*, menschlicher Weise nicht mehr zu erlangen stünde, zumahl da die Sachssen an den vornehmsten Dingen, an *Munition* und Brodt, während diesen Unternehmen Mangel leiden würden.

Se. *Excell.* der *Premier-Ministre* fielen hier in die Rede, und sagten:

Der *General*-Feld-Marschall von *Broune* wäre ja da!

Dieses gab mir sogleich zu erkennen, worauf es fürnehmlich ankommen müsste, wenn Ihro Königl. Majestät solten überzeuget werden, dass der Kriegs-Raths-Schluss der *Generalitaet* vernünfftig, und denen damahligen Umständen *conform* eingerichtet wäre.

Nota. Der Herr *General*-Feld-Marschall von *Broune* hatte in dessen Briefe, *d. d.* den 13. October Abends um

10 Uhr gesagt, dass er am 14. October früh um 9 Uhr zurückgehen würde.

Ich richtete also meine ganzen Vorstellungen dahin, den gewaltigen Unterschied deutlich zu machen, welcher sich durch die unterschiedene Stellung des Herrn **General-Feld-Marschalls** v. *Broune* darlegte.

a) Ob nehmlich derselbe 1 Stunde von uns bey *Rathmannsdorff*, oder 4 Stunden von uns bey *Lichtenhayn postiret* sey?

b) Ob derselbe am erstern Orte ein *Corps* Sachsen (so einem glücklichen Durchbruch zu Wege gebracht) *en bataille* annehmen oder ob ein solches *Corps*, nach erfolgten Durchbruch, wenn die *Patron*en verschossen seyn würden, noch einige Stunden Weg bey dem Feind vorbey *defiliren* müsse?

c) Ob der Herr *General*-Feld-Marschall von *Broune* von einem neuerlich bey *Lichtenhayn postir*ten Feind abgehalten würde, den Sachssen die Hände zu bieten, oder nicht?

Aber ich war in dieser Absicht nicht glücklich, denn ich hörte aufs neue, dass diese so sehr unterschiedenen Umstände, keinen Unterschied in derjenigen Art zu Wege gebracht hatten, womit man diese Sachen ansahe.

Ich meinte dargethan zu haben, dass alles Fechten vergebens sei, wenn die *Conjunction* mit den Königl. Ungarischen *Trouppe*n nicht könte erhalten werden, und es fiel, nach den Schluss der ganzen *Generalitaet*, den 14ten frühe, zwischen 9 und 10 Uhr, alle Hoffnung zur *Conjunction* dahin, weil der Herr *General*-Feld-Marschall von *Broune* auf dem Rück-Wege begriffen war.

Da nun alles dieses nichts auszuwürken vermögend war, so dachte ich, es hätte an meinem Vortrage gefehlet, dass ich nicht wäre verstanden worden, und bath, Ihro Königl. Majestät möchten den Kriegs-Raths-Schluss lieber Selbst Sich vorlesen lassen, weil dorten, zweiffelsohne, die Sachen besser aus einander gesetzet und vorgetragen seyn würden, als ich solches auszurichten vermögend sey.

Aber diese Gedult war bei so beunruhigenden Umständen kaum zu erwarten.

Ich ward noch verbunden einige *Repititiones* zu machen, weil einige neue Einwürffe von Sr. des Herrn **Premier-Ministre Excell.** eben den *Sensum* der vorigen hatten, nehmlich:

Dass der Herr **General**-Feld-Marschall von **Broune** daselbst sey, wo er seyn solle.

Ich sagte also abermahls, dass dessen Gegenwart bei **Lichtenhayn** uns keinen Nuzen schaffe, wenn sie auch damahls noch *existirte* (so wie sie sich geendiget hätte) weil er, nach seinem Briefe, um 9 Uhr zurückgegangen. Als ich gefraget ward, wie es der *Infanterie* an Patronen fehlen könte, da Ihro Königl. Majestät sey *rapportiret* worden:

Dass zu den Zweyten 60 Patron-Pulver sey ausgetheilet worden, so antwortete ich:

Dass die *Infanterie* dieses Pulver erhalten, nachdem sie aber, aller Mühe ohngeachtet, in **Pirna**, und im Lager nicht genug Papier gefunden, die Patronen zu verfertigen, so sey das Pulver grösstentheils an den **Artillerie-Parc** wieder zurückgegeben, und von dem Zweyten Sechzig nur sehr wenige Stück *par tête* verfertiget worden.

Ich sagte: dass der Herr **General Wilster** (welcher die *affairen* der **Artillerie** sehr wohl verstehet) behaupte:

dass die *munition* in dem ersten Gefechte, bey einem *tentir*ten Durchbruch würde verschossen seyn, und dass man alsdann ohne *munition* noch vielerlei *Actiones* würde zu verrichten haben.

Dass die **Commandanten** der Regimenter **Cavalerie** an Ihro des Herrn **General**-Feld-Marschalls **Excellenz** *declarir*et, dass sie mit ihren hinfallenden Pferden keine **Action** unternehmen, sondern, im Fall es zu einem Gefechte käme, zu Fusse fechten müsten.

Ihro **Excell.** der **Premier-Ministre** erinnerten abermahls, wie der Herr **General**-Feld-Marschall v. **Broune** in seinem vorhin *allegirten* Briefe ja versprochen: Wenn er hören würde, dass wir vor 9 Uhr des Morgens, am 14. Octbr. den Durchbruch *tentir*en würden, dass er den bey *Lichtenhayn* ihm gegenüber stehenden Feind *attaquir*en würde.

Ich muste also *repetir*en:

Wenn auch die von dem Herrn **General**-Feld-Marschall von **Broune** gesetzte Stunde nicht bereits vergangen wäre, so könte uns diese *attaque*, vermöge unserer **Situation**, niemahls helffen, eine **Conjunction** zu Wege zu bringen, wenn der Herr **General**-Feld-Marschall von **Broune** auf seiner Seite, wie ich fest glaubte, verhindert wäre, sich zu uns zu nähern.

Nota. Ich war um so mehr genöthiget, diesen Umstand zu erheben, weil ich die *Argumenta* eines gehaltenen Kriegs-Raths alle mündlich herzusagen hatte, und mich erinnerte, dass bey Haltung des Kriegsraths auf der Ebenheit von der *Generalitaet* also *sentir*et wurde:

Wenn der Herr **General**-Feld-Marschall von **Broune** von dem bey Lichtenhayn gegenüber stehenden Feind Meister seyn könte, so würde er solchen bald *attaquir*et, und sich, zu unsern Endsaz nach *Rathmannsdorf* zugezogen haben;

Da aber dieses nicht geschehen, so ist es klahr, dass den Sachssen allein überlassen bleibet, alle *difficultaeten*, vom **Lilienstein** an, bis **Lichtenhayn** zu überwinden, und durch alle *défilées* bey dem Feind vorbey zu *passiren*, wenn sie auch gleich an **Munition** Mangel haben.

Endlich sagten Ihro Königl. Majestät:

Aber was ist zu thun, was kan man vor eine *Capitulation* hoffen?

Was werden die **Generals** für Ehre haben, wenn sie das Gewehr strecken müssen?

Wollen sie nicht, oder fürchten sie sich zu fechten?

Ich antwortete:

Keinesweges, Allergnädigster Herr! Aber ich bin eben deswegen hergeschicket Ew. Königl. Majestät einen Kriegs-Raths-Schluss zu überbringen, welcher besser, als meine Erklährung darthut und zeiget, wie, und warum bey gegenwärtigen Umständen durch alles Fechten, zu Ew. Königl. Majestät Dero Lande, und der *Armée* Nuzen nicht das geringste zu erhalten sey.

Hier *declarir*ten Ihro Königl. Majestät:

Wenn man keine gute Bedingungen erhalten könnte, so sollten wir *attaquir*en; Sie wolten lieber Selbst sterben, als schlechte Bedingungen eingehen.

Ew. **Excellenz** ist noch in frischen Andenken, dass ich diesen Befehl an höchst Dieselben, in Gegenwart vieler **Generals** Persohnen, laut und öffentlich ausgerichtet.

Weil aber Dieselben, wie vor meiner Absendung dafür hielten, dass nichts zu Nuzen Ihro Königl. Majestät auszurichten sey, so ward der Herr **General-Major** von **Dyherrn** zum Zweiten Mahle nach Königstein geschicket.

Es ist noch zu bemerken, dass der *General-Lieutenant* von *Winterfeld* eben in Ew. *Excellenz* Zimmer eintrat, als ich wegen meiner Absendung nach Königstein zur Thüre hinausgehen wolte, und ich habe auch dieses auf dem Königstein erzählet.

Weil ich mich aber nicht erinnern kan, und beynahe zweiffle, dass ich damahls gewust, wie man kurzvorhero um einen Waffen-Stillestand bei selbigen angehalten, so weiss ich auch nicht, ob ich von diesem Umstand etwas auf dem Königstein kan gesprochen haben, oder nicht; das heisst; ob ich daselbst habe sagen können, durch was für einen Zufall der *General-Lieutenant* von *Winterfeld* auf die Ebenheit gekommen sey.

Rengersdorff, den 20. *Jan.* 1757.

Carl August von Gersdorff.

No. XIV.

RELATION

de ce qui s'est passé au Koenigstein, au sujet d'une commission de S. E. Mgr. le Comte Rutowski, pour S. E. Mgr. Premier-Ministre Comte de Bruhl.

Le 14 d'Octobre, à 2 heures après midi le Lieutenant-Colonel de Lamsdorff, étant venu de Koenigstein avec des ordres verbaux pour S. E. Mgr. le Maréchal, concernant l'attaque à faire sur les postes Prussiens, Sa dite Excellence m'ordonna de m'en retourner avec le dit Lieutenant-Colonel, pour rendre compte à S. E. Mgr. le Premier-Ministre des motifs, qui jusqu'ici avoient empêché l'attaque, y ajoutant quelques raisons de plus, et qu'on n'avoit pas voulu coucher par écrit dans le résultat du Conseil de Guerre, puisqu'ils n'avoient été agité qu'entre peu d'officiers-Généraux.

Je partis aussitôt, entretenant le Lieutenant-Colonel de Lamsdorff de toutes ces choses, et ayant trouvé S. E. Mgr. le Premier-Ministre dans son appartement, où un moment après vint aussi Mr. de Saul, je lui exposai avec toute la douleur, dont j'avais l'âme pénétrée combien les Généraux étoient au désespoir de l'état des choses, et de ce qu'ils étoient forcés de différer l'attaque: Qu'ils la feroient tout à l'heure, si Sa Majesté persisoit à l'ordonner: Qu'il n'y avoit qu'à m'en faire expédier l'ordre par écrit, et qu'on nous verroit aussitôt donner de la tête contre le Lilienstein: Que dans toutes les règles de la guerre il étoit impossible d'en obtenir le moindre succès: Que c'étoit méner les troupes à la boucherie, et que ce combat n'auroit d'autres suites, que de nous jeter dans une situation pire que celle, où nous étions: Que la plus grande partie de l'armée ayant été taillée en pièces, les restes subiroient toutes les conditions, auxquelles on voudroit nous forcer. J'y ajoutai, qu'un combat désespéré et funeste fourniroit à l'ennemi l'occasion de n'avoir plus le moindre ménagement: Que la Cour devoit s'attendre aux dernières violences, et qu'elle se verroit dans la nécessité de souscrire à tel traité, qu'on voudroit, perdant par-là et l'armée, et le fruit d'une contenance de six semaines.

Je représentai, que le Koenigstein, imprenable par une attaque, tomberoit par un blocus d'autant, plus aisément, qu'après les farines, employées pour la subsistance de l'armée, il n'en restoit pas 600 Quintaux pour plus de 1300 bouches, sans y comprendre la Cour, et sa suite.

Je finis par mettre en avant, que toutes ces suites, funestes par elles-mêmes, et bien plus terribles par les risques, que pourroit courir la Personne Sacrée du Roi, pourroit être en quelques façon éludées, si le Roi, notre Maître sans entrer dans aucune sorte de négociation avec le Roi de Prusse, abandonnoit au Maréchal le sort de Son armée, remettant au pouvoir du Conseil de Guerre de prendre tel parti, qui seroit jugé convenable à l'état des choses.

Je rendis compte à S. E. que Mr. de Winterfeld n'avoit dit autre chose, si non, qu'il ne croyoit pas, que son Maître changeât rien aux conditions faites à Struppen, et qu'il falloit, que le Roi, notre Maître, lui cedât son armée.

Au jugement de nos Généraux, ces conditions étoient les seules, qu'il falloit éviter, en mettant tout au hasard: Qu'ils en sentoient la nécessité; mais qu'ils ne croyoient pas, qu'on pourroit se tirer de ce pas, sans être prisonnier de guerre. S. E. Mgr. le Premier-Ministre, ayant réfléchi quelque tems sur ce que j'avois en l'honneur de lui dire, m'ordonna de minuter un ordre de Sa Majesté pour le Maréchal.

Je le fis, et S. E. après quelques changements me l'a remis signé de Sa Majesté, ajoutant de vive voix, qu'il falloit songer de sauver une partie de l'armée par de certains moyens: Qu'il falloit exempter les Gardes du Corps, le Regiment des Grenadiers-Gardes, et renvoyer tout de suite la compagnie des Cadets au Koenigstein. Elle y ajouta, que nous eussions à insister, que l'artillerie de campagne, les armes, les drapeaux, et les étandards fussent déposés au Koenigstein.

Je m'en retournai aussitôt à Ebenheit, où je ne trouvois plus Mr. de Winterfeld, et où un moment après S. E. Mgr. le Premier-Ministre fit tenir à Mgr. le Maréchal un papier, contenant en note les articles à obtenir, ainsi que S. E. me les avoit dit de bouche.

Telles sont, autant que je me les rapelle toutes les circonstances de ce qui s'est dit et fait à cette commission, qui peut avoir duré, y comprenant l'allée et la venue, entre deux, ou trois heures.

Signé à Welka, le 11 de Février 1757.

George Charles Baron de Dyherrn.

No. XV.

LETTRE DU ROI AU FELD-MARÉCHAL.

Monsieur le Comte Rutowski. J'ai appris avec une douleur extrême la situation très-fâcheuse, qu'un enchaînement de disgraces reservoit à Vous, à Mes Généraux, et à toute Mon armée. Il faut se soumettre à la providence et se retrancher dans la droiture de Ses sentimens et intentions.

On veut me forcer, comme vous Me le faites entendre par le Général Baron de Dyherrn de subir des conditions plus dures à mesure, que les circonstances sont devenues plus fâcheuses. Je ne veux pas en entendre parler. Je suis libre chez Moi. Tel Je veux vivre, tel Je veux mourir, et faire l'un et l'autre avec honneur. Je vous abandonne, à vous, Monsieur, le sort de Mon armée. Que votre Conseil de Guerre décide, s'il faut vous rendre prisonnier, ou s'il faut mourir par le fer, ou par la disette. Que l'humanité guide, si cela se peut, vos résolutions. Telles qu'elles puissent être, elles ne Me regardent plus, et Je vous déclare, que Je ne Vous tiens responsable, que d'une seule chose, qui est de porter les armes contre Moi, et contre Mes amis. Sur ce etc.

Fait à Koenigstein ce 14 d'Octobre 1756.

A. R.

No. XVI.
LETTRE DU COMTE DE BRUHL, AU COMTE RUTOWSKI,

d. d. Koenigstein, 14. Octobre 1756.

Monseigneur,

Aussitôt que V. E. a fait savoir cet avant midi, qu'on étoit convenu de cesser à tirer, S. M. le Roi a d'abord ordonné de l'observer exactement à Koenigstein, et un Lieutenant ayant tiré à 1 heure l'après midi, a été sur le champ arrêté.

On exécutera fidèlement les ordres de V. E. et je la supplie d'être persuadée du sincère et très-respectueux attachement etc.

Inserat.

Le Roi m'a ordonné de mander à V. E. qu'Elle devoit encore insinuer à S. E. Mr. le Général de Winterfeldt, que le Roi ne doutoit nullement de la complaisance de S. M. le Roi de Prusse, qu'Elle évacueroit à présent la Résidence, et lui permettroit d'abord d'écrire à la Reine, et d'avoir libre communication avec Dresde. Sa Majesté voyant à présent accompli, ce qu'Elle avoit désiré, d'avoir le dos libre, et ses sûretés là-dessus. Ut in litteris.

Comte Bruhl.

☉

COPIE

eines Schreibens von des *Premier-Ministre* Grafens *von Bruhl*, *Excellenz*, an den Herrn General-Feld-Marschall *von Broune*, d. d. *Koenigstein*, den 14. October 1756.

Mit vielen Schmerzen muss ich Ew. **Excell**. melden, wie Se. Königl. Majestät diesen Morgen Dero **Armée** von neuen ausdrücklich befohlen, die feindl. Posten anzugreiffen, wenn nur der mindeste Schein der Möglichkeit da sey, sie über den Hauffen werfen zu können; allein die umständl. Vorstellung aller **Generals**, welche ich hiermit abschriftlich beifüge, zeiget ganz klährlich, dass es ohnmöglich sey, den vorgehabten Entwurf auszuführen. Es bleibet uns demnach kein anderer Weg übrig, als dass wir *capituliren*, so gut wir können, und wovon ich Ew. **Excellenz** so wohl, als von denen Bedingungen Bericht zu erstatten nicht ermangeln werde.

Indessen hoffen wir, dass man dasjenige, was wir bisher, zum grossen Vortheil der Kayserin Königin gethan, nicht vergessen werde. Wenn wir *capituliren*, werden wir nicht unterlassen Ew. **Excellenz** die **retraite** aufs beste zu versichern, damit nicht die ganze **Armée** auf Sie fallen möge etc.

Diesem Schreiben hatten des Grafens von **Brühl Excellenz** nachfolgendes **Post Scriptum** beigefüget:

Ew. *Excellenz* werden durch eine Zweyte *Copie* den Entschluss ersehen, den der König gefasset, gegen Seine Bundes-Genossen treu und unveränderlich zu verbleiben. Sie werden leicht begreiffen, in welchen Umständen Sich mein Durchl. Herr befindet, und wie voller Verzweiflung ich sein muss, dass ich alle Unfälle, so Ihn beschweren, überlebet habe. Ich bitte Sie, Ihro Kayserl. Majestät die Ohnmöglichkeit der Ausführung vorzustellen, und Sie im Nahmen des Königs zu ersuchen, dass Sie Seinen betrübten Zustand, und Seine Standhafftigkeit, so, wie Sein Vertrauen zu dem bemitleydenden Beistande Seiner Freunde und Bundesgenossen in Russland und Frankreich bekannt machen.

Ihro Maj. der König schmeicheln Sich, dass man Ihnen, sobald es möglich seyn kann, aus Dero Gefängniss ziehen werde; denn man wird uns entweder *bloquiren,* oder *bombardiren.* Um eine Gnade bitte ich Sie noch, dass Sie dem Grafen von *Flemming* durch die Canzelley hiervon Nachricht geben lassen.[1]

[1] Wir haben oben Seite 232 den dem Inhalte nach übereinstimmenden, in der Form abweichenden Text dieses Schreibens aus den Cabinetsacten gegeben. Wahrscheinlich war die obstehende Fassung der erste, vielleicht von Dyherrn selbst auf dem Königsteine aufgesetzte Entwurf, welcher in der Kanzlei einige Redactionsverbesserungen erfahren haben mag, bevor derselbe dem Grafen Brühl zur Unterschrift vorgelegt wurde.

No. XVII.
EXTRACT
aus der mit des Königs von Preussen Maj. d. d. 15. *October* 1756 errichteten *Capitulation*.

Ich bin *autorisiret*, der *armée* das Gewehr strecken zu lassen; ich kann aber weder von dem Eyde, den sie geschworen, dieselbe lossprechen, noch ihr einen andern Eydt schwören lassen; Alles andere ist Sr. Königl. Maj. in Preussen allerhöchster Willens Meynung gemäss überlassen. Der **Gen. Lieut.** von ***Winterfeldt*** hat mir Hoffnung gemacht, es würden Sich Se. Königl. Majestät in Preussen vielleicht annoch gefallen lassen, eine **Escadron Gardes du Corps** übrig zu lassen. Se. Königl. Majestät in Preussen geruhen den *Articul* wegen des Königsteins, der daselbst befindl. Adel. ***Compagnie Cadets***, und der Königl. Wacht von der Leib ***Grenadier-Garde*** mit Ihro Königl. Majestät in Pohlen, da Solche dermahlen auf der Vestung Königstein befindlich zu *terminiren*.

<small>Il faut que le Koenigstein demeure neoutre pendant le cours de la presente guerre. Federic.</small>

Sign. den 16. October 1756.

Rutowski.

Druckfehler des zweiten Bandes.

S. 17 Z. 1 v. u. (Anmerkung) lies Herzogs Ferdinand anstatt Erbprinzen (v. Braunschweig).
S. 137 Z. 9 v. o. lies machiavellistischen anstatt machiavelistischen.
S. 137 Z. 10 v. o. lies Anti-Machiavelli anstatt Anti-Machiavel.
S. 152 Z. 8 v. o. lies Negociationen anstatt Negotiationen.
S. 155 Z. 1 v. o. lies Buresch anstatt Borasch.
S. 160 Z. 1 v. o. lies diess anstatt dies.
S. 215 Z. 4 v. u. (Anmerkung) lies worin anstatt wo (gemeldet).
S. 223 Z. 5 v. u. lies diess anstatt dies.
S. 225 Z. 13 v. o. lies diess anstatt dies.
S. 252 Z. 14 v. o. lies Crousaz anstatt Crousatz.
S. 360 Z. 11 v. o. (die Parenthese vor nicht nach dem Worte Provinzen zu schliessen) lies die ärmsten — Provinzen gemein anstatt die ärmsten Provinzen — gemein.
S. 368 Z. 13 v. u. lies Caricatur anstatt Carricatur.

Nachträge zu den Berichtigungen des ersten Bandes.

S. 112 Z. 14 v. u. lies Voyer anstatt Noyer.
S. 244 Z. 15 v. u. lies 5. anstatt 4. (Juni 1744).
Hierzu die Anmerkung:
Dieser Vertrag ist noch nicht veröffentlicht. Die Analyse bei Flassan a. a. O. V. S. 225 u. ff. giebt die Zeitdauer nicht an. Da aber Friedrich II. wiederholt in der *Histoire de la guerre de Sept ans* des Umstandes gedenkt, dass sein Vertragsverhältniss zu Frankreich bis zum Frühjahr 1756 gelaufen und ein Vertrag zwischen Preussen und Frankreich seit dem 5. Juni 1744 nicht existirt, so hatten wir vermuthet, dieser Letztere sei auf 12 Jahre abgeschlossen worden, wie Carlyle a. a. O. Book XVII. Chap. II. Diese Vermuthung hat sich nicht bestätigt; vielmehr scheint trotz des Berliner und des Dresdener Friedens, der in Breslau im Juni 1751 unterzeichnete, ebenfalls noch ungedruckte Preussisch-Französische Tractat in Kraft geblieben und dieser auf 15 Jahre abgeschlossen worden zu sein. Wir bitten hiernach unsere Angaben (S. 20 u. S. 333) zu rectificiren. In der Hauptsache wird unsere Auffassung dadurch nicht berührt. Der Vertrag von 1744 enthält übrigens nach Koch und Schöll (*Histoire abrégée des traités etc. Paris 1817 II. 353*) bezüglich des zu erobernden Königreichs Böhmen ganz analoge Bestimmungen wie der vielgerügte sog. Leipziger eventuelle Theilungsvertrag; nur mit dem Unterschiede, dass die Leipziger Declarationen zwischen zwei deutschen Mächten ausgewechselt worden sind, während in dem Vertrage von Versailles Frankreich, eine nicht deutsche Macht, einem deutschen Reichsfürsten deutsches Land verspricht, zum Lohne für die „*puissante diversion,*" welche Oesterreich zwingen sollte, von der Wiedereroberung des deutschen Landes Elsass abzustehen. Die Franzosen selbst scheinen sich dieser Bärenfell-Theilung geschämt zu haben, wie aus dem von Flassan auszugsweise wiedergegebenen Briefe des Cardinals de Tencin an den Maréchal de Noailles hervorgeht.

S. 331. Zu den Worten: „gerade wie das Englisch-Preussische Neutralitätsbündniss vom 16. Januar 1756 zufällig am 16. Januar 1757 zu dem Englisch-Preussischen Offensivbündniss führte" nachstehende Anmerkung:
S. Carlyle a. a. O., Book XVII., Chap. II. u. VIII. und Book XVIII., Chap. I. Ueber das Datum herrscht Zweifel. Im II. Kapitel des XVII. Buches sagt Carlyle bei Gelegenheit der Neutralitäts-Convention von Westminster: „*Done at Westminster 16th January 1756. The stepping stone as it proved, to a closer Treaty of the same date, next year.*" Im I. Kapitel des XVIII. Buches ist er weniger bestimmt: „*For in January 1757 (Anniversary, or nearly so, of that Neutrality Convention last year) there hed been . . . . a definite, much closer Treaty of Alliance, with „Subsidy of a million Sterling," Anti-Russian „Squadron of Observation in the Baltic," „25,000 Prussians" and other items which I forget.*" Er beruft sich schliesslich auf Koch,

der *(Table des Traités etc. Basle 1802 Vol. II. p. 29)* den Vertrag zuerst veröffentlicht hat unter dem Datum „11. Januar 1757." Schöll und neuerdings Garden *(Histoire générale des traités de paix etc. Tome IV p. 29)* geben den Vertrag nach Koch, in Neun Artikeln: im dritten verspricht England dem Könige von Preussen Eine Million Pf. Sterl. zu zahlen, als jährliche Subsidien für die Dauer des Krieges. Der Vertrag fehlt in der von Jenkinson im Jahre 1785 veröffentlichten angeblich vollständigen Sammlung, wo der Vertrag vom 11. April 1758 sofort auf die Neutralitäts-Convention folgt. Die Englischen Subsidien wurden im Vertrage von 1758 auf 670,000 Pf. Sterl. normirt. Carlyle scheint es nicht der Mühe werth gefunden zu haben, dem Vertrage von 1757 weiter nachzuspüren, da derselbe Englischer Seits nicht ausgeführt werden konnte. Letzteres lässt sich allerdings deutlich aus den im *British Museum* aufbewahrten Privatpapieren des damaligen Englischen Gesandten am K. Preussischen Hofe, Sir Andrew Mitchell entnehmen; ebenso deutlich geht aber aus diesen *Mitchell Papers* hervor, dass Friedrich II. seit Beginn des Krieges Englische Subsidien bezogen haben muss, sei es nun aus Englischen oder aus Hannoverschen Staatskassen. Lord Holderness spricht im März 1758 — also vor der Unterzeichnung des Vertrages vom 11. April 1758 — von Zwei Millionen Sterling, was mit dem von Koch veröffentlichten Vertrage stimmen würde; vorausgesetzt dass die Zahlungen *praenumerando* erfolgt wären.

Man hat in neuester Zeit den von Koch veröffentlichten Text des Vertrages vom 1757 für eine Fälschung erklärt. Dass noch eine andere, als die von Koch — der seine Quelle nicht nennt — benutzte handschriftliche Abschrift vorhanden ist, beweist Aster's sonderbares Versehen, der in der Meinung den Neutralitätsvertrag von Westminster vom 16. Januar 1756 zu veröffentlichen (a. a. O. S. 82) unter seinen Beilagen sub 5 (S. 12—14 der Beilagen) eine deutsche Uebersetzung des von Koch publicirten Vertrags unter dem falschen Datum „15. Januar 1756" abdruckt. Aster hat, wie schon die Verschiedenheit des Monattages, ganz abgesehn von der Jahreszahl, andeutet, den Vertrag nicht aus Koch oder Schöll entnommen, sondern, wie er ausdrücklich bemerkt, „aus den Acten des Hauptstaatsarchivs" (zu Dresden). Leider giebt er das Fascikel nicht an. Nach Aster hätte der Vertrag nur Acht Artikel; der dort nicht nummerirte Nachsatz figurirt bei Koch und Garden als 9. Artikel. Wie Aster diese Piece für den Neutralitätsvertrag von Westminster hat halten können, ist unbegreiflich, da im *préambule* auf die Oesterreichisch-Französische Allianz vom 1. Mai 1756 im 1. Artikel auf diese Neutralitäts-Convention selbst Bezug genommen wird. Die auffallende Erscheinung, dass England und Preussen in einem im Januar abgeschlossenen Vertrage auf ein erst im darauf folgenden Mai abgeschlossenes Bündniss Bezug genommen haben sollten, hat ihn freilich frappirt. Er weiss sich aber zu helfen und setzt frischweg die Anmerkung hinzu: „Höchstwahrscheinlich kannten Preussen und England die zwischen Oesterreich und Frankreich bestehenden Verhandlungen, um ein gegenseitiges Bündniss abzuschliessen, viel früher, als es wirklich zu Stande kam." *Sic!* —

S. 401 ist die ursprünglich nicht für den Druck bestimmte, bei der Correctur übersehene Anmerkung zu streichen.

Staatsmänner:

[signatures, including:]
Graf Friedrich Ahlefeldt
Ludwig Henning Bluhme
Carl Moltke
A.W. Scheel [?]
C.A. Bluhme
Comte de Knuth
Ludwig Knuth [?]

Generale:

C. Moltke [?]
Graf Sponneck [?]
Hansen [?]
C.C. Hall [?]
D. M. Lüttichau [?]
v. Splitler [?] — D. Müller [?]
Emile de Nielsen, Johann Präsident
Gehem. Conseil

Chrijstiern Fl[...]
General Lieut.

Geh. Freund: Hr. Vitzthumb von
General Lieut.

Friedrich Bothschsto
General Major

Carl Zinzendorff Herr
Gen: Mayer zc.

Carl Heinrich von R.
General

Heinrich Wilhelm ranfft
von

Christoph Ludwig von R.
General Major

Kloeffhuis Herr von Bolberg
General Major

Facsimile der Unterschriften

sämmtlicher sächsischer Generale,
welche das Schreiben vom 14. October 1756.
an den Premierminister Grafen von Brühl
unterzeichnet.

*Das Datum, von der Hand des Generallieutenant
Grafen Vitzthum.*

Erzherzog Ludwig

GenL Lieut.
Fürst zu Hohenzollern FML
Graf zu Colloredo
Graf Latour-Baillet FML
General Major

Erbprinz Reuss v Greiz Flügeladjutant
Sen: Majestät, des Emperors

Carl Herzog v Lothringen
General Major

Fürst Pfaffius vom Kaiserl. General Major
von der Cavallerie

Graf v.f. Peroa in Lothringen
General Major

Hoffmann von Liebelt
General Major.

Erbprinz Ludwig von Hohenlohe Gen Major 3. Infanterie
Johann Wilhelm Prinz von Hessen General Major

François Xav. DeCruyer General Major Infanterie
Baron von Esta General Cavlr 1813

Hessen Friedrich Dberster Generalmajor

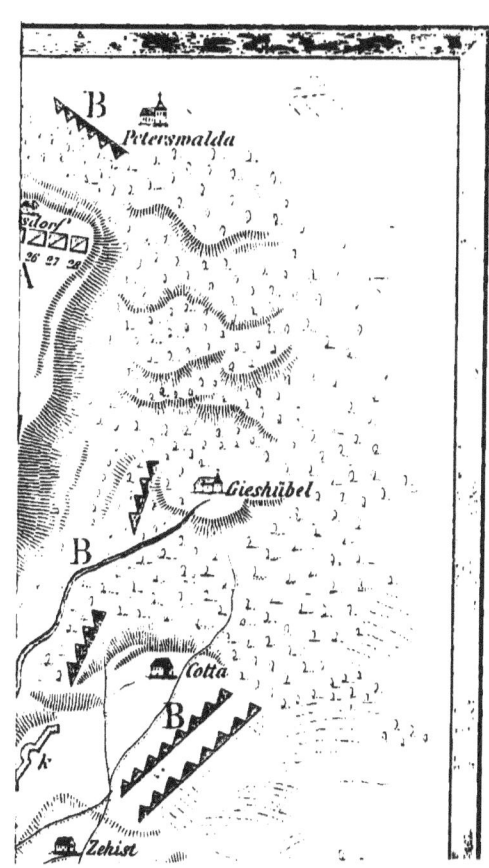

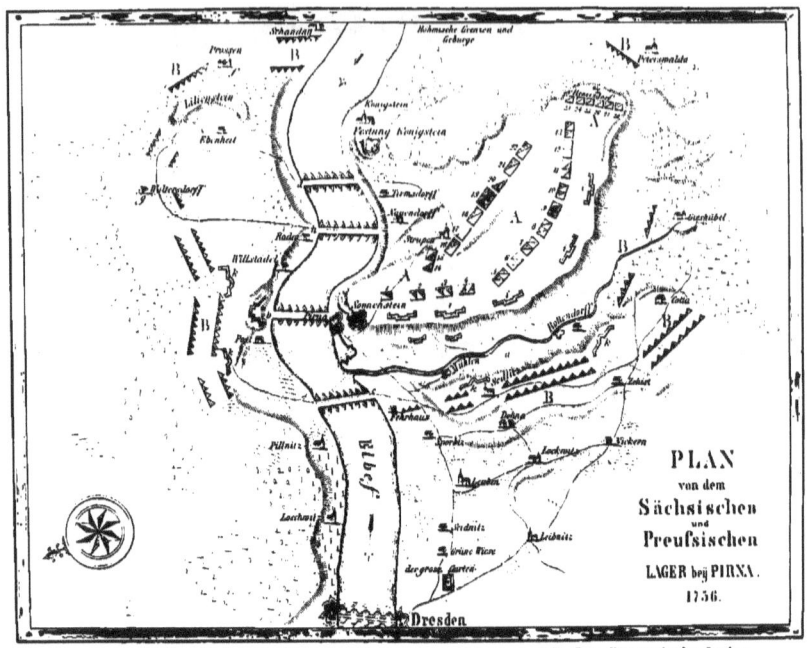

Pirna und Königstein in Monath Oct. 1756.

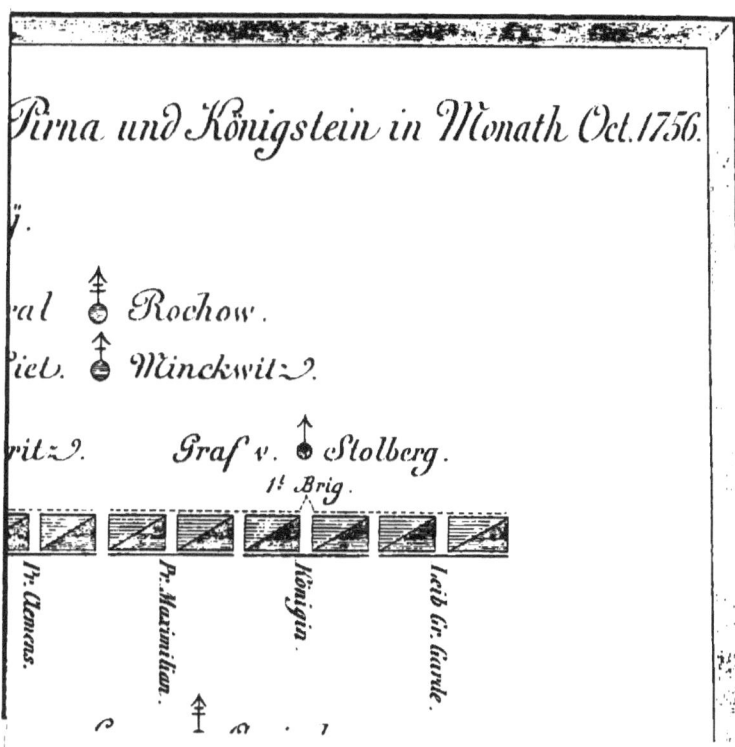

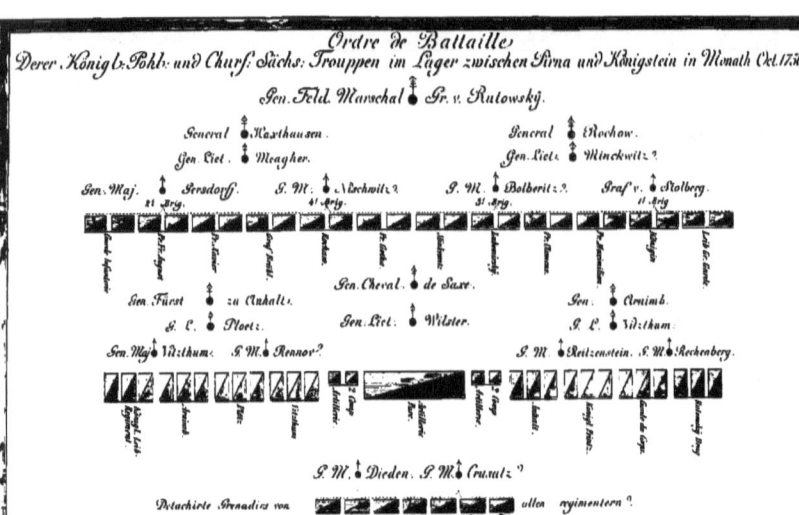

www.ingramcontent.com/pod-product-compliance
Lightning Source LLC
Chambersburg PA
CBHW051845300426
44117CB00006B/274